난생처음

컴퓨팅 사고 with 스크래치

지은이 **고광일** kwangil.ko@gmail.com

포항공과대학교(현 포스텍)에서 소프트웨어공학 전공으로 석사와 박사과정을 마쳤다. 디지털 방송 소프트웨어 개발 업체인 알티캐스트의 창립 멤버로 사회에 첫걸음을 내딛은 후, 다양한 스마트 소프트웨어 개발에 참여하고 프로젝트 총괄 관리본부의 본부장까지 역임하였다. 현재는 우송대학교에서 스마트 방송 기술과 더불어 컴퓨팅 사고와 프로그래밍 원리를 가르치고 있으며, 창의적 발상기법과 디지털 스토리텔링과 같은 기술·인문·예술의 융합적인 교육에도 역점을 두고 있다. 저서로는 『난생처음 인공지능 with 스크래치(2판)』(한빛아카데미, 2023), 『스크래치로 배우는 컴퓨팅 사고』(한빛아카데미, 2020), 『스크래치 3.0』(한빛아카데미, 2019)이 있다.

난생처음 컴퓨팅 사고 with 스크래치

초판발행 2025년 5월 4일

지은이 고광일 / **펴낸이** 전태호
펴낸곳 한빛아카데미(주) / **주소** 서울시 서대문구 연희로2길 62 한빛아카데미(주) 2층
전화 02-336-7112 / **팩스** 02-336-7199
등록 2013년 1월 14일 제2017-000063호 / **ISBN** 979-11-7340-026-1 93000

총괄 박현진 / **책임편집** 김성무 / **기획·편집** 김성무 / **교정** 윤미현
디자인 이아란 / **전산편집** 이소연 / **삽화** 임의영 / **제작** 박성우, 김정우
영업 김호철, 김태진, 김성삼, 이정훈, 임현기, 이성훈, 김주성, 심지연

이 책에 대한 의견이나 오탈자 및 잘못된 내용은 출판사 홈페이지나 아래 이메일로 알려주십시오.
파본은 구매처에서 교환하실 수 있습니다. 책값은 뒤표지에 표시되어 있습니다.

홈페이지 www.hanbit.co.kr / 이메일 question@hanbit.co.kr

난생처음

컴퓨팅 사고 with 스크래치

고광일 지음

한빛아카데미
Hanbit Academy, Inc.

미래 사회의 핵심 역량이자 문제를 해결하는 열쇠, 컴퓨팅 사고와 프로그래밍!

왜 컴퓨팅 사고와 프로그래밍을 배워야 할까요?

컴퓨팅 사고와 프로그래밍은 현대 사회에서 매우 중요한 역할을 합니다. 이는 단순한 기술 습득을 넘어 문제 해결을 위한 기본적인 사고방식을 제공합니다. 컴퓨팅 사고와 프로그래밍을 배워야 하는 이유는 다음과 같습니다.

첫째, 컴퓨팅 사고는 복잡한 문제를 분해하고 패턴을 인식하여 효과적인 해결 방안을 제시하는 능력을 키워줍니다. 이러한 능력은 직장뿐만 아니라 일상생활에서도 유용하게 활용됩니다. 둘째, 프로그래밍은 아이디어를 구체화하고 창의적으로 문제를 해결하는 과정입니다. 이를 통해 다양한 관점에서 사물을 바라보고 독창적인 해결책을 찾는 능력을 기를 수 있습니다. 셋째, 다양한 산업 분야에서 기업의 효율성과 경쟁력을 높이기 위해 소프트웨어의 중요성이 날로 커지고 있습니다. 이러한 변화 속에서 컴퓨팅 사고와 프로그래밍 능력은 중요한 가치를 발휘합니다. 마지막으로, 프로그래밍은 협업과 소통의 능력을 향상시키는 데에도 도움이 됩니다. 팀 프로젝트를 통해 동료와 협력하고 아이디어를 공유하며 효과적으로 소통하는 방법을 배울 수 있습니다.

결론적으로, 컴퓨팅 사고와 프로그래밍은 21세기를 살아가는 데 필요한 필수적인 역량으로 소프트웨어 중심의 산업에서 개인의 발전에 중요한 요소가 될 것입니다.

이 책은 어떤 내용을 담고 있나요?

『난생처음 컴퓨팅 사고 with 스크래치』는 여러분이 컴퓨팅 사고의 개념을 이해하고, 실제 프로그래밍 과정을 통해 문제 해결에 적용시킬 수 있는 경험을 제공합니다. 또한 다양한 프로그래밍 실습을 직접 따라 하면서 프로그래밍 원리를 습득하고, 창의력과 논리력을 향상하는 데 도움을 줄 것입니다. 이 책은 총 3부로 구성되어 있으며, 다음과 같은 교육 내용을 담고 있습니다.

- **PART 01 컴퓨팅 사고와 소프트웨어 이해하기**에서는 컴퓨팅 사고의 개념을 설명하고, 문제 해결 중심으로 추상화, 분해, 패턴인식, 알고리즘 등 컴퓨터 과학의 사고역량을 학습합니다. 또한 소프트웨어와 프로그래밍 언어의 개념, 스크래치의 주요 특징에 대해서도 살펴봅니다.
- **PART 02 스크래치 프로그래밍 익히기**에서는 MIT 미디어랩에서 개발한 스크래치 3.0을 학습합니다. 여러분이 창의적인 프로그램을 개발할 수 있도록 스프라이트, 변수, 제어문, 프로시저, 감지 및 이벤트 기능 등을 설명하고 다양한 프로그래밍 예제를 연습합니다. 이를 통해 프로그래밍 원리를 이해하고 능력을 배양할 수 있습니다.
- **PART 03 스크래치 종합 프로젝트 실습하기**에서는 PART 02에서 배운 프로그래밍 능력을 활용하여 스크래치 종합 프로젝트를 실습합니다. 게임 개발에 필수적인 복제와 난수 사용법, 다양한 점프 기능을 이해하고 실습합니다. 또한 그림판 프로그래밍에 필요한 펜 기능도 배우게 됩니다. 이 학습 내용을 모두 소화한다면 여러분은 이미 훌륭한 프로그래머가 되어 있을 것입니다.

추가적으로 부록 A에는 스크래치를 활용한 인공지능 프로그래밍 실습 내용을 담았습니다. 인공지능의 중요성이 날로 커지는 시대에 인공지능 프로그래밍 경험은 여러분이 이를 이해하고 활용하는 데 큰 도움이 됩니다. 마침 스크래치 3.0은 IBM의 인공지능 플랫폼 '머신러닝 for 키즈'가 지원하는 프로그래밍 언어입니다. 부록 A를 통해 여러분은 인공지능의 기본 개념을 공부하고, '머신러닝 for 키즈'를 활용하여 키보드로 입력된 텍스트의 내용을 판단해 고양이가 오른쪽 또는 왼쪽으로 이동하는 프로그램을 만들어 볼 수 있습니다.

마지막으로 이 책이 세상에 출간되기까지 아낌없는 격려와 지원을 해 주신 한빛아카데미(주) 관계자분들께 깊은 감사의 마음을 전합니다. 항상 저의 모든 결정과 행동을 응원해 주는 아내 영지와 아들 성현, 그리고 딸 서하에게 이 책을 바칩니다.

지은이 고광일

이 책의 구성

『난생처음 컴퓨팅 사고 with 스크래치』 8단계 길잡이

Preview

컴퓨팅 사고는 21세기를 살아가는 데
적인 역량입니다. 현재 우리나라는 컴퓨
활용하여 실생활 및 다양한 학문 분야
으로 정의하고 있습니다. 그리고 어릴
어를 공부할 수 있도록 커리큘럼에 반
이 장은 컴퓨팅 사고의 개념과 구성 요
인식을 이해하여 실생활 문제 해결에

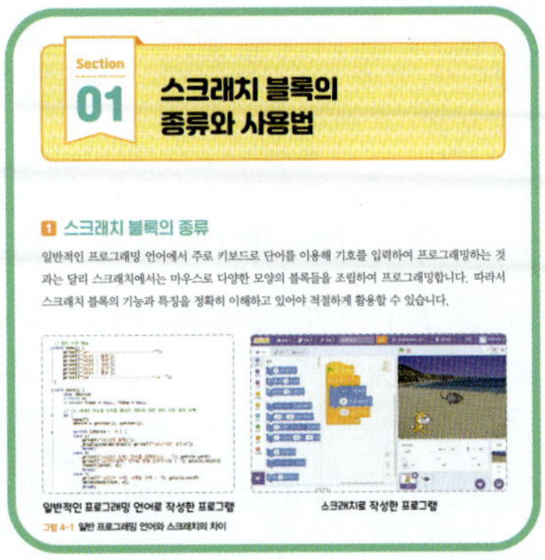

1 PREVIEW

해당 장에서 중점적으로 다룰 내용을 간략하게 정리합니다.

2 로드맵

해당 장에서 배울 주제 및 주요 개념을 큰 맥락에서 살펴볼 수 있도록 도표로 제시합니다.

3 이론

컴퓨팅 사고와 스크래치의 이론을 삽화, 이미지, 표를 활용하여 쉽게 설명합니다.

4 실습

스크래치 3.0을 활용한 실습을 진행하면서 프로그래밍 능력을 키울 수 있습니다.

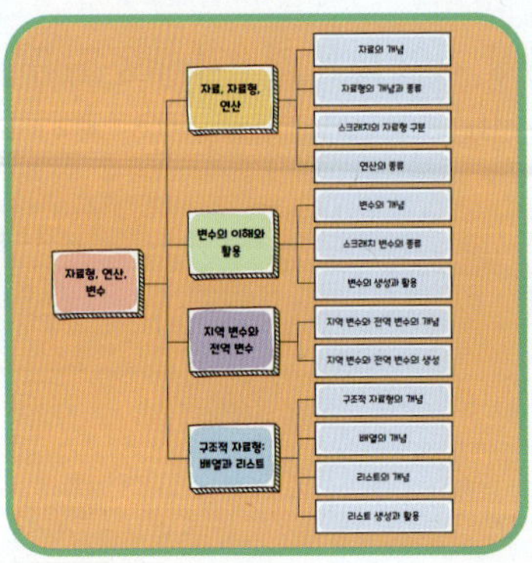

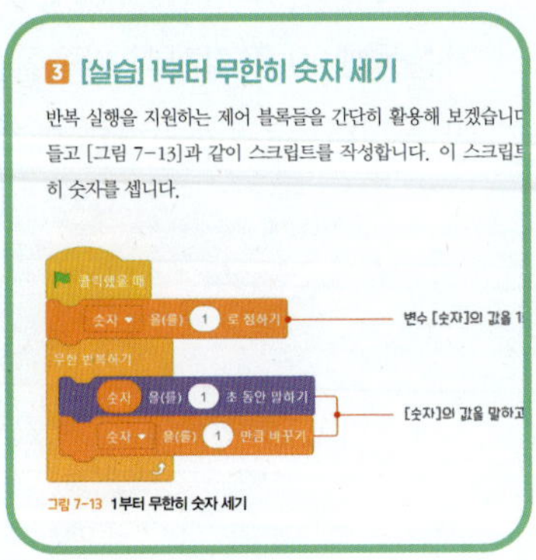

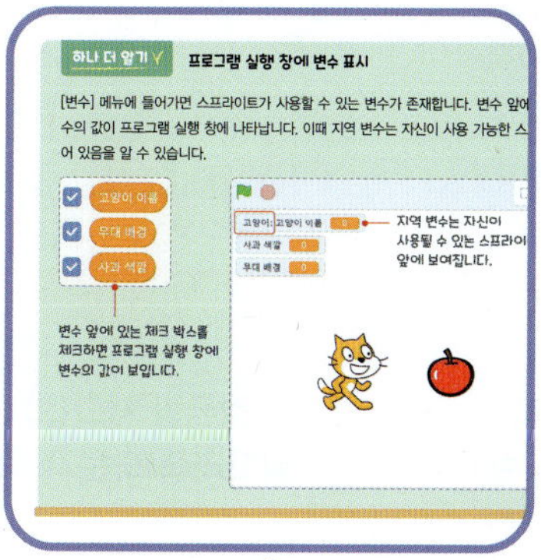
하나 더 알기 ✓ 프로그램 실행 창에 변수 표시

[변수] 메뉴에 들어가면 스프라이트가 사용할 수 있는 변수가 존재합니다. 변수 앞에
수의 값이 프로그램 실행 창에 나타납니다. 이때 지역 변수는 자신이 사용 가능한 스
어 있음을 알 수 있습니다.

5 하나 더 알기

본문과 관련된 도움말이나 참고로 알아두면 좋은 내용을 담고 있습니다.

6 말풍선

본문에서 지나치기 쉬운 내용이나 꼭 기억해 두어야 할 내용을 짚어줍니다.

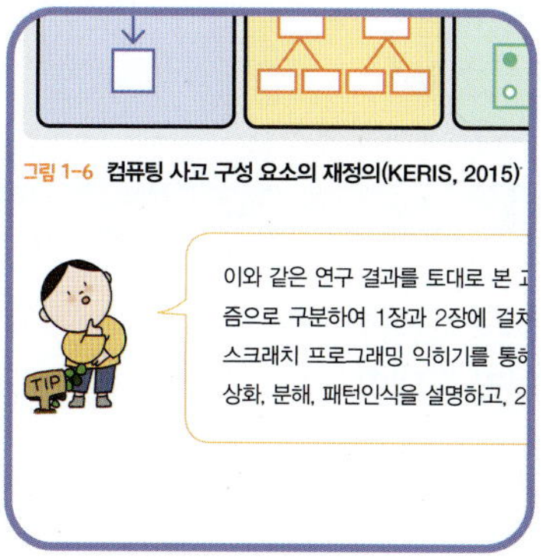
그림 1-6 컴퓨팅 사고 구성 요소의 재정의(KERIS, 2015)

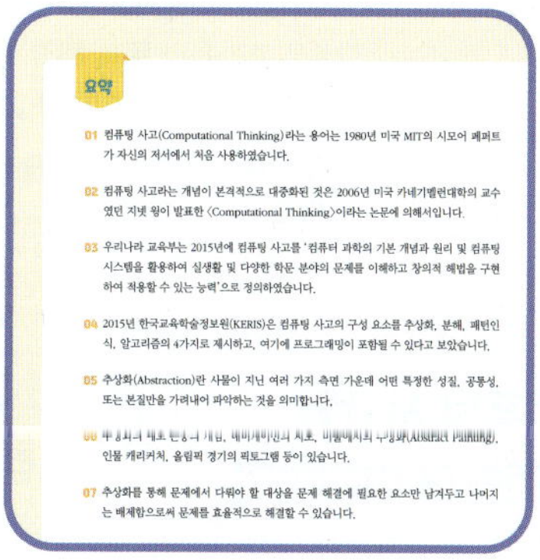
요약

01 컴퓨팅 사고(Computational Thinking)라는 용어는 1980년 미국 MIT의 시모어 페퍼트가 자신의 저서에서 처음 사용하였습니다.

02 컴퓨팅 사고라는 개념이 본격적으로 대중화된 것은 2006년 미국 카네기멜런대학의 교수였던 지넷 윙이 발표한 〈Computational Thinking〉이라는 논문에 의해서입니다.

03 우리나라 교육부는 2015년에 컴퓨팅 사고를 '컴퓨터 과학의 기본 개념과 원리 및 컴퓨팅 시스템을 활용하여 실생활 및 다양한 학문 분야의 문제를 이해하고 창의적 해법을 구현하여 적용할 수 있는 능력'으로 정의하였습니다.

04 2015년 한국교육학술정보원(KERIS)은 컴퓨팅 사고의 구성 요소를 추상화, 분해, 패턴인식, 알고리즘의 4가지로 제시하고, 여기에 프로그래밍이 포함될 수 있다고 보았습니다.

05 추상화(Abstraction)란 사물이 지닌 여러 가지 측면 가운데 어떤 특정한 성질, 공통성, 또는 본질만을 가려내어 파악하는 것을 의미합니다.

06 인물 캐리커처, 올림픽 경기의 픽토그램 등이 있습니다.

07 추상화를 통해 문제에서 다뤄야 할 대상을 문제 해결에 필요한 요소만 남겨두고 나머지는 배제함으로써 문제를 효율적으로 해결할 수 있습니다.

7 요약

해당 장의 핵심 내용을 요약 정리함으로써 앞서 본문에서 배운 내용을 복습할 수 있습니다.

8 연습문제

본문의 핵심 내용을 잘 이해했는지 확인하는 문제를 풀면서 응용 학습에 도전할 수 있습니다.

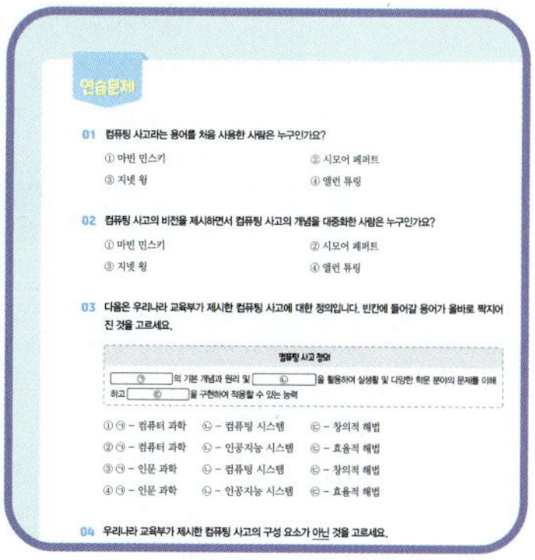
연습문제

01 컴퓨팅 사고라는 용어를 처음 사용한 사람은 누구인가요?

① 마빈 민스키 ② 시모어 페퍼트
③ 지넷 윙 ④ 앨런 튜링

02 컴퓨팅 사고의 비전을 제시하면서 컴퓨팅 사고의 개념을 대중화한 사람은 누구인가요?

① 마빈 민스키 ② 시모어 페퍼트
③ 지넷 윙 ④ 앨런 튜링

03 다음은 우리나라 교육부가 제시한 컴퓨팅 사고에 대한 정의입니다. 빈칸에 들어갈 용어가 올바로 짝지어진 것을 고르세요.

컴퓨팅 사고 정의
[㉠]의 기본 개념과 원리 및 [㉡]을 활용하여 실생활 및 다양한 학문 분야의 문제를 이해하고 [㉢]을 구현하여 적용할 수 있는 능력

① ㉠ – 컴퓨터 과학 ㉡ – 컴퓨팅 시스템 ㉢ – 창의적 해법
② ㉠ – 컴퓨터 과학 ㉡ – 인공지능 시스템 ㉢ – 효율적 해법
③ ㉠ – 인문 과학 ㉡ – 컴퓨팅 시스템 ㉢ – 창의적 해법
④ ㉠ – 인문 과학 ㉡ – 인공지능 시스템 ㉢ – 효율적 해법

04 우리나라 교육부가 제시한 컴퓨팅 사고의 구성 요소가 아닌 것을 고르세요.

학습 로드맵

1-3장

컴퓨팅 사고 이론을 '추상화 ▶ 분해 ▶ 패턴인식 ▶ 알고리즘과 문제 해결 ▶ 소프트웨어와 스크래치' 순으로 학습합니다. 다양한 이미지와 삽화를 통해 누구나 쉽게 컴퓨팅 사고를 이해할 수 있습니다.

Go!

01

컴퓨팅 사고와 소프트웨어 이해하기

컴퓨팅 사고(1) : 컴퓨팅 사고, 추상화, 분해, 패턴인식

컴퓨팅 사고(2) : 알고리즘과 문제 해결

프로시저(함수)와 병렬 처리 익히기

감지를 활용한 응용 프로그래밍

이벤트를 활용한 응용 프로그래밍

11-14장

달려라 풍뎅이, 상어 잡는 잠수부, 사과 잡는 고양이, 나의 6색 그림판 등 다양한 프로젝트를 수록하였습니다. 종합 프로젝트를 실습하면서 컴퓨팅 사고 능력을 실제로 구현해 볼 수 있습니다.

03

스크래치 종합 프로젝트 실습하기

종합 프로젝트(1) : 달려라 풍뎅이

종합 프로젝트(2) : 상어 잡는 잠수부

4-10장

스크래치를 실제로 사용할 수 있도록 프로그래밍 문법을 설명하고, 다양한 실습 예제를 통해 코딩을 구현할 수 있도록 구성하였습니다. 이 내용을 따라 하다 보면 누구나 프로그래밍에 익숙해질 수 있습니다.

02 스크래치 프로그래밍 익히기

소프트웨어와 스크래치

스크래치 블록 사용법 익히기

스프라이트 사용법 익히기

자료형, 연산, 변수 익히기

조건과 문장 제어 익히기

종합 프로젝트(3) : 사과 잡는 고양이

종합 프로젝트(4) : 나의 6색 그림판

Goal!

이 책의 사용 설명서

• 실습 자료

실습에 필요한 자료는 아래 주소에서 내려받을 수 있습니다.

http://www.hanbit.co.kr/src/41026

• 실습 환경

이 책의 실습 환경은 다음과 같습니다.

- **웹 브라우저 :** Chrome(63 이상), Edge(15 이상), Firefox(57 이상), Safari(11 이상)
- **스피커 :** 스크래치의 소리 출력 기능에 필요합니다.
- **웹캠, 마이크 :** 스크래치의 비디오 감지, 소리 감지 기능에 필요합니다(9장, 10장).

※ Internet Explorer와 오페라에서는 지원되지 않습니다.

• 강의 보조 자료

한빛아카데미 홈페이지에서 '교수회원'으로 가입하신 분은 인증 후 교수용 강의 보조 자료를 제공받을 수 있습니다. 한빛아카데미 홈페이지 상단의 〈교수전용공간〉 메뉴를 클릭하세요.

http://www.hanbit.co.kr/academy

• 연습문제 해답 안내

이 책은 대학 강의용 교재로 개발되었으므로 연습문제 해답을 제공하지 않습니다.

목차

PART 01 컴퓨팅 사고와 소프트웨어 이해하기

CHAPTER 05 스프라이트 사용법 익히기

CHAPTER 06 자료형, 연산, 변수 익히기

CHAPTER 14 종합 프로젝트(4) : 나의 6색 그림판

APPENDIX A 스크래치와 인공지능 프로그래밍

APPENDIX B 스크래치 블록 모음

· PART · 01

컴퓨팅 사고와 소프트웨어 이해하기

CONTENTS

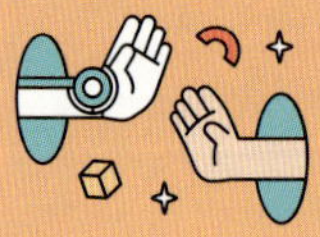

CHAPTER 01

컴퓨팅 사고(1) : 컴퓨팅 사고, 추상화, 분해, 패턴인식

학습목표

- 컴퓨팅 사고의 개념을 이해합니다.
- 컴퓨팅 사고의 구성 요소를 이해합니다.
- 추상화의 개념을 이해하고 문제 해결 적용 예를 알아봅니다.
- 분해의 개념을 이해하고 문제 해결 적용 예를 알아봅니다.
- 패턴인식의 개념을 이해하고 문제 해결 적용 예를 알아봅니다.

Preview

컴퓨팅 사고는 21세기를 살아가는 데 있어서 읽기, 쓰기, 셈하기와 마찬가지로 반드시 갖춰야 할 기본적인 역량입니다. 현재 우리나라는 컴퓨팅 사고를 '컴퓨터 과학의 기본 개념과 원리 및 컴퓨팅 시스템을 활용하여 실생활 및 다양한 학문 분야의 문제를 이해하고 창의적 해법을 구현하여 적용할 수 있는 능력'으로 정의하고 있습니다. 그리고 어릴 때부터 컴퓨팅 사고를 키우기 위해 초등학교 교육부터 소프트웨어를 공부할 수 있도록 커리큘럼에 반영하고 있습니다.

이 장은 컴퓨팅 사고의 개념과 구성 요소를 알아보고, 컴퓨팅 사고의 구성 요소 중 추상화, 분해, 패턴인식을 이해하여 실생활 문제 해결에 적용하는 방법을 살펴봅니다.

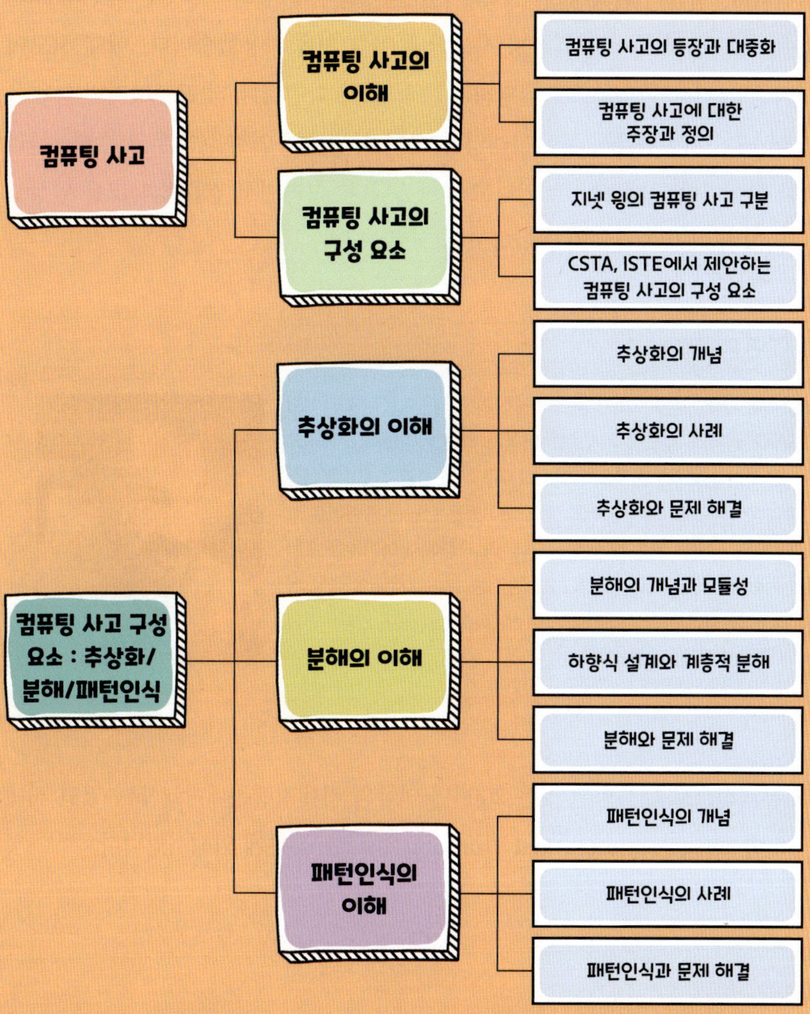

Section

01 컴퓨팅 사고의 이해

1 컴퓨팅 사고의 등장과 대중화

컴퓨팅 사고(Computational Thinking)란 용어를 처음 사용한 사람은 미국 MIT의 시모어 페퍼트(Seymour Papert)입니다. 컴퓨터 과학자이자 교육자였던 시모어 페퍼트는 1980년 자신의 교육 철학서인 『마인드스톰(Mindstorms)』에서 컴퓨팅 사고란 용어를 처음 사용했습니다. 이때 시모어 페퍼트는 컴퓨팅 사고가 무엇인지 구체적으로 설명하지는 않았고, 다만 컴퓨터 프로그래밍 능력을 강조하였습니다. 시모어 페퍼트는 컴퓨터 프로그래밍 능력이 학생들의 역량을 키우고 수학, 물리학, 확률에 대한 강력한 아이디어를 제공할 수 있다고 말했습니다. 그러면서 컴퓨팅 사고를 일상생활에 결합하고자 하는 비전이 아직 개발되지 않았다고 지적했습니다.

하나 더 알기 **시모어 페퍼트**

시모어 페퍼트(Seymour Papert)는 남아프리카 공화국 출신의 미국인으로 수학자이자 컴퓨터 과학자, 그리고 교육자입니다. 시모어 페퍼트는 어떻게 하면 아이들이 수학적으로 사고할 수 있을까를 고민하여 1967년 동료들과 최초의 어린이용 프로그래밍 언어인 '로고(Logo)'를 만들었습니다. 이 프로그래밍 언어를 통해 아이들은 간단한 명령어로 로고라는 거북이 로봇을 움직이며 그림을 그릴 수 있었습니다. 이 과정에서 아이들은 수학의 기초를 자연스럽게 습득했습니다. 시모어 페퍼트는 인공지능 분야에서도 업적을 남겼는데 인공지능의 개척자 중 한 명인 마빈 민스키(Marvin Minsky)와 함께 인공뉴런인 퍼셉트론(Perceptron)에 관한 책을 썼습니다.

컴퓨팅 사고란 개념이 본격적으로 대중화된 것은 2006년 미국의 카네기멜론대학교 교수였던 지넷 윙(Jeannette Wing)이 발표한 《Computational Thinking》이라는 논문에 의해서입니다.

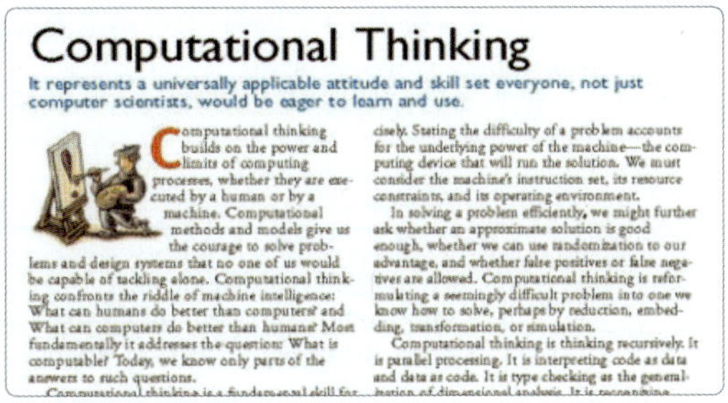

Computational Thinking

It represents a universally applicable attitude and skill set everyone, not just computer scientists, would be eager to learn and use.

Computational thinking builds on the power and limits of computing processes, whether they are executed by a human or by a machine. Computational methods and models give us the courage to solve problems and design systems that no one of us would be capable of tackling alone. Computational thinking confronts the riddle of machine intelligence: What can humans do better than computers? and What can computers do better than humans? Most fundamentally it addresses the question: What is computable? Today, we know only parts of the answers to such questions.

cisely. Stating the difficulty of a problem accounts for the underlying power of the machine—the computing device that will run the solution. We must consider the machine's instruction set, its resource constraints, and its operating environment.

In solving a problem efficiently, we might further ask whether an approximate solution is good enough, whether we can use randomization to our advantage, and whether false positives or false negatives are allowed. Computational thinking is reformulating a seemingly difficult problem into one we know how to solve, perhaps by reduction, embedding, transformation, or simulation.

Computational thinking is thinking recursively. It is parallel processing. It is interpreting code as data and data as code. It is type checking as the general-

그림 1-1 컴퓨팅 사고를 소개한 지넷 윙의 논문

지넷 윙은 이 논문에서 컴퓨팅 사고를 누구나 갖춰야 하는 기본적 역량이라고 말했습니다. 또한 지넷 윙은 인쇄술이 읽기, 쓰기, 셈하기의 능력을 널리 확산시켜 보편화했듯이, 컴퓨터가 컴퓨팅 사고를 확산시키고 있다고 말했습니다.

또한 지넷 윙은 컴퓨팅 사고를 발휘한다는 것이 컴퓨터 과학의 기본 개념을 끌어와 문제를 해결하고, 시스템을 설계하고, 인간의 행동을 이해하는 것이라고 말했습니다. 예를 들어, 아이가 그날 학교에서 사용할 물건들을 가방에 챙기는 행동은 컴퓨터 과학에서 말하는 **프리패칭(Prefetching)**과 **캐싱(Caching)** 개념이라고 했습니다. 프리패칭과 캐싱은 곧 꺼내서 사용할 자료나 정보를 미리 준비해 놓는 작업을 말합니다. 또 다른 예로 장갑을 잃어버린 아이에게 걸어온 길을 되짚어 보라고 말할 수 있는데, 이것은 과정을 거꾸로 되짚어 문제를 해결하는 방법, 즉 컴퓨터 과학의 **백트래킹(Backtracking)** 기술과 같습니다. 지넷 윙은 이와 같은 예를 들면서 사람들이 컴퓨터 과학자가 사용하는 용어들을 일상생활에서 사용하게 될 때 컴퓨팅 사고가 일상적인 개념이 될 것으로 생각했습니다.

하나 더 알기 ✓ **지넷 윙이 말하는 컴퓨팅 사고의 특징**

지넷 윙은 컴퓨팅 사고의 특징을 다음과 같이 6가지로 정리했습니다.

❶ 컴퓨팅 사고는 프로그래밍이 아닌 개념화입니다.
❷ 컴퓨팅 사고는 기계적인 기술이 아닌 핵심 역량입니다.
❸ 컴퓨팅 사고는 인간의 사고 방법이지 컴퓨터처럼 생각하는 것이 아닙니다.
❹ 컴퓨팅 사고는 수학적 사고와 공학적 사고를 보완하고 결합합니다.
❺ 컴퓨팅 사고는 하드웨어나 소프트웨어와 같은 인공물이 아닌 문제 해결, 일상생활 관리, 사람과의 소통에 사용하는 컴퓨팅적 개념입니다.
❻ 컴퓨팅 사고는 언제 어디서나, 또 누구에게나 필요한 것입니다.

앞서 시모어 페퍼트는 1980년 당시 컴퓨팅 사고를 일상생활에 결합하고자 하는 비전이 개발되지 않았다고 지적하였는데, 지넷 윙이 이 문제에 답을 제시하였다고 할 수 있습니다.

그림 1-2 지넷 윙이 제시한 일상생활과 결합된 컴퓨팅 사고의 비전

2 컴퓨팅 사고에 대한 다양한 주장과 정의

지넷 윙은 컴퓨팅 사고를 '컴퓨팅의 기본 개념과 원리에 기반하여 문제를 해결하고, 시스템을 설계하고, 인간의 행동 양식을 이해하고자 하는 접근 방법'으로 정의하면서 컴퓨팅 사고가 '읽기, 쓰기, 셈하기와 마찬가지로 21세기를 살아가는 모든 사람이 갖춰야 할 기본 사고 능력'이라고 주장하였습니다. 이러한 주장은 컴퓨팅 사고에 대한 본격적인 논의를 불러왔고 다양한 연구들이 진행되었습니다. 이러한 연구 결과들을 종합적으로 논의하기 위해, 2009년 NRC(National Research Council)가 주관하여 '컴퓨팅 사고의 범위와 본질(The Scope and Nature of Computational Thinking)'이라는 주제로 워크숍을 진행하였습니다.

이 워크숍에서 다양한 분야의 학자들이 컴퓨팅 사고의 속성과 정의에 대한 의견을 발표하였는데, 그중 몇 가지를 소개합니다.

데이비드 무어선드(David Moursund), 미국 수학자, 컴퓨터 과학자

데이비드 무어선드는 컴퓨팅 사고가 시모어 페퍼트가 개발한 절차적 사고의 개념과 밀접하게 관련되어 있다고 말합니다. 절차적 사고에는 개발, 표현, 테스트 및 디버깅 등의 절차가 포함되며, 효과적인 절차는 컴퓨터 등의 장비로 수행되는 자세한 명령어들로 이루어진다고 말했습니다.

피터 리(Peter Lee), 미국 컴퓨터 과학자, 한국계 2세

피터 리는 컴퓨팅 사고를 인간의 지능을 확대하여 실용적으로 문제를 해결할 수 있는 지능의 메커니즘이라고 정의합니다. 즉, 컴퓨팅 사고는 복잡성을 관리하고 작업을 자동화할 수 있는 도구를 통해 인간의 정신 능력을 확장하는 것이라고 주장했습니다.

빌 울프(Bill Wulf), 미국 컴퓨터 과학자

빌 울프는 컴퓨팅 사고가 주로 프로세스에 관한 것이라 말했습니다. 그는 과학의 다른 영역은 물리적 대상에 초점을 맞추지만, 컴퓨팅 사고는 프로세스와 프로세스를 가능하게 하는 추상적인 현상에 초점을 맞춘다고 주장했습니다.

에드워드 폭스(Edward Fox), 미국 컴퓨터 과학자

에드워드 폭스는 컴퓨팅 사고의 핵심으로 문제 해결을 위해 무형의 추상화를 처리하고 조작하는 개념을 강조했습니다. 그는 컴퓨팅 사고를 '사람이 프로세스를 고려하고 디지털 자료를 조작하여 일상적으로 수행하는 것'으로 정의했습니다.

그림 1-3 컴퓨팅 사고에 대한 다양한 정의

컴퓨팅 사고에 대한 의견과 주장이 다양한 만큼 컴퓨팅 사고에 대한 정의도 다양합니다. 우리나라에서도 학자와 연구기관에 따라 다양한 컴퓨팅 사고에 대한 정의가 제시되었는데, 이를 토대로 교육부는 2015년에 컴퓨팅 사고를 '컴퓨터 과학의 기본 개념과 원리 및 컴퓨팅 시스템을 활용하여 실생활 및 다양한 학문 분야의 문제를 이해하고 창의적 해법을 구현하여 적용할 수 있는 능력'으로 정의하였습니다.

컴퓨팅 사고란?

컴퓨터 과학의 기본 개념과 원리 및 컴퓨팅 시스템을 활용하여 실생활 및 다양한 학문 분야의 문제를 이해하고 창의적 해법을 구현하여 적용할 수 있는 능력

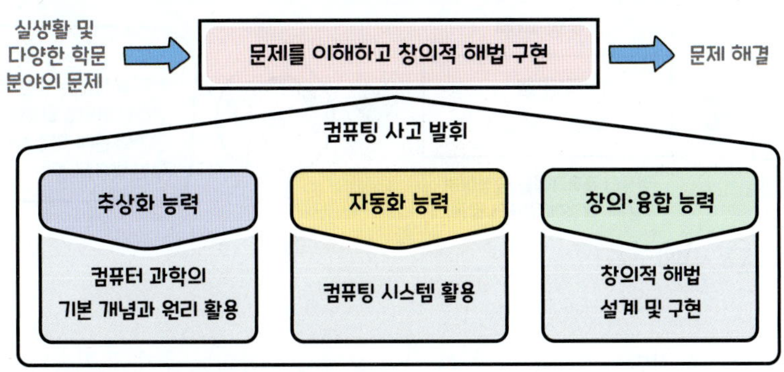

그림 1-4 우리나라 교육부의 컴퓨팅 사고에 대한 정의

Section 02 컴퓨팅 사고의 구성 요소

1 지넷 윙의 컴퓨팅 사고에 대한 구분

지넷 윙은 [그림 1-5]와 같이 컴퓨팅 사고를 크게 추상화(Abstraction)와 자동화(Automation)로 구분하였습니다. 지넷 윙이 말하는 추상화 과정은 실제 문제를 해결 가능한 형태로 표현하기 위한 사고 과정으로, ❶ 자료를 수집 및 분석하고, ❷ 그 자료를 도표나 그래프를 활용하여 이해하기 쉽게 표현하고, ❸ 복잡한 문제를 해결할 수 있는 수준의 작은 문제들로 분해하고, ❹ 문제 해결에 필요한 요소들을 결정하여 적절한 문제 해결 모델을 설계하는 작업을 포함합니다. 자동화 과정은 추상화 과정에서 만들어진 문제 해결 모델에 따라 컴퓨터 프로그램을 작성하여 컴퓨터가 문제를 해결하도록 만드는 작업입니다. 이와 같은 내용으로 보아 지넷 윙이 말하는 컴퓨팅 사고는 인간이 컴퓨터를 파트너로 삼아 문제 해결 범위를 훨씬 넓힐 수 있게 해 주는 유용한 도구라고 말할 수 있습니다.

구분	내용
추상화(Abstraction)	실제 문제를 해결 가능한 형태로 표현하기 위한 사고 과정 ① 자료를 수집 및 분석 ② 자료를 도표나 그래프를 활용하여 이해하기 쉽게 표현 ③ 복잡한 문제를 해결할 수 있는 수준의 작은 문제들로 분해 ④ 문제 해결에 필요한 요소들을 결정하여 문제 해결 모델 설계
자동화(Automation)	추상화 과정에서 만들어진 문제 해결 모델에 따라 컴퓨터 프로그램을 작성하여 컴퓨터가 문제를 해결하도록 만드는 작업

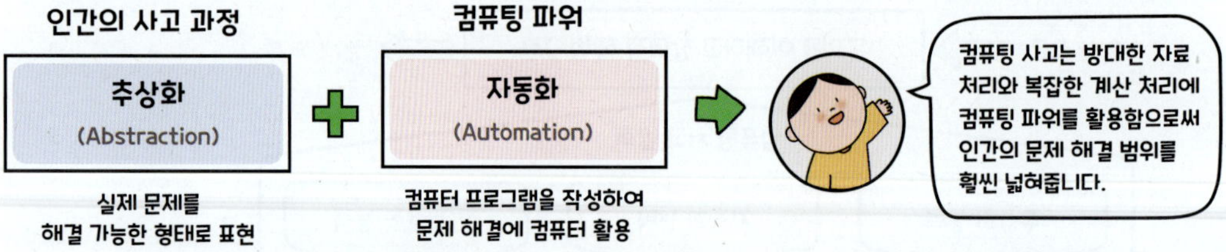

그림 1-5 지넷 윙이 말하는 컴퓨팅 사고의 구분

현대 사회는 컴퓨팅 시스템을 기반으로 모든 학문과 산업 분야가 융합되는 추세에 있습니다. 이런 시대에 컴퓨팅 사고는 혁신적인 아이디어를 제공하고 효과적인 문제 해결 방법을 가능하게 합니다.

2 CSTA와 ISTE의 컴퓨팅 사고 구성 요소

CSTA와 ISTE는 컴퓨팅 사고에 대한 다양한 논의를 토대로 컴퓨팅 사고의 구성 요소들을 [표 1-1]과 같이 제시하였습니다.

표 1-1 **CSTA와 ISTE에서 제시한 컴퓨팅 사고의 구성 요소**

구성 요소	내용
자료 수집(Data Collection)	해결해야 하는 문제를 이해하고 분석하여 문제 해결에 필요한 자료를 모으는 과정
자료 분석(Data Analysis)	자료를 이해하고 자료에 존재하는 패턴을 찾아 결론을 도출하는 과정
자료 표현(Data Representation)	그래프, 차트, 문장, 그림 등으로 자료를 이해하기 쉽게 표현하고 정리하는 과정
문제 분해(Problem Decomposition)	복잡한 문제를 해결 또는 관리 가능한 수준의 작은 단위로 나누는 과정
추상화(Abstraction)	문제 해결에 필요한 핵심 요소들을 파악하고, 이를 바탕으로 문제의 복잡도를 단순화하는 과정
알고리즘과 절차화(Algorithms&Procedures)	문제를 해결하거나 어떤 목표를 달성하기 위해 수행되는 일련의 절차를 설계하는 과정
자동화(Automation)	반복적이고 단순한 작업을 컴퓨팅 시스템이 수행할 수 있는 형태로 문제 해결 방법을 나타내는 과정
시뮬레이션(Simulation)	문제 해결 절차를 표현하고 모델링하는 과정으로 모델을 실행시켜 실험하는 과정을 포함
병렬화(Parallelization)	공통의 목표를 달성하기 위해 여러 작업을 동시에 수행하도록 물적, 인적 자원을 구성하는 과정

하나 더 알기 **CSTA와 ISTE**

CSTA(Computer Science Teachers Association, 컴퓨터과학교사협회)는 미국컴퓨터학회가 2004년에 초·중등 컴퓨터 과학 교육을 위해 설립한 비영리단체입니다.
ISTE(International Society for Technology in Education, 국제교육기술협회)는 미국에서 1979년에 설립되어 전 세계 교육자들과 함께 교육에 효과적인 기술을 이용한 학습 모델과 프로그램, 포럼 등을 제공하고 있습니다.

3 교육부의 컴퓨팅 사고 구성 요소

우리나라 교육부는 2015년에 CSTA의 컴퓨팅 사고에 관한 견해를 반영하여 [표 1-2]와 같이 컴퓨팅 사고의 구성 요소를 제시하였습니다. 주의할 것은 우리나라 교육부와 CSTA가 사용하는 추상화 단계가 서로 다르다는 것입니다. CSTA는 추상화 단계를 '문제 해결에 필요한 핵심 요소를 선정하고 복잡함을 줄이는 과정'으로 정의했지만, 우리나라 교육부는 추상화 단계의 범위를 넓혀 '분해, 모델링, 알고리즘을 포함하는 인간의 문제 해결 사고 과정'으로 정의했습니다.

표 1-2 교육부에서 제시한 컴퓨팅 사고의 구성 요소(교육부·KERIS, 2015)

구성 요소		정의
자료 수집		문제 해결에 필요한 자료 모으기
자료 분석		자료의 이해, 패턴 찾기, 결론 도출하기
구조화		문제를 그래프, 차트, 그림 등으로 시각화하기
추상화	분해	문제를 관리 가능한 수준의 작은 문제로 나누기
	모델링	문제 해결을 위한 핵심 요소를 추출하고, 문제 해결 모델 만들기
	알고리즘	문제를 해결하기 위한 일련의 단계를 알고리즘으로 표현하기
자동화	코딩	프로그래밍 언어를 이용해 문제 해결 과정을 자동화하기
	시뮬레이션	프로그램(소프트웨어) 실행하기
일반화		문제 해결 과정을 다른 문제에 적용하기

지금까지 컴퓨팅 사고의 구성 요소에 대해서 살펴보았습니다. 컴퓨팅 사고의 구성 요소를 너무 다양하게 세분화할 경우 실제 수업에서 교육하기 어려운 점이 있습니다. 이런 이유로 2015년 한국교육학술정보원(KERIS)은 컴퓨팅 사고의 효과적인 교육 방법에 관한 연구에서 컴퓨팅 사고의 구성 요소를 추상화, 분해, 패턴인식, 알고리즘으로 구분하여 제시하고, 별도로 프로그래밍을 포함시켰습니다.

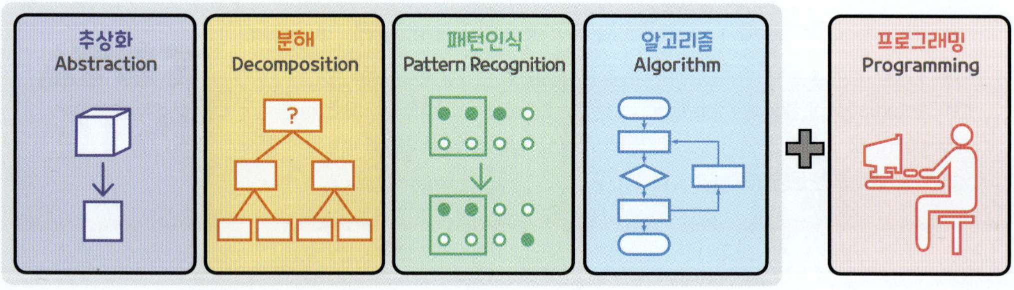

그림 1-6 컴퓨팅 사고 구성 요소의 재정의(KERIS, 2015)

이와 같은 연구 결과를 토대로 본 교재는 컴퓨팅 사고의 구성 요소를 추상화, 분해, 패턴인식, 알고리즘으로 구분하여 1장과 2장에 걸쳐 설명합니다. 프로그래밍에 대한 교육은 3장 이후부터 진행되는 스크래치 프로그래밍 익히기를 통해 자연스럽게 이루어집니다. 학습 분량을 고려해서 1장에서는 추상화, 분해, 패턴인식을 설명하고, 2장에서 알고리즘을 설명합니다.

Section 03 추상화의 이해

1 추상화의 개념

추상화(Abstraction)란 '사물이 가진 여러 가지 측면 가운데에서 어떤 특정한 성질, 공통성, 또는 본질만을 가려내어 파악하는 것'을 의미합니다.

추상화의 예는 우리 주위에서 쉽게 찾아볼 수 있습니다. 예를 들어 우리는 나비, 잠자리, 벌, 개미를 '곤충'이라고 부르고 있습니다. 이것은 몸이 머리, 가슴, 배로 분명히 구분되어 있고 다리가 세 쌍이라는 공통된 성질을 찾아내어 곤충이라는 개념으로 추상화한 것입니다. 이처럼 여러 사물이나 개념에서 공통된 성질을 추출하여 더욱 일반화된 개념을 만들어 내는 것을 일반화(Generalization)라고도 합니다.

추상화의 또 다른 예를 보겠습니다. 자동차 내비게이션의 지도는 도로와 주요 건물만을 보여주고, 가로수와 화단, 건물 간판과 같은 다른 요소들은 생략하고 있습니다. 이는 '길 안내'라는 문제 해결에 필요한 요소들만 가려내어 특정 지역을 추상화한 것입니다.

그림 1-7 일상에서 찾아볼 수 있는 추상화의 예

2 미술 분야에서의 추상화

우리는 추상화라는 말을 들으면 일반적으로 미술 분야에서 말하는 추상화(抽象畫, Abstract Painting)가 떠오릅니다. 미술 분야의 추상화는 가장 기본적인 조형 요소인 점, 선, 면, 색깔을 이용해서 그림을 그린 것입니다. 따라서 추상화를 그리는 화가는 그리고자 하는 대상의 실제 외형보다 그 대상이 지닌 본질적인 속성을 찾아내고, 그것을 기본적인 조형 요소로 표현하게 됩니다.

여기서 우리는 추상화를 그리는 화가도 대상의 본질적인 요소만 남겨두고 나머지는 제거하는 추상화 작업을 수행함을 알 수 있습니다. 단지 추상화를 그리는 화가는 자신의 사상과 철학에 근거하여 본질적인 요소를 추출하고, 과학자나 공학자는 자연의 법칙이나 문제 해결 관점에서 본질적인 요소를 추출한다는 차이점이 있습니다.

[그림 1-8]의 왼쪽 그림은 추상화풍의 대표적인 화가인 파블로 피카소(Pablo Picasso)의 《화가와 뜨개질하는 모델》이라는 작품입니다. 이 그림은 1927년 피카소가 그의 연인인 마리 테레즈 발터(Marie Thérèse Walter)가 뜨개질하는 모습을 그린 것입니다. 이 그림을 그릴 때 피카소는 여인의 움직임에서 뜨개질하는 본질적인 요소를 찾았고 여인의 실제 모습은 모두 제거하였습니다. 그러다 보니 여인의 초상화가 복잡한 곡선으로 표현된 것입니다. 이 그림을 통해 피카소가 전하고자 한 뜻은 우리가 추상화 작업을 할 때 훌륭한 길잡이로 삼을 수 있습니다.

그림 1-8 파블로 피카소의 《화가와 뜨개질하는 모델》과 피카소가 말하는 추상화 작업

3 일상생활에서 추상화의 예

앞에서 소개한 곤충, 지도, 미술에서의 추상화 외에도 일상생활 속에서도 추상화의 다양한 예를 찾아볼 수 있습니다. 예를 들어, 인물의 캐리커처는 추상화 개념을 적용하여 얼굴의 대표적인 특징을 강조하고 나머지는 간략하게 표현하는 그림입니다. 또 다른 예로 올림픽 경기를 나타내는 픽토그램(Pictogram) 역시 추상화 개념을 적용하여 그 경기의 특징만을 간략하게 표현한 것입니다.

그림 1-9 추상화 개념이 적용된 캐리커처와 픽토그램

우리가 매일 사용하고 있는 언어에도 추상화 개념이 적용되어 있습니다. '사랑'이란 말은 상대방을 소중히 여기고, 그리워하며, 희생까지 감수하는 다양한 감정과 행동을 하나의 단어로 추상화한 것입니다. 수학 역시 추상화의 개념이 적용되어 있습니다. '1+1=2'라는 식은 개수에만 집중하고 다른 모든 요소를 무시하는 추상화 개념을 담고 있습니다. 즉, '1+1=2'는 대상이 사람이든 고양이든 나무든 상관없이 한 개에 또 다른 한 개가 더해지면 두 개가 된다는 개념을 표현하고 있습니다.

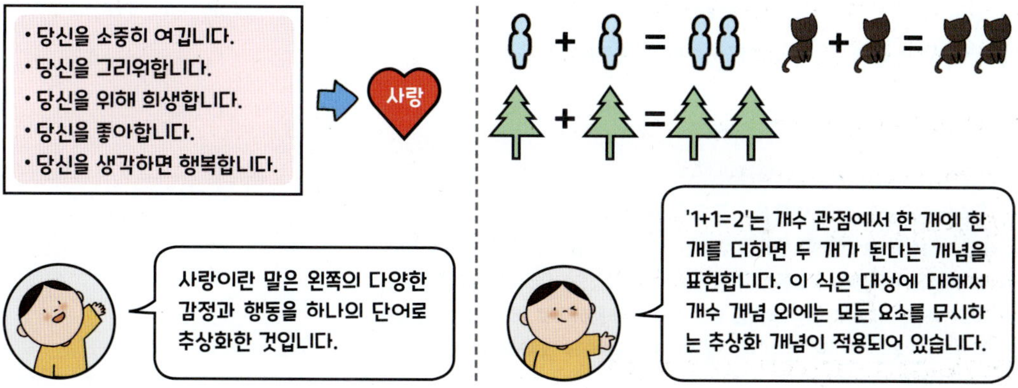

그림 1-10 추상화 개념이 적용된 언어와 수학의 예

4 추상화와 문제 해결

추상화 개념은 문제 해결에 매우 중요합니다. 일반적으로 추상화를 통해 문제에서 다루는 대상을 문제 해결에 필요한 요소만 남겨두고 나머지는 배제하게 되는데, 이런 작업은 문제를 효율적으로 해결할 수 있게 합니다.

예를 들어, 새로운 디자인의 안경테를 제작한다고 할 때 사람의 머리, 가슴, 배, 팔, 다리, 뼈, 소화기관, 근육 등을 모두 고려할 필요가 없습니다. 안경테 디자인이라는 문제 입장에서 사람은 단지

눈, 코, 귀가 달린 얼굴만 필요할 뿐입니다. 따라서 사람을 눈, 코, 귀가 달린 얼굴로 추상화하여 안경테 디자인에 사용하면 됩니다([그림 1-11] 참고).

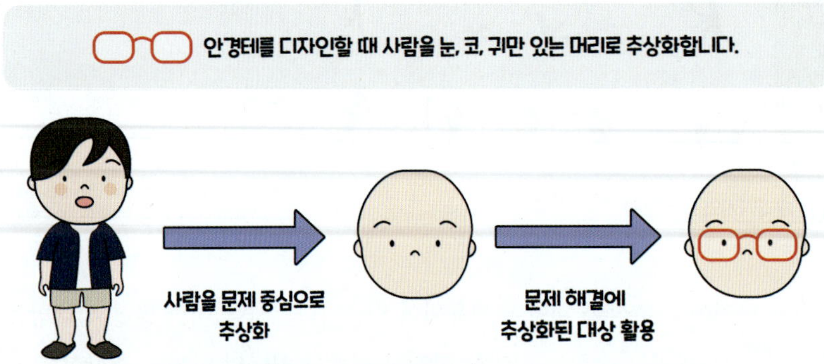

그림 1-11 '안경테 디자인'이란 문제에서 사람의 추상화

추상화를 통해 문제를 해결하는 또 다른 예를 살펴보겠습니다. [그림 1-12]와 같은 문제를 풀게 되었다고 가정합시다. 처음 문제를 읽을 때는 글이 많아 복잡해 보입니다. 하지만 정확히 문제가 무엇인지 파악하고, 문제 해결에 필요한 요소들만 가려낼 수 있다면 이 요소들로 문제를 간략하게 추상화하여 쉽게 문제를 해결할 수 있습니다.

[문제] 아래 글을 읽고 철수가 카페에서 얼마나 일을 하면 될지 계산하세요.

철수는 친구들과 해외 여행을 가기 위해 카페에서 아르바이트를 하고자 합니다. 철수가 여행할 때 필요한 경비는 300만 원입니다. 철수는 한빛 카페의 아르바이트 구직 공고를 보고 면접을 보게 되었습니다. 카페 사장님은 철수의 단정한 용모와 밝은 성격을 보고 철수를 채용하기로 하고, 한 달 월급으로 200만 원을 주기로 했습니다. 철수는 사장님에게 감사하다는 인사를 전하고 집으로 돌아왔습니다.

↓ 문제 해결 관점에서 필요한 정보만 가려내어 추상화

철수가 여행할 때 필요한 경비는 300만 원입니다.

철수는 한 달 월급으로 200만 원을 받기로 했습니다.

이 문제 해결에 필요한 정보는 철수의 여행 경비가 300만 원이고 한 달에 200만 원씩 벌 수 있다는 것 뿐입니다. 결과적으로 철수는 한 달 반만 일하면 여행 경비를 벌 수 있습니다.

그림 1-12 복잡한 지문으로 이루어진 문제의 추상화

소설이나 영화의 줄거리를 파악하거나 요약하는 것도 역시 추상화 작업입니다. 소설, 영화, 애니메이션 등으로 널리 알려진 《미녀와 야수》라는 작품을 예로 들어 보겠습니다. 만일 여러분이 《미녀와 야수》를 한 문장으로 요약하라는 문제를 받게 된다면 어떻게 해결할 수 있을까요?

먼저 요약에 필요한 핵심 요소들을 결정하고, 그 요소들로 소설의 전체 내용을 추상화해야 합니다. 일반적으로 스토리텔링 관점에서 소설의 내용은 ❶ 주인공이 누구인지, ❷ 주인공은 무엇을 바라는지, ❸ 주인공을 방해하는 장애물은 무엇인지, ❹ 주인공이 장애물을 극복하기 위해 하는 행동은 무엇인지 등의 요소들로 정리할 수 있습니다. 즉, 이런 요소들로 《미녀와 야수》의 전체 내용을 추상화할 수 있으면 [그림 1-13]과 같이 《미녀와 야수》를 한 문장으로 훌륭하게 표현할 수 있습니다.

소설의 핵심 요소로 《미녀와 야수》 소설 분석

① 주인공 ➡ 여주인공 벨
② 주인공이 바라는 것 ➡ 야수의 정원에서 장미꽃을 꺾어 죽게 된 아버지의 안전
③ 주인공을 방해하는 장애물 ➡ 아버지 목숨 대신 벨을 인질로 잡은 무서운 야수
④ 주인공이 장애물을 극복하는 행동 ➡ 야수를 사랑하여 야수의 마법을 풀어 줌

위 내용을 바탕으로 《미녀와 야수》를 다음과 같이 요약할 수 있습니다. '여자 주인공 벨이 야수의 정원에서 장미꽃을 꺾은 죄로 야수에게 죽게 될 아버지를 구하고자 무서운 야수의 성에서 인질로 생활하다가 진정한 사랑으로 야수의 마법을 풀어준다는 이야기'

그림 1-13 추상화를 통한 《미녀와 야수》의 한 문장 요약

Section 04

분해의 이해

1 분해의 개념

분해(Decomposition)란 큰 규모의 복잡한 작업을 처리 가능한 수준의 작업 단위가 될 때까지 계속해서 작게 쪼개는 작업을 의미합니다. 여기서 작업 단위가 처리 가능하다는 것은 그 작업 단위를 충분히 이해하여 구현할 수 있다는 것을 의미합니다. 여기서 작업이란 말을 문제로 바꾸어 보면, 분해란 복잡한 문제를 해결 가능한 수준의 문제 단위가 될 때까지 작게 쪼개고, 각 쪼개진 문제들을 해결함으로써 문제 전체를 해결하는 방식이라 할 수 있습니다.

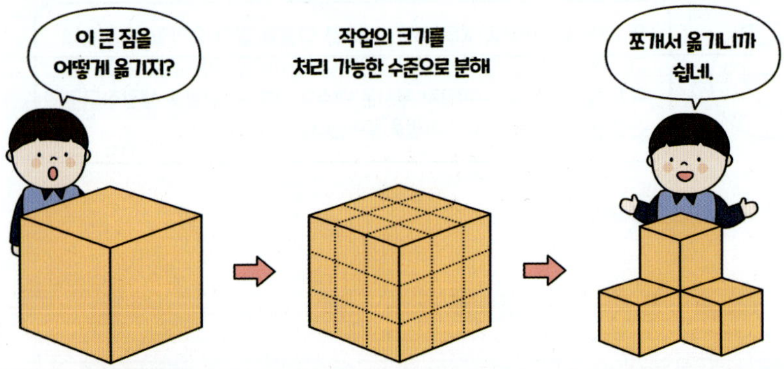

그림 1-14 분해의 개념

2 분해와 모듈성

분해로 쪼개진 작업 단위는 모듈성(Modularity)이 높을수록 좋습니다. 여기서 모듈성이 높다는 말은 어떤 부품을 변경할 때 그 변경이 전체에 미치는 영향이 작다는 의미입니다. 즉, 모듈성을 높게 분해하면 하나의 작업 단위에 대한 구현 방법을 다른 작업 단위들에 영향을 거의 주지 않으면서 손쉽게 변경할 수 있게 됩니다. 참고로 작업 단위들의 모듈성을 높게 만드는 작업을 모듈화(Modularization)라고 합니다.

모듈성이 높아야 하는 이유는 다음과 같은 예를 통해 쉽게 이해할 수 있습니다. 하나의 인형을 몇 개의 작업 단위로 분해하여 제작한다고 가정합시다. 먼저 작업 분해 방법을 [그림 1-15]와 같이 두 가지로 생각해 봅시다. 분해 방법 A는 작업 단위를 ❶ 몸통 파트(머리, 몸통), ❷ 팔 파트(오른쪽 팔, 왼쪽 팔), ❸ 다리 파트(오른쪽 다리, 왼쪽 다리)와 같이 분해하였습니다. 분해 방법 B는 작업 단위를 ❶ 몸통 파트(머리, 몸통), ❷ 오른쪽 파트(오른쪽 팔, 오른쪽 다리), ❸ 왼쪽 파트(왼쪽 팔, 왼쪽 다리)와 같이 분해하였습니다.

이때 인형의 손가락이 4개밖에 없다는 오류를 발견했다면 분해 방법 A는 팔 파트만 수정하면 됩니다. 하지만 분해 방법 B는 오른쪽 팔이 포함된 오른쪽 파트와 왼쪽 팔이 포함된 왼쪽 파트를 모두 수정해야 합니다. 이와 같은 예에서 우리는 분해 방법 A가 분해 방법 B보다 모듈성이 높다고 말할 수 있습니다.

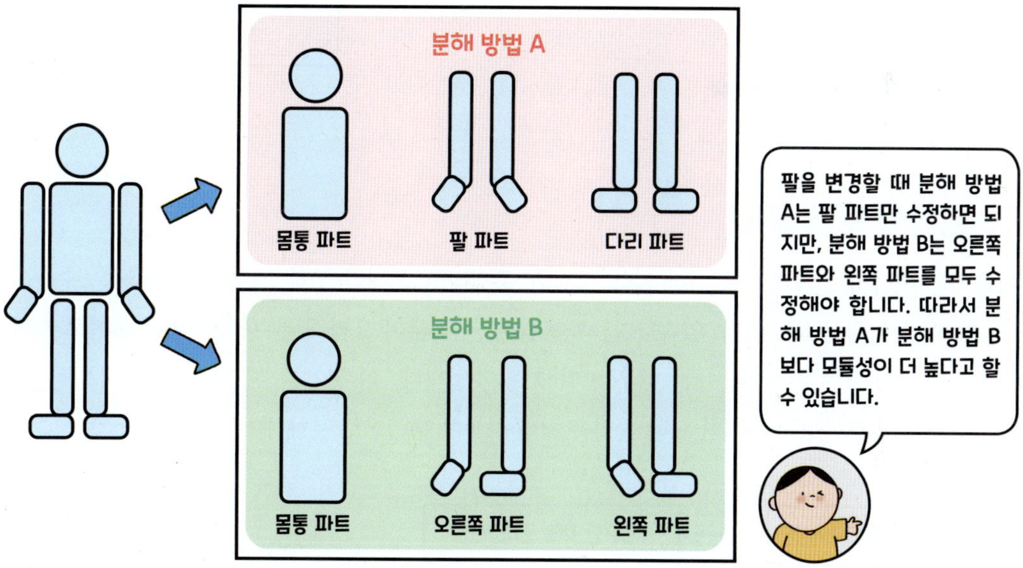

그림 1-15 **인형 분해 방법의 예와 모듈성과의 관계**

3 하향식 설계와 계층적 분해

분해 작업은 큰 단위의 작업을 이해할 수 있으면서 처리 가능한 크기의 작은 하부 작업으로 반복해서 나누게 됩니다. 이렇게 분해된 작업은 일반적으로 계층적 구조를 갖기 때문에 계층적 분해(Hierarchical decomposition)라고도 합니다.

예를 들어 '외식하기' 작업은 [그림 1-16]과 같이 계층적으로 분해할 수 있습니다. 그림에서 왼쪽으로 갈수록 상위 작업이고 오른쪽으로 갈수록 하위 작업입니다. 이 예에서 알 수 있듯이 계층적 분해에서 하위 작업일수록 작업 내용을 이해하기 쉽고 처리 가능성이 커집니다.

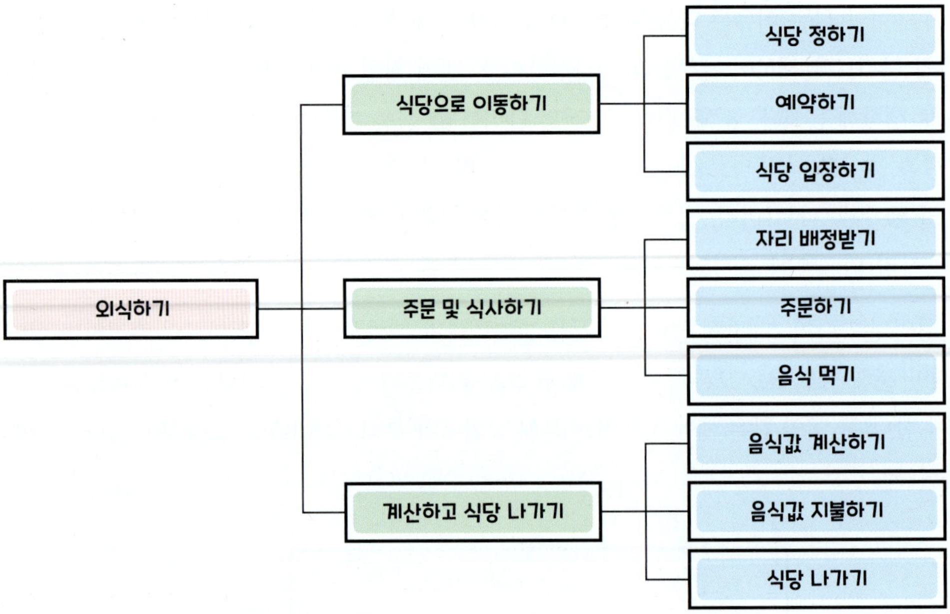

그림 1-16 외식하기 작업의 계층적 분해

4 분해와 문제 해결

처음에는 해결의 실마리가 보이지 않는 복잡한 문제라도 분해를 통해 처리 가능한 작은 수준으로 나누어 차근차근 해결할 수 있습니다. 예를 들어, 여러분이 요리해 본 경험이 없는 토마토 스파게티를 만들어야 한다면 처음에는 매우 당황해 할 것입니다. 이 문제를 해결하기 위해서는 [그림 1-17]과 같이 토마토 스파게티 요리 작업을 처리 가능한 수준으로 분해해야 합니다.

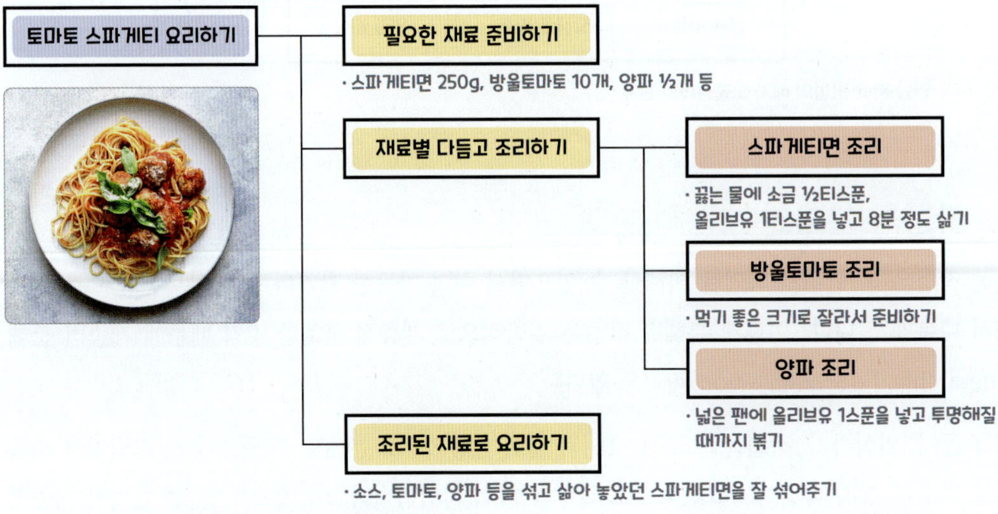

그림 1-17 계층적 분해를 통한 토마토 스파게티 요리하기

우선 토마토 스파게티 요리 작업을 '필요한 재료 준비하기', '재료별 다듬고 조리하기', '조리된 재료로 요리하기' 등의 작업으로 분해할 수 있습니다. 작업의 내용이 이해되고 처리 가능하다면 작업을 더 분해할 필요가 없지만, 그렇지 않으면 '재료별 다듬고 조리하기' 작업에서 볼 수 있듯이 이해되고 처리 가능할 때까지 작업을 계속 분해해야 합니다. 이와 같은 계층적 분해 작업을 통해 여러분은 생애 처음으로 토마토 스파게티를 요리할 수 있습니다.

분해를 통해 문제를 해결하는 또 다른 예를 살펴보겠습니다. 어떤 사람이 1시간에 10개를 포장할 수 있는 물건이 있다고 가정해 봅시다. 여러분에게 20개의 물건을 1시간 안에 모두 포장하라고 하면, [그림 1-18]과 같이 친구 한 명을 불러 물건을 10개씩 나누어 포장할 수 있습니다. 이는 문제 해결을 위해 문제의 규모를 분해한 것입니다. 여기서 우리는 문제의 규모를 작게 분해하면 여러 사람이 작업을 나누어 빠르게 해결할 수 있다는 장점을 알 수 있습니다.

그림 1-18 **문제 규모를 분해하여 문제를 빠르게 해결하기**

코끼리는 지상 최대 동물로 무게가 3톤에서 7톤 가량 됩니다. 이런 코끼리 무게와 관련된 재미있는 이야기가 있습니다. 중국 위나라의 왕에게 오나라의 왕이 커다란 코끼리를 선물로 보냈습니다. 위나라 왕은 코끼리의 무게가 얼마나 되는지 궁금했는데 당시 위나라에는 코끼리의 무게를 측정할 만한 저울이 없었습니다. 이런 경우 여러분은 이 문제를 어떻게 해결할 수 있을까요?

다행히 위나라의 왕에게는 매우 똑똑한 아들이 있었습니다. 이 아들은 왕에게 "먼저 코끼리를 커다란 배에 태우고 배가 물에 잠긴 위치를 표시합니다. 그리고 배에서 코끼리를 내린 후 배가 표시된 만큼 잠길 때까지 배에 돌을 채웁니다. 배가 표시된 만큼 잠겼으면 그때 배에 채운 돌들의 무게를 모두 측정하여 더하면 됩니다."라고 해결책을 제시하였습니다. 위나라의 왕은 왕자의 말대로 해서 코끼리의 무게가 약 4,500kg임을 알게 되었습니다.

우리는 왕자의 해결책에 분해의 개념이 적용되었음을 알 수 있습니다. 왕자의 해결책은 저울로 측정할 수 없을 정도로 무거운 코끼리의 무게를 처리 가능한, 즉 저울로 측정할 만한 단위로 분해하였습니다. 단지 코끼리를 죽일 수 없으니 코끼리를 직접 분해하지 않고, 돌을 이용해 코끼리의 무게를 분해한 것입니다.

그림 1-19 분해 개념을 활용하여 코끼리 무게 측정

Section 05

패턴인식의 이해

1 패턴인식의 개념

패턴인식(Pattern Recognition)이란 데이터에 존재하는 패턴, 즉 일정한 형태, 유형, 양식, 또는 규칙을 찾아내는 것을 의미합니다. 컴퓨터 과학은 인공지능 분야에서 이런 패턴인식을 통해 대상을 인식하는 문제를 다루고 있습니다.

패턴인식은 사물을 인식하는 데 활용됩니다. 그 방법은 사물을 구별할 수 있는 특징들을 모아 패턴을 정의하고, 어떤 사물이 어떤 패턴에 속하는지 결정하는 것입니다. 예를 들어, 귀가 길고 꼬리가 짧다는 특징으로 토끼의 패턴을 정의하였다고 가정해 봅시다. 그러면 여러분은 실루엣으로 처리된 어떤 동물의 특징이 토끼의 패턴에 속하는지 검사하여 그 동물이 토끼인지 아닌지 구별할 수 있습니다.

패턴인식은 현상을 예측하는 데도 활용됩니다. 예를 들어, 곤충이 낮게 날고 먹구름이 잔뜩 끼어 있는 모습으로 비가 올 날씨의 패턴을 정의하였다면, 여러분은 어느 날 곤충의 움직임과 구름의 모습을 보고 곧 비가 올지 예측할 수 있습니다.

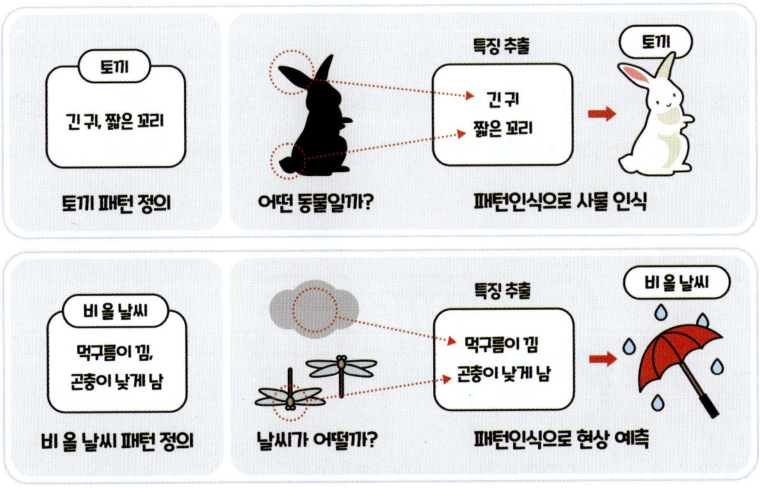

그림 1-20 패턴인식으로 사물을 인식하고 현상을 예측하는 예

2 어린 가우스의 놀라운 패턴인식

독일의 위대한 수학자 요한 카를 프리드리히 가우스(Johann Carl Friedrich Gauss)가 초등학교 3학년 때 1부터 100까지 더한 일화는 유명합니다. 가우스는 이 문제를 순식간에 풀었는데 그 방법은 [그림 1-21]과 같이 맨 위쪽 줄에 1부터 100까지의 숫자를 나열하고, 그 아래쪽 줄에 100부터 1까지의 숫자를 나열하면 위쪽 줄의 수와 아래쪽 줄의 수를 더했을 때 일정하게 101이 나온다는 규칙(패턴)을 찾은 것입니다. 이런 패턴을 찾은 가우스는 101이라는 수가 100개 나오고 이를 모두 더하면 10100이 되는데, 이것은 1부터 100까지 더한 수가 두 번 계산된 것이니 10100을 2로 나눈 5050이 답이라고 한 것입니다. 초등학교 3학년 때 이런 패턴을 활용한 계산법을 스스로 찾아내다니 가우스가 얼마나 천재였는지 짐작할 수 있습니다.

그림 1-21 패턴인식을 활용해 1부터 100까지 더하기

3 일상생활에서의 패턴인식

패턴인식 활동은 일상생활에서 무의식적으로 항상 일어나고 있습니다. 우리는 머리 모양이 바뀌더라도 친구의 얼굴을 알아보고, 새로운 디자인의 의자를 볼 때 그것이 의자라는 것을 바로 인식합니다. 이것은 우리의 뇌가 이미 친구의 얼굴과 의자의 일반적인 패턴을 갖고 있어서 가능한 것입니다([그림 1-22] 참고).

그림 1-22 일상생활에서 패턴인식 활용의 예

패턴인식은 어떤 문제에 대한 해결 방법을 이미 해결 방법을 알고 있는 다른 문제와 연관시키는 것에도 활용됩니다. 이때 패턴인식 사고능력은 문제의 핵심 특징들을 파악하고, 그 특징들을 기준으로 이미 해결 방법을 알고 있는 유사 문제를 찾는 데 발휘됩니다. 유사 문제를 찾았으면 그 문제의 해결 방법을 원래 해결하고자 하는 문제에 적절히 적용합니다.

예를 들어 걸어온 길을 되돌아가서 잃어버린 지갑을 찾은 경험이 있다면, 다른 장소에서 다른 물건을 잃어버렸을 때도 이와 같은 방법을 적용할 수 있습니다. 또한 두 자릿수 더하기 계산법만 익힌 학생이 이 계산법을 세 자릿수 더하기에 적용하는 것도 문제 간의 패턴을 찾아 이미 알고 있는 해결 방법을 적용하는 예입니다.

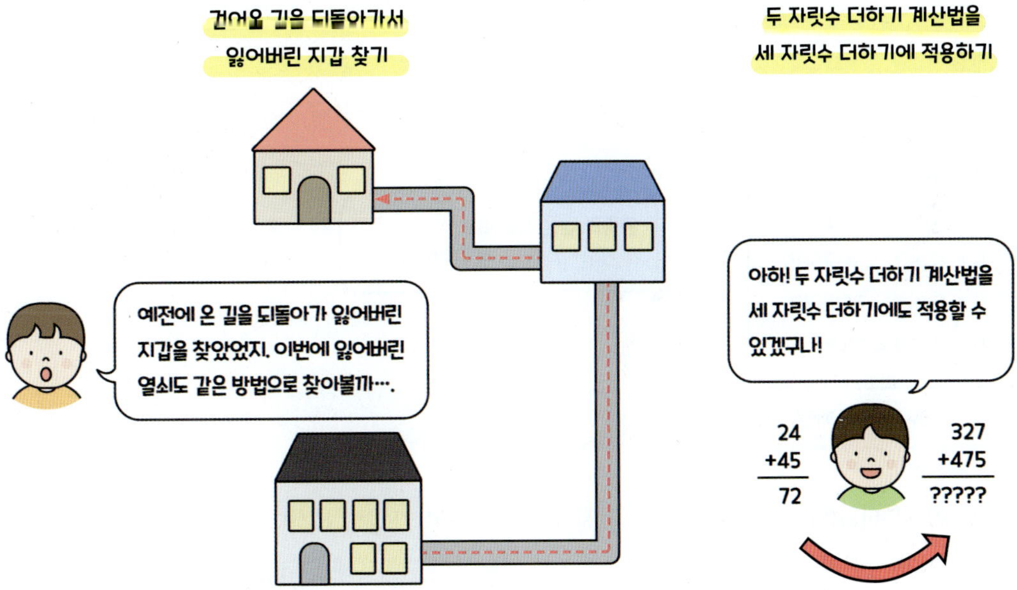

그림 1-23 **패턴인식을 활용한 일상생활에서의 문제 해결 방법 찾기**

4 패턴인식과 문제 해결

문제 해결에 필요한 데이터를 접할 때 처음에는 그 데이터가 무질서하고 문제 해결에 아무런 도움이 안 되는 것처럼 느껴질 수 있습니다. 하지만 데이터를 유심히 관찰하여 숨겨진 패턴을 찾아낸다면 그 패턴을 활용하여 의외로 쉽게 문제를 해결할 수 있습니다.

[그림 1-24]의 문제는 프랑스 소설가 베르나르 베르베르(Bernard Werber)가 자신의 소설『개미(Les Formis)』에서 소개한 문제입니다. 숫자들 사이의 규칙성, 즉 패턴을 찾아내면 매우 간단히 해결되는 문제입니다. 답은 [그림 1-27]에 소개되어 있는데, 답을 보기 전에 여러분 스스로 풀어보는 시간을 가져보길 바랍니다.

그림 1-24 베르나르 베르베르의 소설 『개미』에 나오는 패턴인식 문제

[그림 1-25]는 패턴인식을 활용해 문제를 풀어야 하는 멘사(Mensa) 퀴즈의 예입니다. 퀴즈의 답은 [그림 1-27]에 소개되어 있는데, 답을 보기 전에 여러분 스스로 문제를 풀어보는 시간을 가져보세요.

그림 1-25 멘사 퀴즈의 패턴인식 문제

여러분이 1부터 100까지 짝수만 더하는 문제를 받았다고 가정해 봅시다. 이 문제를 푸는 방법은 여러 가지가 있겠지만, 우리는 앞에서 가우스가 패턴인식을 이용해 1부터 100까지 더한 방법을 배웠습니다. 1부터 100까지 짝수만 더하는 문제가 1부터 100까지 더하는 문제와 패턴이 유사하다는 것을 눈치챘다면 여러분은 가우스의 해결 방법을 이용할 수 있습니다.

[그림 1-26]은 가우스의 방법으로 1부터 100까지 짝수만 더하는 문제를 해결한 것입니다. 1부터 100 사이의 홀수들의 합과 1부터 100 사이의 3의 배수들의 합도 같은 방법으로 해결할 수 있으니 도전해 보길 바랍니다.

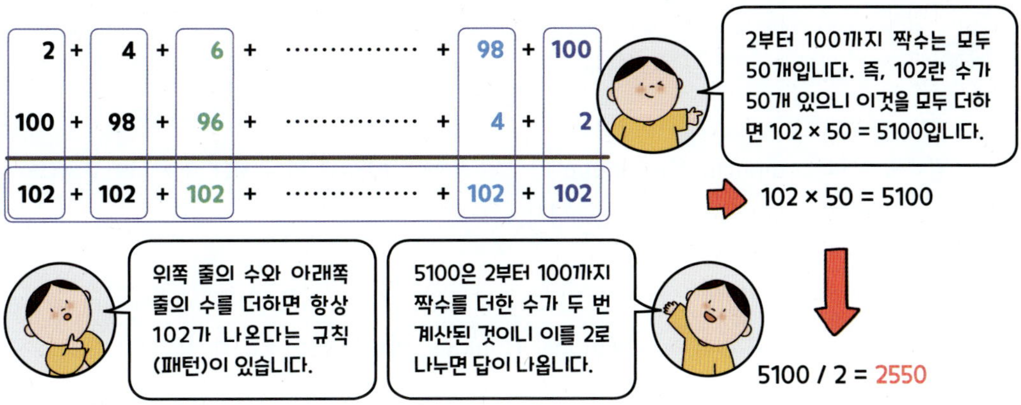

그림 1-26 가우스 방법을 이용한 2부터 100까지 짝수만 더하는 문제의 해결

[그림 1-27]은 [그림 1-24]의 소설 『개미』의 문제와 [그림 1-25]의 멘사 퀴즈의 풀이 과정을 보여주고 있습니다.

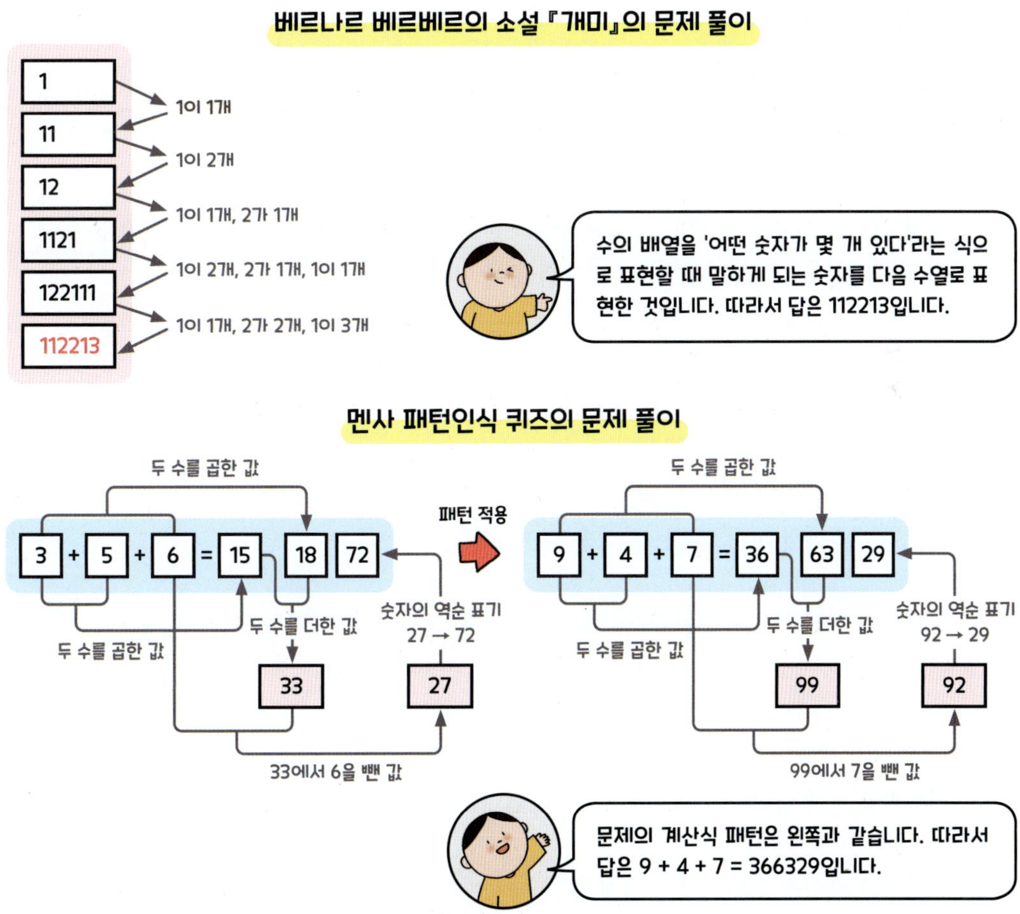

그림 1-27 소설 『개미』의 문제와 멘사 패턴인식 퀴즈의 풀이 과정

요약

01 컴퓨팅 사고(Computational Thinking)라는 용어는 1980년 미국 MIT의 시모어 페퍼트가 자신의 저서에서 처음 사용하였습니다.

02 컴퓨팅 사고라는 개념이 본격적으로 대중화된 것은 2006년 미국 카네기멜런대학의 교수였던 지넷 윙이 발표한 〈Computational Thinking〉이라는 논문에 의해서입니다.

03 우리나라 교육부는 2015년에 컴퓨팅 사고를 '컴퓨터 과학의 기본 개념과 원리 및 컴퓨팅 시스템을 활용하여 실생활 및 다양한 학문 분야의 문제를 이해하고 창의적 해법을 구현하여 적용할 수 있는 능력'으로 정의하였습니다.

04 2015년 한국교육학술정보원(KERIS)은 컴퓨팅 사고의 구성 요소를 추상화, 분해, 패턴인식, 알고리즘으로 구분하여 제시하고, 별도로 프로그래밍을 포함시켰습니다.

05 추상화(Abstraction)란 사물이 지닌 여러 가지 측면 가운데 어떤 특정한 성질, 공통성, 또는 본질만을 가려내어 파악하는 것을 의미합니다,

06 추상화의 예로 곤충의 개념, 내비게이션의 지도, 미술에서의 추상화(Abstract Painting), 인물 캐리커처, 올림픽 경기의 픽토그램 등이 있습니다.

07 추상화를 통해 문제에서 다뤄야 할 대상을 문제 해결에 필요한 요소만 남겨두고 나머지는 배제함으로써 문제를 효율적으로 해결할 수 있습니다.

08 분해(Decomposition)란 큰 규모의 복잡한 작업을 처리 가능한 수준의 작업 단위가 될 때까지 계속해서 작게 쪼개는 작업을 의미합니다.

09 분해로 쪼개진 작업 단위는 '모듈성'이 높을수록 좋습니다. 여기서 모듈성이 높다는 말은 어떤 부품을 변경할 때 그 변경이 전체에 미치는 영향이 작다는 의미입니다.

10 큰 단위의 작업을 하부 작업으로 반복해서 분해하면 계층적 구조를 갖게 됩니다. 따라서 반복적인 분해 작업을 '계층적 분해'라고 합니다.

11 처음에는 해결의 실마리가 보이지 않는 대규모의 복잡한 문제라도 분해를 통해 처리 가능한 수준으로 나누어 차근차근 해결할 수 있습니다.

12 패턴인식(Pattern Recognition)이란 데이터에 존재하는 패턴, 즉 일정한 형태, 유형, 양식, 또는 규칙성을 찾아내는 것을 의미합니다.

13 패턴인식은 사물을 인식하는 작업과 현상을 예측하는 작업에 활용됩니다.

14 문제 해결에 필요한 데이터를 유심히 관찰하여 숨겨진 패턴을 찾아낸다면 그 패턴을 활용하여 의외로 쉽게 문제를 해결할 수 있습니다.

15 패턴인식은 어떤 문제에 대한 해결 방법을 이미 해결 방법을 알고 있는 다른 문제와 연관시키는 것에도 활용됩니다. 이때 패턴인식 사고능력은 문제의 핵심적인 특징들을 파악하고, 그 특징들을 기준으로 이미 해결 방법을 알고 있는 유사 문제를 찾는 데 발휘됩니다. 이렇게 찾아진 유사 문제의 해결 방법을 원래 해결하고자 하는 문제에 적절히 이용하면 됩니다.

연습문제

01 컴퓨팅 사고라는 용어를 처음 사용한 사람은 누구인가요?

① 마빈 민스키　　② 시모어 페퍼트
③ 지넷 윙　　④ 앨런 튜링

02 컴퓨팅 사고의 비전을 제시하면서 컴퓨팅 사고의 개념을 대중화한 사람은 누구인가요?

① 마빈 민스키　　② 시모어 페퍼트
③ 지넷 윙　　④ 앨런 튜링

03 다음은 우리나라 교육부가 제시한 컴퓨팅 사고에 대한 정의입니다. 빈칸에 들어갈 용어가 올바로 짝지어진 것을 고르세요.

컴퓨팅 사고 정의
[㉠]의 기본 개념과 원리 및 [㉡]을 활용하여 실생활 및 다양한 학문 분야의 문제를 이해하고 [㉢]을 구현하여 적용할 수 있는 능력

① ㉠ – 컴퓨터 과학　㉡ – 컴퓨팅 시스템　㉢ – 창의적 해법
② ㉠ – 컴퓨터 과학　㉡ – 인공지능 시스템　㉢ – 효율적 해법
③ ㉠ – 인문 과학　㉡ – 컴퓨팅 시스템　㉢ – 창의적 해법
④ ㉠ – 인문 과학　㉡ – 인공지능 시스템　㉢ – 효율적 해법

04 우리나라 교육부가 제시한 컴퓨팅 사고의 구성 요소가 <u>아닌</u> 것을 고르세요.

① 자료 수집　　② 추상화
③ 자동화　　④ 테스트

05 다음 중 컴퓨팅 사고에 대한 설명으로 올바르지 <u>않은</u> 것을 고르세요.

① 컴퓨터 과학의 기본 원리와 컴퓨팅 시스템을 실생활 문제에 활용하는 능력입니다.
② 컴퓨터 프로그래밍 능력이 가장 중요합니다.
③ 대표적인 구성 요소로 추상화, 분해, 패턴인식, 알고리즘 등이 있습니다.
④ 기계적인 기술보다는 인간의 사고능력을 말합니다.

06 **다음 중 추상화에 대한 설명으로 올바르지 않은 것을 고르세요.**

① 사물이 지닌 여러 가지 측면 가운데 어떤 특정한 성질, 공통성, 또는 본질만을 가려내어 파악하는 것을 의미합니다.

② 문제에서 다루어야 할 대상을 문제 해결에 필요한 요소만 남겨두고 나머지는 배제함으로써 문제를 효율적으로 해결할 수 있습니다.

③ 여러 사물이나 개념에서 공통된 성질을 추출하여 더욱 일반화된 개념을 만들어 내는 일반화 개념을 포함합니다.

④ 회화 분야의 추상화(Abstract Painting)와는 전혀 연관성이 없는 다른 개념이므로 혼동하지 말아야 합니다.

07 **다음 중 추상화의 예로 올바르지 않은 것을 고르세요.**

① CCTV의 얼굴 인식 자동화

② 내비게이션의 지도

③ 문학 작품의 줄거리

④ 올림픽의 픽토그램

08 **다음 중 추상화 활동으로 올바르지 않은 것을 고르세요.**

① 동생 얼굴의 특징을 강조하여 그려 주었습니다.

② 바지를 디자인하기 위해 사람의 하체만 있는 마네킹을 사용했습니다.

③ 친구의 무거운 짐을 나누어 옮겼습니다.

④ 어제 읽은 책을 친구에게 짧게 요약해 알려주었습니다.

09 **다음 중 분해에 대한 설명으로 올바르지 않은 것을 고르세요.**

① 큰 규모의 복잡한 작업을 처리 가능한 수준의 작업 단위가 될 때까지 계속해서 작게 쪼개는 작업을 의미합니다.

② 분해 작업은 한 번만 수행하기 때문에 한 번의 분해 작업으로 쪼개진 작업 단위는 처리 가능한 수준의 내용을 담고 있어야 합니다.

③ 분해로 쪼개진 작업 단위는 자신의 변경이 전체에 미치는 영향이 크지 않도록 모듈화하는 것이 좋습니다.

④ 처음에는 해결의 실마리가 보이지 않는 대규모의 복잡한 문제라도 분해를 통해 처리 가능한 수준으로 나누어 차근차근 해결할 수 있습니다.

10 **다음 중 분해의 활동으로 올바르지 않은 것을 고르세요.**

① 안경테 디자인을 위해서 눈, 코, 귀만 있는 사람 얼굴 조형물을 만들었습니다.

② 저금통의 돈을 온 가족이 모여 나누어 세었습니다.

③ 닭볶음 요리를 간단한 작업들로 나눈 후 하나씩 처리해 완성했습니다.

④ 집안 대청소를 위해 가족들에게 업무를 할당했습니다.

11 **다음 중 패턴인식에 대한 설명으로 올바르지 않은 것을 고르세요.**

① 데이터에 존재하는 일정한 형태, 유형, 양식, 또는 규칙성을 찾는 것을 의미합니다.

② 컴퓨터 과학에서는 인공지능 분야에서 컴퓨터가 어떤 대상을 인식하는 문제를 다루는 데 활용합니다.

③ 어떤 문제를 풀 때 이미 해결책을 알고 있는 유사 문제를 찾아 활용하는 것도 패턴인식 사고 활동에 해당합니다.

④ 복잡한 문제를 처리 가능한 수준으로 나누어 해결하도록 도와줍니다.

12 **다음 중 패턴인식의 활동으로 올바르지 않은 것을 고르세요.**

① 하늘에 먹구름이 잔뜩 낀 것을 보고 우산을 챙겨 외출했습니다.

② 숲속의 풍경을 삼각형과 녹색만을 이용해서 그렸습니다.

③ 중식당 주인이 비가 온다는 날씨예보를 보고 짬뽕 재료를 많이 준비했습니다.

④ 복도를 걸어오는 걸음 소리를 듣고 어떤 친구인지 맞췄습니다.

13 **다음의 예문들은 컴퓨팅 사고 구성 요소 중 어떤 개념을 적용한 것인가요?**

> 예문 1 원시인 철수는 벼락에 맞아 불에 타고 있는 나무 근처에 동물들이 다가가지 못하는 것을 보았습니다. 어느 날 밤중에 숲속에서 길을 잃은 철수는 짐승의 공격을 피하고자 나뭇가지에 불을 붙여 무사히 숲속을 빠져나왔습니다.
>
> 예문 2 영희는 32+56+21+13을 계산하는 문제를 받았습니다. 영희는 이 문제를 (32+56)과 (21+13)으로 나누어 각각 88과 34의 답을 먼저 구하고 (88+34)를 계산하여 122라는 답을 구했습니다.

① 예문 1 추상화 예문 2 분해

② 예문 1 알고리즘 예문 2 패턴인식

③ 예문 1 분해 예문 2 알고리즘

④ 예문 1 패턴인식 예문 2 분해

14 다음 그림에서 패턴을 찾아 가려진 부분의 도형을 고르세요.

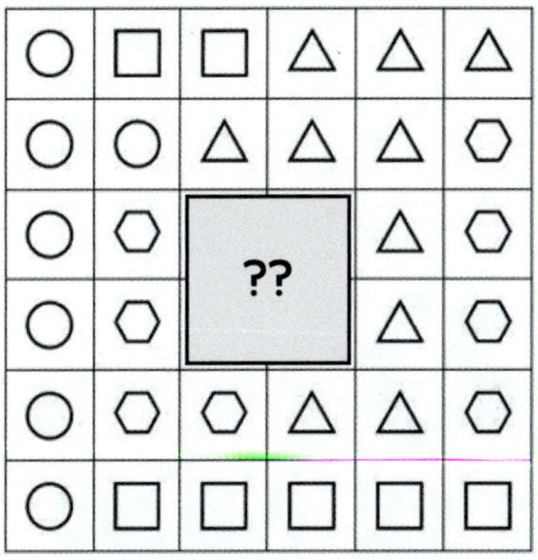

① 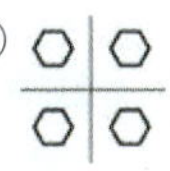

② 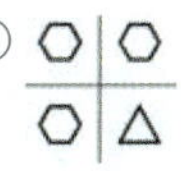

③ 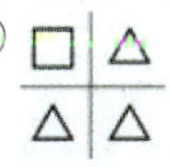

④ 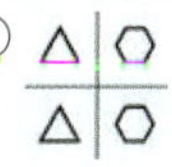

15 다음 문제를 가우스의 1부터 100까지 더하기 방법을 이용해서 해결하세요.

> **힌트 1부터 100 사이의 2의 배수 또는 3의 배수의 합 구하기**
>
> - 1단계 : 가우스의 방법으로 1부터 100 사이의 2의 배수 합을 구합니다.
> - 2단계 : 가우스의 방법으로 1부터 100 사이의 3의 배수 합을 구합니다.
> - 3단계 : 1단계와 2단계에서 구한 답을 더합니다.
> - 4단계 : 3단계의 답은 1부터 100 사이의 6의 배수 합이 두 번 계산된 것입니다. 따라서 가우스의 방법으로 6의 배수 합을 구하고, 이를 3단계의 답에서 빼줍니다.

CHAPTER 02

컴퓨팅 사고(2)
: 알고리즘과 문제 해결

학습목표

- 알고리즘의 개념을 이해합니다.
- 알고리즘의 시간 복잡도 개념을 이해합니다.
- 알고리즘의 다양한 표현 방법을 학습합니다.
- 알고리즘을 이용한 문제 해결을 연습합니다.

Preview

알고리즘은 어떤 문제를 해결하기 위한 절차나 방법을 의미하며, 컴퓨팅 사고를 향상시킬 수 있는 중요한 요소입니다. 알고리즘을 이해하고 구현하는 과정에서 논리적 사고와 문제 해결 능력이 향상되는데, 이는 컴퓨터 과학 및 다양한 분야에서 필수적인 기술입니다.
이 장은 알고리즘의 개념과 알고리즘의 성능을 나타내는 시간 복잡도, 알고리즘의 표현 방법으로 일반 언어, 순서도, 의사 코드를 살펴봅니다. 또한 유클리드 최대공약수 구하기, 거스름돈 내어주기, 1부터 N 사이의 숫자 맞추기 등의 문제를 해결하는 알고리즘을 이해하고 표현 방법을 연습해 봅니다.

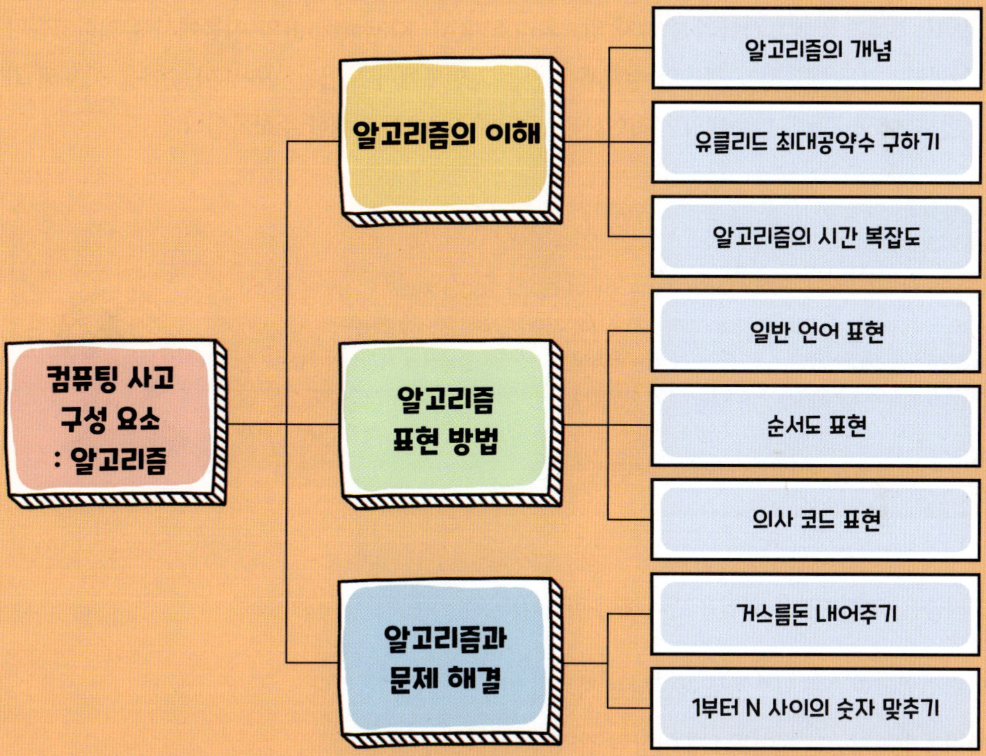

Section
01 알고리즘의 이해

1 알고리즘의 개념

알고리즘(Algorithm)이란 어떤 문제를 해결하기 위한 절차나 방법을 의미합니다. 알고리즘이라는 용어는 9세기경 페르시아의 수학자 알-콰리즈미(Al-Khwarizmi)의 이름에서 유래하였습니다. 알콰리즈미는 페르시아 최초의 수학책을 만들고 인도에서 도입된 아라비아 숫자를 이용해 최초로 덧셈, 뺄셈, 곱셈, 나눗셈의 사칙연산을 만든 페르시아의 위대한 수학자입니다.

하나 더 알기 **알콰리즈미**

알콰리즈미(Al-Khwarizmi)는 서기 780년 무렵에 태어나 850년 무렵까지 살았던 페르시아의 수학자이자 천문학자입니다. 그가 830년경에 저술한 저서 『al-Kitab al-mukhtasar fi hisab al-jabr wa'l-muqabala』에서는 일차방정식과 이차방정식의 체계적인 해법을 소개하고 있습니다. 대수학을 의미하는 영어 Algebra는 이 책의 제목에서 유래합니다. 그는 인도-아라비아 숫자와 계산법을 서양에 전하는 데 주요한 역할을 했으며, 고대 그리스 수학자 디오판토스와 함께 '대수학의 아버지'로 불리고 있습니다.

알고리즘은 다음과 같은 성질을 만족해야 합니다.

- **입력** : 알고리즘은 외부에서 제공되는 자료가 0개 이상 존재합니다.
- **출력** : 알고리즘은 적어도 1개 이상의 결과가 나옵니다.
- **명확성** : 알고리즘의 수행 과정은 명확하고 모호하지 않은 명령어로 구성되어야 합니다.
- **유한성** : 종결성이라고도 하며 한정된 명령어를 수행 후에 종료되어야 합니다.
- **유효성(수행 가능성)** : 알고리즘의 각 과정은 사람이 수작업으로도 계산할 수 있을 만큼 단순, 명백해야 합니다.

알고리즘은 반드시 종료되어야 합니다. 따라서 무한 반복의 가능성이 있는 문제 해결 방법은 알고리즘으로 볼 수 없습니다. 그리고 요즘은 컴퓨터를 활용해 알고리즘을 수행하기 때문에 특별히 유효성을 컴퓨터로 실행 가능해야 한다는 의미로 사용하기도 합니다.

2 최초의 알고리즘, 유클리드 최대공약수 구하기

일반적으로 서기 300년경 유클리드의 최대공약수 구하기 방법을 최초의 알고리즘으로 인정하고 있습니다. 이 알고리즘은 '두 양의 정수의 최대공약수는 큰 수에서 작은 수를 뺀 수와 작은 수의 최대공약수와 같다'라는 성질을 이용합니다. [그림 2-1]은 유클리드 최대공약수 구하기 알고리즘과 이 알고리즘을 적용하여 28과 16의 최대공약수를 구하는 예를 보여줍니다.

유클리드 최대공약수 구하기 알고리즘

두 양의 정수 a, b의 최대공약수 구하기 알고리즘

(가정: 두 정수 a와 b는 0 이상의 값이고 a가 b보다 크거나 같습니다.)

- 1단계 : b가 0이면 a를 최대공약수로 정하고 알고리즘을 종료합니다.
- 2단계 : b가 0이 아니라면, a에서 b를 빼고 그 결과값을 c로 정합니다.
- 3단계 : b와 c 중 큰 값을 a로, 작은 값을 b로 정하여 위 작업을 1단계부터 다시 수행합니다.

최대공약수 구하기 알고리즘 적용 예

28과 16의 최대공약수 계산

[알고리즘 수행 과정]

초기값 설정 : 28과 16 중 큰 값 28을 a의 값으로 설정(a=28), 작은 값 16을 b로 설정(b=16)

① b가 0이 아니므로, a에서 b를 뺀 값 12를 c로 설정(c=12)
② b(=16)와 c(=12) 중 큰 값 16을 a의 값으로 설정(a=16), 작은 값 12를 b로 설정(b=12)
③ b(=12)가 0이 아니므로, a(=16)에서 b(=12)를 뺀 값 4를 c로 설정(c=4)
④ b(=12)와 c(=4) 중 큰 값 12를 a의 값으로 설정(a=12), 작은 값 4를 b로 설정(b=4)
⑤ b(=4)가 0이 아니므로, a(=12)에서 b(=4)를 뺀 값 8을 c로 설정(c=8)
⑥ b(=4)와 c(=8) 중 큰 값 8을 a의 값으로 설정(a=8), 작은 값 4를 b로 설정(b=4)
⑦ b(=4)가 0이 아니므로, a(=8)에서 b(=4)를 뺀 값 4를 c로 설정(c=4)
⑧ b(=4)와 c(=4) 중 큰 값 4를 a의 값으로 설정(a=4), 작은 값 4를 b로 설정(b=4)
(b와 c의 값이 동일하게 4이므로, 어느 쪽을 큰 값, 작은 값으로 하든 상관없음)
⑨ b(=4)가 0이 아니므로, a(=4)에서 b(=4)를 뺀 값 0을 c로 설정(c=0)
⑩ b(=4)와 c(=0) 중 큰 값 4를 a의 값으로 설정(a=4), 작은 값 0을 b로 설정(b=0)
⑪ b(=0)가 0이므로 a(=4)의 값 4를 최대공약수로 정함

[알고리즘 결과값]

28과 16의 최대공약수는 4

그림 2-1 유클리드 최대공약수 구하기 알고리즘과 적용 예

3 알고리즘의 시간 복잡도

하나의 문제에 대해서 이를 해결하는 알고리즘은 여러 개 존재할 수 있습니다. 여러분은 가장 좋은 알고리즘을 선택하여 문제 해결에 사용해야 하는데, 알고리즘의 선택 기준은 무엇일까요? 일반적으로 알고리즘의 성능은 알고리즘의 수행 속도와 요구되는 컴퓨터 메모리의 양으로 평가됩니다. 즉, 더 적은 컴퓨터 메모리를 사용하면서 더 빠른 속도로 문제를 해결하는 알고리즘이 성능 좋은 알고리즘입니다. 여기서는 알고리즘의 수행 속도를 평가하는 방법에 대해서 알아보겠습니다.

알고리즘은 일반적으로 자신이 처리해야 할 입력 자료의 개수가 증가함에 따라 수행 시간도 증가합니다. 예를 들어, 여러 개의 수를 크기 순서대로 정렬하는 알고리즘의 경우 10개의 수를 정렬하는 것보다 10,000개의 수를 정렬하는 것이 시간이 더 오래 걸립니다. 여기서 중요한 것은 알고리즘의 입력 자료 개수와 수행 시간 간에 어떤 관계가 존재하는지 파악하는 것입니다. 입력 자료 개수가 열 배 증가할 때 수행 시간도 열 배 증가하는 알고리즘도 있지만, 수행 시간이 백 배 증가하는 알고리즘도 있을 수 있습니다. 당연하겠지만 입력 자료 개수가 열 배 증가할 때 수행 시간도 열 배 증가하는 알고리즘을 선택하는 것이 좋습니다.

알고리즘의 **시간 복잡도(Time Complexity)**는 알고리즘의 입력 자료 개수가 증가할 때 수행 시간이 어떻게 증가하는지 대략적인 모양새를 나타냅니다. 시간 복잡도가 높은 알고리즘일수록 수행 시간이 입력 자료 개수의 증가에 심하게 영향을 받습니다. 즉, 입력 자료 개수가 열 배 증가할 때 수행 시간이 백 배 증가하는 알고리즘은 수행 시간이 열 배만 증가하는 알고리즘보다 시간 복잡도가 높습니다. 결론적으로, 하나의 문제에 대해서 이를 해결하는 알고리즘이 여러 개 존재할 때 우리는 시간 복잡도가 낮은 알고리즘을 선택하는 것이 좋습니다.

알고리즘의 시간 복잡도는 일반적으로 '빅오(Big-oh)' 표기법으로 나타냅니다. '빅오 일'이라고 읽는 'O(1)'은 입력 자료 개수가 증가해도 알고리즘의 수행 시간이 변함없이 일정하다는 것을 나타냅니다. '빅오 엔'이라고 읽는 'O(n)'은 입력 자료 개수가 증가하는 비율과 동일하게 알고리즘 수행 시간이 증가한다는 것을 나타냅니다. 즉, O(n)의 시간 복잡도를 갖는 알고리즘은 입력 개수가 열 배가 되면 수행 시간도 열 배로 증가하는 알고리즘입니다. 이쯤에서 여러분은 빅오 표기 '$O(n^2)$'을 보면 이를 '빅오 엔 제곱'이라 읽으며, $O(n^2)$의 시간 복잡도를 갖는 알고리즘은 입력 자료 개수가 열 배 증가하면 수행 시간은 입력 자료 개수 증가량의 제곱 배인 백 배만큼 증가하고, 입력 자료 개수가 백 배 증가하면 수행 시간은 입력 자료 개수 증가량의 제곱 배인 만 배만큼 증가한다는 것을 알 수 있습니다.

세상의 많은 중요한 문제들의 알고리즘들이 $O(2^n)$, O(n!)과 같은 시간 복잡도를 갖습니다. 이런 알고리즘들은 입력의 개수가 조금만 늘어도 알고리즘 수행 시간이 상상을 초월할 정도로 증가합니다. 이런 이유로 효율적인 알고리즘이 얼마나 중요한지 알 수 있습니다. [그림 2-2]는 다양한 빅오 표기들에 대해서 그들 간의 상대적인 수행 시간 크기를 보여줍니다.

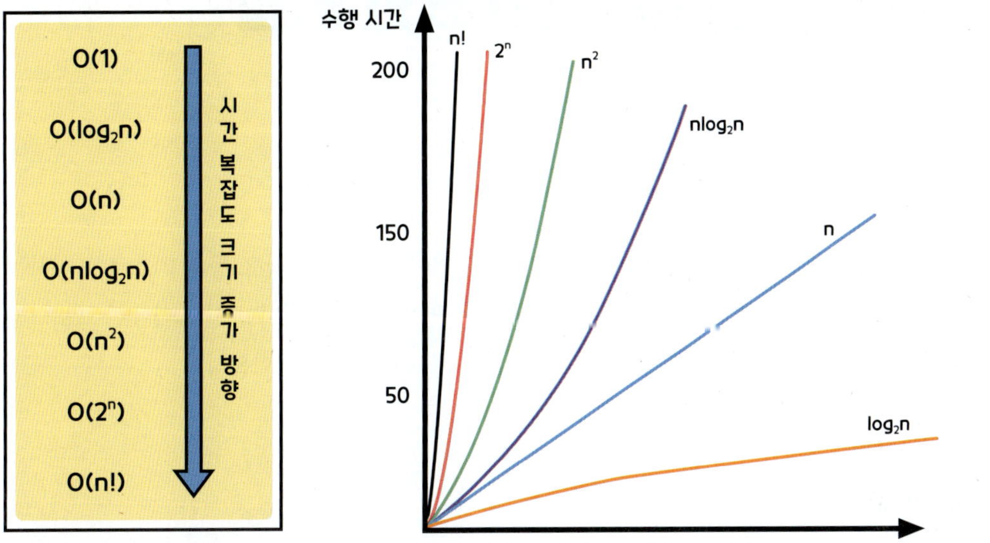

빅오 표기의 시간 복잡도 크기

그림 2-2 알고리즘의 시간 복잡도

n!은 '엔 팩토리얼'이라고 읽으며, n과 1 사이의 정수를 모두 곱한 값을 의미합니다. 예를 들어 5!(오 팩토리얼)의 값은 5×4×3×2×1=120입니다.

Section

02 알고리즘의 표현 방법

알고리즘의 표현 방법으로는 일상에서 사용하는 일반 언어, 도형과 화살표 등의 기호로 표현하는 순서도, 일반 언어를 프로그램 코드 형식으로 표현하는 의사 코드, 컴퓨터가 실행 가능한 프로그래밍 언어 등이 있습니다. 이 중 일반 언어, 순서도, 의사 코드에 대해서 살펴봅니다.

1 일반 언어 표현

알고리즘 표현에 일반 언어(Natural Language)를 사용하는 방법은 누구나 쉽게 사용할 수 있다는 장점이 있습니다. 하지만 언어가 지닌 중의성이나 모호성 때문에 복잡한 알고리즘을 명확하게 설명하는 데 어려움이 있습니다. 예를 들어, '나는 누나와 엄마를 찾았다.'라는 말은 누나와 함께 엄마를 찾았다는 의미와 누나도 찾고 엄마도 찾았다는 의미의 두 가지로 해석될 수 있습니다(중의성). 그리고 '철수는 좋은 학생이다.'라는 말은 철수가 성적이 좋다는 말인지, 아니면 성격이 좋다는 말인지 분명하지 않습니다(모호성). 따라서 일반 언어로 알고리즘을 표현하는 것은 간단한 알고리즘 외에는 피하는 것이 좋습니다. 앞에서 살펴본 [그림 2-1]의 유클리드 최대공약수 구하기 알고리즘이 일반 언어로 알고리즘을 표현한 예입니다.

2 순서도 표현

순서도(Flow Chart)는 도형과 화살표 등의 기호를 이용하여 알고리즘을 표현합니다. 순서도는 그림으로 표현되기 때문에 알고리즘의 전체적인 구조를 이해하는 데 편리합니다. 하지만 물리적으로 그림이 차지하는 공간으로 인해 복잡한 알고리즘을 표현하는 데는 한계가 있습니다. [표 2-1]은 순서도에 사용되는 주요 기호들을 소개한 것입니다.

표 2-1 순서도 기호

기호	명칭	의미	기호	명칭	의미
	단말	순서도의 시작과 끝		준비	작업 준비 작업
	흐름선	작업의 흐름	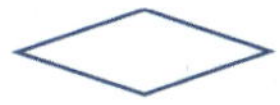	판단	조건의 참/거짓 판단
	처리	처리해야 할 작업		입력/출력	자료의 입력과 출력

알고리즘은 문제 해결 절차에 따라 작업이 수행되도록 제어해야 합니다. 작업 수행의 제어 방식은 크게 순차적(Sequential), 선택적(Selective), 반복적(Iterative) 제어 방식이 있습니다. [표 2-2]는 순서도에서 순차적, 선택적, 반복적 제어 방식이 어떻게 표현되는지 보여줍니다.

표 2-2 순서도의 순차적, 선택적, 반복적 제어 방식의 표현

제어 방식	설명	순서도
순차적 제어 방식	여러 개의 작업을 화살표의 진행 방향에 따라 나열된 순서대로 수행	 작업 1과 작업 2를 순차적으로 수행
선택적 제어 방식	특정 조건을 만족하는지 아닌지에 따라 작업을 선택적으로 수행	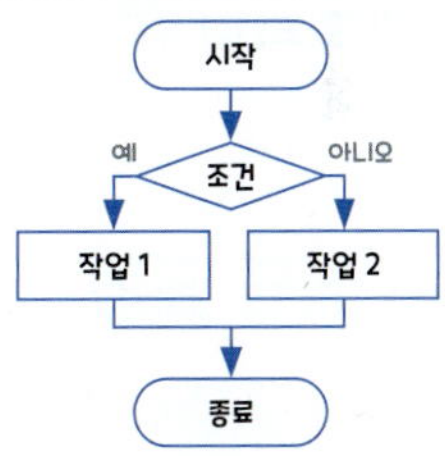 조건을 만족하면 작업 1을 수행하고, 조건을 만족하지 않으면 작업 2를 수행
반복적 제어 방식	특정 조건을 만족 또는 만족하지 않을 때까지 작업을 반복적으로 수행	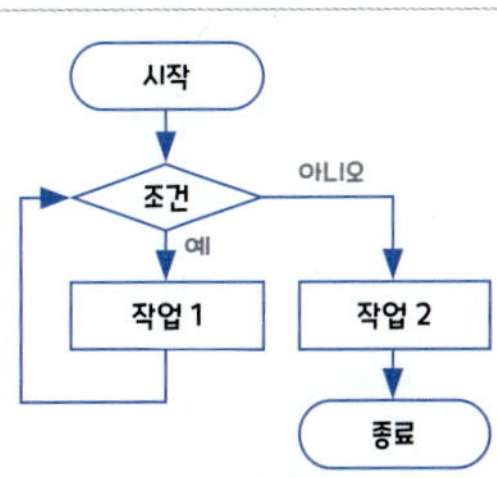 조건을 만족하는 동안 작업 1을 반복 수행하고, 조건을 만족하지 않으면 작업 2를 수행

[그림 2-3]은 유클리드 최대공약수 구하기 알고리즘을 순서도로 표현한 것입니다. 우리가 앞에서 배운 순서도에 관한 지식을 바탕으로 차분하게 이해해 보기 바랍니다.

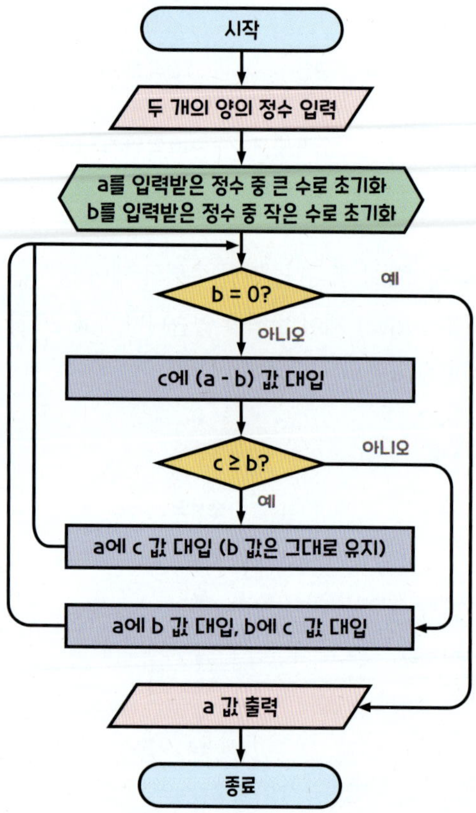

그림 2-3 순서도로 표현한 유클리드 최대공약수 구하기 알고리즘

3 의사 코드 표현

의사 코드(Pseudo Code)는 일반 언어를 프로그래밍 언어의 코드와 유사하게 표현한 것입니다. 아무리 유능한 프로그래머라도 처음 알고리즘을 설계할 때는 자신의 모국어를 사용하는 것이 편리합니다. 하지만 앞에서 살펴본 일반 언어의 한계 때문에 알고리즘을 일반 언어로만 기술하는 것은 적절하지 못합니다. 따라서 의사 코드는 사람에게 편리한 일반 언어의 장점을 살리면서 논리적으로 명확한 프로그래밍 언어의 장점을 더한 것입니다. 의사 코드는 사용자마다 자신의 문법을 정의하여 사용할 수 있으며, 어느 정도 프로그래밍 언어의 형식을 갖고 있어서 나중에 프로그래밍 언어로 쉽게 변환할 수 있습니다. 참고로, 의사 코드에서 '의사(Pseudo)'라는 말은 컴퓨터가 실제로 실행할 수 있는 코드가 아니라는 의미로 붙여진 것입니다.

[그림 2-4]는 하나의 의사 코드 문법을 정의하고, 이 의사 코드를 활용해서 유클리드 최대공약수 구하기 알고리즘을 표현한 것입니다.

의사 코드 문법의 예

의사 코드	의미
A ← B	A에 B 값 대입
return (A)	알고리즘의 결과값으로 A 값 출력

while (조건)
작업
endwhile
	조건이 만족되는 동안 작업을 반복 수행

if (조건)
작업
endif
	조건이 만족되면 작업을 수행

if (조건)
작업 A
else
작업 B
endif
	조건이 만족되면 작업 A를 수행하고, 조건이 만족되지 않으면 작업 B를 수행

유클리드 최대공약수 구하기 알고리즘을 의사 코드로 표현한 예

```
최대공약수 구하기 (a, b)
입력: 양의 정수 값을 갖는 변수 a, b (단, a ≥ b)

while (b의 값이 0이 아님)
   c ← a의 값에서 b의 값을 뺀 값
   if (c의 값이 b의 값보다 크거나 같음)
      a ← c의 값
      b ← b의 값
   else
      a ← b의 값
      b ← c의 값
   endif
 endwhile
return (a의 값)
```

그림 2-4 의사 코드로 표현한 유클리드 최대공약수 구하기 알고리즘

Section

03 알고리즘과 문제 해결

1 거스름돈 내어주기

여러분이 편의점 점원이라고 가정하고 손님에게 거스름돈을 내어주는 문제를 생각해 보겠습니다. 거슬러 줄 수 있는 동전은 500원, 100원, 50원, 10원이며, 가장 적은 동전 개수로 거스름돈을 내어주어야 합니다. 이 문제는 매우 간단한 해결 알고리즘을 갖고 있습니다. 먼저 가장 큰 액수인 500원짜리 동전으로 최대한 많이 거슬러 주고, 잔액이 남을 경우 다음으로 큰 액수인 100원짜리 동전으로 최대한 많이 거슬러 줍니다. 이와 같은 방법을 거스름돈이 모두 채워질 때까지 반복합니다. 참고로, 이처럼 선택의 순간마다 당장 눈앞에 보이는 최적의 상황만을 좇아 해답에 도달하는 알고리즘을 **탐욕 알고리즘(Greedy Algorithm)**이라고 합니다. [그림 2-5]는 거스름돈 내어주기 알고리즘을 일반 언어로 기술한 것입니다. 그리고 2,780원을 거슬러 주어야 할 경우 이 알고리즘을 사용하여 해결하는 과정을 보여줍니다. 여러분은 500원짜리 동전 5개, 100원짜리 동전 2개, 50원짜리 동전 1개, 그리고 10원짜리 동전 3개로 거스름돈을 내어주면 됩니다.

거스름돈 내어주기 알고리즘

거스름돈 N원을 500원, 100원, 50원, 10원짜리 동전으로 최소의 동전 개수로 내어주기 알고리즘

(가정 : N은 항상 10의 배수인 양의 정수입니다. 즉, 1원 단위의 거스름돈은 없습니다.)

(초기화 : Q500, Q100, Q50, Q10을 0으로 초기화합니다.)

- 1단계 : N을 500으로 나눈 몫을 Q500으로 정하고 N에서 (500×Q500)만큼 뺍니다.
- 2단계 : N이 0이라면 5단계로 이동하고, N이 0이 아니라면 N을 100으로 나눈 몫을 Q100으로 정하고 N에서 (100×Q100)만큼 뺍니다.
- 3단계 : N이 0이라면 5단계로 이동하고, N이 0이 아니라면 N을 50으로 나눈 몫을 Q50으로 정하고 N에서 (50×Q50)만큼 뺍니다.
- 4단계 : N이 0이라면 5단계로 이동하고, N이 0이 아니라면 N을 10으로 나눈 몫을 Q10으로 정하고 N에서 (10×Q10)만큼 뺍니다(N이 10의 배수이기 때문에 4단계 후 N은 항상 0입니다).
- 5단계 : 500원짜리 동전 Q500개, 100원짜리 동전 Q100개, 50원짜리 동전 Q50개, 10원짜리 동전 Q10개로 정하고, 알고리즘을 종료합니다.

거스름돈 내어주기 알고리즘 적용 예

거스름돈 2,780원을 내어주는 경우

[알고리즘 수행 과정]

① N = 2,780을 500으로 나눈 후, 몫 5를 Q500으로 정하고 N을 (500×5)를 뺀 280으로 정함
② N = 280을 100으로 나눈 후, 몫 2를 Q100으로 정하고 N을 (100×2)를 뺀 80으로 정함
③ N = 80을 50으로 나눈 후, 몫 1을 Q50으로 정하고 N을 (50×1)을 뺀 30으로 정함
④ N = 30을 10으로 나눈 후, 몫 3을 Q10으로 정하고 N을 (10×3)을 뺀 0으로 정함

[알고리즘 결과값]

500원짜리 동전 5개, 100원짜리 동전 2개, 50원짜리 동전 1개, 10원짜리 동전 3개

그림 2-5 거스름돈 내어주기 알고리즘과 적용

[그림 2-6]은 거스름돈 내어주기 알고리즘을 순서도로 표현한 것입니다. 순서도의 문법은 [표 2-1]을 참고합니다.

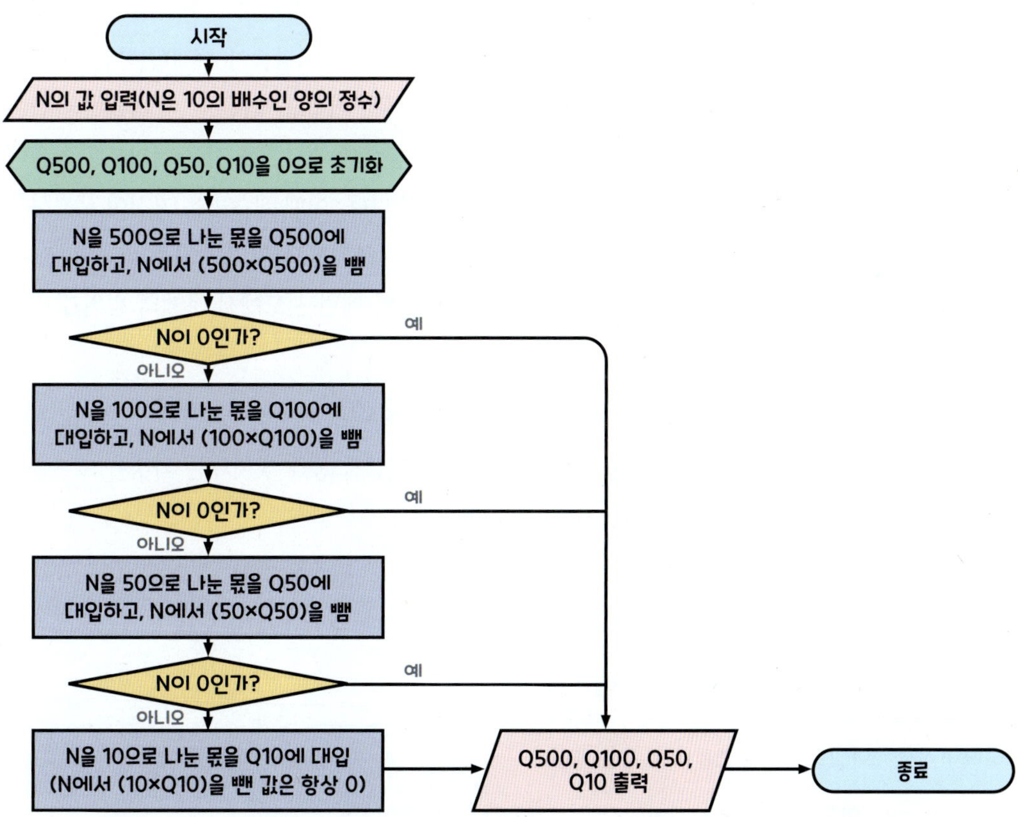

그림 2-6 거스름돈 내어주기 알고리즘의 순서도

하나 더 알기 **거스름돈 내어주기 알고리즘의 시간 복잡도**

거스름돈 내어주기 알고리즘은 O(K)라는 시간 복잡도를 갖습니다. 여기서 K는 거스름에 사용할 수 있는 동전 종류의 개수입니다. 즉, 이 알고리즘의 수행 속도는 거스름돈의 액수와는 상관없이 오직 거슬러 주는 동전 종류의 개수에만 영향을 받습니다. 다시 말해 거슬러 줄 수 있는 동전의 종류가 많을수록 시간이 오래 걸립니다.

2 1부터 N 사이 숫자 맞추기

1부터 100 사이의 숫자 중 하나를 마음속으로 생각하고, 이를 누가 더 빨리 맞추는지 대결하는 게임을 생각해 봅시다. 이 게임의 규칙은 다음과 같습니다. 먼저, 숫자를 생각하는 사람 A와 그 숫자를 맞추는 사람 B를 구분합니다. B가 하나의 숫자를 말하면 A는 그 숫자가 자신이 생각한 숫자보다 큰지 아니면 작은지를 알려줍니다. A가 생각한 숫자를 B가 맞출 때까지 이 과정을 반복합니다. 그 후, A와 B가 역할을 바꾸어 같은 게임을 진행하고, 더 빨리 맞춘 사람이 승리합니다. 과연 여러분은 몇 번 만에 숫자를 맞출 수 있을까요? 최악의 경우 상대방이 100을 생각하고, 여러분이 1부터 숫자를 하나씩 증가시켜 답을 찾는다면 100번 만에 답을 찾을 수도 있습니다.

사실, 이 문제는 **이분 탐색(Binary Search)**이라는 훌륭한 해결 알고리즘이 존재합니다. 이 알고리즘은 문제의 범위를 절반으로 나누어 답이 될 수 없는 부분을 버리고, 남은 문제 범위에서 같은 작업을 반복합니다. 예를 들어, 상대방이 78이란 숫자를 마음속에 생각했을 경우 여러분은 처음에 1부터 100의 범위에서 중간값인 50이 정답인지 물을 수 있습니다. 이때 상대방은 자신이 생각하는 숫자가 50보다 크다고 답하게 될 것입니다. 그러면 여러분은 1부터 50까지의 숫자는 버리고, 51부터 100의 범위에서 중간값인 75가 정답인지 묻습니다. 이처럼 매번 시도에서 문제의 범위가 반씩 줄어들기 때문에 상당히 빨리 답을 찾을 수 있습니다.

[그림 2-7]은 1부터 N 사이 숫자 맞추기 알고리즘을 일반 언어로 기술한 것입니다. 그리고 N이 100일 경우, 즉 1부터 100 사이 숫자 중에서 78을 이 알고리즘을 통해 찾아내는 과정을 보여줍니다. 그림에서 알 수 있듯이 5번 만에 답을 찾아낼 수 있습니다.

1부터 N 사이 숫자 맞추기 알고리즘

1부터 N 사이 임의의 숫자 맞추기 알고리즘

(가정 : N은 1 이상의 정수입니다.)

(초기 설정 : a의 값을 1로, b의 값을 N으로 정합니다.)

- **1단계 : a와 b의 중간값 c를 (a+b)/2에서 소수점 이하 버림 값으로 정합니다.**

• 2단계 : c가 정답이면 알고리즘을 종료합니다.
• 3단계 : 정답이 c보다 크면, a를 (c+1)의 값으로 정합니다(b 값은 그대로 유지).
• 4단계 : 정답이 c보다 작다면, b를 (c−1)의 값으로 정합니다(a 값은 그대로 유지).
• 5단계 : 1단계부터 다시 수행합니다.

1부터 N 사이 숫자 맞추기 알고리즘 적용 예

1부터 100 사이 78을 맞추는 경우

[알고리즘 수행 과정]

① a=1, b=100에서 중간값 c=50 계산 후, c가 정답인지 확인 → 정답이 c보다 크기 때문에 a를 51로 변경
② a=51, b=100에서 중간값 c=75 계산 후, c가 정답인지 확인 → 정답이 c보다 크기 때문에 a를 76으로 변경
③ a=76, b=100에서 중간값 c=88 계산 후, c가 정답인지 확인 → 정답이 c보다 작기 때문에 b를 87로 변경
④ a=76, b=87에서 중간값 c=81 계산 후, c가 정답인지 확인 → 정답이 c보다 작기 때문에 b를 80으로 변경
⑤ a=76, b=80에서 중간값 c=78 계산 후, c가 정답인지 확인 → c가 정답이므로 알고리즘 종료

[알고리즘 결과값]

78

그림 2-7 1부터 N 사이 숫자 맞추기 알고리즘과 적용

[그림 2-8]은 1부터 N 사이 숫자 맞추기 알고리즘을 순서도로 표현한 것입니다. 순서도의 문법은 [표 2-1]을 참고합니다.

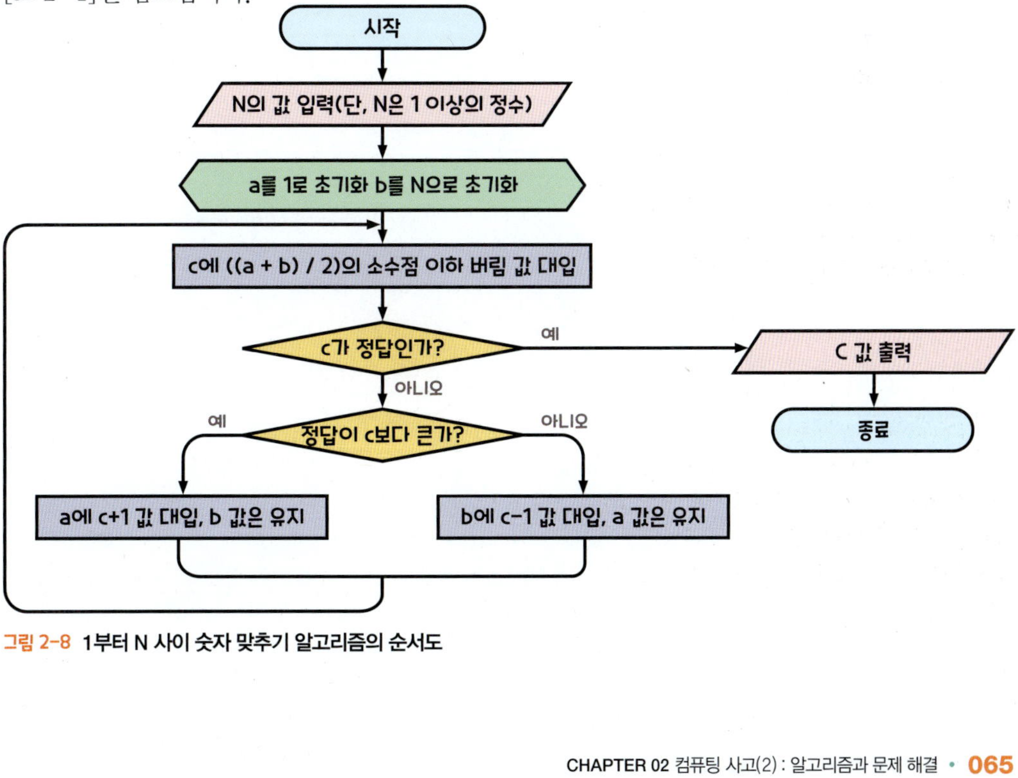

그림 2-8 1부터 N 사이 숫자 맞추기 알고리즘의 순서도

하나 더 알기 √ 1부터 N 사이 숫자 맞추기 알고리즘의 시간 복잡도

1부터 N 사이 숫자 맞추기 알고리즘은 $O(\log_2 N)$이라는 시간 복잡도를 갖습니다. 여기서 N은 숫자 범위의 크기입니다. $\log_2 N$은 로그 함수인데 [그림 2-2]에서 알 수 있듯이 N이 커짐에 따라 매우 느리게 증가하는 성질을 갖고 있습니다. 즉, 1부터 N 사이 숫자 맞추기 알고리즘은 숫자 범위 N이 커지더라도 수행 시간이 별로 증가하지 않는 효율적인 알고리즘입니다.

여러분은 앞에서 알고리즘은 유효성(수행 가능성)이란 성질을 만족해야 한다는 것을 배웠습니다. 이는 알고리즘이 컴퓨터로 수행할 수 있도록 프로그램으로 작성 가능하다는 말과 같습니다. 따라서 이 장에서 배운 유클리드 최대공약수 구하기, 거스름돈 내어주기, 1부터 N 사이 숫자 맞추기 알고리즘을 구현한 스크래치 프로그램을 7장에서 소개하겠습니다.

요약

01 알고리즘(Algorithms)이란 어떤 문제를 해결하기 위한 절차나 방법을 의미합니다. 알고리즘이란 용어는 9세기경 페르시아의 수학자 알-콰리즈미(Al-Khwarizmi)의 이름에서 유래하였습니다.

02 알고리즘은 0개 이상의 입력, 1개 이상의 출력, 명확성, 유한성, 유효성(수행 가능성) 등의 성질을 갖고 있습니다.

03 서기 300년경 유클리드의 최대공약수 구하기 방법을 최초의 알고리즘으로 인정하고 있습니다. 이 알고리즘은 '두 양의 정수의 최대공약수는 큰 수에서 작은 수를 뺀 수와 작은 수의 최대공약수와 같다'라는 성질을 이용합니다.

04 알고리즘의 시간 복잡도는 알고리즘의 입력 개수가 증가할 때 수행 시간이 어떻게 증가하는지 대략적인 모양새를 나타냅니다.

05 알고리즘의 시간 복잡도는 일반적으로 빅오(Big-oh) 표기법으로 나타냅니다. $O(1)$, $O(\log_2 n)$, $O(n)$, $O(n\log_2 n)$, $O(n^2)$, $O(2^n)$, $O(n!)$ 순으로 시간 복잡도가 증가합니다.

06 알고리즘을 표현하는 방법으로 일상생활에서 사용하는 일반 언어, 도형과 화살표 등 기호로 표현하는 순서도, 일반 언어를 프로그램 코드 형식으로 표현하는 의사 코드, 컴퓨터가 실행 가능한 프로그래밍 언어 등이 있습니다.

07 일반 언어로 알고리즘을 표현하는 것은 다른 지식이 필요 없어서 누구나 쉽게 사용할 수 있다는 장점이 있지만, 일반 언어가 지닌 중의성이나 모호성 때문에 복잡한 알고리즘을 명확하게 설명하는 데 어려움이 있습니다.

08 순서도는 도형과 화살표 등의 기호를 이용하여 알고리즘을 표현합니다. 순서도는 그림으로 표현되기 때문에 알고리즘의 전체적인 구조를 이해하는 데 편리하지만, 그림이 물리적으로 차지하는 공간으로 인해 복잡한 알고리즘을 표현하는 데는 한계가 있습니다.

09 의사 코드는 일반 언어를 프로그래밍 언어의 코드와 유사하게 표현한 것입니다. 의사 코드는 사람에게 편리한 일반 언어의 장점을 살리면서 논리적으로 명확한 프로그래밍 언어의 장점을 더한 것입니다. 의사(Pseudo)라는 말은 컴퓨터가 실제로 실행할 수 있는 코드가 아니라는 의미로 붙여진 것입니다.

10 거스름돈 내어주기 문제는 단위가 큰 동전을 최대한 많이 내어주는 탐욕 알고리즘으로 해결할 수 있습니다. 이 알고리즘의 시간 복잡도는 O(K)이며, 여기서 K는 거스름돈으로 내어줄 수 있는 동전 종류의 개수입니다.

11 1부터 N 사이 숫자 맞추기 문제는 문제의 범위를 절반으로 나누어 답이 될 수 없는 부분을 버리고, 남은 문제 범위에서 같은 작업을 반복하는 이분 탐색 알고리즘으로 해결할 수 있습니다. 이 알고리즘의 시간 복잡도는 $O(\log_2 N)$이며, 여기서 N은 숫자 범위의 크기입니다.

연습문제

01 9세기경 페르시아의 수학자로서 대수학의 아버지라 불리며 알고리즘 용어의 어원이 된 사람은 누구인가요?

① 아리스토텔레스

② 디오판토스

③ 알-콰리즈미

④ 가우스

02 다음 중 알고리즘의 특징에 속하지 않는 것은 무엇인가요?

① 0개 이상의 입력

② 0개 이상의 출력

③ 명확성

④ 유효성(수행 가능성)

03 다음은 최초의 알고리즘으로 인정받는 유클리드 최대공약수 구하기 알고리즘의 원리를 설명한 것입니다. 빈칸에 들어갈 용어가 올바로 짝지어진 것을 고르세요.

유클리드 최대공약수 구하기 알고리즘의 원리
유클리드 최대공약수 구하기 알고리즘은 두 양의 정수의 최대공약수가 [㉠]에서 [㉡]를 뺀 수와 [㉢]의 최대공약수와 같다는 성질을 이용합니다.

① ㉠ - 큰 수　㉡ - 작은 수　㉢ - 큰 수

② ㉠ - 큰 수　㉡ - 작은 수　㉢ - 작은 수

③ ㉠ - 작은 수　㉡ - 큰 수　㉢ - 큰 수

④ ㉠ - 작은 수　㉡ - 큰 수　㉢ - 작은 수

04 알고리즘의 입력 개수가 증가할 때 수행 시간이 어떻게 증가하는지 대략적인 모양새를 나타내는 것은 무엇인가요?

① 공간 복잡도

② 구조 복잡도

③ 자료 복잡도

④ 시간 복잡도

05 다음은 알고리즘의 시간 복잡도를 나타내는 빅오 표기입니다. 시간 복잡도가 가장 작은 것과 큰 것을 올바르게 짝지은 것을 고르세요.

알고리즘 시간 복잡도						
$O(\log_2 n)$	$O(n!)$	$O(n)$	$O(1)$	$O(n\log_2 n)$	$O(2^n)$	$O(n^2)$

① 가장 작은 것 – $O(\log_2 n)$, 가장 큰 것 – $O(2^n)$

② 가장 작은 것 – $O(n)$, 가장 큰 것 – $O(n!)$

③ 가장 작은 것 – $O(1)$, 가장 큰 것 – $O(2^n)$

④ 가장 작은 것 – $O(1)$, 가장 큰 것 – $O(n!)$

06 다음은 알고리즘을 표현하는 방법들에 대한 설명입니다. 각 설명에 해당하는 알고리즘 표현 방법을 올바르게 짝지은 것을 고르세요.

알고리즘 표현 방법 설명
㉠ 도형과 화살표 등의 기호를 이용하여 알고리즘을 표현합니다. 알고리즘의 전체적인 구조의 이해는 편리하지만, 그림이 물리적으로 차지하는 공간으로 인해 복잡한 알고리즘을 표현하는 데는 한계가 있습니다.
㉡ 일반 언어를 프로그래밍 언어의 코드와 유사하게 표현한 것입니다. 사람에게 편리한 일반 언어의 장점을 살리면서 논리적으로 명확한 프로그래밍 언어의 장점을 더한 것입니다.

① ㉠ – 순서도 ㉡ – 의사 코드

② ㉠ – 순서도 ㉡ – 프로그래밍 언어

③ ㉠ – 의사 코드 ㉡ – 일반 언어

④ ㉠ – 의사 코드 ㉡ – 프로그래밍 언어

07 **교재에 소개된 거스름돈 내어주기 문제를 해결하는 알고리즘에 대한 설명으로 올바르지 않은 것을 고르세요.**

① 선택의 순간마다 당장 눈앞에 보이는 최적의 상황을 쫓는 탐욕 알고리즘입니다.

② 거스름에 사용하는 동전의 개수가 K일 때 시간 복잡도는 O(K)입니다.

③ 거스름돈의 액수가 증가하면 알고리즘의 수행 시간도 증가합니다.

④ 거슬러 줄 수 있는 동전이 100원, 10원짜리만 있는 경우보다 500원, 100원, 50원, 10원짜리가 모두 있는 경우가 알고리즘 수행 시간이 증가합니다.

08 **교재에 소개된 1부터 N 사이 숫자를 맞추는 문제를 해결하는 알고리즘에 대한 설명으로 올바르지 않은 것을 고르세요.**

① 문제 범위를 반씩 줄여가는 이분 탐색 방법을 이용한 것입니다.

② 이분 탐색 알고리즘을 이용할 때 시간 복잡도는 O(N)입니다.

③ N이 100일 경우 처음 시작은 50부터 물어봅니다.

④ N이 100이고, 생각한 숫자가 100일 경우 7번 만에 답을 맞히게 됩니다.

09 다음은 1부터 100까지 더하는 알고리즘을 순서도로 표현한 것입니다. P는 1부터 100까지 차례로 증가하는 숫자를 나타내며 Sum은 1부터 100까지 차례로 더한 값을 나타냅니다. A로 표기된 곳에 들어갈 내용으로 알맞은 것을 고르세요.

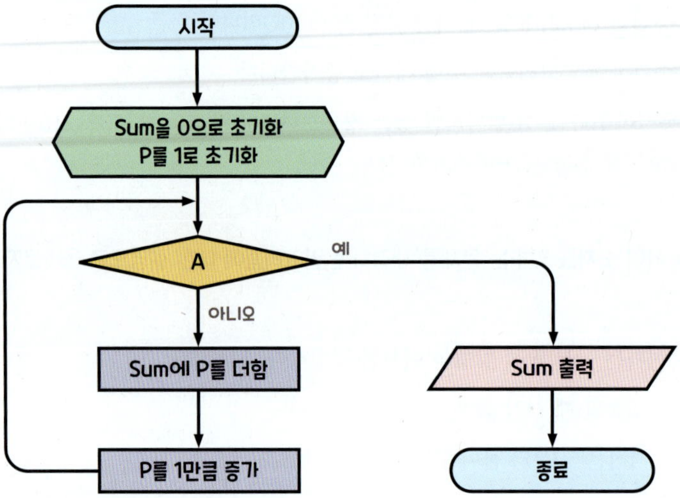

① P가 100보다 큰가?

② P가 100 이상인가?

③ Sum이 100보다 큰가?

④ Sum이 100 이상인가?

10 다음은 하나 이상의 숫자(양의 정수)를 갖는 숫자 나열에서 가장 큰 숫자를 찾는 알고리즘을 순서도로 표현한 것입니다. P는 숫자 나열의 어느 한 위치를 가리키며, MaxNum은 가장 큰 숫자로 생각되는 숫자를 나타냅니다. 그리고 L은 숫자 나열의 길이입니다. 다음의 알고리즘 동작 원리를 이해하고, 순서도의 A와 B에 들어갈 내용에 알맞은 것을 고르세요.

숫자 나열에서 최대 숫자 찾기 알고리즘

조건 양의 정수들로 이루어진 숫자 나열이 준비되어 있음

1. P의 값을 1로 초기화하고, MaxNum을 0으로 초기화합니다.
2. P를 숫자 나열의 길이 L과 비교하여 P가 L보다 크지 않다면 아래 작업을 수행하고, P가 L보다 크다면 MaxNum을 숫자 나열에서 가장 큰 숫자로 결정하고 알고리즘을 종료합니다(참고로 P가 L보다 크다는 것은 숫자 나열의 처음 숫자부터 마지막 숫자까지 MaxNum과 비교했다는 것을 의미).
3. 숫자 나열의 P번째 숫자와 MaxNum을 비교하여, 만일 숫자 나열의 P번째 숫자가 더 크다면 MaxNum의 값을 숫자 나열의 P번째 숫자로 변경합니다.
4. P를 1만큼 증가하여 숫자 나열의 다음 숫자와 MaxNum을 비교할 준비를 하고 앞의 단계 2로 돌아갑니다.

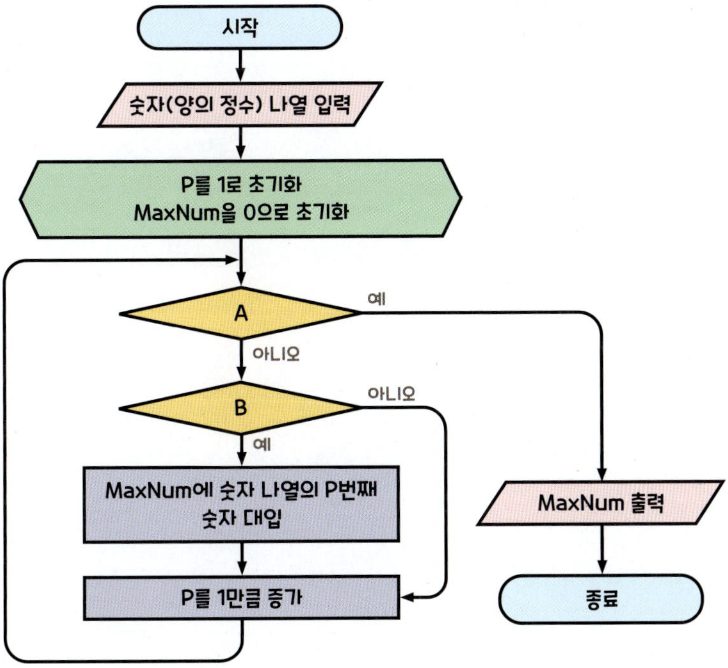

① A – P가 L보다 큰가? B – MaxNum보다 숫자 나열의 P번째 숫자가 큰가?

② A – P가 L보다 큰가? B – MaxNum보다 숫자 나열의 P번째 숫자가 작은가?

③ A – P가 L보다 작은가? B – MaxNum보다 숫자 나열의 P번째 숫자가 큰가?

④ A – P가 L보다 작은가? B – MaxNum보다 숫자 나열의 P번째 숫자가 작은가?

CHAPTER 03

소프트웨어와 스크래치

학습목표

- 하드웨어와 소프트웨어의 개념을 이해합니다.
- 프로그램(소프트웨어)과 프로그래밍 언어의 개념과 실행 원리를 이해합니다.
- 교육용 프로그래밍 언어인 스크래치의 교육 목표를 이해합니다.
- 스크래치를 실행하는 방법을 익히고 화면이 어떻게 구성되어 있는지 살펴봅니다.

Preview

소프트웨어는 일상 생활뿐만 아니라 산업 전반에 걸친 모든 영역에 깊은 영향을 미치고 있습니다. 소프트웨어를 학습하는 것은 미래에 필요한 디지털 기술과 문제 해결 능력을 갖추기 위해 꼭 필요하며, 개인과 조직의 성장과 경쟁력을 향상시키는 데 필수적입니다. 또한, 소프트웨어 학습은 창의력과 혁신을 유발시키며, 빠르게 변화하는 기술 환경에 적응하는 데 도움이 됩니다.

이 장은 소프트웨어와 프로그램의 개념을 이해하고, 프로그램 작성에 사용되는 다양한 프로그래밍 언어와 실행 방식에 대해서 살펴봅니다. 또한, 교육용 프로그래밍 언어인 스크래치의 교육 목표와 특징을 알아보고 스크래치 프로그래밍 환경을 경험해 봅니다.

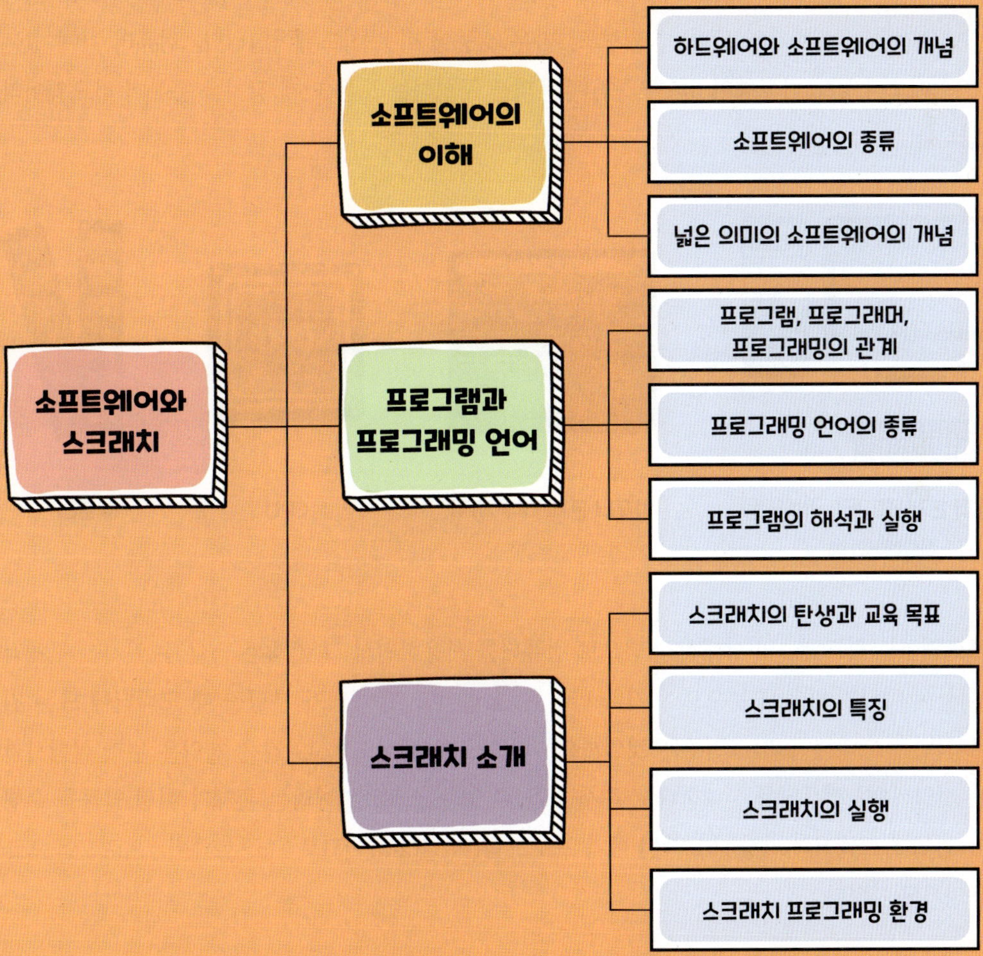

Section 01

소프트웨어의 이해

1 하드웨어와 소프트웨어의 개념

소프트웨어(Software)를 이해하려면 먼저 하드웨어(Hardware)를 이해해야 합니다. 웨어(Ware)는 제품 또는 물건을 의미하므로 하드웨어는 '눈으로 보고 만질 수 있는 딱딱한 물건' 정도로 생각할 수 있습니다. 컴퓨터의 모니터, 키보드, 마우스 등이 바로 하드웨어입니다. 컴퓨터 안에 있는 CPU나 메모리 등도 하드웨어입니다. 즉, 컴퓨터를 구성하는 모든 기계 장치를 통틀어 하드웨어라고 합니다.

컴퓨터 본체, 모니터, 키보드 등 | 컴퓨터 본체 내부 기기 | CPU | 메모리

그림 3-1 하드웨어의 예

소프트웨어는 하드웨어의 상대적 개념으로 컴퓨터를 사용하면서 그 존재는 느낄 수 있지만 구체적인 사물이 아니기 때문에 눈으로 보거나 만질 수 없습니다. 컴퓨터가 부팅될 때 모니터에 뜨는 윈도우 화면은 도대체 누가 그려주는 것일까요? 리그 오브 레전드(LoL) 같은 게임은 누가 실행시켜 주는 것일까요? 컴퓨터를 분해한다고 해서 찾을 수 없는 소프트웨어라는 존재가 이런 일들을 수행합니다. 소프트웨어의 가장 대표적인 예가 프로그램(Program)이므로 '소프트웨어=프로그램'으로 통용되기도 합니다.

(a) 윈도우 운영체제

(b) 앵그리버드 게임

그림 3-2 소프트웨어의 예

2 소프트웨어의 종류

소프트웨어는 크게 시스템 소프트웨어와 응용 소프트웨어로 나눌 수 있습니다. 시스템 소프트웨어는 윈도우와 같은 운영체제와 키보드, 모니터 등의 장치를 제어하는 프로그램을 말합니다. 응용 소프트웨어는 애플리케이션(Application)이라고도 불리는데 게임, 계산기와 같이 특정한 목적을 위해 사용되는 프로그램입니다. 즉 시스템 소프트웨어는 컴퓨터 본체, 모니터, 키보드, 마우스, 프린터 등과 같은 컴퓨터 하드웨어를 동작시키는 작업을 하며, 응용 소프트웨어는 시스템 소프트웨어의 도움을 받아 그림판, 게임, 계산기, 문서편집기 등의 기능을 구현합니다. 예를 들어, 계산기 응용 소프트웨어의 키보드로 숫자를 입력받는 기능은 키보드 동작을 관리하는 시스템 소프트웨어의 도움을 받아 구현됩니다.

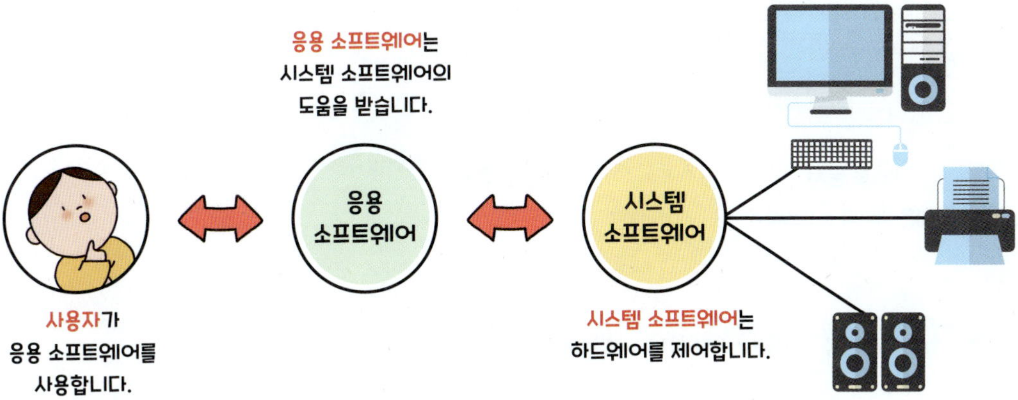

그림 3-3 사용자, 응용 소프트웨어, 시스템 소프트웨어 간의 관계

3 넓은 의미의 소프트웨어의 개념

앞에서 소프트웨어를 설명할 때 계산기, 게임, 윈도우와 같은 프로그램을 예로 들었습니다. 하지만 소프트웨어는 프로그램만 의미하는 것이 아니라 다양한 문서들도 포함합니다. 일반적으로 소프트웨어는 프로그램을 개발하기 전에 사용자가 어떤 프로그램을 요구하는지 분석한 문서들, 프로그램의 구조와 기능을 설계한 문서들, 프로그램을 개발한 후 테스트할 때 사용한 문서들, 프로그램을 소비자에게 전달할 때 필요한 사용 설명서 등도 포함하는 개념입니다. 단지, 소프트웨어의 가장 대표적인 예가 프로그램이기 때문에 소프트웨어와 프로그램을 동일한 개념으로 사용하기도 합니다.

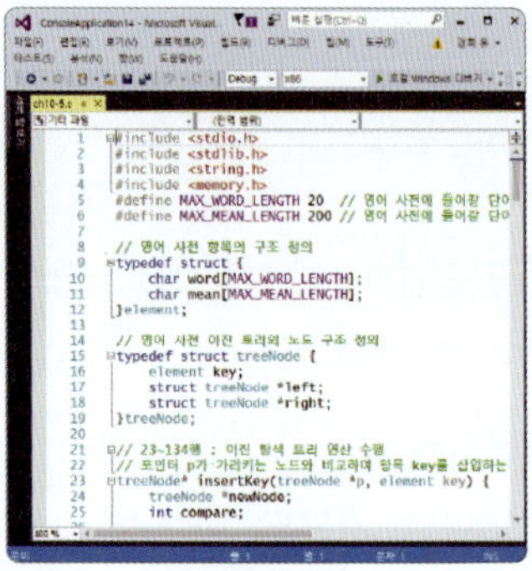

프로그램

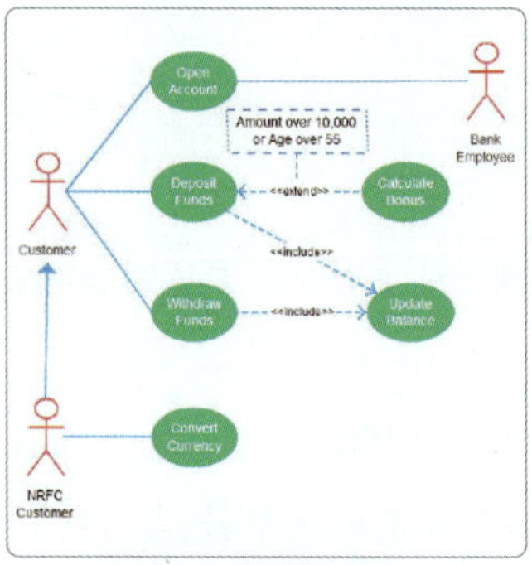

사용자 요구 분석 문서

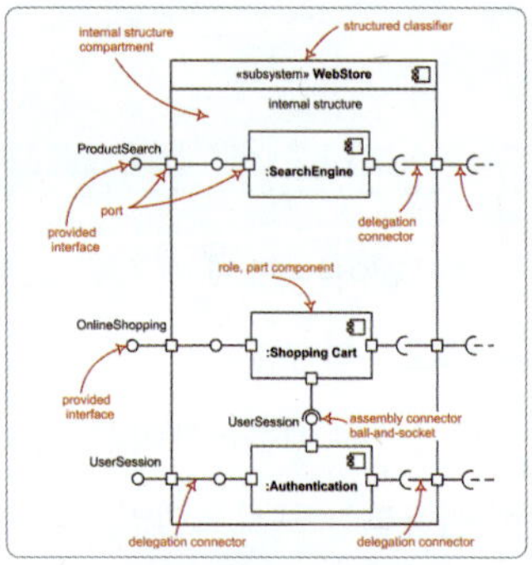

프로그램 설계 문서

No.	Test Plan	Descriptions
01	Test Plan ID:	Unique No. or Name e.g. PTP_00001
02	Introduction:	Introduction about Project description
03	Test Items:	Modules /Sub modules/ Functions /Features / etc.
04	Features to be tested:	What features are going to be tested in the modules/functions etc.
05	Features not to be tested:	What features are not to be tested?
No. (03), (04) & (05) decide which modules to be tested [What to test?]		
06	Feature pass or fail criteria:	Pass or fail description [Environment is good] [After testing conclusion]
07	Suspension criteria:	Specify the criteria to suspend while doing testing activity
08	Test Environment:	Software & Hardware to be tested for above features
09	Test Deliverables:	It's a document prepared by tester to give the overall deliverable status)
10	Testing Task:	Required tasks to do before start every feature testing
Above (06) to (10) specifies How to test?		
11	Staff & Training:	Selected test Engineers & training requirements for them
12	Responsibilities:	Responsibilities of each team member.
13	Schedule:	Date & Time of the testing modules
14	Risk & Mitigation:	Possible risks & solution to overcome it.
15	Approvals:	Signatures from the Test plan authors & Project Manager / Quality Analyst

테스트 문서

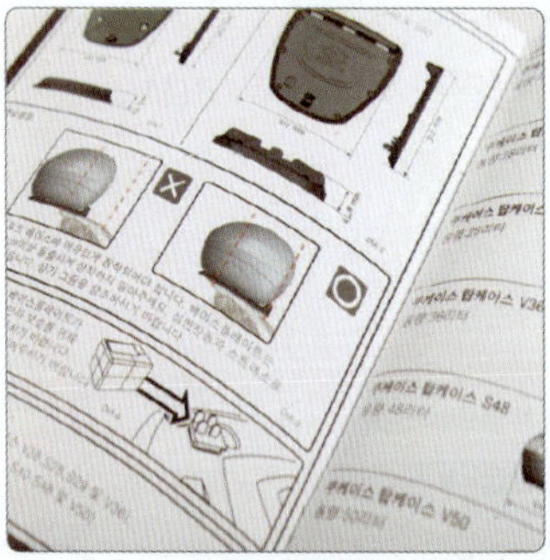

사용 설명서

그림 3-4 넓은 의미의 소프트웨어

하나 더 알기 ✓ 소프트웨어공학에서 말하는 소프트웨어의 범위

고품질의 소프트웨어를 경제적으로 개발하는 방법을 연구하는 학문인 소프트웨어공학(Software Engineering)에서는 프로그램을 만들 때 먼저 사용자가 원하는 프로그램의 기능과 행동을 정확히 분석하고, 그 분석 결과에 따라 프로그램의 설계도를 만든 후 설계도대로 프로그래밍해야 한다고 말합니다. 그리고 프로그램뿐 아니라 이런 프로그램의 개발 과정에서 생성되는 문서들까지 소프트웨어 범위에 포함시킵니다.

Section 02

프로그램과 프로그래밍 언어

1 프로그램, 프로그래머, 프로그래밍의 관계

어떤 요리사가 새로운 요리를 개발했다고 가정해 봅시다. 이 요리 만드는 일을 다른 사람에게 시키기 위해서는 요리법을 적어 전달해야 합니다. 이처럼 컴퓨터에 어떤 일을 시킬 때 수행해야 할 일을 적은 글을 컴퓨터 프로그램(Computer program) 또는 간단히 프로그램(Program)이라고 합니다. 그리고 그 프로그램을 만드는 사람을 프로그래머(Programmer), 프로그램을 만드는 행위를 프로그래밍(Programming)이라고 합니다. 즉 프로그래머가 프로그래밍을 통해서 프로그램을 만들고, 그 프로그램에 적힌 일을 컴퓨터가 실행하는 것입니다.

그림 3-5 프로그래머, 프로그래밍, 프로그램 간의 관계

컴퓨터는 사람과 달리 융통성이라는 것이 없어 '아름답게', '적당하게', '좀 더 빠르게'와 같은 감성적이고 애매모호한 말들을 이해하지 못합니다. 따라서 이런 말들은 실행에 옮기지도 못합니다. 즉 사람에게는 "멋있게 입고 나와!"라고 말할 수 있지만 컴퓨터에게는 옷이나 신발 등을 구체적으로 지정해 줘야 합니다. 따라서 컴퓨터가 이해해야 하는 프로그램은 수학적 계산식과 같이 매우 명확하면서 정확한 수치로 표현된 내용만을 갖게 됩니다.

2 프로그래밍 언어의 종류

프로그램을 작성할 때 사용하는 언어를 프로그래밍 언어(Programming Language)라고 합니다. 프로그래밍 언어는 당연히 컴퓨터가 이해할 수 있는 형태여야 합니다. 그런데 컴퓨터는 기계어(Machine Language)라고 부르는 0과 1로 이루어진 언어만 이해할 수 있습니다. 그렇다고 사람에게 컴퓨터가 이해할 수 있는 기계어로 프로그램을 작성하라고 하는 것은 너무 잔인한 일입니다.

기계어 프로그래밍의 어려움을 극복하고자 사람이 이해할 수 있는 일상 언어와 기호를 사용하는 프로그래밍 언어들이 탄생하게 되는데, 이런 언어들을 고급 프로그래밍 언어(High-Level Programming Language)라고 합니다. 고급 프로그래밍 언어의 상대적인 개념으로 컴퓨터가 이해하기 쉬운 기계어와 어셈블리어(Assembly Language)를 저급 프로그래밍 언어(Low-Level Programming Language)라고 합니다.

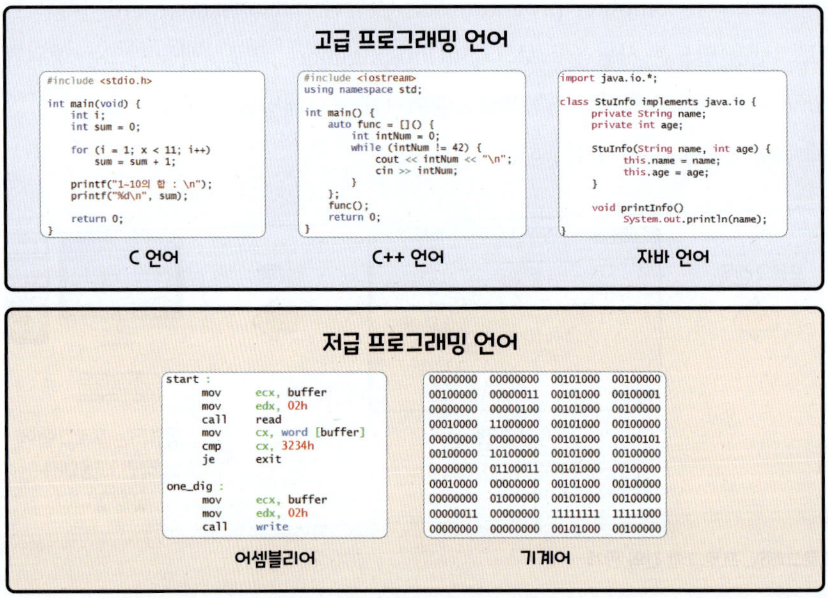

그림 3-6 고급 프로그래밍 언어와 저급 프로그래밍 언어의 예

하나 더 알기 ✓ 어셈블리어

어셈블리어는 단순히 기계어를 사람이 좀 더 이해하기 쉬운 기호로 바꿔 표현해 주므로 사람보다는 컴퓨터가 이해하기 쉬운 언어입니다. 예를 들어, 기계어로 10001011이 더하기 명령을 의미한다고 가정할 때 어셈블리어는 이 10001011을 단지 ADD라고 표현해 주는 수준입니다. 어셈블리어로 작성된 프로그램은 어셈블러(Assembler)라는 특수한 프로그램을 통해 다시 컴퓨터가 완전하게 이해할 수 있는 형태의 기계어로 변환됩니다.

3 프로그램의 해석과 실행

고급 프로그래밍 언어로 작성된 프로그램을 소스 프로그램(Source Program), 또는 원시 프로그램이라고 하는데 기계어만 이해하는 컴퓨터는 이런 소스 프로그램을 실행할 수 없습니다. 따라서 소스 프로그램을 기계어로 바꾸는 작업이 필요합니다. 이 작업은 컴파일러(Compiler)와 인터프리터(Interpreter)라는 특수한 프로그램이 수행합니다.

컴파일러는 소스 프로그램 전체를 기계어 프로그램으로 한꺼번에 변환합니다. 컴파일러에 의해 생성된 기계어 프로그램을 목적 프로그램(Object Program)이라고 하며 실제 컴퓨터는 이 목적 프로그램을 실행하게 됩니다. 컴파일러에 따라 목적 프로그램을 어셈블리어로 생성하기도 하는데 이때 목적 프로그램을 기계어 프로그램으로 변환하는 과정이 추가로 필요합니다. 인터프리터는 컴파일러와는 달리 소스 프로그램에 적힌 문장들을 실행 순서에 따라 하나씩 읽어들여 기계어로 변환하고 컴퓨터가 실행하도록 합니다.

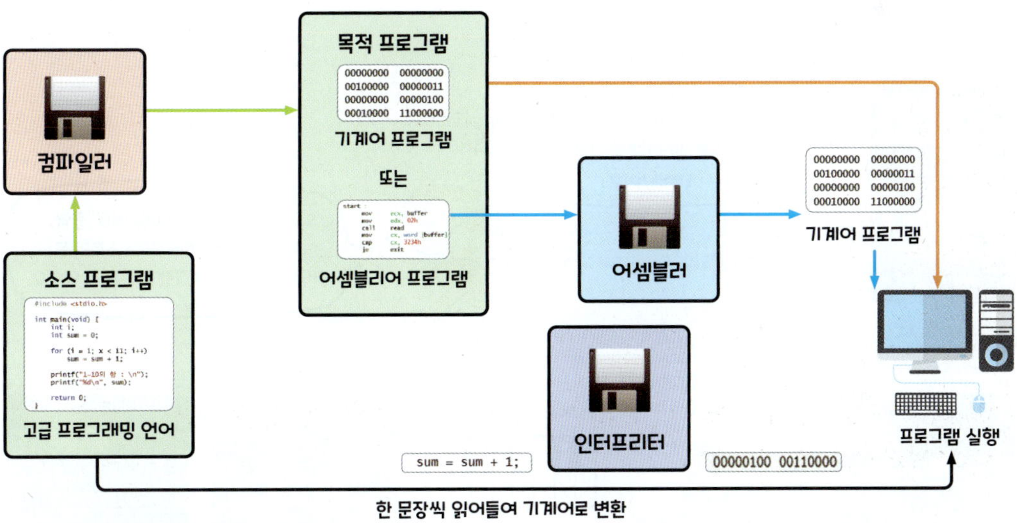

그림 3-7 컴파일러 방식과 인터프리터 방식

하나 더 알기 **컴파일러 방식과 인터프리터 방식의 비교**

컴파일러 방식과 인터프리터 방식은 서로 장단점이 있습니다. 컴파일러 방식은 소스 프로그램으로부터 기계어로 된 목적 프로그램을 먼저 만들고 나서 실행하기 때문에 목적 프로그램을 만드는 데 시간이 상당히 걸릴 수 있지만 프로그램의 실행 속도가 빠릅니다. 이에 반해 인터프리터 방식은 목적 프로그램을 만들지 않으므로 프로그램을 바로 실행할 수 있지만 매번 소스 프로그램으로부터 한 문장씩 읽어와 실행해야 하므로 컴파일러 방식보다 프로그램 실행 속도가 느립니다. 인터프리터 방식은 프로그램의 일부를 수정한 후 바로 실행하여 결과를 볼 수 있다는 장점이 있어 스크래치를 비롯한 많은 교육용 프로그래밍 언어가 이 방식을 사용하고 있습니다.

Section
03 스크래치의 소개

1 스크래치의 탄생과 교육 목표

스크래치(Scratch)는 미국 MIT 미디어랩의 라이프롱 킨더가르텐 그룹(Lifelong Kindergarten Group)에서 개발한 프로그래밍 교육용 언어입니다. 스크래치를 이용해 다양한 게임, 디지털 아트, 음악, 애니메이션, 인터랙티브 스토리 등을 만들 수 있고 만들어진 작품들은 스크래치를 공부하는 다른 사람들과 공유할 수 있습니다.

그림 3-8 스크래치의 탄생과 활용 예

그렇다면 스크래치가 탄생하게 된 동기는 무엇일까요? 스크래치는 프로그래밍을 통해 21세기를 살아가는 핵심 능력을 교육하기 위해 개발되었습니다. 여기서 말하는 핵심 능력은 창의적으로 생각하기, 논리적으로 추론하기, 다른 사람들과 협동하기를 의미합니다.

그림 3-9 스크래치의 교육 목표

2 스크래치의 특징

스크래치는 엑셀과 같은 오피스 프로그램이나 리그 오브 레전드와 같은 복잡한 게임을 개발하는 데는 적합하지 않습니다. 반면에 스크래치는 다음에 소개하는 특징들을 통해 프로그래밍에 필요한 개념을 익히고 이를 간편하게 실습하는 데 최적화되어 있습니다.

스크래치는 스크립트 언어이다

스크립트(Script)는 원래 영화나 연극의 대본을 말하는데, 컴퓨터 분야에서는 응용 프로그램이 따라야 할 규칙 또는 명령을 적어놓은 것을 말합니다. 일반 프로그래밍 언어가 연기자를 만들고 연기할 행동까지 적어준다면 스크립트 언어는 연기자가 있다고 가정하고 연기자가 연기할 행동만 적는 식입니다. 당연히 연기자 자체를 만드는 작업보다 훨씬 쉽습니다. 스크래치에는 스크립트를 작성할 대상으로 스프라이트(Sprite)라는 연기자와 무대(Stage)라는 배경 장소가 있습니다.

그림 3-10 스크래치의 스크립트 작성 대상

스프라이트는 걷고, 달리고, 말하고, 생각하고, 소리를 내고, 그림을 그리고, 모양을 바꾸는 등의 행동을 할 수 있는 연기자입니다. 무대는 이 스프라이트들이 연기할 수 있는 장소로 야구장, 해변가, 우주 공간 등 다양한 배경을 가질 수 있고 음악도 출력할 수 있습니다. 앞으로 여러분이 하게 될 스크래치 프로그래밍은 연기자와 배경을 결정하고 이들의 행동을 스크립트로 작성하는 작업으로 이해하면 됩니다.

스크래치는 레고 블록을 조립하듯 프로그래밍할 수 있다

스크래치는 제공된 다양한 블록을 이용해 레고 블록을 조립하듯이 스크립트를 쉽게 작성할 수 있습니다. 예를 들어, '고양이가 쥐를 쫓아가며 "거기 서!"라고 말한다'는 고양이와 쥐 스프라이트를 연기자로 선택하여 다음과 같은 블록들을 사용해 구현할 수 있습니다.

쥐를 바라보게 합니다. | 바라보는 방향으로 10만큼 이동하게 합니다. | "거기 서!"라고 말하게 합니다.

그림 3-11 스크래치 블록을 이용한 프로그래밍

스크래치는 프로그래밍 작업을 통합적으로 도와준다

스크래치 프로그래밍은 일반적으로 '프로그램에 필요한 스프라이트 추가하기 → 무대 배경과 소리 추가하기 → 스프라이트 모양, 무대 배경, 소리 등을 원하는 형태로 변경하기 → 스프라이트 또는 무대에 대한 스크립트 작성하기 → 실행하기' 등의 순으로 진행됩니다. 스크래치는 이런 작업들을 통합적으로 도와주는 편리한 환경을 갖추고 있습니다.

3 스크래치의 실행

스크래치는 컴퓨터에 설치하지 않고 웹 브라우저에서 직접 프로그램을 만들고 실행할 수 있습니다. 이때 주의할 점은 스크래치 3.0이 인터넷 익스플로러(Internet Explorer)에서는 지원되지 않기 때문에 크롬(Chrome), 마이크로소프트 엣지(Edge), 파이어폭스(Fire Fox), 사파리(Safari)와 같은 브라우저에서 실행해야 한다는 것입니다. 웹 브라우저를 띄워 https://scratch.mit.edu에 접속하면 [그림 3-12]와 같은 스크래치의 첫 화면이 표시됩니다.

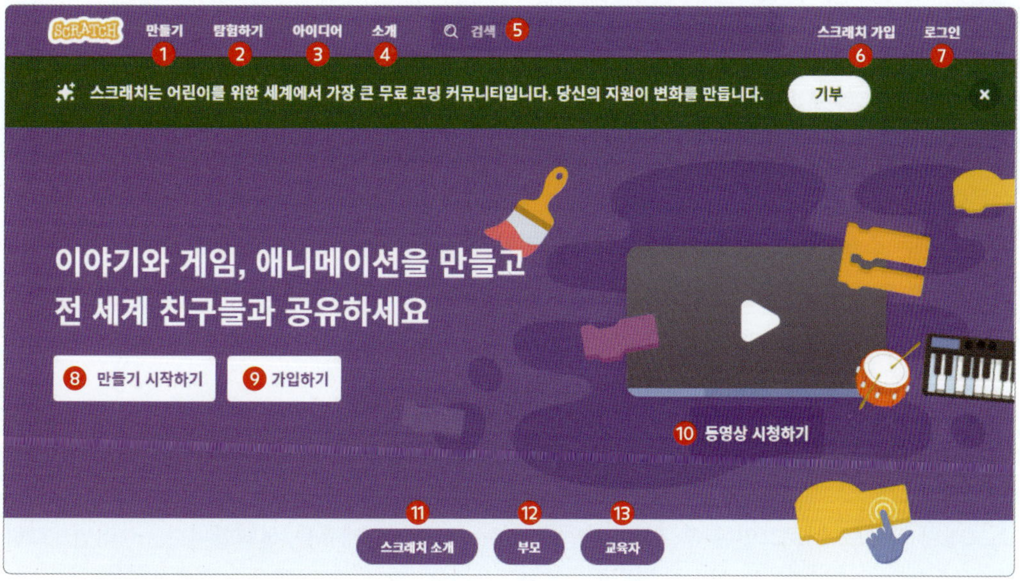

그림 3-12 **스크래치의 첫 화면(일부)**

❶ **만들기 :** 스크래치를 프로그래밍할 수 있는 환경으로 이동합니다.

❷ **탐험하기 :** 다른 사람들이 만든 스크래치 프로그램들을 볼 수 있습니다.

❸ **아이디어 :** 다양한 주제에 대한 프로그래밍 방법을 교육받을 수 있습니다.

❹ **소개 :** 스크래치의 교육 목적, 개발 그룹 등에 대해서 소개합니다.

❺ **검색 :** 스크래치 이용자들의 프로젝트(Project)와 스튜디오(Studio)를 검색합니다.

하나 더 알기 **스크래치 프로젝트와 스튜디오**

프로젝트란 특정한 목적을 이루기 위해 여러 사람이 함께 하는 작업을 말합니다. 스크래치는 여러분이 만들고자 하는 프로그램을 여러 명이 공유하여 작성할 수 있기 때문에 '프로젝트'라는 용어를 사용하지만, 일반적으로 프로그램과 동일한 개념으로 생각해도 됩니다. '스튜디오'는 주제별로 구분되어진 작업 공간입니다. 예를 들어, 게임이란 주제로 스튜디오를 만들고 게임과 관련된 프로젝트들만 모아놓을 수 있습니다. 주의할 점은 스튜디오는 다른 사람들에게 공유한 프로젝트들만 저장할 수 있다는 점입니다.

❻ **스크래치 가입 :** 스크래치 계정을 생성합니다.

❼ **로그인 :** 여러분의 스크래치 계정으로 로그인합니다.

❽ **만들기 시작하기 :** ❶ **만들기** 메뉴와 같은 기능입니다.

❾ **가입하기 :** ❻ **스크래치 가입** 메뉴와 같은 기능입니다.

❿ **동영상 시청하기 :** 짧은 스크래치 홍보 영상을 보여줍니다.

⑪ **스크래치 소개 :** ④ **소개** 메뉴와 같은 기능입니다.

⑫ **부모 :** 부모에게 도움이 될 만한 교육 정보를 담고 있습니다.

⑬ **교육자 :** 교육자에게 도움이 될 만한 자료를 제공합니다.

스크래치 3.0은 계정을 갖고 로그인한 이용자에게 편리한 기능을 제공합니다. 예를 들어, 로그인한 이용자는 스크래치 프로그램을 저장하고 관리할 때 편리한 '내 작업실' 기능을 사용할 수 있습니다. 반대로 로그인하지 않고 스크래치 3.0을 이용하게 되면 프로그램 저장 작업에도 상당한 불편을 겪게 됩니다. 앞으로 이 책의 모든 내용은 여러분이 스크래치에 로그인했다는 것을 전제로 합니다.

4 스크래치의 프로그래밍 환경

스크래치 사이트에 로그인한 후 화면 상단에 있는 [만들기] 메뉴를 선택합니다. 그러면 [그림 3-13]과 같은 스크래치 프로그래밍 환경으로 전환됩니다.

그림 3-13 스크래치 프로그래밍 환경

스크래치의 프로그래밍 환경은 크게 메인 메뉴 바, 스크립트 작업 창, 프로그램 실행 창, 스프라이트/무대 관리 창, 개인 저장소로 구성되어 있습니다. 세부적인 기능은 실제 사용하면서 익히도록 하고 여기서는 대략적으로 살펴보겠습니다.

❶ 메인 메뉴 바

메인 메뉴 바에는 프로그램을 실행하는 데 필요한 일반적인 기능들을 모아놓았습니다. 메인 메뉴 바를 통해 언어 설정, 파일 저장하기/불러오기, 튜토리얼 검색, 프로젝트 이름 정하기, 프로젝트 페이지로 이동, 내 작업실로 이동, 로그아웃, 계정 관리(비밀번호와 이메일 주소 변경) 등의 작업을 할 수 있습니다. 메인 메뉴 바의 각 기능은 직접 경험하면서 어렵지 않게 배울 수 있으니 한 번씩 사용해 보기 바랍니다

❷ 스크립트 작업 창

스크립트 작업 창에는 프로그램을 작성하기 위한 블록들을 모아놓았고, 이 블록들을 이용해 스프라이트와 무대의 스크립트를 작성하는 곳입니다. [코드], [모양], [소리]로 구분된 탭을 이용해 스프라이트와 무대의 스크립트 작성뿐만 아니라 모양 변경과 소리 편집 등의 다양한 작업을 할 수 있습니다.

❸ 프로그램 실행 창

프로그램 실행 창에서는 스프라이트와 무대의 행동을 작성한 스크립트들을 실행시켜 보여줍니다. 프로그램 실행 창의 좌측에 있는 시작하기 버튼( )은 프로그램 실행 시작하기, 멈추기 버튼( )은 프로그램 실행 멈추기 기능을 수행합니다. 우측에 있는 메뉴( )들은 프로그램 실행 창의 크기를 변경합니다.

❹ 스프라이트/무대 관리 창

스프라이트/무대 관리 창에서는 스프라이트와 무대 배경을 선택, 추가, 삭제하는 등의 관리 작업을 할 수 있습니다. 또한 스프라이트의 이름, 위치, 크기, 바라보는 방향 등을 변경할 수 있고, 프로그램 실행 창에 보일 것인지 아니면 숨길 것인지를 결정할 수도 있습니다. 그 밖에 무대 배경을 선택하는 메뉴도 제공합니다.

❺ 개인 저장소

개인 저장소에는 스프라이트들을 저장할 수 있습니다. 이때 스프라이트에 포함된 스크립트도 함께 저장됩니다. 스크래치 프로그램을 작성하다 보면 이전에 만들었던 스프라이트가 다시 필요한 경우가 있습니다. 따라서 자주 사용될 가능성이 있는 스프라이트를 저장소에 담아 새로운 프로그래밍 작업을 할 때 바로 사용할 수 있습니다.

요약

01 하드웨어란 컴퓨터 본체, 모니터, 키보드, 마우스, 그리고 컴퓨터 본체 안에 있는 CPU, 메모리 등과 같이 딱딱하고 손으로 만질 수 있는 모든 기계 장치를 통틀어 말합니다.

02 소프트웨어란 하드웨어의 상대적 개념으로서 컴퓨터를 사용하면서 존재는 느낄 수 있지만 눈으로 볼 수 없는 존재입니다. 소프트웨어의 대표적인 예로는 윈도우와 같은 운영체제, 한글 문서편집기, 게임 등과 같은 프로그램이 있습니다.

03 소프트웨어는 크게 시스템 소프트웨어와 응용 소프트웨어로 나눌 수 있습니다. 시스템 소프트웨어는 윈도우와 같은 운영체제와 키보드, 모니터 같은 장치를 제어하는 프로그램 등을 말합니다. 그리고 응용 소프트웨어는 애플리케이션이라고 불리는데 게임, 계산기와 같이 특정 목적을 가지고 사용되는 프로그램입니다.

04 프로그램은 컴퓨터가 해야 할 일을 적어놓은 글입니다. 프로그램을 만드는 사람을 프로그래머, 프로그램을 만드는 행위를 프로그래밍이라 합니다. 특히 프로그램을 작성할 때 사용하는 언어를 프로그래밍 언어라고 합니다.

05 프로그래밍 언어는 크게 저급 프로그래밍 언어와 고급 프로그래밍 언어로 구분합니다. 저급 프로그래밍 언어에는 기계어와 어셈블리어가 있고, 고급 프로그래밍 언어에는 C, C++, 자바, 파이썬 등이 있습니다.

06 컴퓨터가 이해할 수 있는 언어는 오직 기계어뿐입니다. 따라서 기계어가 아닌 프로그래밍 언어로 작성된 프로그램은 기계어로 변환해야 합니다.

07 고급 프로그래밍 언어로 작성된 프로그램을 기계어로 변환해 주는 특수한 프로그램으로 컴파일러와 인터프리터가 있습니다. 컴파일러는 고급 프로그램 전체를 기계어로 변환한 후 실행하고, 인터프리터는 프로그램의 한 문장씩 읽어들여 기계어로 변환하고 실행합니다.

08 스크래치는 미국 MIT 미디어랩의 킨더가르텐 그룹에서 개발한 교육용 프로그래밍 언어로서, 스크립트 언어, 블록 조립식 방식의 프로그래밍, 통합적 프로그래밍 환경 제공이라는 특징이 있으며, 이를 통해 프로그래밍 작업을 손쉽게 도와줍니다.

09 스크래치를 경험할 수 있는 사이트의 주소는 https://scratch.mit.edu입니다.

연습문제

01 컴퓨터를 구성하는 모든 기계 장치를 통틀어 가리키는 용어는 무엇일까요?

① 소프트웨어　② 하드웨어　③ 프로그램　④ 애플리케이션

02 윈도우와 같은 운영체제나 게임, 계산기 등을 실행시키는 것으로 위 **01**번 문제의 답과 상대적인 개념으로 부르는 것을 무엇이라고 하나요?

① 소프트웨어　② 하드웨어　③ CPU　④ 메모리

03 게임, 계산기, 아래한글과 같이 특정한 목적에 따라 사용되는 소프트웨어를 무엇이라고 하나요?

① 하드웨어　② 시스템 소프트웨어　③ 응용 소프트웨어　④ 프로그램

04 윈도우와 같은 운영체제와 키보드, 모니터 등의 장치를 제어하는 소프트웨어를 무엇이라 하나요?

① 시스템 소프트웨어　② 응용 소프트웨어　③ 어셈블러　④ 컴파일러

05 소프트웨어에 속하지 <u>않는</u> 것은 무엇일까요?

① 프로그램　② 사용자 매뉴얼　③ 메모리　④ 프로그램 테스트 문서

06 빈칸에 알맞은 용어를 넣으세요.

> 컴퓨터가 할 일을 적은 글을 [①](이)라고 하며
> ①을 만드는 사람을 [②](이)라고 하며
> ①을 만드는 행동을 [③](이)라고 하며
> ①을 만들 때 사용하는 언어를 [④](이)라고 합니다.

07 저급 프로그래밍 언어에 속하는 것을 <u>모두</u> 고르세요.

① 기계어　② C 프로그래밍 언어

③ 자바 프로그래밍 언어　④ 어셈블리어

08 고급 프로그래밍 언어로 작성된 프로그램을 컴퓨터가 실행할 수 있는 기계어로 변환하는 특수 프로그램을 <u>모두</u> 고르세요.

① 운영체제　② 컴파일러　③ 인터프리터　④ 어셈블러

09 **컴파일러에 대한 설명으로 올바른 것을 고르세요.**

① 컴파일러가 변환한 기계어 프로그램을 소스 프로그램이라 합니다.

② 컴파일러는 소스 프로그램을 한 문장씩 읽어 기계어로 변환합니다.

③ 컴파일러 실행 방식은 인터프리터 실행 방식보다 프로그램을 실행하는 속도가 빠릅니다.

④ 컴파일러 실행 방식은 프로그램의 일부를 수정하여 바로 실행할 수 있습니다.

10 **인터프리터 실행 방식에 대한 설명으로 올바른 것을 고르세요.**

① 소스 프로그램을 실행하기 전 한꺼번에 기계어로 변환합니다.

② 일반적으로 컴파일러 실행 방식보다 실행 속도가 빠릅니다.

③ 스크래치와 같은 교육용 프로그래밍 언어에서 사용합니다.

④ 소스 프로그램 실행 전 기계어 변환 작업의 시간이 오래 걸립니다.

11 **스크래치 프로젝트가 교육 목표로 삼는 핵심 능력이 아닌 것을 고르세요.**

① 창의적으로 생각하기

② 논리적으로 추론하기

③ 다른 사람들과 협동하기

④ 수학적 계산 능력 키우기

12 **스크래치에 대한 설명으로 잘못된 것을 고르세요.**

① MIT 미디어랩의 라이프롱 킨더가르텐 그룹에서 운영하는 무료 프로젝트입니다.

② 프로그래밍 작업을 간편하게 지원하는 스크립트 언어입니다.

③ 아래한글이나 앵그리버드와 같은 대규모의 복잡한 프로그래밍에 적합합니다.

④ 프로그래밍 작업을 통합적으로 지원하는 환경을 제공합니다.

13 **스크래치는 누구에게나 재미있고 쉬운 프로그래밍 교육을 목표로 합니다. 이런 목표를 위해 스크래치가 제공하고 있는 특징이 아닌 것은 무엇일까요?**

① 스크래치는 스프라이트와 무대의 행동을 작성하는 스크립트 언어입니다.

② 스크래치로 작성된 프로그램을 다른 프로그래밍 언어로 자동 변환할 수 있습니다.

③ 스크래치는 블록 조립의 프로그래밍 방식을 제공합니다.

④ 스크래치는 프로그래밍 작업을 통합적으로 지원하는 환경을 제공합니다.

14 스크래치에서 스크립트를 작성해 줄 대상을 모두 고르세요.

① 블록　　② 스프라이트　　③ 스크래치　　④ 무대

15 스크래치 사이트(https://scratch.mit.edu)에 접속하여 메인 화면을 둘러봅니다. 메인 화면에서 [스크래치 가입] 메뉴를 선택하여 스크래치 회원으로 가입하고 로그인합니다. 이제 여러분은 [내 작업실]과 [개인 저장소] 기능을 사용할 수 있고, 자신의 스크래치 프로그램을 전 세계 스크래치 회원들과 공유할 수 있습니다.

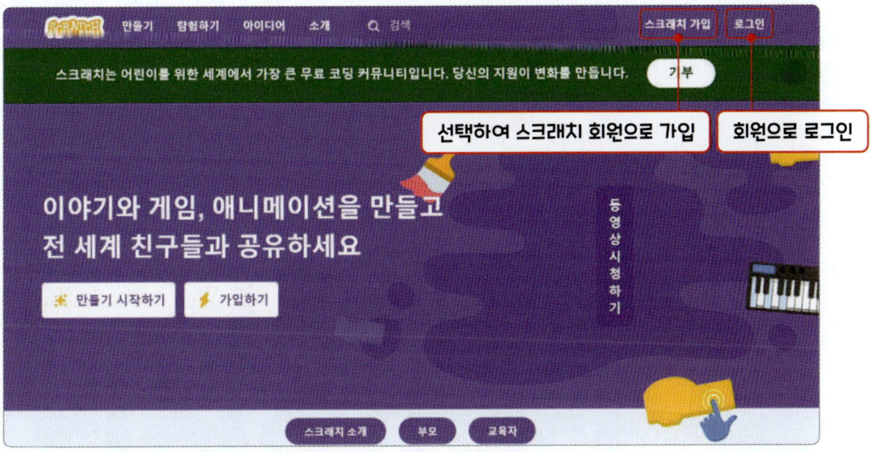

16 로그인 후, 메인 화면에서 [탐험하기]를 선택하고 예제를 하나 선택합니다. 실행 화면 좌측에 있는 시작하기 버튼(⚑)을 클릭하면 프로그램이 실행되고 멈추기 버튼(●)을 클릭하면 프로그램 실행이 종료됩니다. 실행 화면 우측에 있는 전체 화면 버튼(⛶)을 클릭하면 실행 화면이 전체 화면으로 변경됩니다. 가장 우측에 있는 [스크립트 보기] 메뉴를 선택하면 프로그램을 어떻게 구현했는지 확인할 수 있습니다.

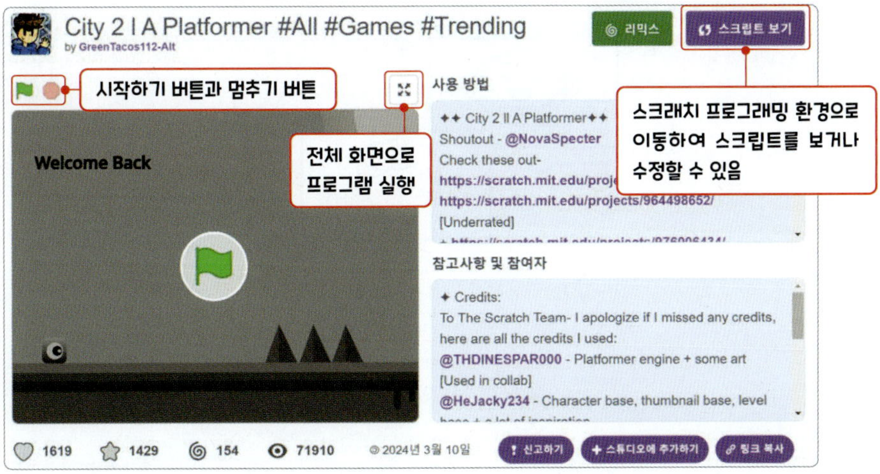

· PART · 02

스크래치 프로그래밍 익히기

CONTENTS

CHAPTER 04

스크래치 블록 사용법 익히기

학습목표

- 스크래치 블록의 종류를 공부합니다.
- 스크래치 블록의 기본 조작 방법을 공부합니다.
- 스크래치 실행부터 프로그램을 작성한 후 저장하고 불러오기까지 스크래치 프로그래밍의 전 과정을 경험해 봅니다.

Preview

스크래치는 다양한 형태와 색깔로 구분된 블록들을 제공하고 블록 조립 방식의 프로그래밍을 지원합니다. 따라서 스크래치 프로그래밍을 시작하기 전에 블록들을 가져오고, 삭제하고, 조립하고, 분리하고, 복사하는 등의 기본적인 블록 활용 방법을 배워야 합니다.

이 장에서는 스크래치가 제공하는 블록의 종류와 사용법을 설명합니다. 그리고 간단한 맛보기 프로그래밍 실습을 통해 스프라이트와 배경 관리부터 블록 조립 프로그래밍, 작성된 프로그램의 저장하기와 불러오기까지 스크래치 프로그래밍의 전 과정을 경험해 봅니다.

Section 01 스크래치 블록의 종류와 사용법

1 스크래치 블록의 종류

일반적인 프로그래밍 언어에서 주로 키보드를 이용해 단어와 기호를 입력하여 프로그래밍하는 것과는 달리 스크래치에서는 마우스로 다양한 모양의 블록들을 조립하여 프로그래밍합니다. 따라서 스크래치 블록의 기능과 특징을 정확히 이해하고 있어야 적절하게 활용할 수 있습니다.

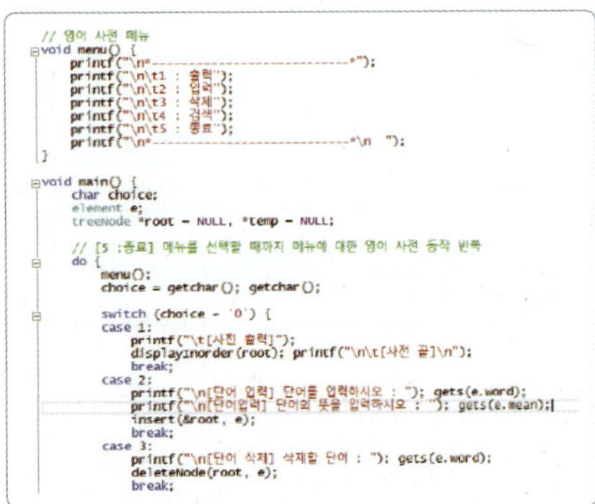

일반적인 프로그래밍 언어로 작성한 프로그램

스크래치로 작성한 프로그램

그림 4-1 일반 프로그래밍 언어와 스크래치의 차이

스크래치의 [스크립트 작업 창]-[코드] 탭에는 블록들이 기능별로 분류되어 있습니다. 그리고 기능별로 고유한 색이 할당되어 있어 원하는 블록을 찾을 때는 색을 기준으로 찾으면 편리합니다.

그림 4-2 스크래치 블록의 기능별 분류

우리가 일상에서 말을 하거나 글을 쓸 때 주어, 서술어, 목적어 등의 문장 구성 요소를 이용하듯이 프로그램을 작성할 때도 이용할 수 있는 몇 가지 요소들이 있습니다. 스크래치 프로그램을 작성할 때 사용하는 중요한 요소로는 문장, 자료와 변수, 조건, 제어, 이벤트, 절차(프로시저) 등이 있습니다. 이 요소들은 스크래치뿐만 아니라 대부분의 프로그래밍 언어에서 공통으로 사용됩니다.

스크래치는 [표 4-1]과 같이 요소별로 고유의 모양을 부여하고 있습니다.

표 4-1 **스크래치 블록의 프로그래밍 요소별 형태**

블록 범주	블록 형태	블록 범주	블록 형태
문장 블록		제어 블록	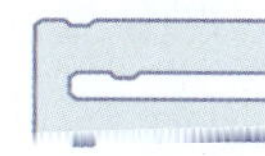
자료/변수 블록		이벤트 블록	
조건 블록		절차 블록	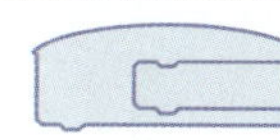

각 블록들이 어떤 요소인지 모른다 해도 사용하는 데는 문제가 없습니다. 하지만 프로그램을 구성하는 요소들의 개념을 이해하고 있다면 스크래치뿐만 아니라 다른 프로그래밍 언어를 공부할 때에도 도움이 됩니다.

2 [실습] 스크래치 블록의 조작 방법 익히기

스크래치 프로그래밍은 필요한 블록들을 가져와 조립하거나 분리 또는 복사하고, 필요 없으면 삭제하는 작업을 통해 이루어집니다. 따라서 이 블록들의 기본 조작 방법을 알고 있어야 합니다.

원래 드래그(Drag)는 어떤 개체를 마우스 왼쪽 버튼을 누른 채 다른 위치로 옮기는 동작을 말하고, 드래그 앤 드롭(Drag-And-Drop)은 마우스 왼쪽 버튼을 누른 채 다른 위치로 옮긴 후 마우스 왼쪽 버튼에서 손가락을 떼는 동작을 말합니다. 하지만 이 책에서는 간결하게 설명하기 위해 드래그 앤 드롭 동작을 드래그로 표현합니다.

블록 가져오기와 삭제하기

필요한 블록을 [스크립트 작업 창]으로 가져올 때는 해당 블록을 선택한 후 [스크립트 작업 창]으로 드래그하면 됩니다.

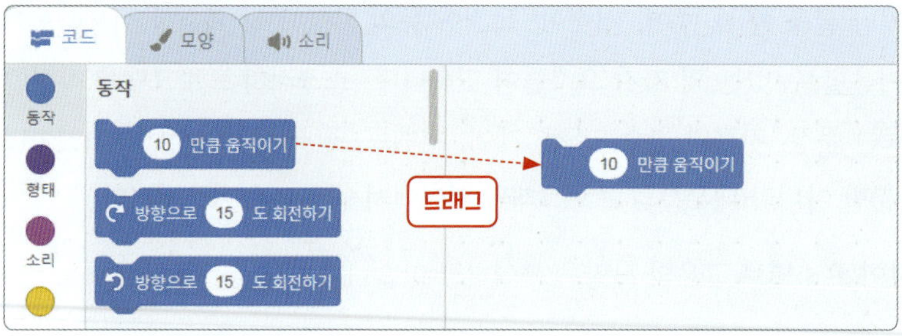

그림 4-3 **블록 가져오기**

블록을 삭제할 때는 [그림 4-4]와 같이 해당 블록을 [스크립트 작업 창]에서 블록 모음 쪽으로 드래그하거나 [그림 4-5]와 같이 해당 블록에서 마우스 오른쪽 버튼을 누르고 [블록 삭제하기] 메뉴를 선택합니다.

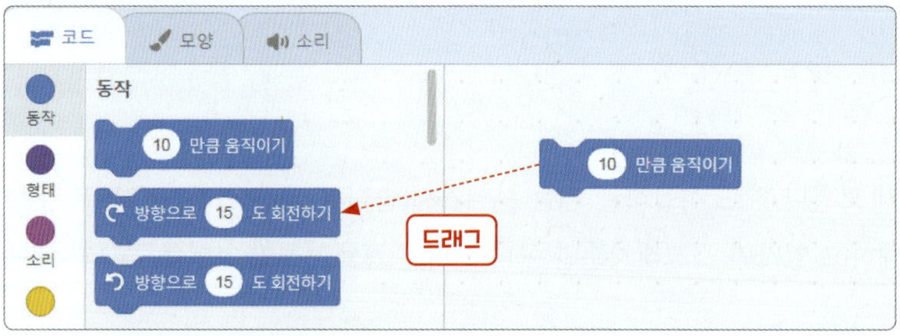

그림 4-4 **마우스로 드래그해 블록 삭제하기**

그림 4-5 **[블록 삭제하기] 메뉴를 이용해 블록 삭제하기**

블록 조립하기와 분리하기

해당 블록을 조립하고자 하는 블록 가까이 드래그하여 블록들을 조립할 수 있습니다. 조립하고자 하는 블록에 가까이 가져가면 조립할 위치가 회색의 블록 음영으로 표시되는데, 이때 마우스 버튼에서 손을 떼면 자동으로 조립됩니다. 반대로 블록을 분리할 때는 조립된 블록의 일부를 마우스로 클릭하여 멀리 드래그하면 분리됩니다. 이때 회색의 블록 음영이 사라질 때까지 드래그해야 합니다.

그림 4-6 **블록 조립하기**

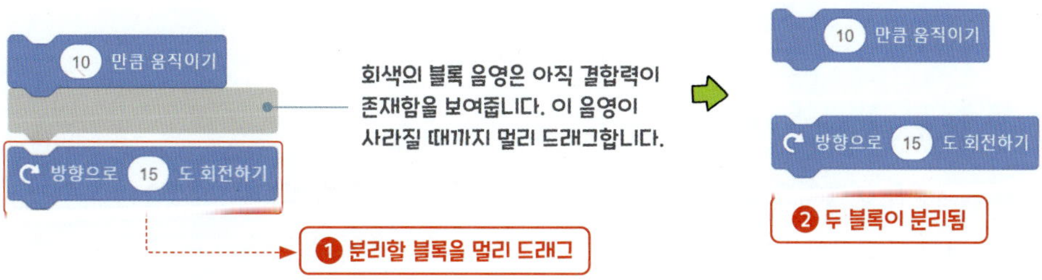

그림 4-7 **블록 분리하기**

블록 복사하기

블록을 마우스 오른쪽 버튼으로 누르고 [복사하기] 메뉴를 선택하면 복사할 수 있습니다. [그림 4-8]과 같이 블록 하나만 복사할 수도 있고 [그림 4-9]와 같이 아래로 연결된 블록을 함께 복사할 수도 있습니다. 뿐만 아니라 이 블록들을 다른 스프라이트에 복사할 수도 있습니다. 유사한 기능을 갖는 스프라이트들의 스크립트를 작성할 때 다른 스프라이트에 블록을 복사하는 기능을 사용하면 프로그래밍 시간이 많이 줄어 매우 유용합니다. 이 방법은 이후에 알아보도록 하겠습니다.

그림 4-8 **블록 하나만 복사하기**

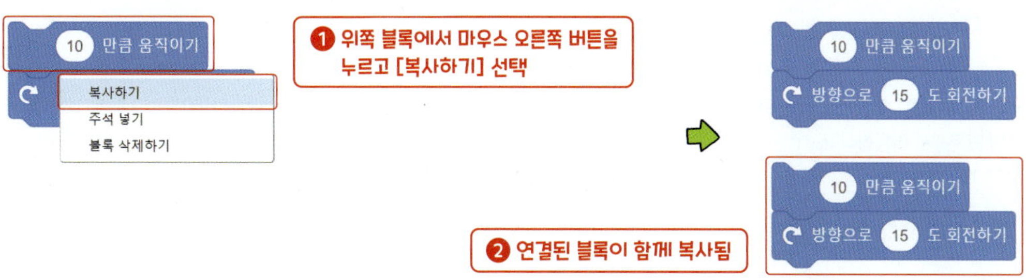

그림 4-9 **연결된 블록 함께 복사하기**

Section 02

스크래치 프로그래밍 전 과정

1 맛보기 프로그램 소개

스크래치 프로그래밍을 본격적으로 배우기 전에 전 과정을 한 번 경험해 보도록 하겠습니다. '고양이와 쥐'라는 간단한 프로그램을 만들어 실행하는 전 과정을 따라해 봅니다.

고양이가 멈춰 있는 쥐를 향해 움직여 결국 쥐를 잡는 프로그램을 만들어보겠습니다. 이 프로그램을 만들면서 스크래치를 처음 실행하는 방법부터 시작해 스프라이트와 무대를 관리하는 방법, 스프라이트 스크립트를 작성하는 방법, 저장하고 실행하는 방법에 이르기까지 전 과정을 경험해 볼 수 있습니다.

(a) 프로그램 실행 화면

(b) 고양이 스프라이트의 행동 스크립트

그림 4-10 **고양이와 쥐 프로그램**

- **프로그램 설명**
  - 프로그램 실행 전 고양이와 쥐 스프라이트를 적당한 위치에 갖다 놓습니다.
  - 프로그램 실행 후 쥐 스프라이트는 정지해 있고 고양이 스프라이트는 쥐 스프라이트가 있는 방향을 바라보며 1초에 10만큼씩 반복해서 이동합니다.

2 [실습] 프로그램 단계별로 작성하기

스크래치 사이트에 접속하여 프로그래밍 환경 실행하기

웹 브라우저를 띄워 https://scratch.mit.edu로 접속한 후 계정에 로그인하고 [만들기] 메뉴를 이용해 스크래치 프로그래밍 화면으로 이동합니다.

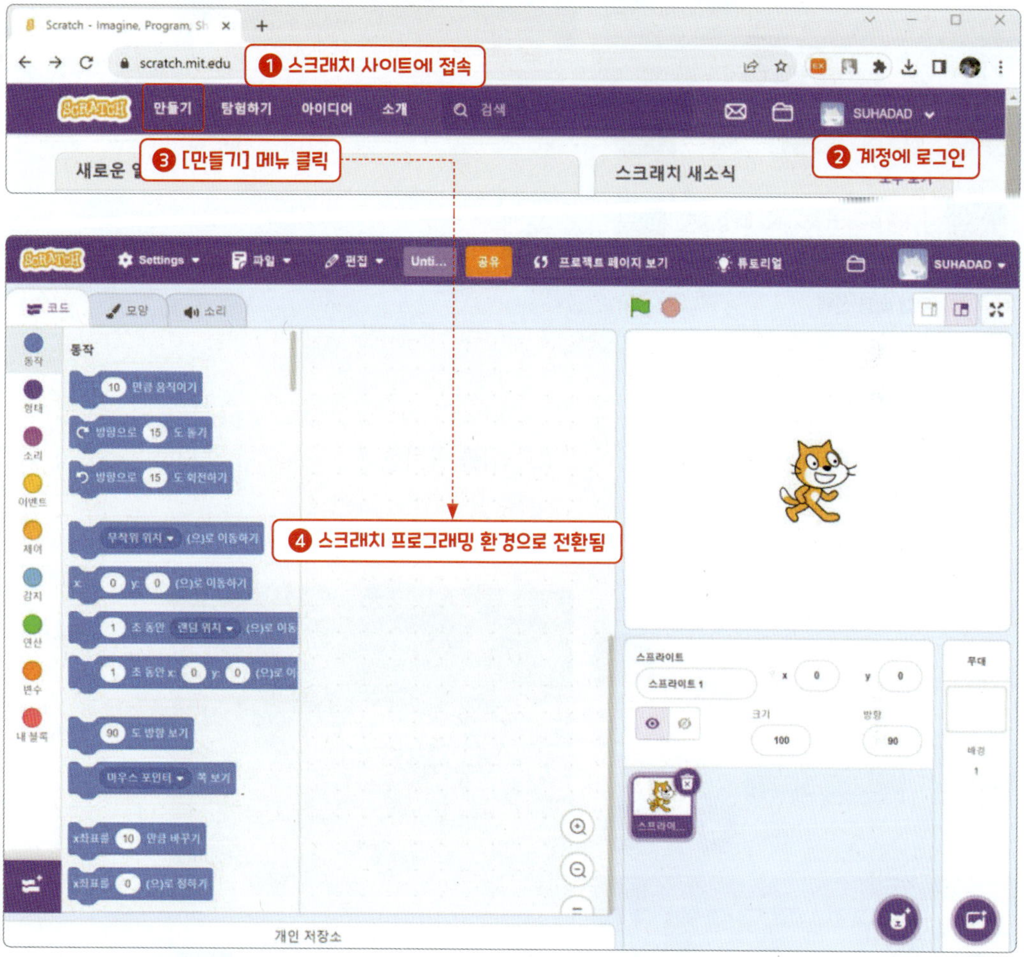

그림 4-11 **스크래치 프로그래밍 환경**

무대 배경 변경하기

[스프라이트/무대 관리 창]에서 [배경 고르기]를 클릭한 후 Beach Malibu를 클릭하면 무대 배경이 해변가로 바뀝니다.

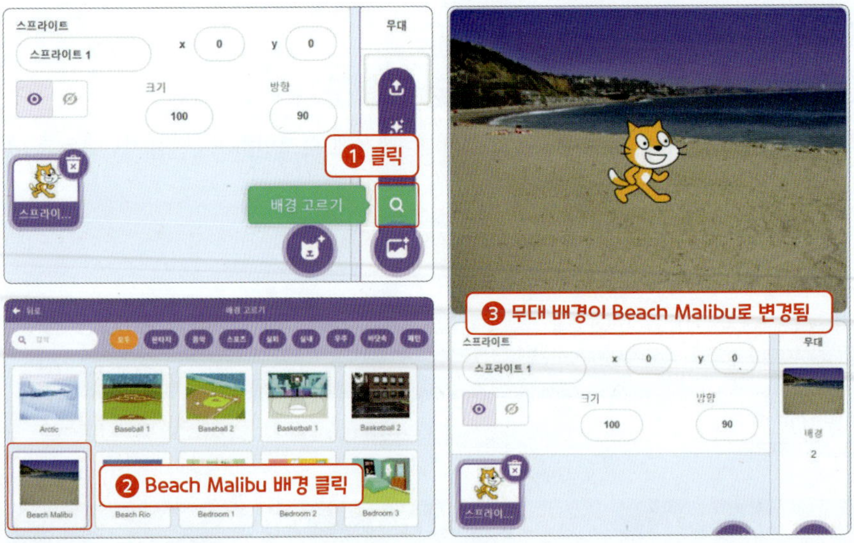

그림 4-12 **무대 배경 선택**

스프라이트 추가하기

[스프라이트/무대 관리 창]에서 [스프라이트 고르기]를 클릭한 후 Mouse1을 클릭하면 스프라이트에 추가됩니다.

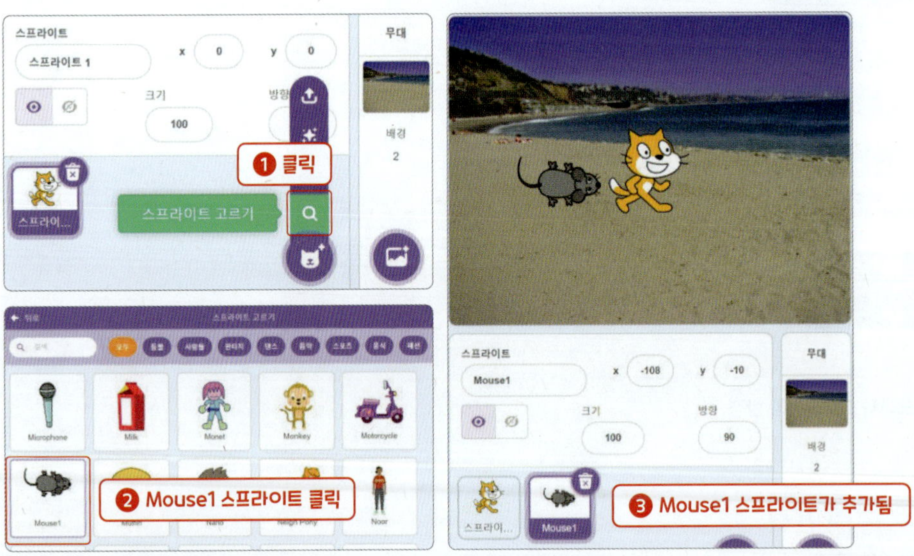

그림 4-13 **스프라이트 추가**

[프로그램 실행 창]에 고양이 스프라이트와 쥐 스프라이트가 겹쳐 있다면 마우스로 스프라이트를 클릭해서 위치를 옮길 수 있습니다.

스프라이트 이름 변경하기

스크립트를 작성할 때 스프라이트 이름을 종종 사용해야 하므로 스프라이트는 기억하기 쉬운 이름으로 설정하는 것이 편리합니다. 기본적으로 제공되는 고양이 스프라이트와 앞에서 추가한 쥐 스프라이트의 이름은 기본값이 Sprite1(또는 스프라이트1)과 Mouse1입니다. 이를 '고양이'와 '쥐'로 바꿔보겠습니다.

Sprite1(또는 스프라이트1) 스프라이트를 클릭하여 선택한 후 [스프라이트/무대 관리 창] 상단에서 스프라이트 이름을 '고양이'로 변경하고, 같은 방법으로 Mouse1을 '쥐'로 변경합니다.

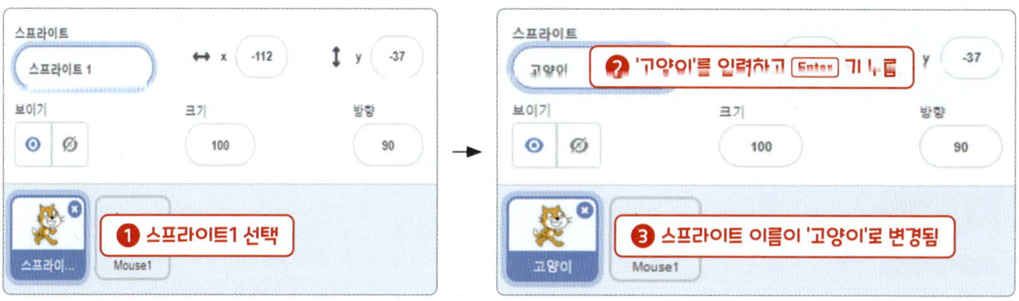

그림 4-14 고양이 스프라이트의 이름 변경

그림 4-15 쥐 스프라이트의 이름 변경

스프라이트의 스크립트 작성하기

동작을 구현하기 위해 스크립트를 작성하려면 먼저 대상을 선택해야 합니다. 여기서는 고양이 스프라이트의 스크립트를 작성해 보겠습니다. [스프라이트/무대 관리 창]에서 고양이 스프라이트를 선택합니다. [스크립트 작업 창]에서 [코드] 탭을 선택한 후 앞에서 배운 블록 조작법을 활용해 고양이 스프라이트의 스크립트를 작성합니다.

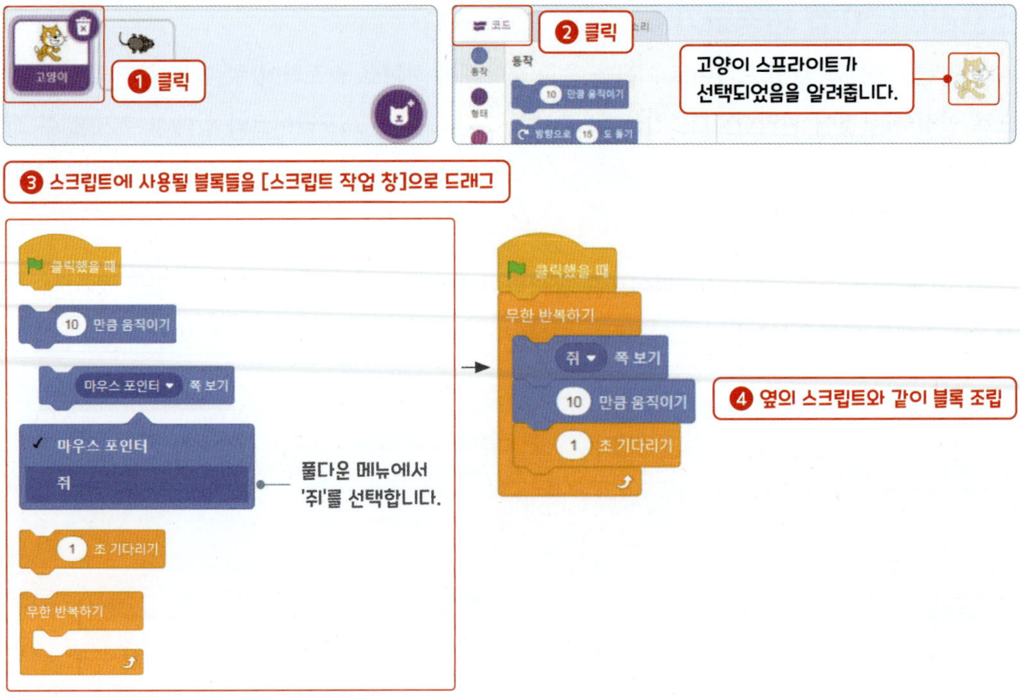

그림 4-16 **고양이 스프라이트의 스크립트 작성**

프로그램 실행하기

작성한 프로그램을 [프로그램 실행 창]에서 실행하면 고양이 스프라이트가 쥐 스프라이트를 바라보면서 1초에 10만큼씩 이동합니다. 프로그램을 실행하기 전에 고양이와 쥐 스프라이트를 적당한 위치로 옮길 수 있으며, 프로그램이 실행되고 있을 때도 스프라이트의 위치를 옮길 수 있습니다. 고양이와 쥐 프로그램이 실행되는 동안 마우스로 쥐 스프라이트의 위치를 옮기면 고양이 스프라이트는 위치가 바뀐 쥐 스프라이트를 바라보며 1초에 10만큼 다가갑니다.

그림 4-17 **고양이와 쥐 프로그램 실행**

프로그램 실행 화면을 웹페이지 전체 화면으로 설정하면 확대된 실행 화면에서는 스프라이트들의 위치를 마우스로 옮길 수 없습니다. 하지만 [코드] 탭의 [감지] 메뉴에서 드래그 모드를 설정할 수 있는 블록을 사용하면 전체 화면 실행에서도 스프라이트의 위치를 마우스로 옮길 수 있습니다. [그림 4-18]과 같이 고양이 스프라이트의 행동을 수정한 후 전체 화면에서 실행시키면 고양이 스프라이트를 마우스로 옮길 수 있습니다.

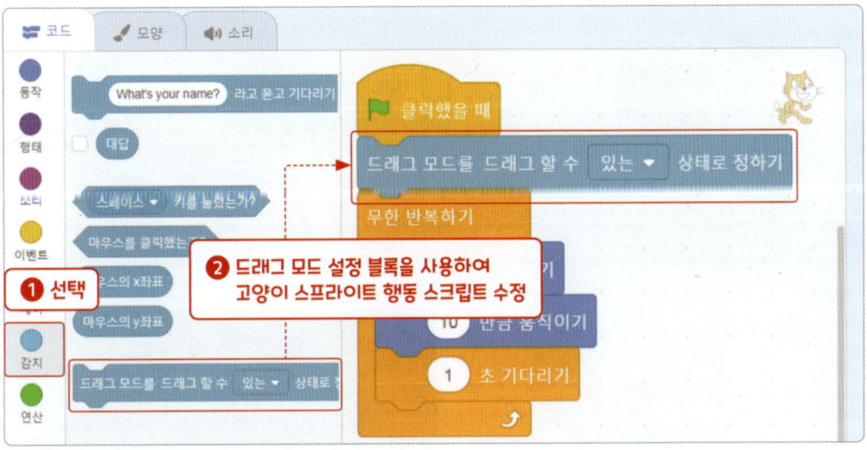

그림 4-18 **스프라이트의 위치 변경 기능 수정**

프로그램 저장하고 불러오기

작성한 스크래치 프로그램은 [내 작업실]이나 컴퓨터에 저장할 수 있습니다. 메인 메뉴 바 중앙에 있는 프로젝트 이름 창에 '고양이와 쥐'라고 입력하고 [파일]-[저장하기] 메뉴를 선택합니다. 이 작업이 완료되면 지금까지 작성했던 스크래치 프로그램이 '고양이와 쥐'라는 이름으로 [내 작업실]에 저장됩니다.

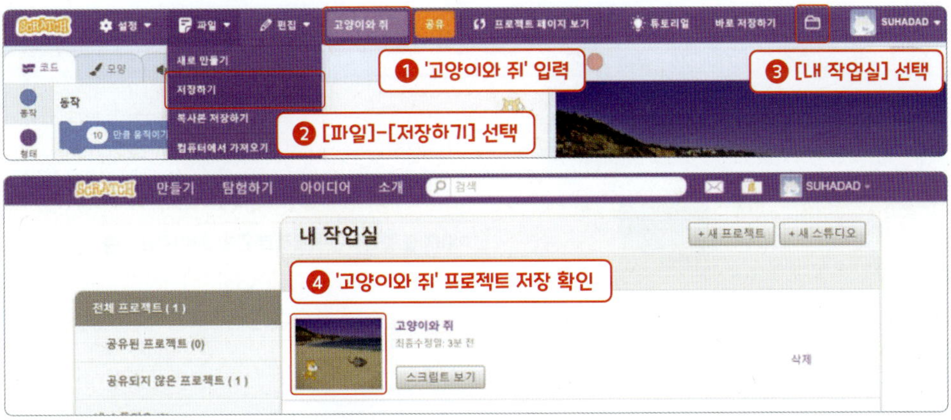

그림 4-19 **고양이와 쥐 프로그램을 [내 작업실]에 저장**

[내 작업실]에 저장된 스크래치 프로젝트(프로그램)는 스크래치의 [내 작업실] 메뉴를 선택하여 불러올 수 있습니다. 참고로 [내 작업실] 메뉴를 사용하려면 스크래치 계정에 로그인한 상태여야 합니다.

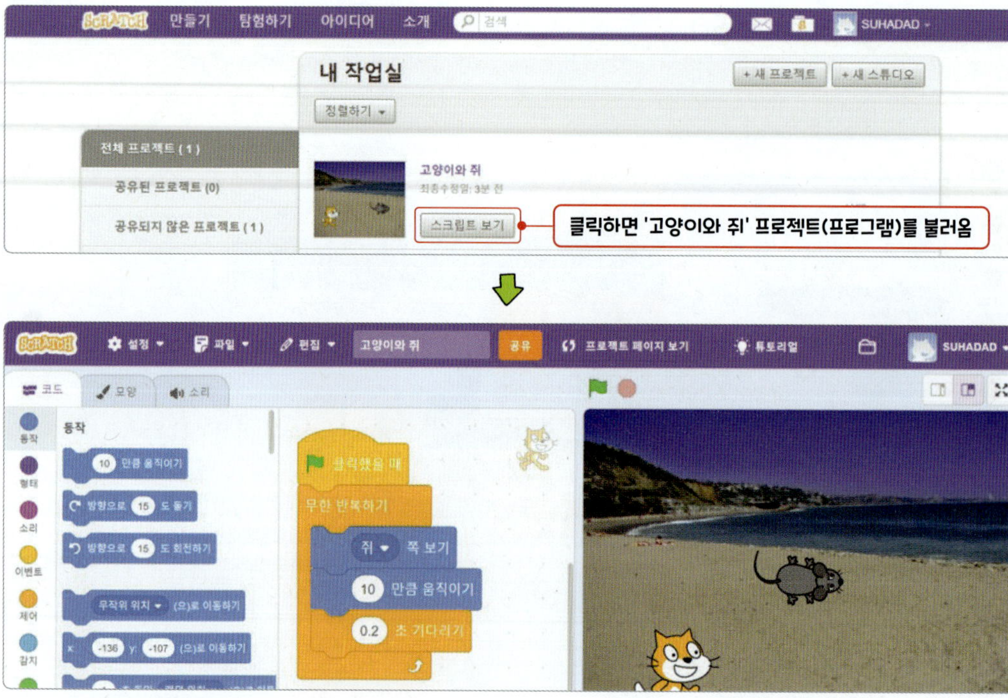

그림 4-20 **[내 작업실]에 저장된 프로젝트 불러오기**

[내 작업실]의 프로젝트 이미지를 클릭하면 그 프로젝트 관리 페이지로 이동합니다. 프로젝트 관리 페이지는 여러분이 작성한 스크래치 프로그램의 사용 방법과 참고사항 등을 기술하고, 다른 사용자와의 공유 설정을 통해 댓글과 평가를 받을 수 있는 페이지입니다.

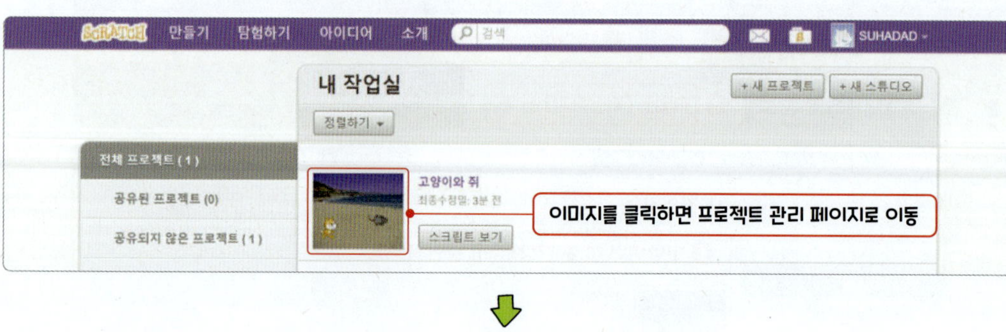

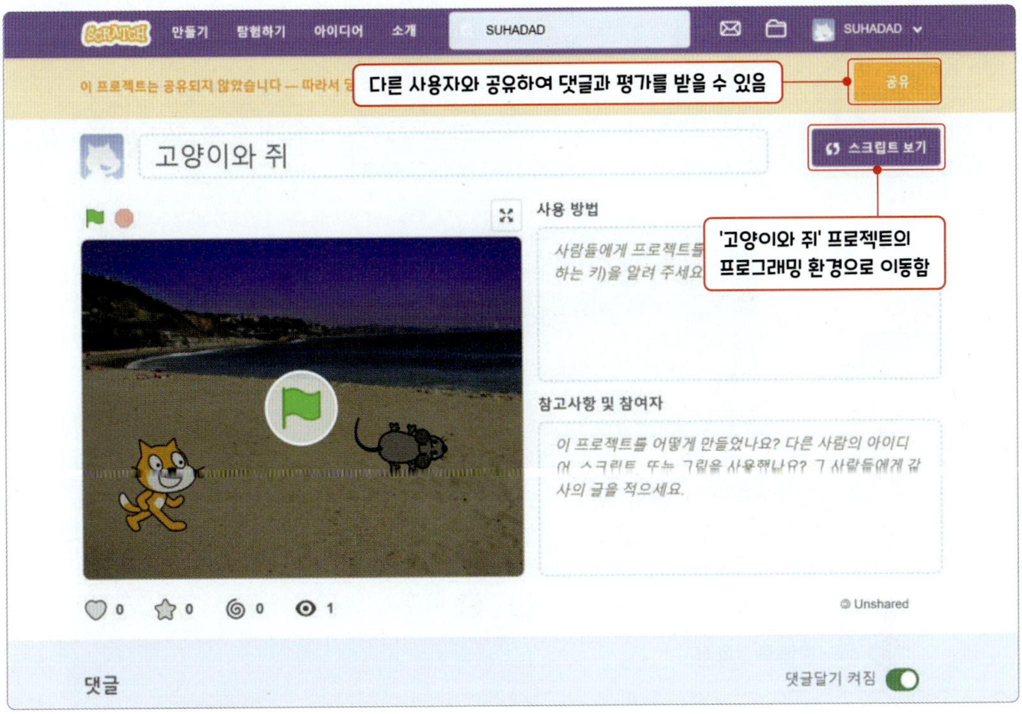

그림 4-21 **프로젝트 관리 페이지**

스크래치 3.0의 저장 파일 확장자는 'sb3'입니다. 따라서 고양이와 쥐 프로그램을 컴퓨터에 저장하면 '고양이와 쥐.sb3'라는 이름으로 저장됩니다. 컴퓨터에 저장하려면 메인 메뉴 바의 [파일]-[컴퓨터에 저장하기] 메뉴를 선택하면 됩니다. 컴퓨터에 저장된 스크래치 프로그램을 불러올 때는 [파일]-[컴퓨터에서 가져오기] 메뉴를 이용합니다.

그림 4-22 **컴퓨터에 저장된 프로그램 불러오기**

하나 더 알기 스프라이트의 블록을 다른 스프라이트로 복사

앞에서는 단순히 블록 하나만 복사했지만 특정 스프라이트의 동작을 구현한 블록을 다른 스프라이트에 복사할 수 있습니다. [그림 4-23]과 같이 고양이 스프라이트에 속한 블록들을 쥐 스프라이트로 드래그한 후, 쥐 스프라이트에서 [코드] 탭을 선택하면 고양이 스프라이트의 블록이 복사된 것을 확인할 수 있습니다.

그림 4-23 다른 스프라이트로 블록 복사

요약

01 스크래치는 일반 프로그래밍 언어가 주로 키보드로 단어와 기호를 입력하여 프로그래밍하는 것과는 달리 마우스로 다양한 모양의 블록들을 조립하여 프로그래밍합니다

02 스크래치 블록들은 [프로그래밍 작업 창]–[코드] 탭에 기능별로 분류되어 있습니다. 스크래치 블록들은 기능별로 고유한 색이 할당되어 있기 때문에 원하는 블록을 찾을 때는 색을 기준으로 찾으면 편리합니다.

03 스크래치는 프로그래밍 요소별로 고유의 모양을 부여하고 있습니다. 예를 들어, 문장 블록은 요철을 갖고 있는 모서리가 둥근 사각형( )이고, 자료/변수 블록은 타원형( )이고, 조건 블록은 육각형( )입니다.

04 필요한 블록을 프로그래밍 작업 영역으로 가져올 때는 해당 블록을 선택한 후 프로그래밍 작업 영역으로 드래그하면 됩니다.

05 블록을 삭제할 때는 해당 블록을 프로그래밍 작업 영역에서 블록 목록 영역으로 드래그하거나, 해당 블록에서 마우스 오른쪽 버튼을 누르고 [블록 삭제하기] 메뉴를 선택합니다.

06 블록을 조립할 때는 해당 블록을 조립하고자 하는 블록 가까이 드래그합니다. 조립하고자 하는 블록에 가까이 가져가면 조립할 위치가 표시되는데 이때 마우스 버튼에서 손을 떼면 조립됩니다.

07 블록을 분리할 때는 조립된 블록 일부를 마우스로 클릭하여 멀리 드래그하면 됩니다.

08 블록을 복사할 때는 마우스 오른쪽 버튼으로 블록을 클릭해 [복사하기] 메뉴를 선택하면 됩니다. 이때 마우스로 클릭한 블록 아래로 연결된 블록들이 함께 복사된다는 점에 주의합니다.

09 특정 스프라이트의 스크립트를 다른 스프라이트에도 복사할 수 있습니다. 예를 들어, 고양이의 스크립트를 [스프라이트/무대 관리 창]에 있는 쥐 스프라이트까지 드래그하면 고양이의 스크립트가 쥐에 복사됩니다.

연습문제

01 스크래치의 [코드] 탭에서 분류하는 블록의 범주가 아닌 것은 무엇일까요?

① 동작(Motion) ② 형태(Looks)

③ 소리(Sound) ④ 효과(Effect)

02 스크래치가 지원하는 프로그램 구성 요소에 해당하지 않는 것은 무엇일까요?

① 문장 블록 ② 관찰 블록

③ 조건 블록 ④ 자료/변수 블록

03 다음 중 스크래치 프로그래밍 환경에서 할 수 없는 작업은 무엇인가요?

① 스프라이트와 무대 배경 추가 ② 블록 내부 코드 변경

③ 블록 코딩 작업 ④ 프로그램 실행 및 중지

04 다음 중 [내 작업실] 기능 설명으로 옳지 않은 것을 고르세요.

① 로그인하지 않더라도 [내 작업실] 기능을 사용할 수 있습니다.

② [스크립트 보기] 메뉴를 클릭하면 프로그래밍 환경으로 이동합니다.

③ 프로젝트의 이미지를 클릭하면 프로젝트 관리 페이지로 이동합니다.

④ [내 작업실]에 저장된 프로젝트는 다른 사람들과 공유할 수 있습니다.

05 블록과 블록이 속하는 [코드] 탭의 범주를 잘못 연결한 것은 무엇일까요?

① 블록 ⓐ – 동작 ② 블록 ⓑ – 소리

③ 블록 ⓒ – 이벤트 ④ 블록 ⓓ – 변수

06 ( ) 모양과 〈 〉 모양은 순서대로 각각 어떤 블록의 모양일까요?

① 자료/변수 블록 – 문장 블록 ② 조건 블록 – 제어 블록

③ 이벤트 블록 – 절차 블록 ④ 자료/변수 블록 – 조건 블록

07 아래 그림과 같이 블록 ⓑ를 클릭하여 복사하면 실제 복사되는 블록들로 맞는 것은 무엇일까요?

① 블록 ⓑ만 복사됩니다.

② 블록 ⓑ와 ⓒ가 복사됩니다.

③ 블록 ⓑ, ⓒ, ⓓ가 복사됩니다.

④ 블록 ⓐ, ⓑ, ⓒ, ⓓ가 복사됩니다.

08 [스프라이트/무대 관리 창]에서 관리할 수 있는 스프라이트의 기본 속성에 속하지 않는 것은 무엇일까요?

① 이름

② 크기

③ 방향

④ 회전 방식

09 스크래치 파일의 확장자는 무엇일까요?

① .doc

② .hwp

③ .sb3

④ .jpg

10 프로그램을 전체 화면으로 확대하여 실행하고 있을 때 스프라이트를 마우스로 클릭하여 이동할 수 있게 하는 방법은 무엇일까요?

① [감지] 블록 메뉴에서 드래그 모드 설정 블록을 이용합니다.

② 스프라이트의 기본 속성인 [보이기]를 체크합니다.

③ 스프라이트의 기본 속성인 [방향]을 0도로 설정합니다.

④ 전체 화면으로 실행할 때는 마우스로 스프라이트를 이동할 수 있는 방법이 없습니다.

11 스크래치를 실행하여 로그인하고, [만들기] 메뉴를 선택합니다. 스크래치 프로그래밍의 초기 환경을 보면, 무대는 배경을 갖고 있지 않으며 스프라이트는 Sprite1(또는 스프라이트1)만 존재합니다. 이 상태에서 다음과 같은 작업을 차례대로 수행하여 결과가 아래 그림과 같은지 확인합니다.

① 프로젝트 이름 입력 창에 '쥐와 대화하는 고양이'를 입력합니다.

② 무대 배경으로 Blue Sky를 추가합니다.

③ 스프라이트 Mouse1을 추가합니다.

④ 스프라이트 Sprite1의 이름을 '고양이'로 변경합니다.

⑤ 스프라이트 Mouse1의 이름을 '쥐'로 변경합니다.

12 위의 작업에 이어 무대, 고양이, 쥐 스프라이트의 행동을 다음과 같이 스크립트로 작성하고 전체 화면으로 실행합니다.

① **무대의 스크립트 :** [스프라이트/무대 관리 창]에서 무대를 선택하고 [코드] 탭을 선택한 후, 다음과 같이 스크립트를 작성합니다.

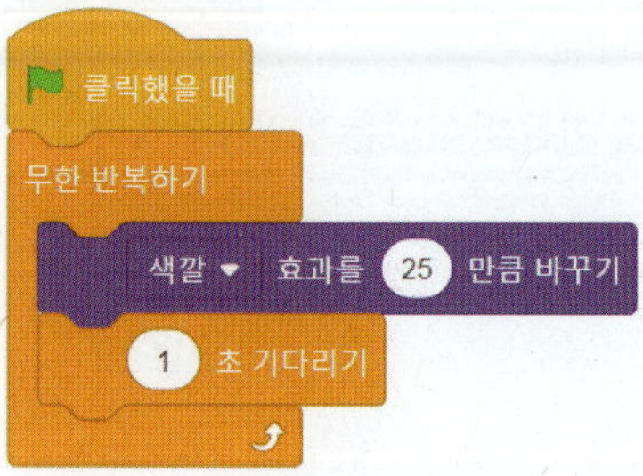

② **고양이 스프라이트의 스크립트 :** [스프라이트/무대 관리 창]에서 고양이 스프라이트를 선택하고 [코드] 탭을 선택한 후, 다음과 같이 스크립트를 작성합니다.

③ **쥐 스프라이트의 스크립트 :** [스프라이트/무대 관리 창]에서 쥐 스프라이트를 선택하고 [코드] 탭을 선택한 후, 다음과 같이 스크립트를 작성합니다.

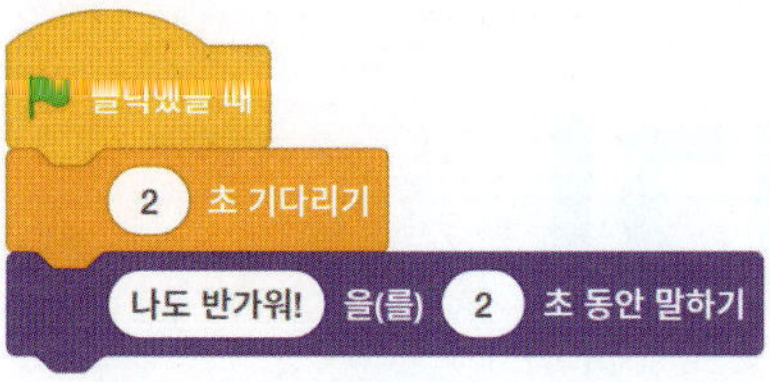

④ **전체 화면으로 프로그램 실행 :** [프로그램 실행 창]의 상단 우측에 있는 (전체창)을 클릭한 후 시작하기 버튼( )을 선택하여 프로그램을 실행합니다.

13 **위의 작업에 이어 [파일]–[저장하기] 메뉴를 선택하여 작성된 프로그램을 [내 작업실]에 저장합니다.**

프로그램 저장 작업 후 [내 작업실]로 가서 '쥐와 대화하는 고양이' 프로젝트가 존재하는지 확인합니다.

CHAPTER 05

스프라이트 사용법 익히기

학습목표

- 스프라이트 개념과 스프라이트 그래픽 구현 방식을 공부합니다.
- 스크래치가 구분하는 스프라이트 행동의 종류를 공부합니다.
- 스프라이트와 무대의 차이를 공부합니다.
- 스크래치의 좌표계와 방향계에 대해서 공부합니다.
- 스프라이트 모양의 중심에 대해서 공부합니다.
- 스프라이트의 동작, 형태, 소리 기능에 대해서 공부합니다.

Preview

스크래치는 스크립트 언어로서 스프라이트와 무대의 행동(스크립트)을 작성합니다. 스프라이트와 무대의 행동을 작성하기 위해서는 먼저 스프라이트와 무대가 어떤 행동이 가능한지 알아야 합니다. 스프라이트와 무대가 수행할 수 없는 행동을 작성할 수는 없습니다. 이 장은 스프라이트의 개념에 대해 설명하고 스크래치가 제공하는 스프라이트의 그래픽 구현 방식을 알아봅니다. 그리고 스프라이트의 행동을 크게 동작, 형태, 소리로 구분하고, 각각에 대한 대표적인 기능을 설명합니다.

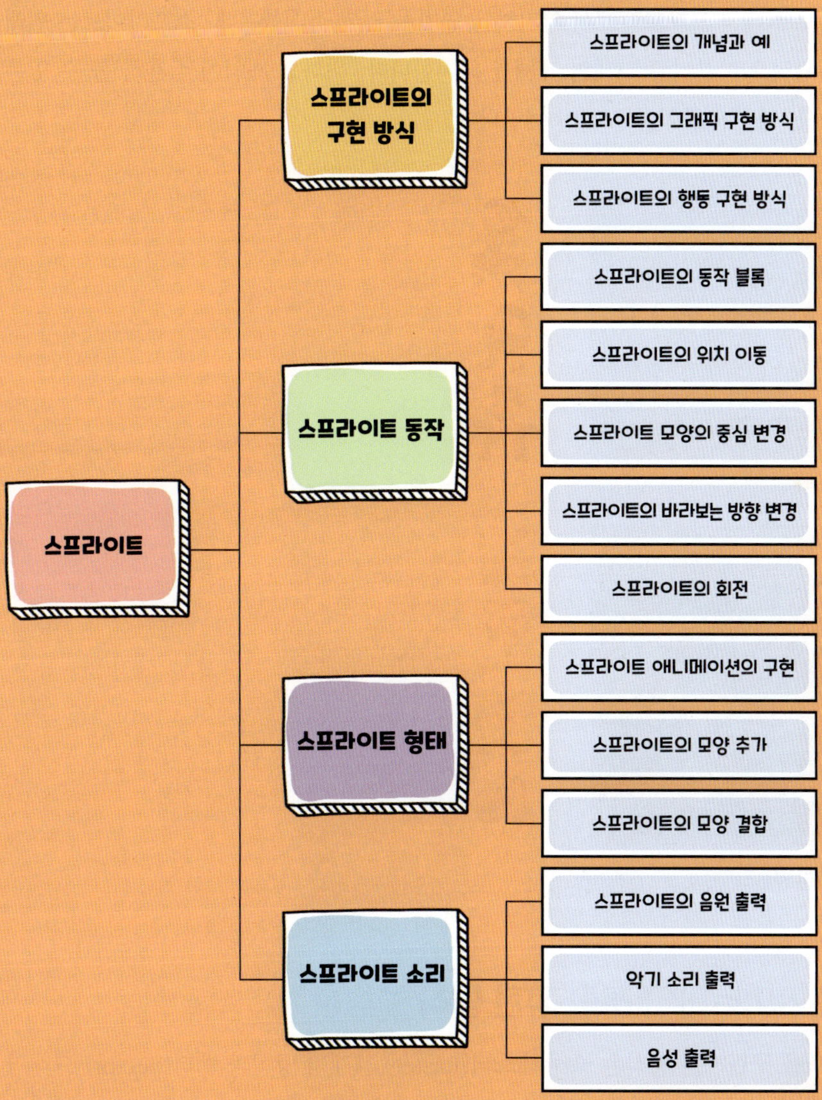

Section 01

스프라이트의 구현 방식

1 스프라이트의 개념과 예

앞서 스프라이트를 '스크래치 프로그램에서 연기하는 연기자'라고 소개했는데, 스프라이트는 원래 비디오 게임에서 독립적으로 분리된 그래픽 객체를 의미합니다. 비디오 게임에서 흔히 볼 수 있는 주인공 캐릭터나 악당, 아이템 등이 대표적인 예입니다.

그림 5-1 게임 스프라이트의 예

2 [실습] 스프라이트의 그래픽 구현 방식 설정하기

스프라이트의 그래픽을 구현하는 방식은 크게 래스터(Raster) 그래픽 방식과 벡터(Vector) 그래픽 방식으로 구분됩니다. 두 방식의 가장 큰 차이는 화질에 있습니다. 래스터 그래픽 방식은 그림을 확대하면 계단 현상이 발생하여 화질이 떨어지는 반면, 벡터 그래픽 방식은 그림을 확대해도 화질에 변화가 없습니다.

하나 더 알기 **래스터 그래픽 방식과 벡터 그래픽 방식의 차이**

래스터 그래픽 방식은 그래픽을 구현할 때 픽셀(Pixel)들의 집합인 비트맵(Bitmap)을 이용하기 때문에 확대하면 [그림 5-2]와 같은 계단 현상이 발생합니다. 벡터 그래픽 방식은 그래픽을 구현할 때 점, 선, 곡선, 원 등의 도형 방정식을 이용합니다. 따라서 그림을 확대해도 [그림 5-3]과 같이 화질의 변화가 없다는 장점이 있으며 일반적으로 래스터 그래픽 방식보다 파일 크기도 작습니다.

그림 5-2 래스터 그래픽 방식

그림 5-3 벡터 그래픽 방식

스크래치의 스프라이트는 래스터 그래픽과 벡터 그래픽 두 가지 방식으로 모두 구현할 수 있습니다. 구현 방식은 [스프라이트/무대 관리 창]에서 고양이 스프라이트를 선택한 후 [모양] 탭을 선택하면 확인할 수 있습니다. [그림 5-4]와 같이 하단 메뉴가 [비트맵으로 바꾸기]로 되어 있다면 스프라이트가 벡터 그래픽 방식으로 구현되어 있다는 것을 의미합니다. 이 메뉴를 클릭하면 스프라이트의 그래픽 구현 방식이 래스터 그래픽 방식으로 변경되면서 메뉴도 [벡터로 바꾸기]로 바뀝니다.

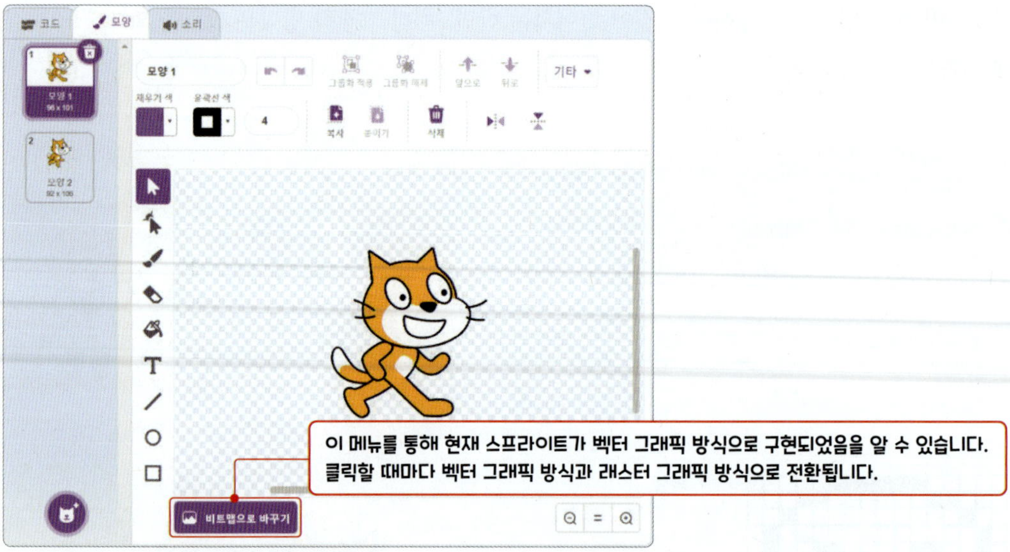

그림 5-4 **스프라이트의 그래픽 구현 방식 설정**

고양이 스프라이트를 벡터 그래픽 방식으로 설정한 경우와 래스터 그래픽 방식으로 설정한 경우에 대해서 [그림 5-5]와 같이 실행하면 두 방식 간의 차이를 확인할 수 있습니다.

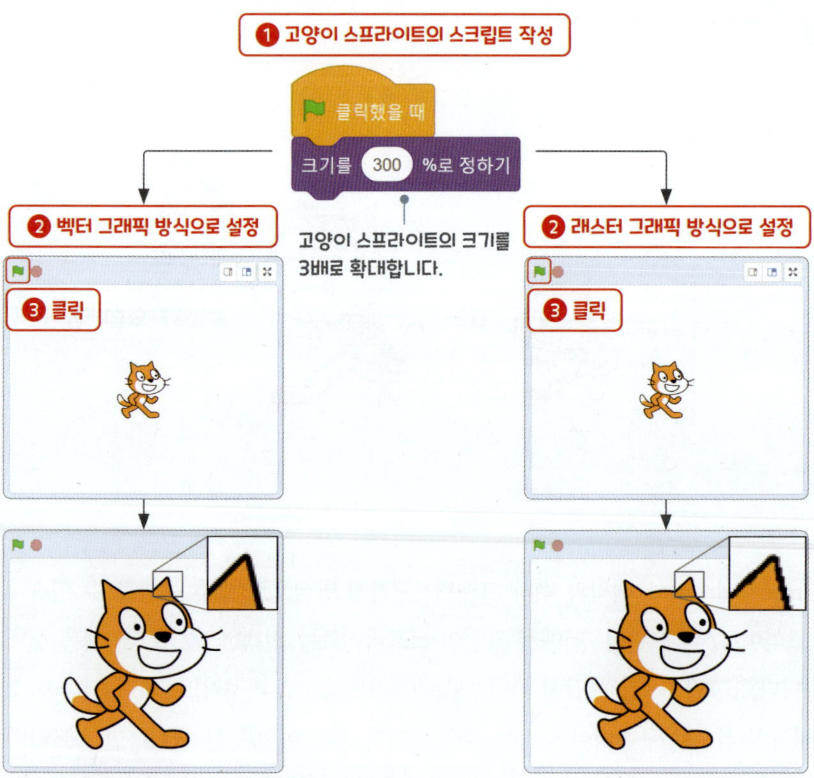

그림 5-5 **벡터 그래픽 방식과 래스터 그래픽 방식 간의 차이 확인**

하나 더 알기 **래스터 그래픽 방식으로 변경 후 다시 벡터 그래픽 방식으로 변경할 때 주의점**

벡터 그래픽 방식에서 래스터 그래픽 방식으로 변경하면 스프라이트에 계단 현상이 발생합니다. 래스터 그래픽 방식에서 다시 벡터 그래픽 방식으로 변경하더라도 이 계단 현상은 사라지지 않는데 이는 벡터 그래픽 방식으로 변경할 때 이미 발생한 계단 현상까지 벡터 그래픽 방식으로 구현하기 때문입니다.

3 스프라이트의 행동 구현 방식

스크래치는 스프라이트의 행동을 동작, 형태, 소리를 이용해 구현합니다. 다음의 각 절에서는 스프라이트의 행동을 구현하기 위한 각각의 구현 방법을 하나씩 익혀봅니다.

- **동작** : 주로 스프라이트의 위치나 바라보는 방향을 변경하고 벽에 부딪혔을 때 튕길 것인지, 어떤 회전 방식을 사용할 것인지를 결정합니다.
- **형태** : 스프라이트의 모양, 크기, 색깔을 결정하고 다양한 그래픽 효과로 형태를 변경하며 말풍선, 생각풍선 등을 출력합니다.
- **소리** : 스프라이트의 음원 파일을 재생합니다. 음높이와 음량을 다양하게 조정할 수 있습니다.

참고로, 무대도 스프라이트와 매우 유사한 방법으로 행동을 구현할 수 있지만 무대는 일정한 크기를 갖고 독립적으로 움직일 수 있는 객체가 아니기 때문에 차이가 발생합니다. 예를 들어, [스프라이트/무대 관리 창]에서 무대를 선택한 다음 [스크립트 작업 창]에서 [코드] 탭의 [동작] 메뉴를 선택하면 '무대 선택됨: 동작 블록 없음'이라는 문구를 볼 수 있습니다. 그리고 [형태] 메뉴에는 스프라이트에서 사용할 수 있는 말하거나 생각하거나 크기를 변경하는 블록이 없습니다.

Section 02

스프라이트의 동작 구현

1 스프라이트의 동작 블록

스프라이트의 동작은 위치와 방향의 변경으로 표현할 수 있습니다. 이와 관련된 블록은 [코드] 탭–[동작] 메뉴에서 제공합니다.

표 5-1 [동작] 메뉴에 있는 블록들

블록	설명
(10) 만큼 움직이기	현재 바라보는 방향으로 설정된 값만큼 움직입니다. 양수이면 전진, 음수이면 후진합니다.
↻ 방향으로 (15) 도 회전하기	설정된 각도만큼 시계 방향으로 회전합니다.
↺ 방향으로 (15) 도 회전하기	설정된 각도만큼 시계 반대 방향으로 회전합니다.
(무작위 위치 ▾) (으)로 이동하기	마우스 포인터나 다른 스프라이트 위치 또는 무작위 위치로 이동합니다.
x: (0) y: (0) (으)로 이동하기	좌표(x, y)로 이동합니다.
(1) 초 동안 (무작위 위치 ▾) (으)로 이동하기	설정된 시간 동안 마우스 포인터, 다른 스프라이트, 무작위 위치로 이동합니다.
(1) 초 동안 x: (-96) y: (26) (으)로 이동하기	설정된 시간 동안 좌표(x, y)로 이동합니다.
(90) 도 방향 보기	설정된 방향을 바라봅니다(0 : 위쪽, 90 : 오른쪽, 180 : 아래쪽, –90 : 왼쪽).
(마우스 포인터 ▾) 쪽 보기	마우스 포인터나 다른 스프라이트 위치로 방향을 변경합니다.
x 좌표를 (10) 만큼 바꾸기	x좌표를 설정한 값만큼 변경합니다.
x 좌표를 (-96) (으)로 정하기	x좌표를 설정한 값으로 변경합니다.
y 좌표를 (10) 만큼 바꾸기	y좌표를 설정한 값만큼 변경합니다.
y 좌표를 (26) (으)로 정하기	y좌표를 설정한 값으로 변경합니다.
벽에 닿으면 튕기기	벽에 닿으면 반대 방향으로 전환합니다.
회전 방식을 (왼쪽-오른쪽 ▾) (으)로 정하기	방향 변경에 따라 모양이 회전되는 방식을 결정합니다. 왼쪽–오른쪽, 회전하지 않기, 회전하기를 선택합니다.

x좌표 y좌표 방향	각각 x좌표 값, y좌표 값, 방향 값입니다.

2 스프라이트의 위치 이동

스프라이트의 위치는 [그림 5-6]과 같이 스프라이트 모양의 중심 좌표(x좌표, y좌표) 변경, 바라보는 방향을 기준으로 전진 또는 후진, 마우스 포인터 위치로 이동, 다른 스프라이트가 있는 위치로 이동, 무작위 위치로 이동 등으로 구현할 수 있습니다.

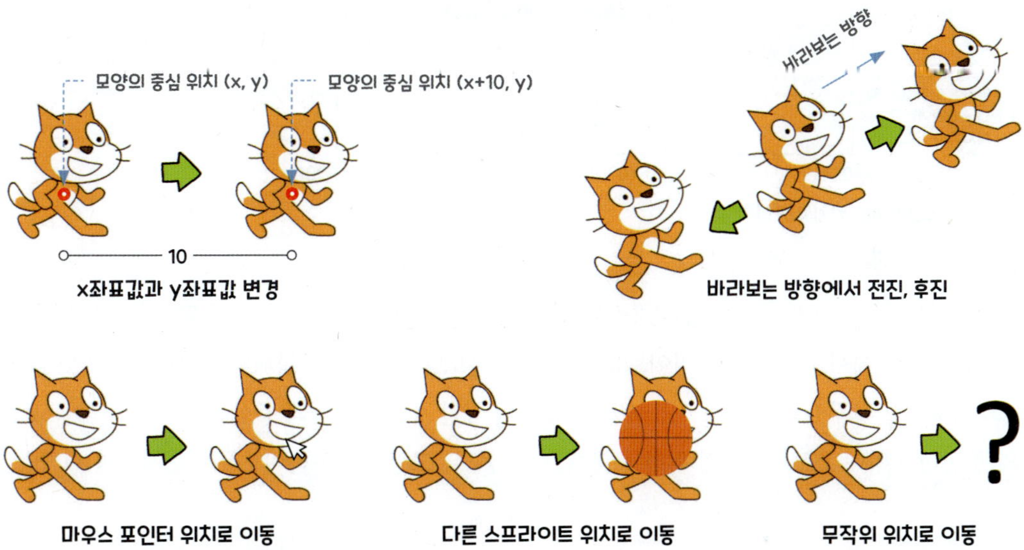

그림 5-6 **스프라이트의 위치 이동 방식**

이 중 모양의 중심 좌표를 변경하는 경우에는 모양의 중심과 스프라이트의 위치 변경 사이의 관계를 이해해야 합니다. 다른 이동 방식은 관련 블록을 가져다 값만 설정하면 됩니다. 따라서 모양의 중심에 대해 좀 더 알아보겠습니다.

3 스프라이트 모양의 중심 변경

스프라이트 모양의 중심은 스프라이트의 위치와 방향 변경의 기준이 되는 지점입니다. 스프라이트 모양의 중심은 스프라이트 모양마다 차이가 있지만 일반적으로 스프라이트 모양의 정중앙에 위치하며 필요에 따라 변경할 수도 있습니다.

스크래치의 프로그램 실행 창은 정중앙의 좌표가 x축이 0, y축이 0인 좌표계를 갖습니다. 눈에 보이는 영역의 좌표계는 대략 [그림 5-7]과 같이 x축은 −240~+240, y축은 −180~+180 정도입니다. 여기서 스프라이트의 위치를 어떤 좌표로 이동시킨다는 것은 스프라이트 모양의 중심을 그 좌표로 이동시킨다는 의미입니다.

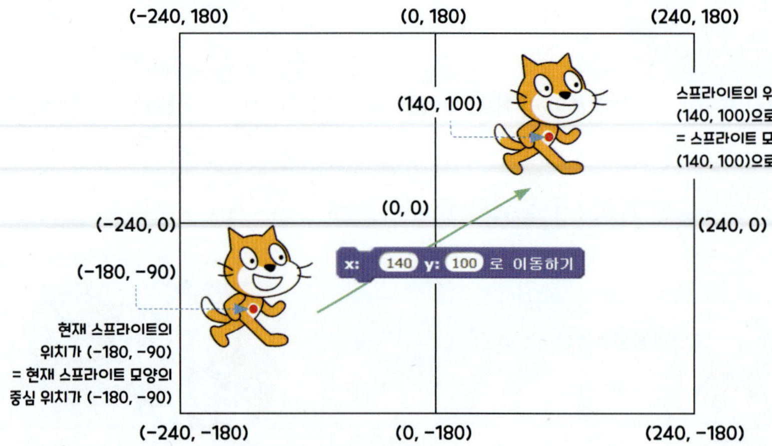

그림 5-7 **스프라이트 위치 이동의 개념**

스크래치에서는 스프라이트 모양의 중심을 변경할 수 있습니다. [그림 5-8]과 같이 [스프라이트/무대 관리 창]에서 고양이 스프라이트를 선택한 후 [모양] 탭을 선택합니다. 그림판의 고양이 스프라이트를 클릭해 다른 곳으로 이동하면 원래 있던 공간 중앙에 모양의 중심이 있습니다. 이 모양의 중심이 고양이 스프라이트의 원하는 곳에 위치하도록 고양이 스프라이트를 이동시키면 됩니다.

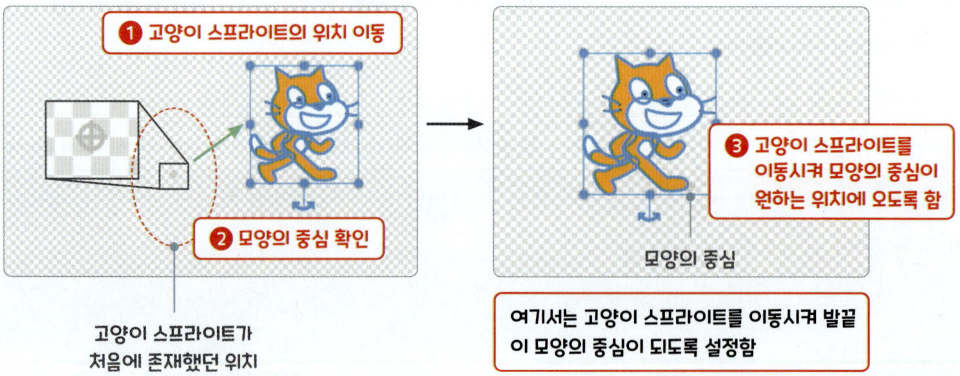

그림 5-8 **스프라이트 모양의 중심 변경**

4 스프라이트가 바라보는 방향 변경

스프라이트의 방향은 [그림 5-9]와 같이 회전 각도를 직접 설정하거나 마우스 포인터 또는 다른 스프라이트를 바라보게 하는 것으로 변경할 수 있습니다.

그림 5-9 **스프라이트의 방향 변경**

스크래치에서 좌표계는 기준이 되는 0도에 y축을 두고 시계 방향으로는 각도가 양수로 커지고 반시계 방향으로는 각도가 음수로 커집니다. 따라서 [그림 5-10]과 같이 각도에 따라 스프라이트가 바라보는 방향이 달라집니다.

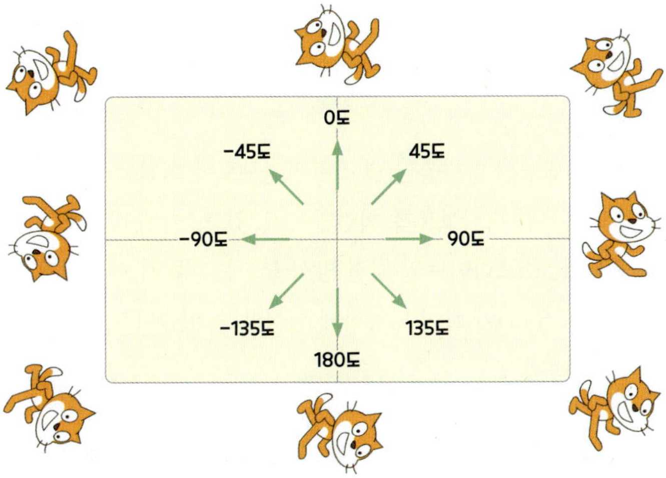

그림 5-10 **스프라이트의 방향 좌표**

스프라이트의 방향 변경은 스프라이트 모양의 중심을 기준으로 이루어집니다. 이를 확인하기 위해 스크래치를 실행한 후 [그림 5-11]과 같이 고양이 스프라이트의 두 번째 모양('모양2')을 선택하여 모양의 중심을 발끝으로 변경합니다. 계속해서 그림과 같이 스크립트를 작성한 후 실행하면 고양이 스프라이트가 '모양1'일 때는 제자리에서 회전하지만, '모양2'일 때는 발끝을 기준으로 회전하는 것을 알 수 있습니다. '모양1'은 중심이 정중앙에 있고 '모양2'는 중심이 발끝에 있기 때문입니다.

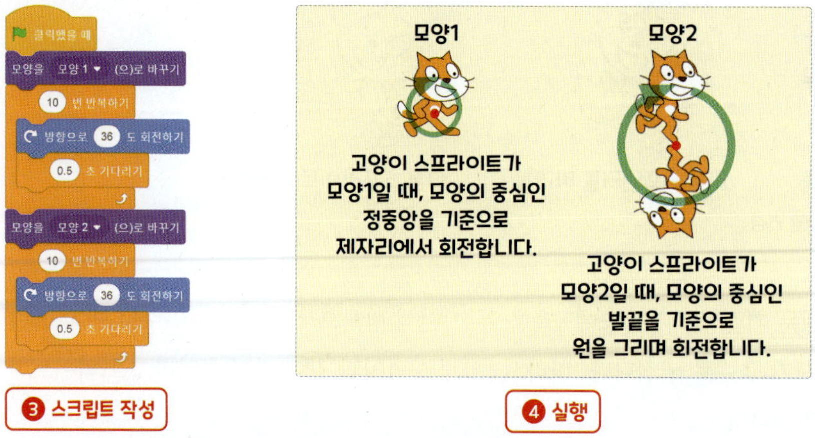

그림 5-11 모양의 중심 위치에 따른 고양이 스프라이트의 방향 변경 모습

5 [실습] 스프라이트 회전하기

바라보는 방향이 변경되면 스프라이트는 그 변경된 방향을 정면으로 바라보도록 회전합니다. 또한 방향을 크게 좌측과 우측으로 구분하여 좌우로만 바라보도록 회전할 수도 있고, 아예 바라보는 방향과 상관없이 회전하지 않을 수도 있습니다. 스프라이트의 회전 방식 모드는 [동작] 메뉴에 있는 블록 [회전 방식을 ~로 정하기]를 이용해 [표 5-2]와 같이 다양하게 설정할 수 있습니다.

표 5-2 회전 방식 모드에 따른 회전 모양

회전 방식 모드	0도	90도	180도	-90도
회전 방식을 회전하기 ▾ (으)로 정하기				
회전 방식을 왼쪽-오른쪽 ▾ (으)로 정하기				
회전 방식을 회전하지 않기 ▾ (으)로 정하기				

회전 방식 모드 설정에 따라 스프라이트가 벽에 닿아 튕길 때 모습이 달라집니다. [동작] 메뉴의 블록 [벽에 닿으면 튕기기]를 이용하여 움직이는 스프라이트가 실행 화면 경계를 넘어가지 않고 경계(벽)에 닿으면 반대 방향으로 튕기게 할 수 있습니다. 이때 스프라이트는 진행 방향과 반대 방향으로 회전하면서 어색한 상하 반전이 일어날 수 있는데, 이런 문제는 회전 방식 모드를 변경함으로써 해결할 수 있습니다.

그림 5-12 **회전 방식 모드에 따라 달라지는 벽에 닿아 튕기는 모양**

6 [실습] 스프라이트의 다양한 동작 구현하기

스프라이트의 다양한 동작을 직접 눈으로 보면서 확인하기 위해 고양이 스프라이트의 행동을 [그림 5-13]과 같은 스크립트로 작성합니다. 고양이 스프라이트가 움직이는 모습을 직접 확인하면서 프로그램에 사용된 블록들을 이해해 봅시다.

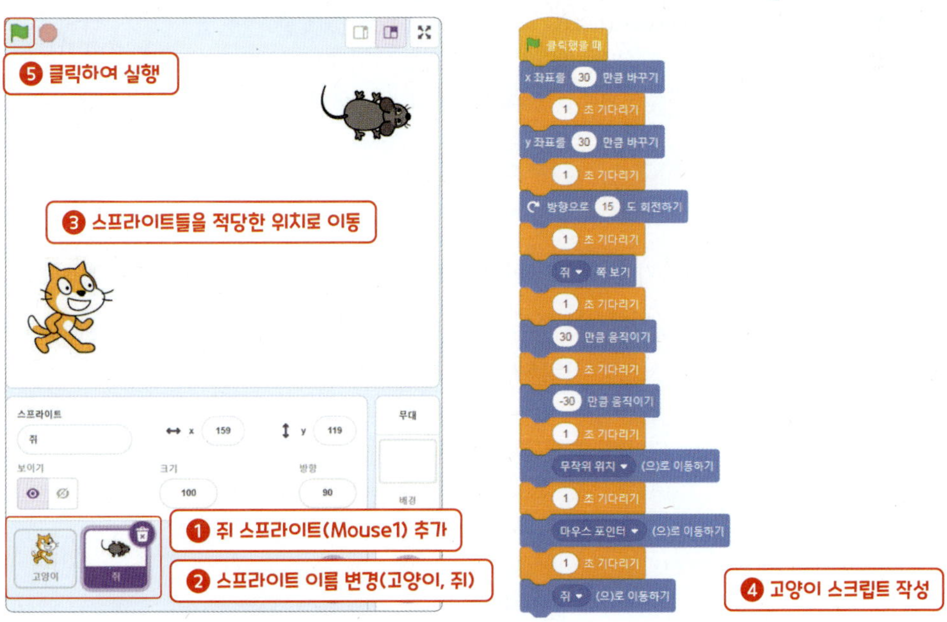

그림 5-13 **스프라이트의 다양한 동작 구현**

Section

03 스프라이트의 형태 구현

스프라이트의 형태는 모양, 크기, 색깔, 픽셀화, 소용돌이, 말풍선과 생각풍선 등으로 구현할 수 있습니다. 이와 관련된 블록은 [코드] 탭-[형태] 메뉴에서 제공합니다. [형태] 메뉴에 있는 각 블록의 기능은 부록 B를 참고합니다.

1 스프라이트의 애니메이션 구현

스프라이트는 조금씩 다른 여러 개의 모양을 보여줄 수 있는데, 이 여러 개의 모양들을 이용하여 애니메이션(Animation)을 구현할 수 있습니다. 스크래치는 스프라이트가 어떤 모양을 취할지 결정할 수 있는 블록을 제공합니다.

하나 더 알기 **애니메이션의 원리**

애니메이션의 기본 원리는 바라보던 이미지가 사라져도 사람의 뇌에 그 이미지가 계속 남아 있는 효과인 잔상효과(Persistence of Vision)를 이용해 짧은 시간에 여러 개의 이미지를 보여주는 것입니다. 따라서 스프라이트는 자신이 갖고 있는 여러 개의 모양을 짧은 시간에 보여주는 방식으로 애니메이션을 구현할 수 있습니다.

스프라이트의 애니메이션을 경험하기 위해 고양이 스프라이트와 발레리나 스프라이트의 행동 스크립트를 [그림 5-14]와 같이 작성합니다. 이 프로그램을 실행하면 발레리나 스프라이트가 춤을 추고 고양이 스프라이트가 발레리나 스프라이트를 향해 걸어가게 됩니다.

그림 5-14 스프라이트의 애니메이션

2 스프라이트의 모양 추가

스프라이트의 모양은 목록으로 관리됩니다. [스크립트 작업 창]에서 [모양] 탭을 선택하면 스프라이트가 갖고 있는 모든 모양의 목록을 볼 수 있습니다. [그림 5-15]는 고양이 스프라이트와 발레리나 스프라이트가 갖고 있는 모양의 목록입니다.

[그림 5-14]에서 사용된 블록 [다음 모양으로 바꾸기]는 스프라이트가 현재 보여주고 있는 모양의 다음 순서의 모양으로 변경하는 기능을 수행합니다.

> [모양] 탭에 나타난 스프라이트 모양의 순서는 마우스로 드래그하여 변경할 수 있습니다.

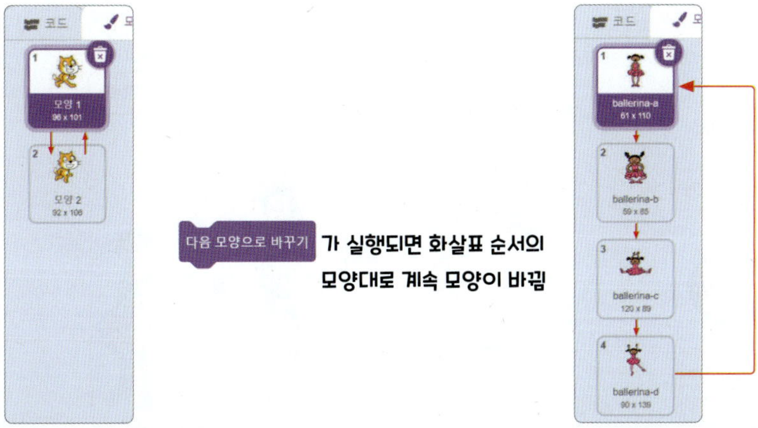

고양이 스프라이트의 모양 목록

발레리나 스프라이트의 모양 목록

그림 5-15 스프라이트의 모양 목록

스프라이트의 모양을 추가할 수도 있습니다. 모양 목록 하단에 있는 [모양 고르기] 메뉴를 선택하여 추가하고 싶은 모양을 선택하면 됩니다. 또한 내 컴퓨터에 저장된 이미지나 카메라로 촬영한 이미지, 혹은 스크래치의 그림판을 이용해 직접 그려도 됩니다.

[그림 5-16]과 같이 발레리나 스프라이트의 모양 목록에 새로운 모양을 하나 추가하고, 프로그램을 실행해 발레리나 스프라이트의 애니메이션이 어떻게 달라지는지 살펴봅니다.

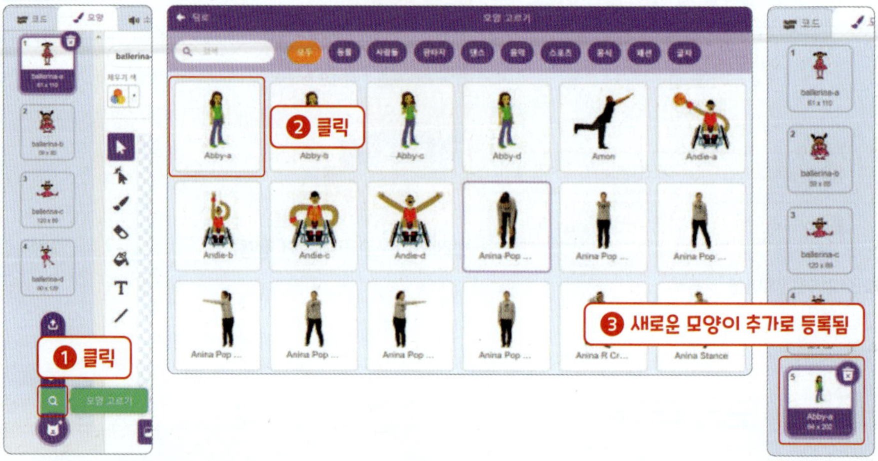

그림 5-16 **스프라이트의 모양 추가**

3 [실습] 스프라이트의 모양 결합하기

모양을 추가로 결합시켜 새로운 스프라이트의 모양을 만들 수 있습니다. 계속해서 [그림 5-17]과 같이 작업한 다음 발레리나 스프라이트의 애니메이션을 살펴봅니다.

> 그림판에서 추가된 사과의 위치와 크기를 조정할 수 있습니다.

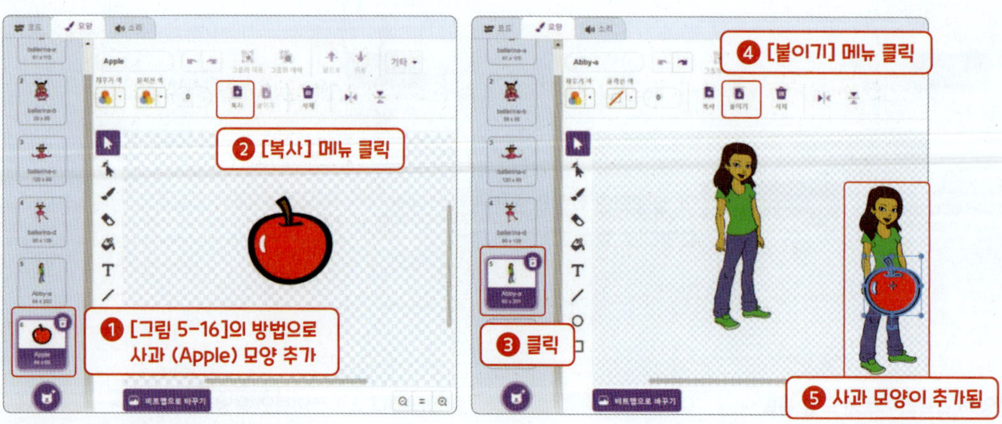

그림 5-17 **스프라이트의 모양 결합**

4 [실습] 스프라이트를 다양한 형태로 변경하기

스크래치는 스프라이트의 모양 외에 [그림 5-18]과 같이 색깔, 픽셀화, 소용돌이 등의 다양한 그래픽 효과 기능을 제공하거나 크기를 변경하고 말풍선과 생각풍선을 출력하는 기능도 제공합니다.

그림 5-18 스프라이트의 여러 가지 형태 변경 기능

[그림 5-14]에서 작성한 발레리나 스프라이트의 스크립트를 [그림 5-19]와 같이 수정해 봅니다.

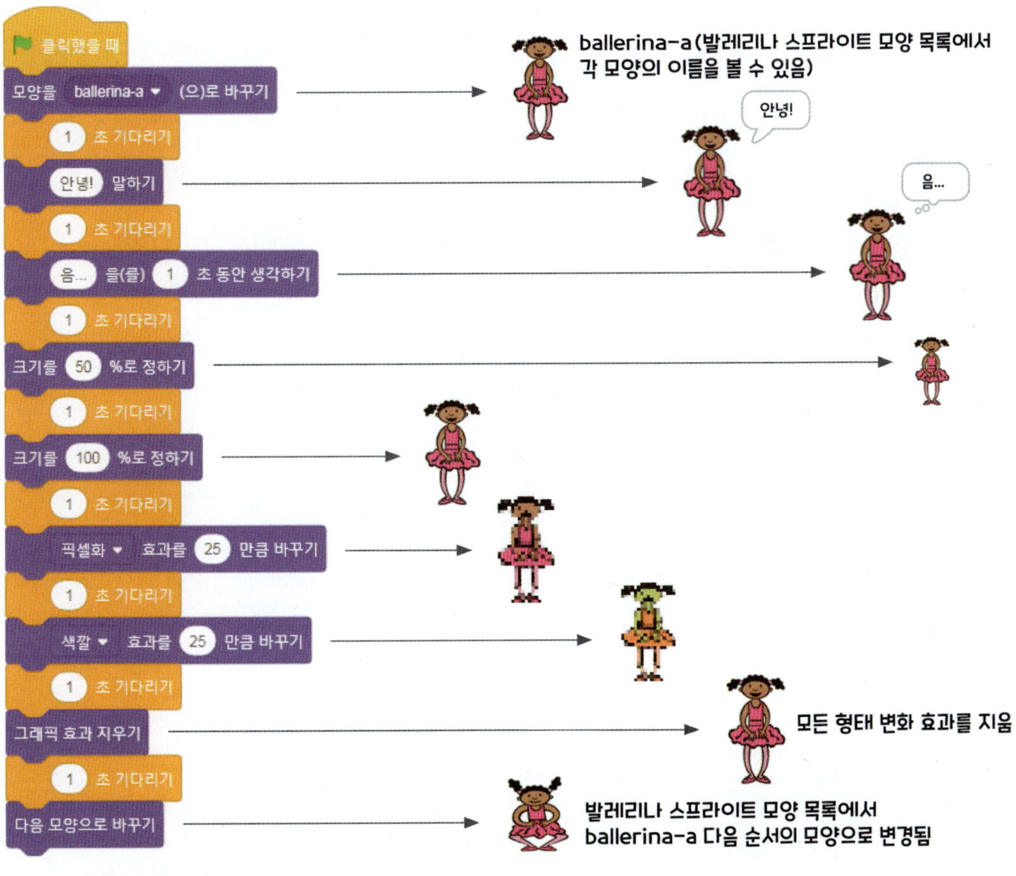

그림 5-19 스프라이트의 다양한 형태 변경

하나 더 알기 **그래픽 효과 사용 시 주의점**

스프라이트에 적용된 그래픽 효과는 프로그램 실행을 멈추더라도 유지됩니다. 즉 스프라이트의 색깔을 25만큼 변경하고 프로그램 실행을 중지하면 스프라이트는 여전히 색깔이 변형된 상태로 남아 있고 다시 프로그램을 실행할 때도 그 상태에서 시작됩니다. [그림 5-19]에서 사용된 블록 [그래픽 효과 지우기]는 모든 그래픽 효과를 없애줍니다. 여기서 주의할 것이 있습니다. 스프라이트의 크기는 그래픽 효과가 아니라 위치, 방향과 같은 스프라이트 속성 중의 하나이기 때문에 [그래픽 효과 지우기]를 이용해도 변경된 크기가 원래대로 돌아오지 않는다는 것입니다.

Section
04 스프라이트의 소리 구현

1 스프라이트 소리의 종류

스프라이트는 특정 음원 파일이나 다양한 악기 소리, 그리고 사람의 음성을 출력할 수 있습니다. 이런 소리 출력과 관련된 블록들은 [코드] 탭-[소리] 메뉴와 확장 기능 중 [음악] 기능과 [텍스트 음성 변환(TTS)] 기능에서 제공합니다. [소리] 메뉴에 있는 각 블록의 기능은 부록 B를 참고합니다.

그림 5-20 스프라이트 소리의 종류

2 스프라이트 음원의 재생

스프라이트 음원의 재생과 관련된 블록들은 [코드] 탭-[소리] 메뉴에 모여 있습니다. 대표적으로 [재생하기] 블록과 [끝까지 재생하기] 블록이 있는데, 이 두 가지의 차이를 이해하는 것이 중요합니다. [재생하기] 블록은 음원을 재생한 후 그 음원의 재생이 완료될 때까지 기다리지 않고 그 다음에 조립된 블록을 실행합니다. 이에 반해 [끝까지 재생하기] 블록은 음원을 재생한 후 그 음원의 재생이 완료될 때까지 기다렸다가 다음에 조립된 블록을 실행합니다. [그림 5-21]은 [재생하기] 블록과 [끝까지 재생하기] 블록의 차이를 보여줍니다.

그림 5-21 [재생하기] 블록과 [끝까지 재생하기] 블록의 차이

3 [실습] 스프라이트에 음원 등록하기

스크래치를 실행하여 고양이 스프라이트를 선택한 후에 [스크립트 작업 창]에서 [소리] 탭을 선택하면 고양이 스프라이트 소리로 등록된 음원과 그 음원을 재생, 편집할 수 있는 메뉴가 나타납니다. 또한 하단의 [소리 고르기] 메뉴를 통해서 다양한 음원을 선택하여 스프라이트의 소리로 등록할 수 있습니다. [그림 5-22]는 고양이 스프라이트에 'Chee Chee'라는 음원을 등록하는 모습을 보여줍니다. 이 작업 후 고양이 스프라이트는 '야옹'이라는 음원과 더불어 'Chee Chee'라는 음원도 소리 낼 수 있습니다.

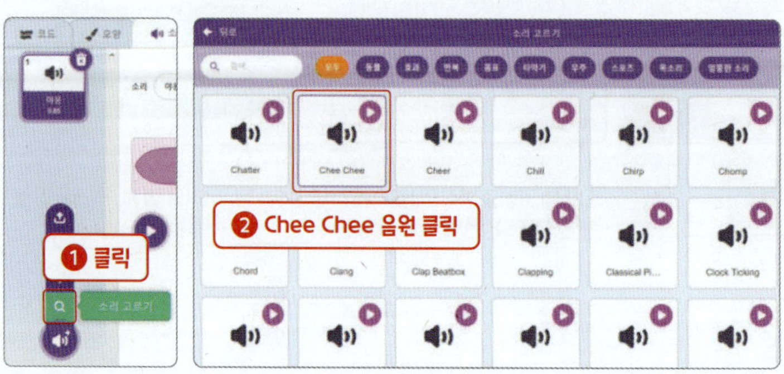

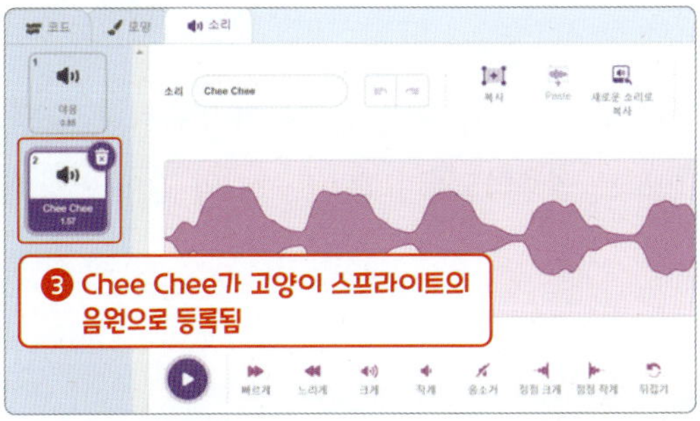

Chee Chee 음원을 등록하면 고양이의 소리로 야옹과 Chee Chee를 선택해서 재생할 수 있습니다.

그림 5-22 새로운 음원 등록

4 [실습] 다양한 악기 소리 출력하기

확장 기능 중 [음악] 기능을 사용하면 다양한 악기를 연주할 수 있습니다. [음악] 기능의 블록들을 사용하여 [그림 5-23]과 같이 고양이 스프라이트의 스크립트를 작성하고 실행해 봅니다.

그림 5-23 다양한 악기 소리 출력

5 [실습] 악보에 맞춰 연주하기

[음악] 기능에는 악기를 선택하고 음계와 박자를 정하여 연주할 수 있는 블록들이 있습니다. 고양이 스프라이트의 행동을 산토끼 악보에 맞추어 피아노로 연주하도록 [그림 5-24]와 같이 변경하여 실행해 봅니다.

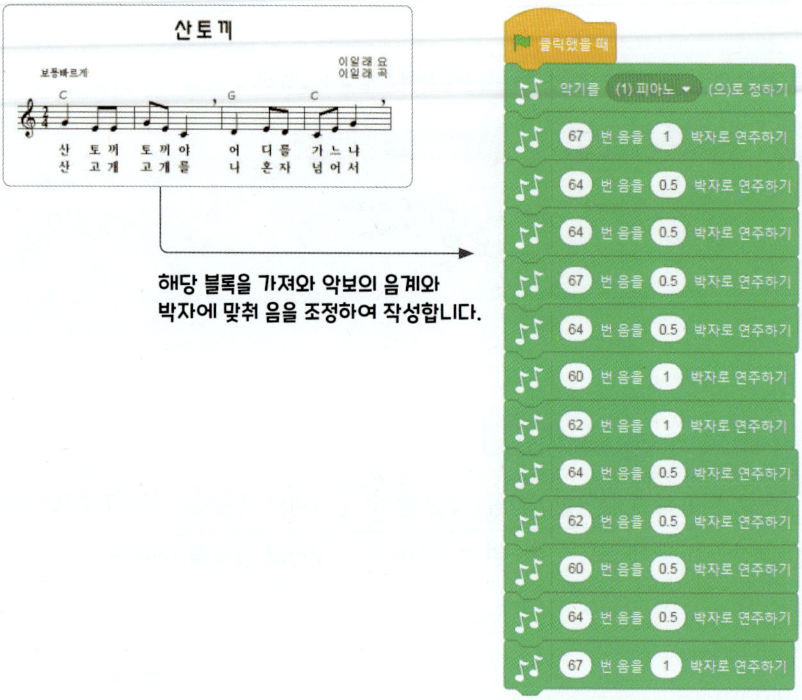

그림 5-24 **악보 연주**

6 [실습] 음성 출력하기

[텍스트 음성 변환(TTS)] 기능에는 여러 가지 언어로 작성된 문장을 음성으로 출력하는 블록들이 있습니다. 음성은 저음부터 고음까지 설정할 수 있는데, 언어에 따라 저음과 중저음은 남성 음성으로, 고음과 중고음은 여성 음성으로 출력합니다. 참고로 스크래치 3.0에서는 한국어를 음성으로 출력할 때 고음과 저음 모두 여성 음성으로 출력하고 있습니다. 고양이 스프라이트의 행동을 [그림 5-25]와 같이 작성하고 실행해 봅니다.

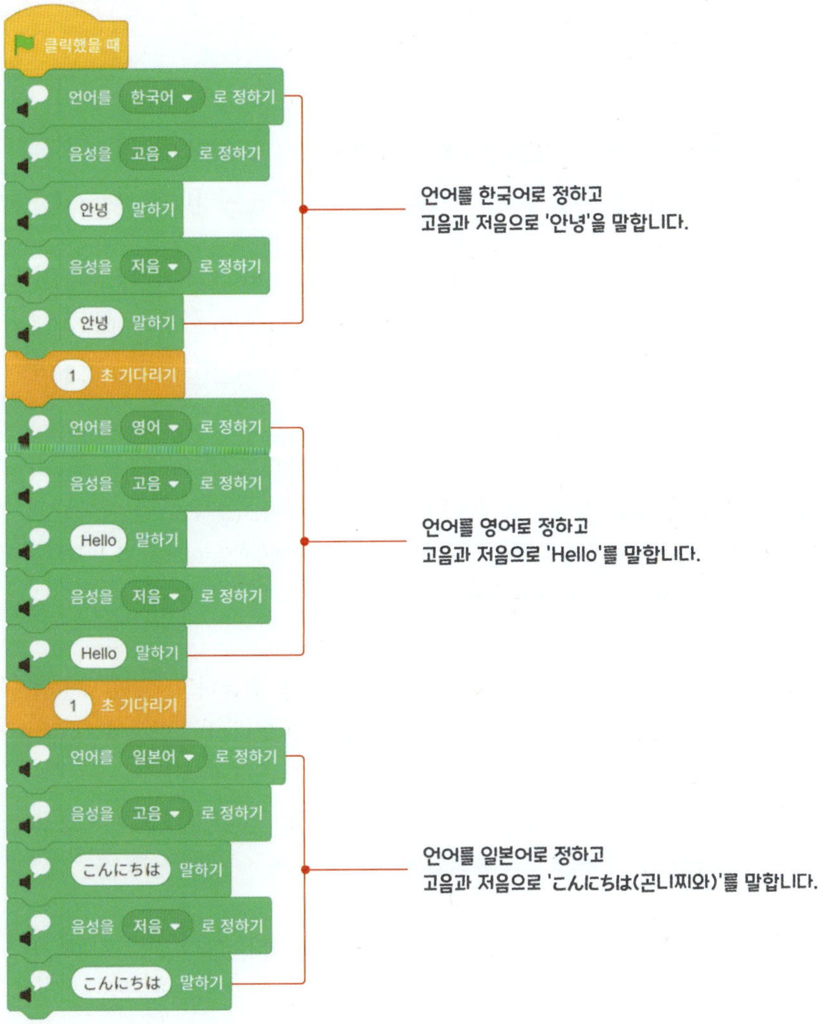

그림 5-25 **음성 출력**

다른 국가 언어를 사용할 때 구글 번역 기능을 사용하면 편리합니다. 구글 번역 기능에서 한국어를 일본어로 번역하도록 설정하고 한국어 입력란에 '안녕하세요'를 넣은 다음 번역 결과를 복사해서 사용하면 됩니다.

요약

01 스프라이트는 비디오 게임에서 독립적으로 분리된 그래픽 객체를 의미합니다. 비디오 게임에서 흔히 볼 수 있는 주인공 캐릭터, 악당, 아이템 등이 대표적인 예입니다.

02 스프라이트의 그래픽을 구현하는 방식은 크게 래스터 그래픽 방식과 벡터 그래픽 방식으로 구분됩니다. 래스터 그래픽 방식은 비트맵을 이용하기 때문에 그림을 확대하면 계단 현상이 발생하여 화질이 떨어지고, 벡터 그래픽 방식은 도형의 방정식을 이용하기 때문에 화질 변화가 없습니다.

03 스크래치는 스프라이트의 행동을 동작, 형태, 소리로 구분합니다. 동작 관련 블록들은 [코드] 탭의 [동작] 메뉴에, 형태 관련 블록들은 [코드] 탭의 [형태] 메뉴에, 소리 관련 블록들은 [코트] 탭의 [소리] 메뉴에 모아져 있습니다.

04 스프라이트의 동작은 주로 스프라이트의 위치나 바라보는 방향을 변경하고, 벽에 닿았을 때 튕길 것인지, 이때 어떤 회전 방식을 사용할 것인지 결정할 수 있습니다.

05 스프라이트의 형태는 스프라이트의 모양, 크기, 색깔, 그리고 다양한 그래픽 효과로 형태를 변경할 수 있으며 말풍선, 생각풍선 등을 출력합니다.

06 스프라이트의 소리는 스프라이트에 등록된 음원 파일을 출력합니다. 그리고 스크래치가 지원하는 악기들의 소리를 다양한 음량과 박자로 연주하며, 글로 쓰인 내용을 다양한 음성으로 들려줍니다.

07 스프라이트 모양의 중심은 스프라이트 위치의 기준점과 회전할 때 회전축 역할을 합니다. 모양의 중심은 스프라이트 모양마다 존재하며 [모양] 탭에서 위치를 변경할 수 있습니다.

08 스크래치의 프로그램 실행 창은 중앙이 (0, 0)인 좌표계를 갖고 있으며, 위쪽이 0도, 오른쪽이 90도, 아래쪽이 180도, 왼쪽이 −90도인 방향계를 갖습니다.

연습문제

01 **비디오 게임에서 독립적으로 분리된 그래픽 객체를 무엇이라고 하나요?**

① 스크래치 ② 스테이지

③ 스프라이트 ④ 아이템

02 **스프라이트의 그래픽을 구현하는 방식 중 래스터 그래픽 방식에 대한 설명으로 잘못된 것을 모두 고르세요.**

① 비트맵을 이용하여 그래픽을 구현합니다.

② 벡터 그래픽 방식에 비해 일반적으로 파일 크기가 작습니다.

③ 스프라이트를 확대하면 계단 현상이라는 화질 저하 문제가 발생합니다.

④ 점, 선, 원 등의 수학적 도형 방정식을 이용하여 그래픽을 구현합니다.

03 **스크래치 스프라이트의 행동에 대한 설명으로 잘못된 것을 고르세요.**

① 스크래치는 스프라이트의 행동을 크게 동작, 형태, 소리로 구분합니다.

② 동작은 주로 위치 이동과 바라보는 방향 변경에 관한 행동입니다.

③ 형태는 주로 모양, 크기 및 다양한 그래픽 효과에 관한 행동입니다.

④ 스프라이트는 자신의 소리로 오직 하나의 음원만 등록할 수 있습니다.

04 **다음은 스프라이트 행동 중 동작에 관한 설명입니다. 옳지 않은 것을 고르세요.**

① 스프라이트의 위치 이동과 바라보는 방향 변경이 가능합니다.

② 좌표값 (0, 0)으로 이동하면 실행 화면의 가장 왼쪽 아래로 이동합니다.

③ 특정 스프라이트의 위치로 이동할 수 있습니다.

④ 무작위 위치로 이동하는 것이 가능합니다.

05 **다음은 스프라이트 행동 중 형태에 관한 설명입니다. 옳지 않은 것을 고르세요.**

① 스프라이트의 크기를 키우거나 줄일 수 있습니다.

② 스프라이트의 모양을 변경하여 애니메이션 구현이 가능합니다.

③ 색깔, 어안 렌즈, 소용돌이 픽셀화 등 그래픽 효과를 줄 수 있습니다.

④ 그래픽 효과 지우기 블록은 변경된 크기와 그래픽 효과를 되돌립니다.

06 다음은 스프라이트 행동 중 소리에 관한 설명입니다. 옳지 않은 것을 고르세요.

① 스프라이트에 등록된 음원을 재생할 수 있습니다.

② 확장 기능을 통해 건반 악기와 타악기 연주가 가능합니다.

③ 확장 기능을 통해 텍스트를 음성으로 말해줄 수 있습니다.

④ 텍스트를 음성으로 말해주는 기능은 오직 한국어로만 지원합니다.

07 스크래치 무대에 대한 설명으로 잘못된 것을 모두 고르세요.

① 동작 프로그래밍을 위한 블록들을 갖고 있지 않습니다.

② 말하기, 생각하기와 같은 블록을 사용할 수 있습니다.

③ 오직 한 개의 무대 배경만 등록할 수 있습니다.

④ 스프라이트와 마찬가지로 음원을 등록하여 출력할 수 있습니다.

08 스프라이트 모양의 중심에 대한 설명으로 잘못된 것을 고르세요.

① 스프라이트 위치 이동의 기준점입니다.

② 스프라이트 방향 회전의 회전축입니다.

③ [모양] 탭을 선택해 스프라이트 모양의 중심을 변경할 수 있습니다.

④ 한 스프라이트의 모든 모양은 동일한 하나의 중심을 갖습니다.

09 고양이 스프라이트의 스크립트를 아래와 같이 작성하고 실행했을 때 고양이 스프라이트가 바라볼 방향은 어디일까요?

① 고양이 스프라이트가 오른쪽을 바라봅니다.

② 고양이 스프라이트가 왼쪽을 바라봅니다.

③ 고양이 스프라이트가 위쪽을 바라봅니다.

④ 고양이 스프라이트가 아래쪽을 바라봅니다.

10 다음은 고양이 스프라이트의 행동을 보여줍니다. 이 프로그램을 실행할 때 고양이 스프라이트가 이동하는 방향을 고르세요.

① 위쪽
② 아래쪽
③ 오른쪽
④ 왼쪽

11 다음은 고양이 스프라이트의 행동을 보여줍니다. 이 프로그램을 실행할 때 고양이 스프라이트가 이동하는 방향을 고르세요.

① 위쪽
② 아래쪽
③ 오른쪽
④ 왼쪽

12 고양이 스프라이트가 (−200, 100)으로 이동하면 고양이 스프라이트는 아래 그림에서 어느 영역에 위치할까요?(단, 모양의 중심은 고양이 스프라이트 영역 중앙에 있다고 가정합니다.)

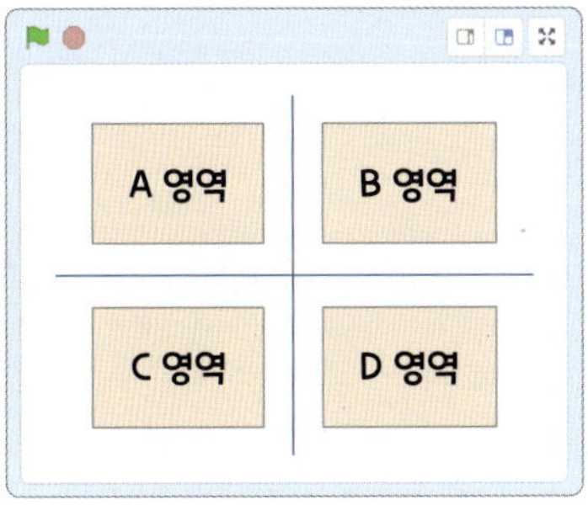

① A 영역
② B 영역
③ C 영역
④ D 영역

13 발레리나 스프라이트가 다음과 같이 모양 목록을 가질 때 [다음 모양으로 바꾸기]를 수행한 후 어떤 모양으로 변경될까요?

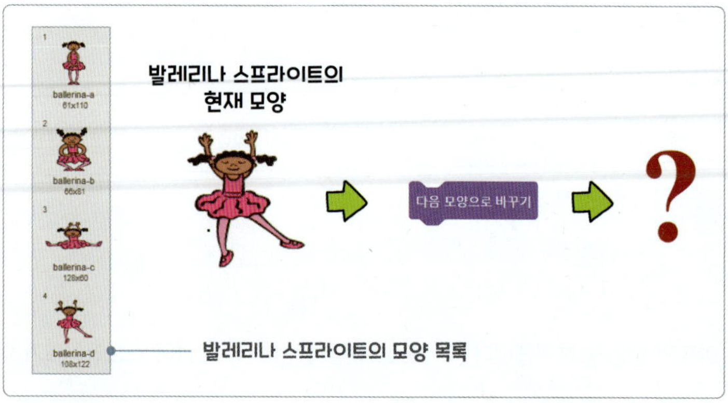

① 

② 

③ 

④ 

14 다음은 고양이 스프라이트의 형태 변화와 관련된 행동을 보여줍니다. 이 프로그램의 실행 결과로 옳은 것을 고르세요.

```
클릭했을 때
색깔 ▾ 효과를 (25) 만큼 바꾸기
(1) 초 기다리기
어안 렌즈 ▾ 효과를 (25) 만큼 바꾸기
(1) 초 기다리기
소용돌이 ▾ 효과를 (25) 만큼 바꾸기
(1) 초 기다리기
크기를 (200) %로 정하기
(1) 초 기다리기
그래픽 효과 지우기
```

① 고양이는 색깔 변화 효과가 적용되어 있습니다.
② 고양이는 어안 렌즈 효과가 적용되어 있습니다.
③ 고양이는 소용돌이 효과가 적용되어 있습니다.
④ 고양이는 크기가 두 배로 커져 있습니다.

15 다음은 고양이 스프라이트의 소리 출력과 관련된 행동을 보여줍니다. 이 프로그램의 실행 결과로 옳지 않은 것을 모두 고르세요.

① 야옹과 찍찍 소리가 동시에 들립니다.

② 야옹 소리가 끝난 후 찍찍과 멍멍 소리가 동시에 들립니다.

③ 고양이는 멍멍 소리가 끝난 후 앞으로 이동합니다.

④ 고양이는 찍찍 소리가 끝난 후 앞으로 이동합니다.

16 다음과 같이 새가 고양이의 생일을 축하하는 프로그램을 작성하세요. 새는 고양이에게 "생일 축하해!"라고 말하고 고양이는 "고마워!"라고 말합니다. 새는 날갯짓을 하고 고양이는 걷는 애니메이션을 보입니다. 무대는 생일 축하곡을 반복해서 출력합니다. 이 프로그램을 작성하는 과정을 통해 스크래치의 스프라이트 사용법을 연습할 수 있습니다. 아직은 각 블록의 기능이 익숙하지 않더라도 스크립트 화면을 보면서 같은 색의 블록을 하나씩 찾아 연결하고 값도 맞게 조정해 봅니다.

① 스크래치를 실행합니다.

② [배경 고르기]에서 무대 배경으로 Blue Sky를 추가합니다.

③ [스프라이트 고르기]에서 스프라이트 Parrot을 추가합니다.

④ 스프라이트 Sprite1의 이름을 '고양이'로 변경합니다.

⑤ 스프라이트 Parrot의 이름을 '새'로 변경합니다.

⑥ 무대의 음원으로 Birthday를 등록합니다([그림 5-22] 참고).

⑦ 무대의 스크립트를 다음과 같이 작성합니다.

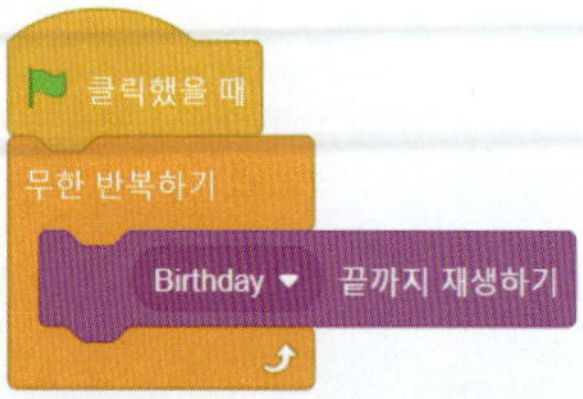

⑧ 고양이 스프라이트의 스크립트를 다음과 같이 작성합니다.

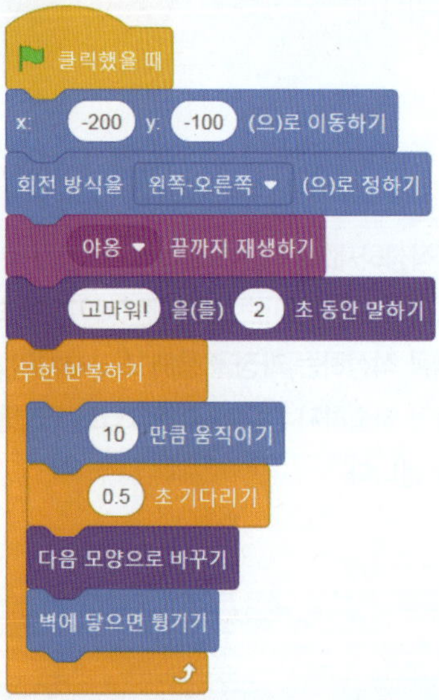

⑨ 새의 스크립트를 다음과 같이 작성합니다.

⑩ 프로그램을 전체 화면 모드에서 실행합니다.

⑪ 작성된 프로그램을 '고양이와 새'라는 이름으로 저장하고 [내 작업실]에서 제대로 저장되었는지 확인합니다.

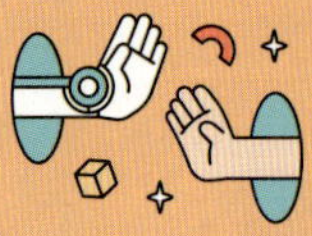

CHAPTER 06

자료형, 연산, 변수 익히기

학습목표

- 자료와 자료형, 변수와 변수형의 개념을 공부합니다.
- 변수의 유효 범위를 이해하고 지역 변수와 전역 변수를 공부합니다.
- 스크래치가 제공하는 변수의 종류와 변수 생성을 공부합니다.
- 구조적 자료형의 개념을 이해하고 배열과 리스트를 공부합니다.
- 스크래치의 구조적 자료형인 리스트의 활용법을 공부합니다.

Preview

프로그래밍에 있어서 자료는 가장 기본적이면서도 가장 중요한 요소입니다. 사실 누군가가 프로그램의 기능을 간략하게 설명하라고 하면 '프로그램은 입력받은 자료를 바탕으로 수학적, 논리적 계산을 수행한 후 그 결과로 나온 자료를 출력하는 것'이라고 할 수 있습니다. 프로그램은 자료를 변수에 담아 사용합니다. 즉, 변수란 자료를 담을 수 있는 이름이 달린 그릇과 같은 존재로 자료에 의미를 부여하는 역할을 합니다. 이 장은 자료, 자료형, 연산, 변수의 개념을 설명하고, 지역 변수와 전역 변수의 개념을 알아봅니다. 그리고 스크래치가 제공하는 변수 생성 기능을 활용해서 간단한 예제를 실습합니다. 또한, 하나의 변수에 여러 개의 자료를 담아 관리할 수 있는 구조적 자료형인 배열과 리스트를 소개하고, 스크래치의 리스트 자료형을 활용하는 실습을 경험해 봅니다.

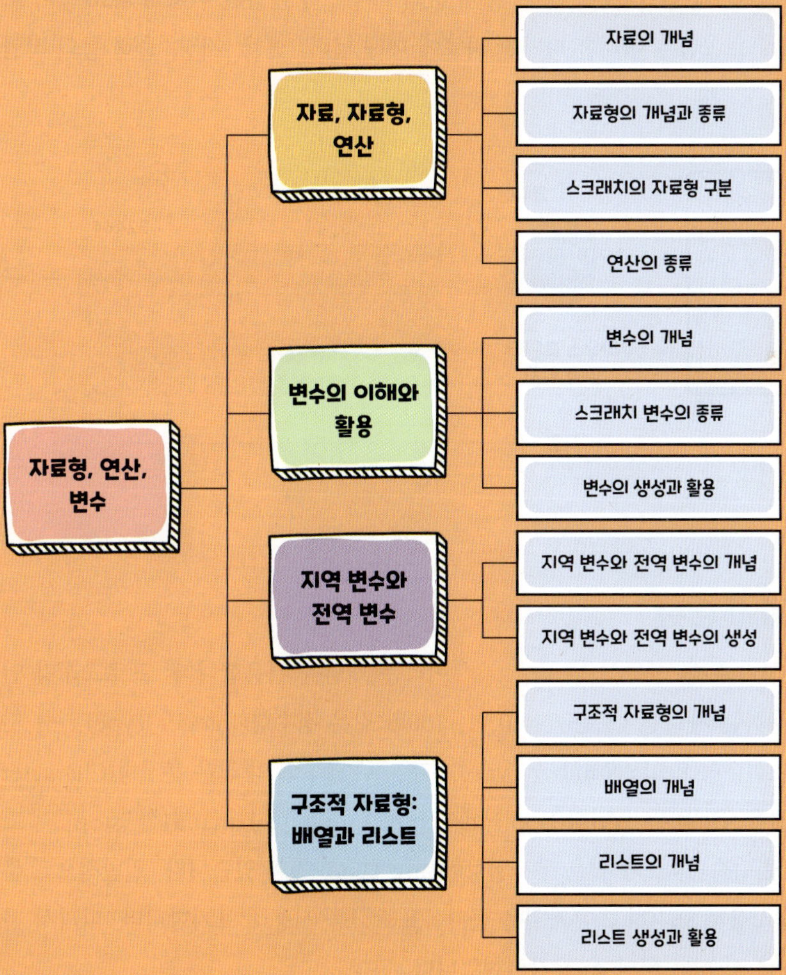

Section 01

자료, 자료형, 연산

1 자료의 개념

자료(Data)는 컴퓨터 프로그램이 읽고, 수정하고, 출력하는 모든 재료를 의미합니다. 예를 들어, 전자계산기 프로그램에 입력하는 숫자와 계산한 결과값, 인터넷 사이트에 로그인할 때 사용하는 사용자 이름과 암호, 게임할 때 입력하는 키보드의 키 값과 마우스가 클릭된 위치의 좌표 등이 모두 자료입니다. 컴퓨터 프로그램은 이러한 다양한 자료에 대해 입력, 연산, 저장, 출력 등의 작업을 수행합니다.

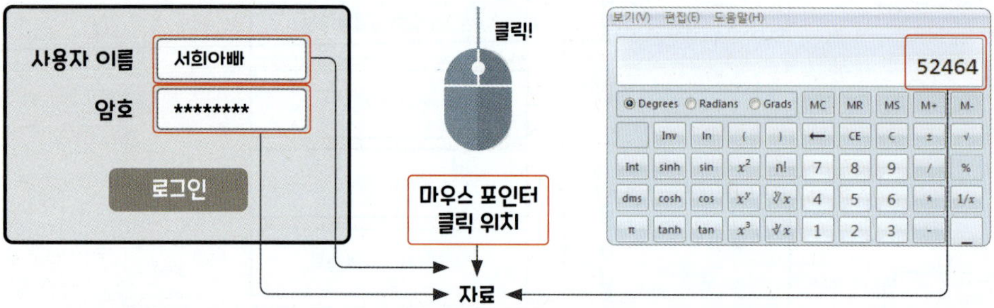

그림 6-1 자료의 예

2 자료형의 개념과 종류

자료를 종류별로 구분하기 위해 자료형(Data Type)이라는 개념을 사용합니다. 프로그래밍 언어에서 일반적으로 사용하는 자료형으로는 −1, 0, 1, 100과 같은 정수형(Integer Type), −1.5, −0.7, 0.5, 2.0과 같은 실수형(Real−Number Type), '가', 'A', '1', '$'와 같은 문자형(Character Type), 참 또는 거짓 값을 구분하는 불린형(Boolean Type), "apple", "banana1", "stop!", "고양이", "파란 하늘이 아름답습니다!"와 같은 문자열형(String Type) 등이 있습니다. 일반적으로 문자는 작은따옴표(' ')를 사용해 표기하고 문자열은 큰따옴표(" ")를 사용해 표기합니다. 따라서 자료 1, '1', "1"은 순서대로 정수형, 문자형, 문자열형입니다.

자료형은 자료의 종류뿐 아니라 자료에 수행할 수 있는 연산(Operation)도 포함하는 개념입니다. 예를 들어, '어떤 자료가 정수형이다.'라는 말은 그 자료가 정수 값을 갖는다는 의미인 동시에 이 자료에 더하기, 빼기, 곱하기, 나누기 연산을 할 수 있음을 의미합니다. 이제 여러분은 자료형이란 말을 접하게 되면 항상 그 자료형이 구분하는 자료의 종류와 함께 그 자료형에 적용 가능한 연산까지 생각해야 합니다.

[표 6-1]은 대표적인 자료형과 그 자료형의 연산을 보여주는 예입니다.

표 6-1 자료형과 연산

자료형	자료 예	연산 예
정수형	−3, −2, 0, 1, 3	• 더하기, 빼기, 곱하기, 나누기의 사칙연산 • 절댓값 연산 • 크다(>), 작다(<), 같다(=) 등의 관계 연산
실수형	−10.5, 0.14, 45.9	• 더하기, 빼기, 곱하기, 나누기의 사칙연산 • 절댓값, 반올림, 올림, 버림 연산 • 크다(>), 작다(<), 같다(=) 등의 관계 연산
문자형	'1', 'A', 'a', '!', '%'	• 소문자를 대문자로 바꾸는 연산 • 더하기, 빼기 연산으로 다른 문자 찾기 연산 예 'A'+1은 문자 'A' 바로 다음에 오는 문자 'B'를 계산하고, 'Z'−1은 문자 'Z' 바로 전 문자 'Y'를 계산함
불린형	참(true), 거짓(false)	• AND, OR, NOT의 논리 연산(7장에서 자세히 설명함)
문자열형	"홍길동", "딸기", "7번 방의 선물", "Teacher", "12"	• 문자열의 길이를 계산하는 연산 예 "홍길동"의 길이는 3 • 두 문자열을 결합하는 연산 예 "홍길동"과 "만세"를 결합하면 "홍길동 만세" • 문자열 내 특정 위치의 문자 구하기 연산 예 "홍길동 만세" 안의 2번째 문자는 '길'

3 스크래치의 자료형 구분

스크래치는 최대한 자료형을 신경 쓰지 않도록 도와줍니다. 스크래치 블록들 중 자료 입력 창을 포함하는 것들이 있는데, 이런 블록들의 자료 입력 창은 타원형 또는 육각형으로 구분됩니다. 타원형 입력 창에는 정수, 실수를 포함하여 문자와 문자열을 입력할 수 있고, 육각형 입력 창에는 불린형 자료만 입력할 수 있습니다. 블록의 성격상 숫자만 입력해야 하는 경우(예 [~ 만큼 이동하기] 블록) 아예 입력 창에 한글 또는 영어 문자가 입력되지 않도록 막아주거나 입력되더라도 제대로 동작하지 않습니다. 따라서 스크래치 사용자는 특별히 자료형에 대한 고민 없이 규칙대로 자료를 사용하면 됩니다.

스크래치에서 자료 입력 창을 사용할 때 주의할 점은 숫자만 입력해야 하는 창에 문자열의 자료/변수 블록을 조립하는 것이 가능합니다. 이 경우에 블록이 자신의 기능을 제대로 수행하지 못할 수 있습니다.

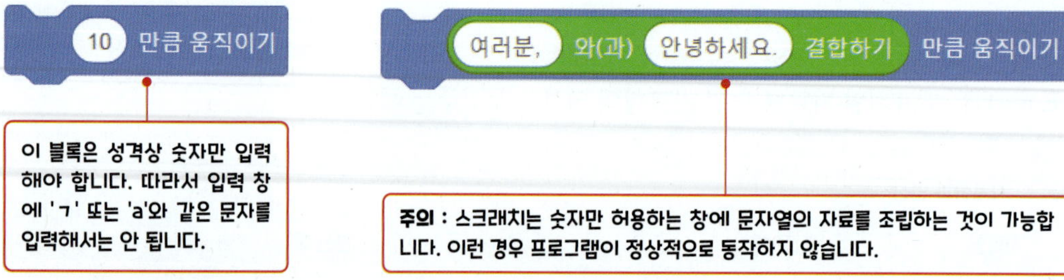

그림 6-2 자료 입력 창의 잘못된 사용

4 연산의 종류

스크래치는 사칙연산, 관계 연산, 논리 연산 외에도 프로그래밍할 때 유용하게 사용할 수 있는 다양한 수학 연산들(예 난수 생성하기, 나머지 구하기, 반올림하기, 제곱근 구하기)과 문자열 연산들(예 문자열의 길이 구하기, 문자열 결합하기, 문자열에서 특정 위치의 문자 구하기)을 제공합니다. 이와 같은 연산에 관련된 블록들은 [코드] 탭-[연산] 메뉴에 있습니다. [표 6-2]에서 보여주는 연산들의 사용 예를 통해서 각 연산의 기능을 이해해 봅니다.

표 6-2 연산의 종류와 예

자료형	사용 예	결과
사칙연산	(2) + (3)	5
	(5.3) - (2)	3.3
	(2) * (5)	10
	(10) / (4)	2.5
관계 연산	(5) < (7)	참
	(5) = (7)	거짓
	(5) > (7)	거짓

	apple < banana	참
	apple = banana	거짓
	apple > banana	거짓
논리 연산	5 < 7 그리고 5 > 7	거짓(양쪽 연산이 모두 참인 경우만 참)
	5 < 7 또는 5 > 7	참(양쪽 연산이 모두 거짓인 경우만 거짓)
	5 > 7 이(가) 아니다	참(입력된 연산의 진리 값의 반대)
그 외	4.6 의 반올림	5(4.6의 반올림 값)
	9 나누기 4 의 나머지	1
	제곱근 ▾ (9)	3(9의 제곱근 값. 좌측의 메뉴로 다양한 연산을 선택할 수 있음)
	Hi 와(과) Tom 결합하기	"Hi Tom"
	Hi 의 1 번째 글자	'H'
	Tom 의 길이	3
	1 부터 10 사이의 난수	1과 10 사이 임의의 수

관계 연산에서 두 자료의 크기 비교는 몇 가지 규칙을 따르고 있습니다. 여기서 문자열의 크기 비교는 사전적 순서에 따라 사전에서 뒤에 나오는 문자열이 더 크다는 정도만 알고 넘어 갑시다. 예를 들어, '코끼리' 보다는 '토끼'가 크고 'apple'보다는 'banana'가 큽니다. 관계 연산과 논리 연산에 대해서는 7장에서 자세히 다룹니다.

Section 02 변수의 이해와 활용

1 변수의 개념

프로그램에서 변수(Variable)는 자료를 할당받는 문자로 된 기호를 의미하는데, 자료를 담는 그릇으로 생각하면 쉽습니다. 여기서 문자로 된 기호가 변수 이름(Variable Name)이고, 이는 그릇의 이름에 해당됩니다. 변수에 할당할 수 있는 자료의 자료형을 그 변수의 변수형(Variable Type)이라 합니다. 변수에 자료를 할당할 때는 변수형과 할당하는 자료의 자료형이 일치하도록 유의해야 합니다. 예를 들어, 정수형 변수에는 정수형 자료를, 문자형 변수에는 문자형 자료를 할당해야 됩니다. 변수는 프로그램 실행 도중 담고 있는 자료가 변할 수도 있습니다.

변수는 자료에 의미를 부여하는 역할을 합니다. 예를 들어, '175'라는 자료만 보면 이것이 도대체 어떤 의미인지 알 수 없지만 [철수의 키]라는 변수를 만들고 여기에 '175'를 할당하면 '175'라는 자료가 바로 철수의 키라는 것을 쉽게 알 수 있습니다.

프로그래밍 작업 중 대부분은 변수를 대상으로 논리적 관계를 따지거나 수학적 계산을 수행하는 경우가 많습니다. 예를 들어, '국어 점수와 수학 점수를 더하는 프로그램'과 '입장객 키가 110cm 이하이면 입장 불가라는 것을 알려주는 프로그램'을 만든다고 합시다. 이때 국어 점수, 수학 점수, 입장객의 키 등을 변수로 생성하여 변수 [국어 점수]와 [수학 점수]에 더하기 연산을 수행하거나 변수 [입장객의 키]를 110과 비교하는 연산을 수행하게 됩니다. [그림 6-3]은 이처럼 자료의 의미를 반영한 변수들을 이용하여 변수들에 대해서 논리적 관계를 따지고 수학적 계산을 수행하도록 프로그램의 기능을 정의하는 몇 가지 예를 보여줍니다.

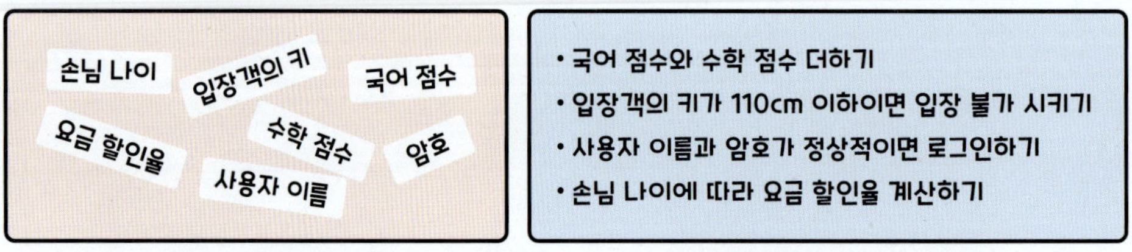

자료의 의미를 반영한 변수 만들기 변수를 활용한 프로그램 기능 정의

그림 6-3 변수의 역할

변수를 생성할 때는 다음 두 가지 사항에 유의합니다.

- **자료의 의미를 잘 반영한 변수 이름 정하기 :** 누구나 자료의 의미를 쉽게 이해할 수 있는 변수 이름을 사용합니다.
- **변수에 할당되는 자료의 자료형과 동일한 변수형 사용하기 :** 변수에 실제 할당되는 자료의 형과 다른 변수형을 갖는다면 할당되는 자료값이 변형될 수 있습니다. 예를 들어, 정수형의 변수에 1.5를 할당하면 자료 값이 1로 변형되어 할당될 수 있습니다.

변수 이름을 정할 때 흔히 저지르는 실수가 있는데, 'X' 또는 '변수1'처럼 자료의 의미를 알아볼 수 없는 이름을 사용하는 것입니다. 번거롭더라도 자료의 의미를 잘 반영하고 이해하기 쉬운 변수 이름으로 정하는 것이 좋습니다.

하나 더 알기 **변수의 변수형을 결정하는 방식**

변수를 생성할 때 변수형을 함께 정하는 방식도 있고 정해 주지 않는 방식도 있습니다. 변수형을 함께 정해 주는 방식을 정적 형태 결합(Static Type Binding)이라고 하는데, 이 방식은 프로그램을 기계어로 변환하는 과정에서 변수에 할당되는 자료의 형이 변수형과 동일한지 검사하고 만일 서로 동일하지 않다면 그 오류를 프로그래머에게 알려줍니다. 변수형을 정해 주지 않는 방식은 동적 형태 결합(Dynamic Type Binding)이라고 하는데, 프로그램이 실행되면서 변수에 자료가 할당될 때 그 자료의 형을 변수형으로 정해 줍니다.

2 변수의 종류

스크래치는 [코드] 탭의 각 메뉴에 해당 메뉴의 기능과 관련된 변수를 제공합니다. [표 6-3]은 스크래치가 제공하는 주요 변수들입니다.

표 6-3 변수의 종류

종류	설명
x좌표	스프라이트 현재 위치의 x좌표를 담고 있습니다.
y좌표	스프라이트 현재 위치의 y좌표를 담고 있습니다.
방향	스프라이트의 현재 바라보는 방향을 담고 있습니다.
모양 번호 ▾	스프라이트 현재 모양의 번호를 담고 있습니다. 스프라이트 모양의 번호는 [모양] 탭에 나열된 모양들의 순서를 의미합니다. 우측 메뉴에서 번호를 이름으로 선택할 수 있습니다.

블록	설명
배경 번호 ▾	무대의 현재 배경의 번호를 담고 있습니다. 무대 배경의 번호는 [배경] 탭에 나열된 배경들의 순서를 의미합니다. 우측 메뉴에서 번호를 이름으로 선택할 수 있습니다.
크기	스프라이트 모양의 현재 크기를 담고 있습니다.
음량	스프라이트 소리의 현재 음량을 담고 있습니다.
대답	[묻고 기다리기] 문장 블록 실행 후 사용자가 입력한 문자열을 저장합니다.
마우스의 x좌표	마우스 포인터 현재 위치의 x좌표를 담고 있습니다.
마우스의 y좌표	마우스 포인터 현재 위치의 y좌표를 담고 있습니다.
음량	마이크로 전달되는 소리의 음량을 담고 있습니다.
타이머	1/1000초 단위의 타이머 값을 담고 있습니다.
무대 ▾ 의 배경 번호 ▾	자신 외에 스프라이트나 무대의 배경 번호, 배경 이름, 음량, 변수 등의 정보를 담고 있습니다.
현재 년 ▾	현재 년, 월, 일, 요일, 시, 분, 초를 담고 있습니다.
2000년 이후 현재까지 날짜 수	2000년 1월 1일부터 현재까지 지난 날짜 수를 담고 있습니다.
사용자 이름	로그인한 사용자 이름을 담고 있습니다.

3 [실습] 변수 생성하고 활용하기

스크래치가 제공하는 변수 외에 프로그램에 필요한 변수들은 프로그래머가 직접 생성할 수 있습니다. 스크래치의 모든 변수는 스프라이트나 무대에 소속되어야 합니다. 따라서 변수를 생성할 때 스프라이트나 무대를 먼저 선택하고 그에 속하는 변수를 생성합니다. 변수 생성 과정에서 이 변수를 자신이 속한 스프라이트에서만 사용할지 아니면 모든 스프라이트가 공용으로 사용할지를 결정합니다. 스크래치는 변수가 생성되면 그 변수를 조작할 다양한 기능의 문장 블록들도 함께 생성합니다.

스크래치의 [스프라이트/무대 관리 창]에서 고양이를 선택하고 [그림 6-4]와 같이 고양이에서만 사용하는 [나이]라는 이름의 변수를 만듭니다. 참고로 [변수] 메뉴를 선택하면 이미 [나의 변수]라는 이름의 변수가 존재합니다. 이 변수는 스크래치가 자동으로 제공하는 변수입니다. 학습의 혼동을 피하고자 [나의 변수]를 마우스 오른쪽 버튼을 클릭하여 삭제한 후 실습을 진행하겠습니다.

> 이후부터는 고양이 스프라이트, 사과 스프라이트 등을 간단히 고양이, 사과라고 부르겠습니다.

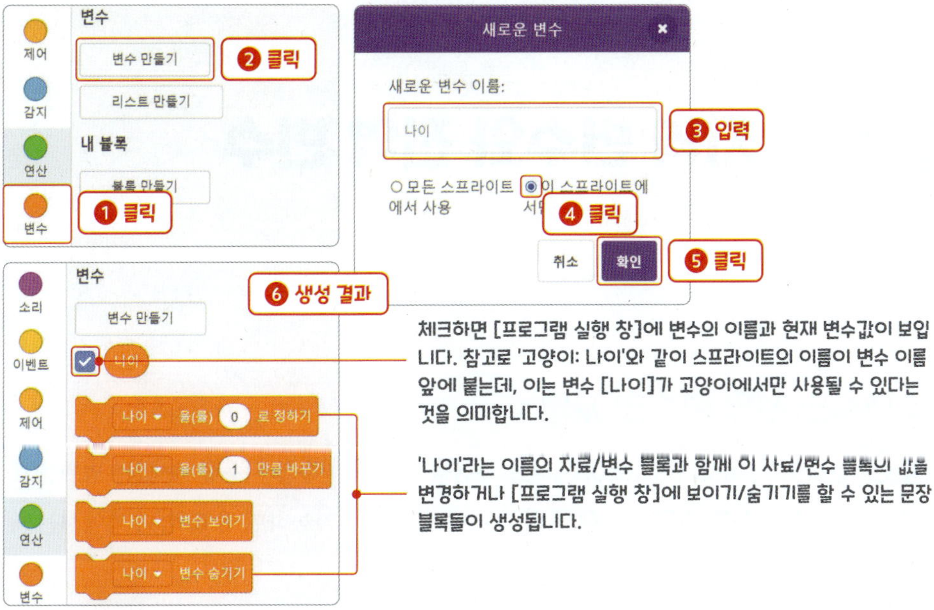

그림 6-4 **변수 생성**

같은 방법으로 고양이에서만 사용하는 변수 [이름]도 생성합니다. 그리고 두 변수 [나이]와 [이름]을 활용하여 [그림 6-5]와 같이 고양이의 스크립트를 작성한 후 이름과 나이를 각각 입력하여 결과를 확인합니다.

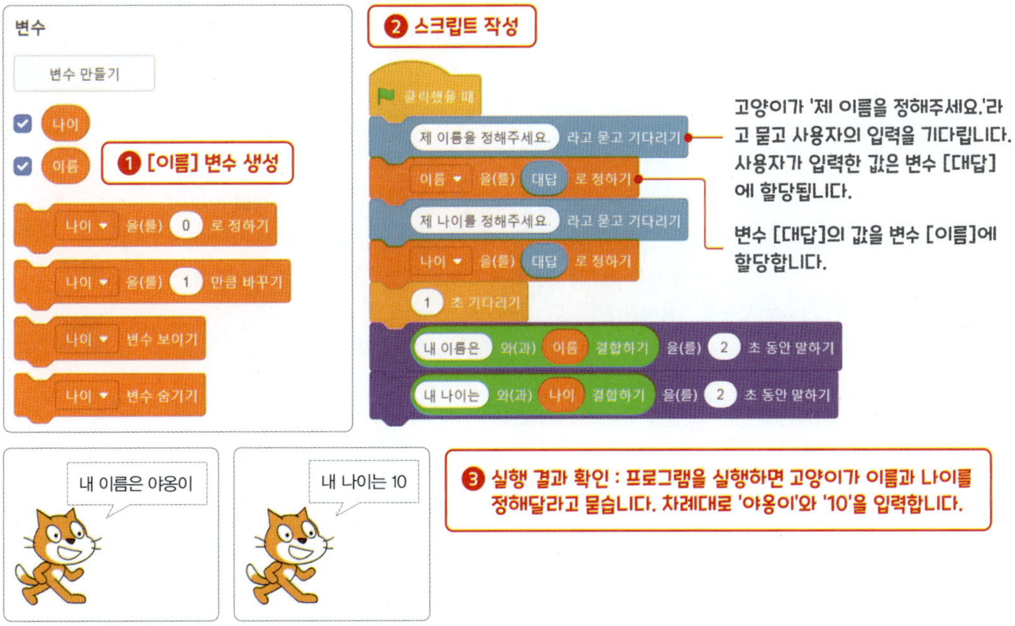

그림 6-5 **변수 활용**

Section

03 지역 변수와 전역 변수

1 지역 변수와 전역 변수의 개념

프로그래밍 언어는 변수의 유효 범위(Scope)라는 개념을 사용해 변수를 사용할 수 있는 범위를 조정합니다. 변수는 자신의 유효 범위로 정해진 영역 내에서만 사용 가능하며 유효 범위 밖에서는 해당 변수의 값을 읽는다거나 수정하는 작업이 불가능합니다.

변수의 유효 범위는 기본적으로 해당 변수가 생성된 장소로 한정됩니다. 스크래치의 경우 [이 스프라이트에서만 사용] 옵션으로 생성한 변수는 자신이 생성된 스프라이트에서만 사용할 수 있으며 다른 스프라이트나 무대에서는 해당 변수의 값을 읽거나 변경할 수 없습니다.

이렇게 유효 범위가 특정 장소로 한정된 변수를 **지역 변수(Local Variable)**라고 합니다. 유효 범위가 같은, 즉 같은 장소에서 사용되는 지역 변수들은 이름이 달라야 구별할 수 있습니다. 하지만 유효 범위가 다른 지역 변수는 이름이 같아도 서로 다른 변수로 인식됩니다. 따라서 여러 장소에 분산되어 있는 수많은 지역 변수의 이름을 일일이 다르게 붙일 필요가 없습니다.

하나 더 알기 **지역 변수의 장점**

지역 변수만 사용하는 기능은 외부에서 그 기능의 변수를 읽거나 변경할 수 없기 때문에 외부에 미치는 영향을 걱정하지 않고 자신의 변수를 조작할 수 있습니다. 이런 기능을 독립성(Independency)이 높다고 말하며, 일반적으로 전역 변수를 통해 외부와 영향을 주고받는 기능보다 이해와 수정이 쉽습니다. 따라서 가능한 한 지역 변수를 사용하길 권합니다.

그림 6-6 **지역 변수의 개념**

전역 변수(Global Variable)는 지역 변수와 달리 프로그램의 모든 장소에서 접근하여 그 값을 읽고 변경할 수 있습니다. 전역 변수가 생성될 수 있는 공용 장소를 별도로 제공하는 경우가 많은데, 스크래치의 경우 무대가 그런 공용 장소입니다. 전역 변수들은 유효 범위가 모두 같으므로 이름이 서로 달라야 합니다.

> 스크래치 무대에서 생성되는 변수는 항상 모든 스프라이트가 접근할 수 있는 전역 변수입니다.

그림 6-7 **전역 변수의 개념**

스크래치에서는 스프라이트와 무대에서 변수를 생성할 수 있습니다. 그 방법과 특징은 다음과 같습니다.

- **지역 변수 :** 스프라이트의 지역 변수는 [이 스프라이트에서만 사용] 옵션으로 생성합니다. 이 지역 변수는 생성된 스프라이트 내부에서만 활용되고 다른 스프라이트와 무대에서는 활용할 수 없습니다.
- **전역 변수 :** 스크래치에서 전역 변수를 생성하는 방법은 두 가지입니다. 하나는 스프라이트의 변수를 생성할 때 [모든 스프라이트에서 사용] 옵션으로 생성하는 방법이고, 다른 하나는 무대의 변수로 생성하는 방법입니다. 전역 변수는 유효 범위가 프로그램 전체이기 때문에 모든 스프라이트와 무대에서 활용할 수 있습니다.

2 [실습] 지역 변수와 전역 변수 생성하기

스크래치에서 지역 변수와 전역 변수를 생성해 보겠습니다. [그림 6-8]과 같이 사과를 추가하고, 고양이에 속한 지역 변수 [고양이 이름]을 생성합니다. 이어서 [그림 6-9]와 같이 사과의 전역 변수인 [사과 색깔]을 생성합니다.

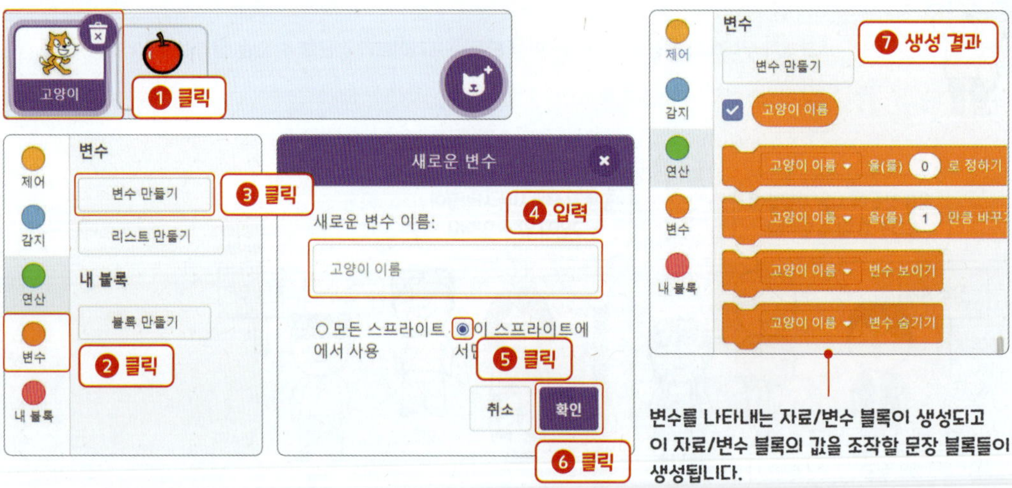

그림 6-8 **지역 변수 생성**

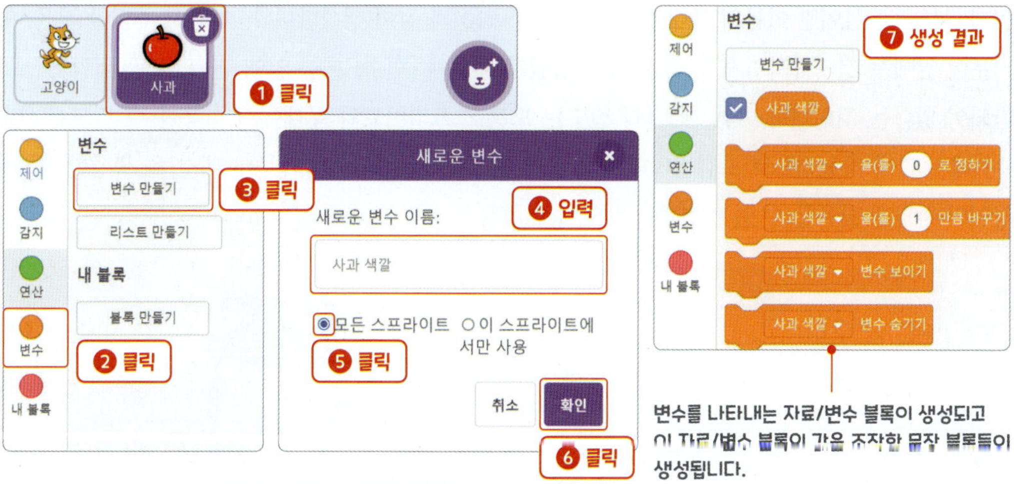

그림 6-9 **전역 변수 생성**

앞의 작업을 완료한 후 [스프라이트/무대 관리 창]에서 고양이, 사과, 무대를 각각 선택하여 활용 가능한 변수를 살펴봅니다. [코드] 탭-[변수] 메뉴를 선택하면 [표 6-4]와 같이 고양이는 지역 변수 [고양이 이름]과 전역 변수 [사과 색깔]이 모두 보이는 반면, 사과와 무대에는 전역 변수 [사과 색깔]만 보이고 고양이의 지역 변수 [고양이 이름]은 보이지 않습니다.

TIP

전역 변수 [사과 색깔]은 비록 사과를 활용하여 생성했지만 그 유효 범위가 프로그램 전체이기 때문에 사과에 속한 변수라고 보기 어렵습니다. 오히려 전역 변수 생성에 단지 사과를 이용한 것뿐이라고 볼 수 있습니다. 이렇게 스프라이트를 활용하여 생성한 전역 변수를 앞으로는 해당 스프라이트의 전역 변수라고 표현하겠습니다.

표 6-4 **변수의 유효 범위**

스프라이트/무대	활용 가능 변수	설명
	고양이 이름 사과 색깔	• 고양이의 지역 변수 [고양이 이름]과 사과의 전역 변수 [사과 색깔]이 존재함
	사과 색깔	• 사과의 전역 변수 [사과 색깔]만 존재함 • 변수 [고양이 이름]은 고양이의 지역 변수이기 때문에 사과는 활용할 수 없음
	사과 색깔	• 사과의 전역 변수 [사과 색깔]만 존재함 • 변수 [고양이 이름]은 고양이의 지역 변수이기 때문에 무대는 활용할 수 없음

이제 [무대 배경]이란 이름의 무대 변수를 [그림 6-10]과 같이 생성합니다. 여기서 주의할 것은 여러분이 앞에서 전역 변수 [사과 색깔]을 생성했기 때문에 [변수] 메뉴 안에 변수 [사과 색깔]이 포함되어 있다는 것입니다. 이렇게 전역 변수는 모든 스프라이트와 무대에서 사용할 수 있도록 [변수] 메뉴 안에 자동적으로 포함됩니다. [표 6-5]는 무대의 전역 변수 [무대 배경]을 생성한 후 고양이와 사과에 활용할 수 있는 변수들을 보여줍니다.

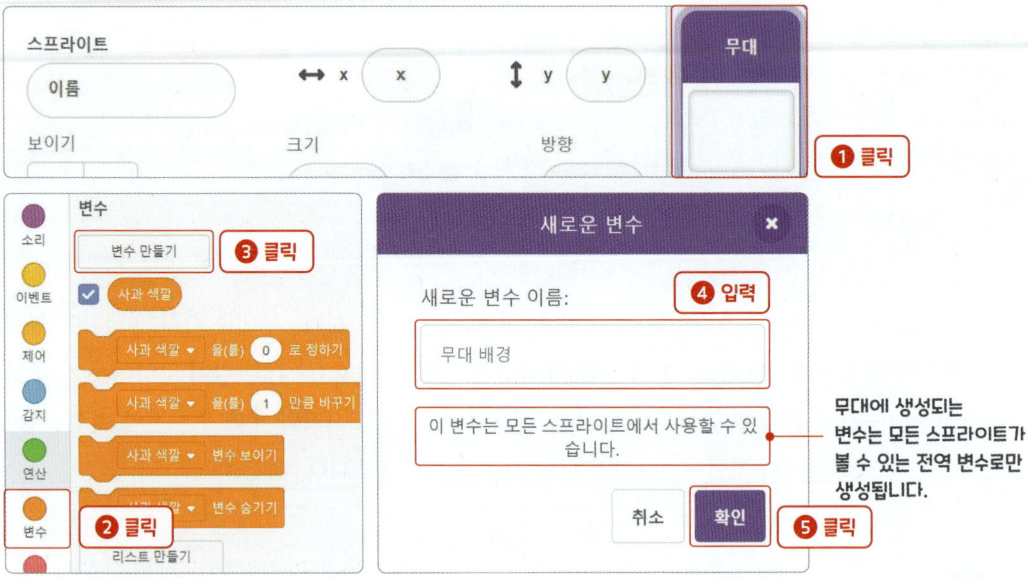

그림 6-10 무대의 전역 변수 생성

표 6-5 무대의 전역 변수 [무대 배경] 생성 후 고양이와 사과에서 활용 가능 변수 확인

스프라이트	활용 가능 변수	설명
 고양이	고양이 이름 사과 색깔 무대 배경	• 고양이의 지역 변수 [고양이 이름]과 사과의 전역 변수 [사과 색깔], 그리고 무대의 전역 변수 [무대 배경]이 존재함
 사과	사과 색깔 무대 배경	• 사과의 전역 변수 [사과 색깔]과 무대의 전역 변수 [무대 배경]이 존재함

하나 더 알기 **프로그램 실행 창에 변수 표시**

[변수] 메뉴에 들어가면 스프라이트가 사용할 수 있는 변수가 존재합니다. 변수 앞에 있는 체크 박스를 체크하면 그 변수의 값이 프로그램 실행 창에 나타납니다. 이때 지역 변수는 자신이 사용 가능한 스프라이트 이름이 변수 이름 앞에 붙어 있음을 알 수 있습니다.

Section 04 구조적 자료형 : 배열과 리스트

1 구조적 자료형의 개념

지금까지 살펴본 정수형, 실수형, 문자형, 불린형, 문자열형 등의 자료형은 변수형으로 사용될 때 변수가 그 자료형에 속하는 하나의 값만 할당받을 수 있었습니다. 예를 들어, 정수형 변수는 하나의 정수만, 문자열형 변수는 하나의 문자열만 할당받을 수 있습니다. 이렇게 변수형으로 사용될 때 변수가 하나의 자료만 할당받을 수 있는 자료형을 기본 자료형(Simple Data Type)이라 합니다.

만일 프로그래밍 작업에 기본 자료형의 변수들만 사용할 수 있다면 같은 반 학생들의 국어 점수를 관리하는 프로그램을 작성할 때 학생 수만큼 정수형 변수를 만들어줘야 합니다. 이런 문제점을 해결하기 위해 대부분의 프로그래밍 언어는 여러 개의 자료를 하나의 단위로 효율적으로 처리할 수 있는 **구조적 자료형(Structured Data Type)**을 제공하고 있습니다. 즉 구조적 자료형은 기본 자료형과 달리 하나의 변수에 여러 개의 자료를 할당할 수 있습니다. 예를 들어, [국어 점수]라는 이름의 구조적 자료형 변수를 하나 생성하여 그 변수에 모든 학생의 국어 점수를 손쉽게 할당할 수 있습니다.

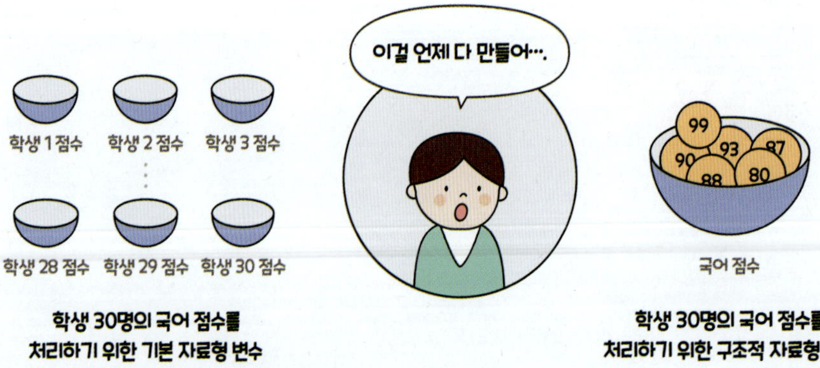

그림 6-11 기본 자료형 변수와 구조적 자료형 변수

2 배열의 개념

배열(Array)은 동일한 자료형의 원소(자료)들에 순서를 매겨 나열한 집합으로 가장 기본적인 구조적 자료형입니다. 배열에는 원소의 위치를 구별하는 연산이 필요한데, 일반적으로 배열 변수 이름 다음에 [ ]를 붙여 원소의 위치를 대괄호 안에 표기합니다. 여기서 주의할 점은 일반적으로 배열의 위치를 0부터 세기 때문에 [그림 6-12]와 같이 정수형 배열 변수 [국어 점수]의 첫 번째 원소는 국어 점수[0], 두 번째 원소는 국어 점수[1]로 표기한다는 것입니다. 이 연산으로 특정 위치의 원소에 대해 값을 읽거나 할당할 수 있습니다. 일반적으로 배열 변수는 원소를 최대로 담을 수 있는 크기를 결정하여 [그림 6-12]와 같이 국어 점수[10] 형태로 생성합니다. 국어 점수[10]은 최대 10개의 정수형 원소를 담을 수 있는 배열 변수입니다.

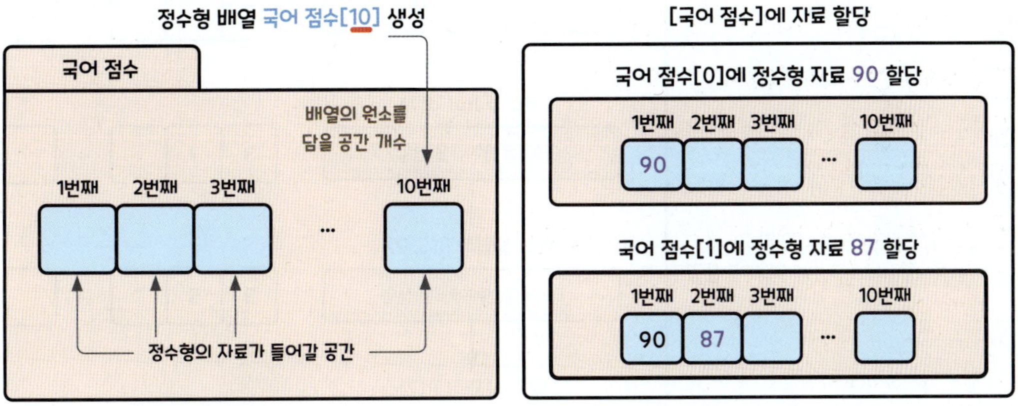

그림 6-12 배열 변수와 자료 할당

3 리스트의 개념

리스트(List)는 여러 개의 자료를 일정한 순서에 따라 나열한 구조입니다. 예를 들어, 한 주의 요일(월, 화, 수, 목, 금, 토, 일)이나 무지개 색깔(빨강, 주황, 노랑, 초록, 파랑, 남색, 보라) 등이 이에 해당합니다. 리스트는 배열과 마찬가지로 동일한 자료형의 자료들을 담을 수 있으며 일반적으로 [그림 6-13]과 같이 리스트 끝에 원소 추가하기, 특정 위치에 원소 삽입/삭제하기, 특정 위치의 원소 값 검색하기, 리스트의 원소 개수 구하기, 특정 원소가 리스트에 존재하는지 검색하기 등의 연산을 제공합니다.

배열이 원소의 위치를 가리키는 연산만 제공하는 데 반해 리스트는 앞에서 소개한 다양한 연산을 제공하고 있기 때문에 배열보다 사용하기 편리합니다. 예를 들어, 배열의 경우 새로운 원소를 끝에 추가하려면 우선 원소가 들어갈 공간을 먼저 찾고 그곳에 원소를 넣는 작업을 해야 하지만, 리스트는 원소 추가하기 연산만 실행하면 됩니다. 리스트의 사용자 입장에서는 원소 추가하기 연산이 실제 어떤 방식으로 리스트 내부에 원소를 추가하는지 알 필요는 없습니다.

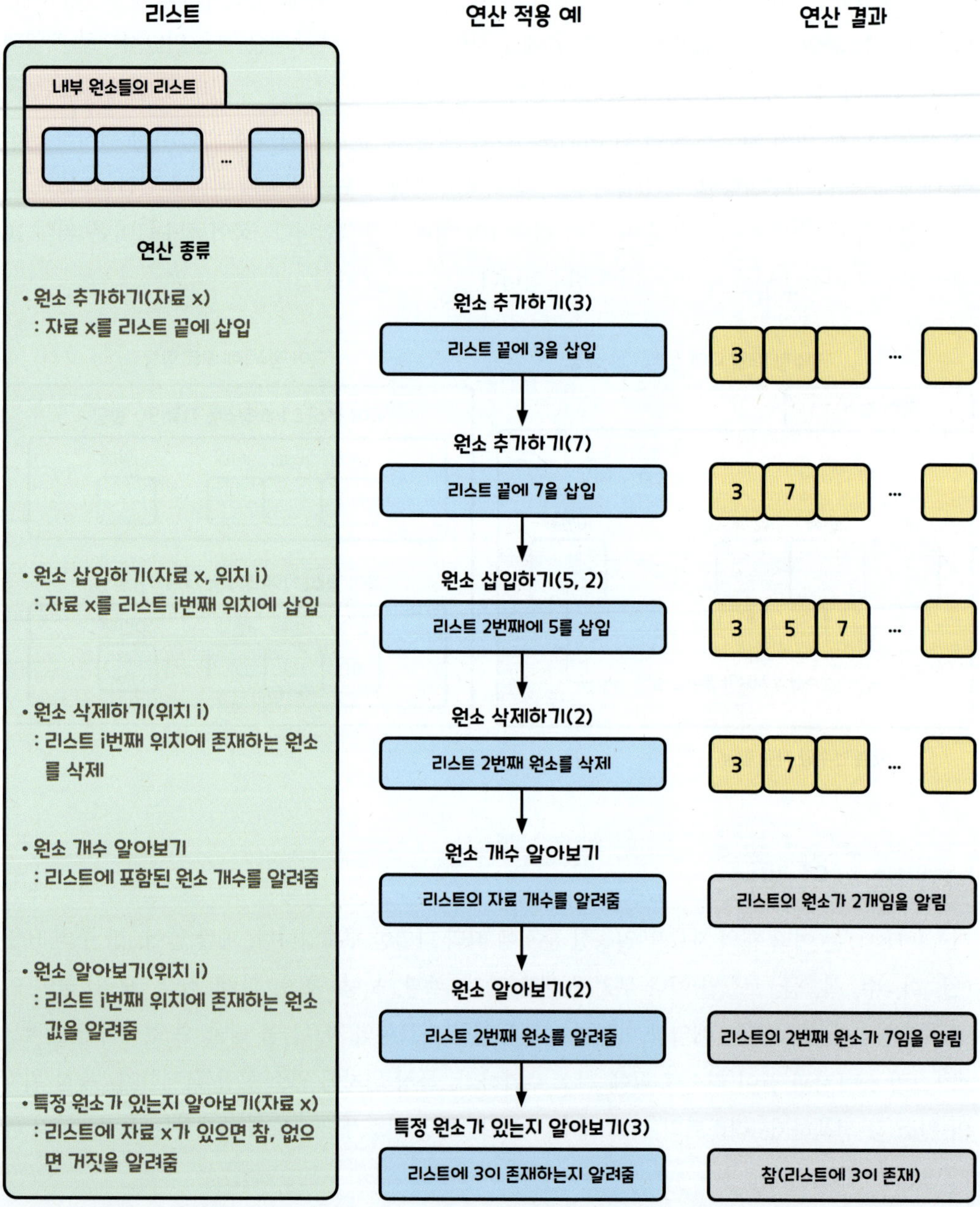

그림 6-13 리스트의 연산 적용과 결과

4 [실습] 리스트 생성하고 활용하기

스크래치는 구조적 자료형으로 리스트를 제공하는데 앞의 [그림 6-13]에서 소개한 연산 외에 몇 가지 유용한 연산들을 추가로 제공합니다. 고양이 스프라이트에 [고양이 먹이들]이라는 이름의 리스트를 [그림 6-14]와 같이 생성한 후 어떤 연산들을 제공하는지 [표 6-6]을 살펴봅시다.

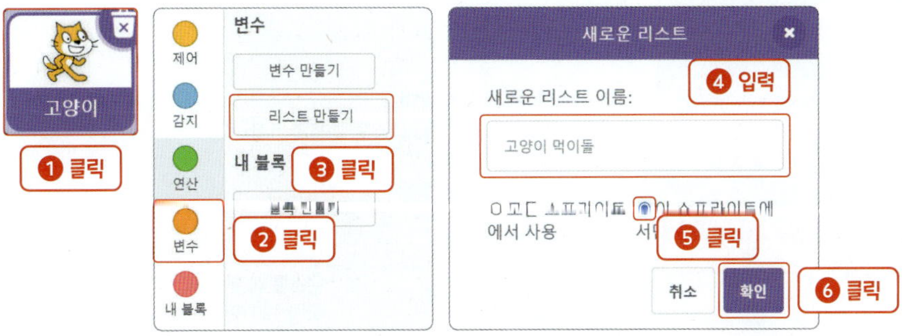

그림 6-14 **리스트 생성**

표 6-6 **리스트가 제공하는 연산**

고양이 먹이들 연산 블록	설명
항목 을(를) 고양이 먹이들 ▾ 에 추가하기	'항목'을 [고양이 먹이들] 리스트의 마지막 원소로 추가합니다.
( ) 번째 항목을 고양이 먹이들 ▾ 에서 삭제하기	[고양이 먹이들] 리스트에서 원하는 위치의 원소를 삭제합니다.
고양이 먹이들 ▾ 의 항목을 모두 삭제하기	[고양이 먹이들] 리스트의 모든 원소를 삭제합니다.
항목 을(를) 고양이 먹이들 ▾ 리스트의 ( ) 번째에 넣기	'항목'을 [고양이 먹이들] 리스트의 원하는 위치에 삽입합니다.
고양이 먹이들 ▾ 리스트의 ( ) 번째 항목을 항목 으로 바꾸기	[고양이 먹이들] 리스트에서 원하는 위치의 원소를 '항목'으로 바꿉니다.
고양이 먹이들 ▾ 리스트의 ( ) 번째 항목	[고양이 먹이들] 리스트에서 원하는 위치의 원소 값을 구합니다.
고양이 먹이들 ▾ 리스트에서 항목 항목의 위치	[고양이 먹이들] 리스트에서 '항목'의 위치를 구합니다. '항목'이 여러 개인 경우 가장 앞의 위치를 구하고 '항목'이 없는 경우는 0으로 알려 줍니다.
고양이 먹이들 ▾ 의 길이	[고양이 먹이들] 리스트에 포함된 원소들의 개수를 구합니다.
고양이 먹이들 ▾ 이(가) 항목 을(를) 포함하는가?	[고양이 먹이들] 리스트에 '항목'이 있으면 참, 없으면 거짓을 반환합니다.
고양이 먹이들 ▾ 리스트 보이기	실행 화면에 [고양이 먹이들] 리스트를 보여줍니다.
고양이 먹이들 ▾ 리스트 숨기기	실행 화면에 [고양이 먹이들] 리스트를 숨깁니다.

[표 6-6]에서 생성된 연산 블록들을 활용해 [그림 6-15]와 같이 고양이의 스크립트를 작성합니다.

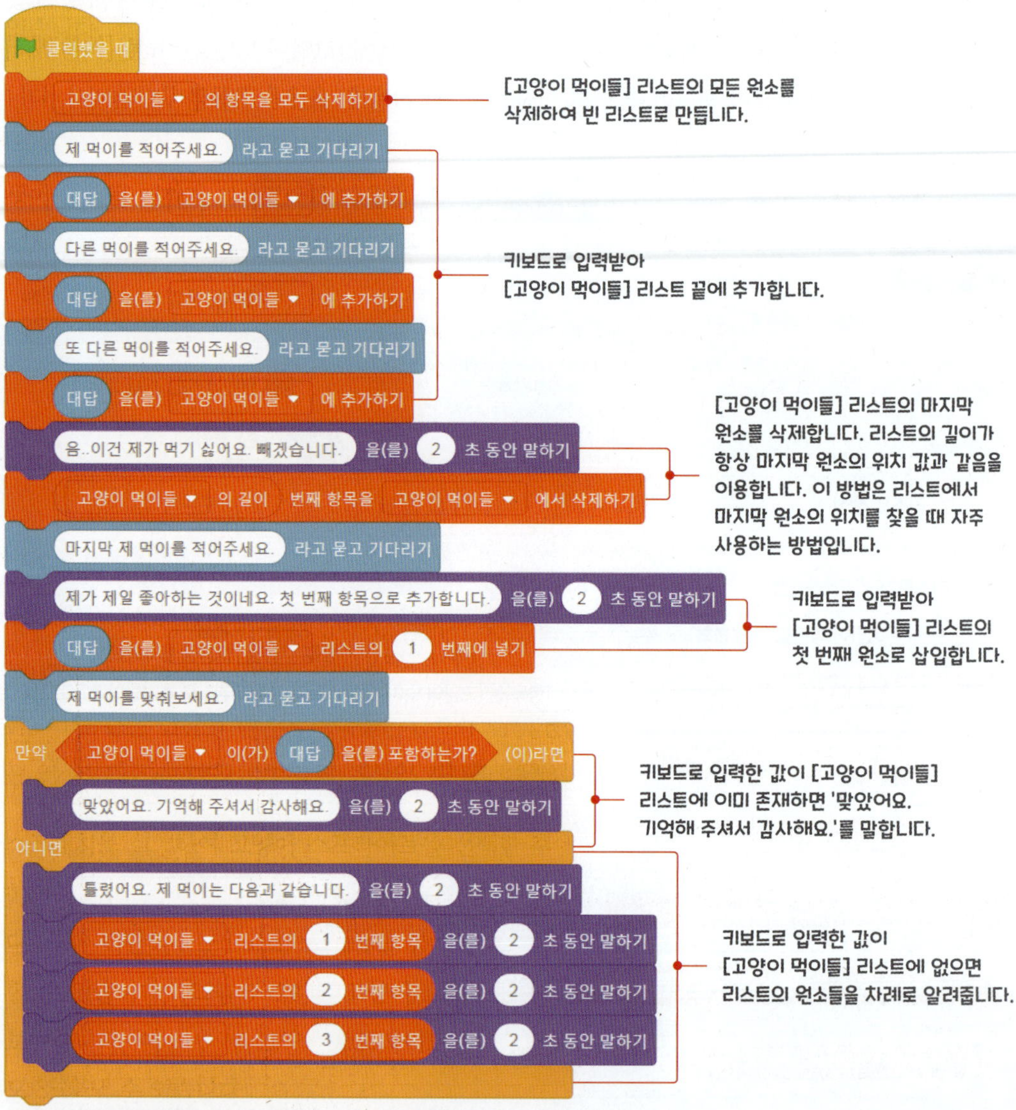

그림 6-15 리스트의 활용

프로그램을 실행하기 전에 [코드] 탭-[변수] 메뉴에 있는 [고양이 먹이들] 리스트 앞의 체크 박스를 체크하면 [고양이 먹이들] 리스트의 원소들이 어떻게 변하는지 [프로그램 실행 창]에서 확인할 수 있습니다.

프로그램을 실행하면 [그림 6-16], [그림 6-17]과 같이 입력한 답변에 따라 [고양이 먹이들] 리스트의 원소가 달라지는 모습을 확인할 수 있습니다.

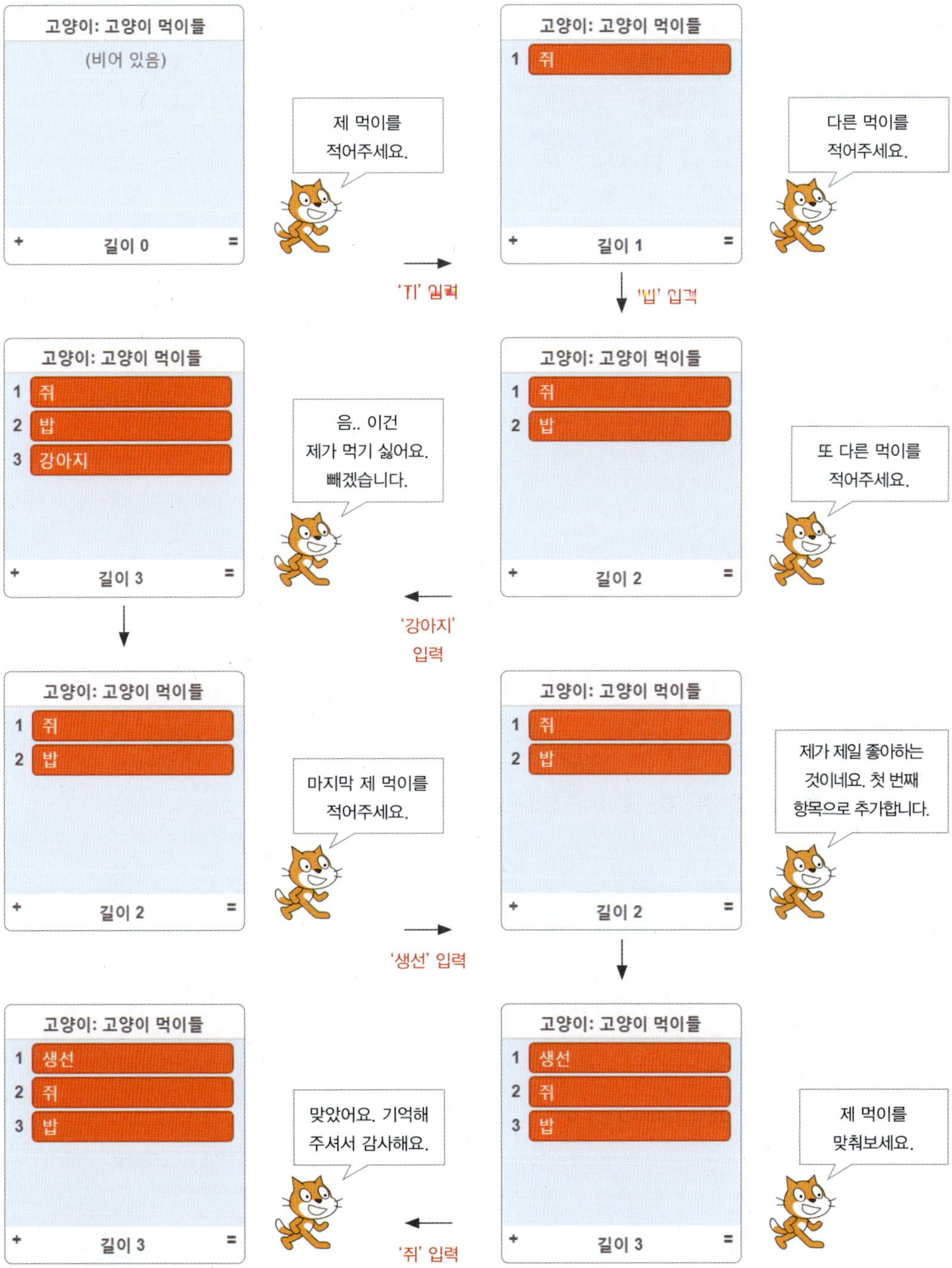

그림 6-16 **프로그램의 실행(1) : 쥐 → 밥 → 강아지 → 생선 → 쥐 순으로 입력**

그림 6-17 **프로그램의 실행(2) : 쥐→밥→강아지→생선→닭 순으로 입력**

하나 더 알기 ✓ **프로그램 실행 창에서 리스트 원소 추가와 삭제**

리스트는 프로그램 실행 창에서 직접 원소를 추가하거나 삭제할 수 있습니다. 이와 같은 기능을 통해 리스트의 원소를 손쉽게 관리할 수 있습니다. 다음은 [고양이 먹이들] 리스트에 '생선'을 추가하는 예를 보여줍니다. 참고로, 리스트의 원소를 마우스로 클릭하면 원소 오른쪽 끝에 삭제 아이콘(☒)이 나타납니다. 그 아이콘을 클릭하여 원소를 삭제할 수 있습니다.

요약

01 자료는 컴퓨터 프로그램이 읽고, 수정하고, 출력하는 모든 재료를 의미합니다. 예를 들어, 전자계산기 프로그램에 입력하는 숫자와 계산한 결과값, 인터넷 사이트에 로그인할 때 사용하는 사용자 이름과 암호, 그리고 게임을 할 때 입력하는 키보드의 키 값과 마우스가 클릭된 위치의 좌표 등이 모두 자료입니다.

02 자료를 종류별로 구분하기 위해 자료형이라는 개념을 사용합니다. 대표적으로 정수형, 실수형, 문자형, 불린형, 문자열형 등이 있습니다.

03 자료형은 자료의 종류뿐만 아니라 자료에 수행할 수 있는 연산도 포함하는 개념입니다. 예를 들어, 정수형은 −3, −1, 0, 1, 3과 같은 자료의 종류와 함께 정수에 수행할 수 있는 더하기, 빼기, 곱하기, 나누기, 절댓값 연산도 포함하는 개념입니다.

04 스크래치는 [코드] 탭의 [연산] 메뉴에 사칙연산, 관계 연산, 논리 연산 등을 제공하며, 그 외 반올림 연산, 절댓값 연산, 제곱근 연산, 삼각함수 연산, 문자열의 길이 구하기 연산, 나누기의 나머지를 구하는 연산 등 다양한 연산을 제공합니다.

05 변수는 자료를 할당받는 문자로 된 기호를 의미하는데 쉽게 자료를 담는 그릇으로 생각하면 됩니다. 변수는 자신의 이름으로 변수명을 갖고 있으며, 자신이 담을 수 있는 자료형을 나타내는 변수형이 있습니다. 변수에 자료를 담을 때는 담을 자료의 자료형이 변수의 변수형과 일치해야 합니다.

06 변수는 자신이 사용될 수 있는 범위에 따라 지역 변수와 전역 변수로 구분됩니다. 지역 변수는 자신이 생성된 장소에서만 사용할 수 있고, 전역 변수는 모든 장소에서 사용할 수 있습니다.

07 구조적 자료형을 갖는 변수는 여러 개의 자료를 할당할 수 있습니다. 대표적인 구조적 자료형으로 배열과 리스트가 있습니다. 스크래치는 구조적 자료형으로 리스트를 지원합니다.

08 스크래치는 변수를 만들 수 있는 기능을 [코드] 탭의 [변수] 메뉴에서 제공합니다.

연습문제

01 다음 중 자료에 해당하지 <u>않는</u> 것은 무엇일까요?

① 슈팅 게임에서 목표물을 클릭한 마우스 포인터의 위치

② 전자계산기에 입력된 숫자

③ 로그인할 때 입력한 사용자 이름과 암호

④ 전자계산기 기능을 수행하는 프로그램

02 자료형에 대한 설명으로 <u>잘못된</u> 것을 고르세요.

① 자료의 종류를 구별하고 자료에 적용할 수 있는 연산도 포함하는 개념입니다.

② 자료의 종류는 구별하지만 자료에 적용 가능한 연산까지는 포함하지 않습니다.

③ 기본적인 자료형으로 정수형, 실수형, 문자형, 불린형, 문자열형 등이 있습니다.

④ 실수형 자료는 실수 값을 가지며 사칙연산을 적용할 수 있습니다.

03 스크래치가 제공하는 연산들로 묶이지 <u>않은</u> 것을 고르세요.

① 사칙연산, 논리 연산

② 절댓값, 제곱근

③ 삼각함수, 세제곱근

④ 문자열의 길이 구하기, 두 문자열을 결합하기

04 변수에 대한 설명으로 올바른 것을 고르세요.

① 변수는 자료를 할당할 수 있는 문자로 이루어진 기호입니다.

② 변수는 한 번 자료를 할당받으면 프로그램을 종료할 때까지 그 값을 변경할 수 없습니다.

③ 변수의 변수형과 그 변수에 할당되는 자료의 자료형은 서로 달라야 합니다.

④ 변수 이름은 프로그래머 자신만 알아볼 수 있도록 정하는 것이 좋습니다.

05 **스크래치가 제공하는 변수가 아닌 것을 고르세요.**

① 스프라이트 위치의 x좌표와 y좌표

② 스프라이트의 크기

③ 스프라이트의 색깔

④ 무대 배경의 이름

06 **변수의 유효 범위에 대한 설명으로 올바른 것을 모두 고르세요.**

① 지역 변수는 자신이 생성된 장소에서만 활용할 수 있습니다.

② 모든 지역 변수는 생성된 장소와 상관없이 반드시 이름이 서로 달라야 합니다.

③ 전역 변수는 서로 이름이 같아도 구별할 수 있습니다.

④ 전역 변수는 모든 장소에서 활용할 수 있습니다.

07 **스크래치의 변수 생성에 대한 설명으로 잘못된 것을 고르세요.**

① 스프라이트에서만 변수를 생성할 수 있습니다.

② 무대에서 생성된 변수는 모두 전역 변수입니다.

③ 스프라이트에서 생성된 지역 변수는 그 스프라이트에서만 활용할 수 있습니다.

④ 스프라이트에서 생성된 전역 변수는 무대에서도 활용할 수 있습니다.

08 **스크래치 변수를 생성할 때 필요한 작업이 아닌 것을 고르세요.**

① [변수]–[변수 만들기] 메뉴를 선택합니다.

② 변수의 이름을 정해 줍니다.

③ 변수의 변수형을 정해 줍니다.

④ 변수를 지역 변수로 사용할지 아니면 전역 변수로 사용할지 정해 줍니다.

09 다음과 같이 무대, 고양이, 사과에 대해서 변수들을 생성할 때 사과에서 활용할 수 있는 변수로 묶인 것은 무엇일까요?

- 무대의 변수 [점수] 생성
- 고양이 스프라이트의 변수 [고양이의 생명 수] 생성([모든 스프라이트에서 사용] 선택)
- 고양이 스프라이트의 변수 [고양이의 속도] 생성([이 스프라이트에서만 사용] 선택)
- 사과 스프라이트의 변수 [사과 개수] 생성([이 스프라이트에서만 사용] 선택)

① [사과 개수]

② [사과 개수], [점수]

③ [사과 개수], [점수], [고양이의 생명 수]

④ [사과 개수], [점수], [고양이의 생명 수], [고양이의 속도]

10 그림과 같은 스크래치 프로그램을 실행한 후 리스트 변수 [내가 좋아하는 과일들]에는 어떤 원소들이 남아 있을까요?

리스트 변수 [내가 좋아하는 과일들]의 초기 상태

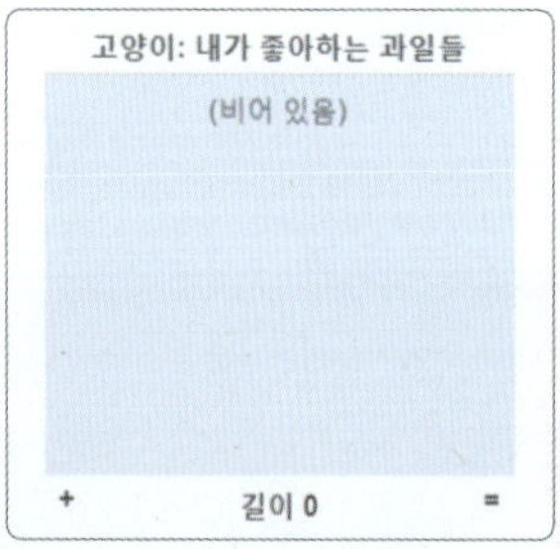

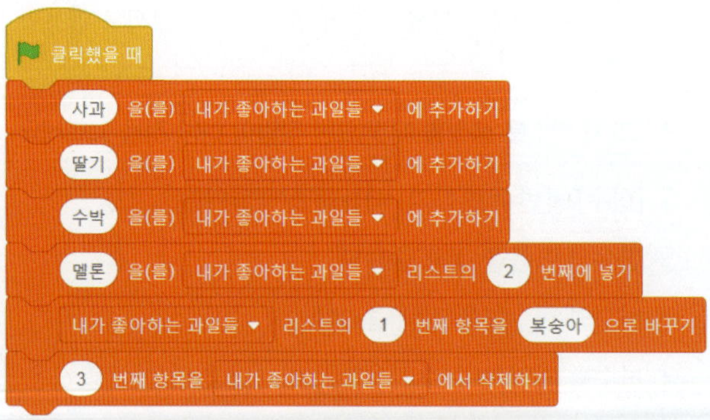

① 사과 – 복숭아 – 수박

② 복숭아 – 멜론 – 수박

③ 복숭아 – 사과 – 딸기 – 멜론

④ 사과 – 딸기 – 복숭아 – 수박

11 **10번 문제의 답을 기반으로 다음과 같은 블록들의 값을 차례대로 나타낸 것은 무엇일까요?**

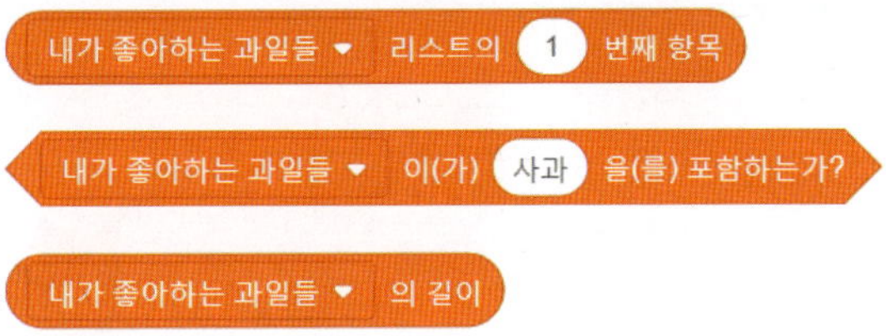

① 사과 – 참 – 3

② 사과 – 참 – 4

③ 복숭아 – 거짓 – 4

④ 복숭아 – 거짓 – 3

12 **구조적 자료형인 리스트에 대한 설명으로 잘못된 것을 모두 고르세요.**

① 리스트 변수에 여러 개의 자료를 할당할 수 있습니다.

② 리스트는 특정 위치에 자료를 삽입, 삭제, 변경하는 등의 유용한 연산들을 제공합니다.

③ 리스트는 특정한 순서 없이 자료들을 관리하는 데 유용합니다.

④ 리스트는 리스트 끝에만 원소를 추가할 수 있고 맨 앞에 있는 원소만 추출할 수 있습니다.

13 **다음은 [고양이 먹이들]이라는 리스트를 이용해서 만든 고양이 스프라이트의 행동입니다. 이 프로그램을 실행하면 고양이 스프라이트가 말하는 것은 무엇일까요?**

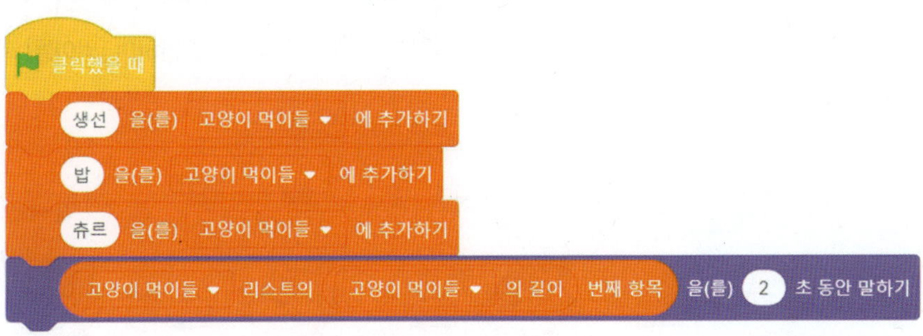

① 생선

② 밥

③ 츄르

④ 고양이가 말하지 않음

14 고양이가 다음과 같이 로그인한 사용자 이름을 부르며 "OOO님 안녕하세요."라고 2초 동안 인사하고, 현재 연도(연, 월, 일)를 2초 동안 말하는 프로그램을 작성하세요.

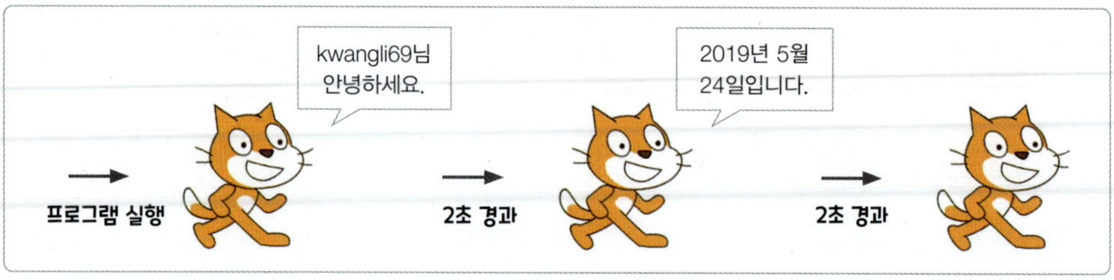

15 고양이와 개가 다음과 같이 서로의 이름을 부르며 인사하는 프로그램을 작성하세요. 고양이의 전역 변수 [고양이 이름]과 개의 전역 변수 [개 이름]을 생성합니다. 프로그램을 실행하면 고양이는 자신의 이름을 '나비'로 설정하고 개는 '번개'로 설정합니다.

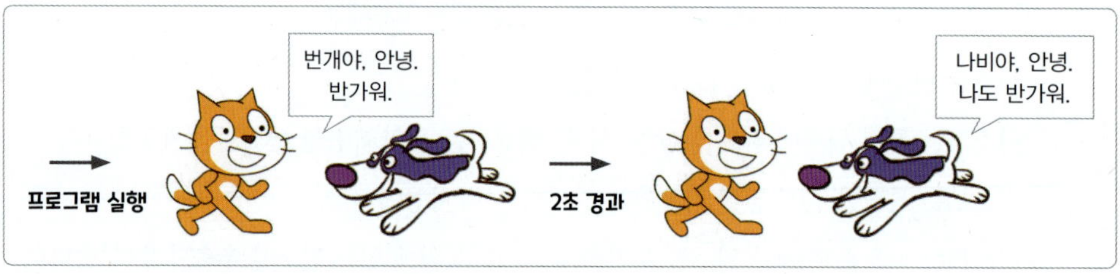

16 고양이가 다음과 같이 생선, 밥, 쥐를 차례대로 먹는 프로그램을 작성하세요. 고양이의 지역 변수로 [먹이들] 리스트를 생성하고, 프로그램을 실행하면 이 리스트에 생선, 밥, 쥐를 차례로 추가합니다. 그리고 고양이는 [먹이들] 리스트에 담긴 먹이를 앞에서부터 꺼내 먹으면서 그 먹이의 이름을 이용하여 "~을(를) 먹습니다. 냠냠."이라고 2초 간 말합니다. 먹이를 다 먹었으면 "다 먹었다."라고 말하며 [먹이들] 리스트에서 모든 먹이를 삭제합니다.

17 **16**번 문제에서 고양이가 "~을(를) 먹습니다. 냠냠."을 말한 후 그 먹이를 [먹이들] 리스트에서 바로 삭제하도록 수정합니다. 즉, 고양이는 "생선을 먹습니다. 냠냠."이라고 말하고, 바로 생선을 [먹이들] 리스트에서 삭제합니다. 그리고 나서 "밥을 먹습니다. 냠냠."이라고 말하고, 바로 밥을 [먹이들] 리스트에서 삭제합니다. 마지막으로 "쥐를 먹습니다. 냠냠."이라고 말하고, 바로 쥐를 [먹이들] 리스트에서 삭제합니다. 그 후 고양이는 "다 먹었다."라고 말합니다. 주의할 점은 [먹이들] 리스트에서 먹이를 하나씩 삭제할 때마다 남은 먹이들의 위치가 변경된다는 점입니다.

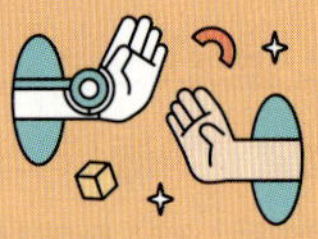

CHAPTER 07

조건과 문장 제어 익히기

01 조건의 이해
02 문장의 이해
03 문장의 반복적 실행
04 문장의 선택적 실행
05 반복과 선택의 중첩 실행
요약
연습문제

학습목표

- 명제, 조건, 관계식, 논리식의 개념을 이해합니다.
- 조건의 역할을 이해하고 스크래치를 이용해 구현해 봅니다.
- 문장의 역할을 이해하고 문장을 제어하는 방법을 알아봅니다.
- 문장의 반복적 실행을 이해하고 이를 스크래치로 연습합니다.
- 문장의 선택적 실행을 이해하고 이를 스크래치로 연습합니다.
- 반복적 실행과 선택적 실행을 중첩시켜 다양한 제어 방식을 연습합니다.

Preview

프로그램은 컴퓨터가 해야 할 작업을 문장 단위로 적어 놓은 것입니다. 프로그램은 문제 해결을 위해 문장들을 다양한 방식으로 수행하는데, 대표적으로 순차적 실행, 반복적 실행, 선택적 실행 방식이 있습니다. 순차적 실행 방식은 문장을 적힌 순서대로 수행하는 것이고, 반복적 실행 방식은 어떤 조건이 만족되는 동안 특정 문장들을 반복 수행하는 것입니다. 선택적 실행 방식은 어떤 조건의 만족 여부에 따라 특정 문장들을 선택하여 실행합니다. 여기서 반복적, 선택적 실행 방식에 있어서 조건이 매우 중요한 역할을 한다는 것을 알 수 있습니다.

이 장은 명제와 조건의 개념을 설명하고, 변수를 활용하여 다양한 조건들을 만들어봅니다. 그리고 스크래치가 제공하는 반복적 실행 방식과 선택적 실행 방식을 알아보고 간단한 예제를 통해 실습합니다. 또한, 2장에서 배운 알고리즘들을 스크래치로 프로그래밍함으로써 알고리즘 구현을 경험해 봅니다.

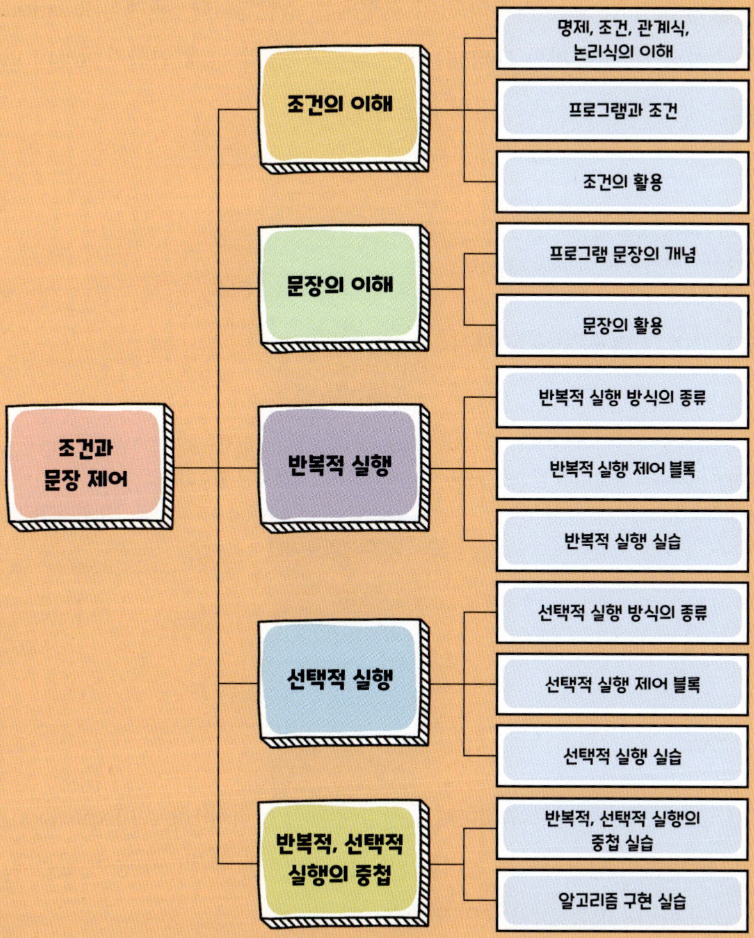

Section

01 조건의 이해

1 명제, 조건, 관계식, 논리식의 개념

수학에서 명제(Proposition)는 참 또는 거짓을 분명히 판단할 수 있는 문장이나 식이고, 조건(Condition)은 주어진 미지수 값에 따라 참 또는 거짓이 결정되는 문장이나 식입니다. 예를 들어, '2016년 8월 20일은 토요일이다'와 '3>5'는 각각 참과 거짓 값을 갖는 명제이고 'x는 짝수다'와 'y<10'는 미지수 x와 y 값에 따라 참 또는 거짓의 값이 결정되는 조건입니다. 관계식(Relation Expression)은 두 수나 산술식의 대소 관계를 나타내는 >, =, < 등의 관계 연산자(Relation Operator)로 연결한 식으로, 식의 결과가 참 또는 거짓 값을 갖습니다.

표 7-1 명제, 조건, 관계식

구분	의미	예
명제	참 또는 거짓을 분명하게 판단할 수 있는 문장이나 식	• 지구는 태양 주위를 돕니다. 참 • 모든 새는 날 수 있습니다. 거짓 • 3+6=9 참 • 5+6>15−1 거짓
조건	미지수를 포함하고 미지수의 값에 따라 참 또는 거짓이 결정되는 문장이나 식	• x는 짝수입니다. → 미지수 x가 2, 4와 같은 짝수이면 참이고 1, 3과 같은 홀수이면 거짓 • x<15 → 미지수 x가 15 미만의 수이면 참이고 15 이상의 수이면 거짓
관계식	관계 연산자로 두 수 또는 산술식을 연결한 식	• 3<5 참 • 10<5 거짓 • 10−4>5+1 거짓 • 10−4=5+1 참

명제나 조건을 논리 연산자(Logical Operator)로 연결하여 복잡한 관계를 논리식(Logical Expression)으로 표현할 수 있습니다. 대표적 논리 연산자로는 논리합(∨), 논리곱(∧), 부정(~) 등이 있는데, 임의의 명제 또는 조건 P와 Q에 따라 [표 7-2]와 같이 연산을 합니다.

표 7-2 논리 연산

<table>
<tr><th>P</th><th>Q</th><th>P∨Q</th><th>P∧Q</th><th>~P</th></tr>
<tr><td>참</td><td>참</td><td>참</td><td>참</td><td rowspan="2">거짓</td></tr>
<tr><td>참</td><td>거짓</td><td>참</td><td>거짓</td></tr>
<tr><td>거짓</td><td>참</td><td>참</td><td>거짓</td><td rowspan="2">참</td></tr>
<tr><td>거짓</td><td>거짓</td><td>거짓</td><td>거짓</td></tr>
</table>

[표 7-3]은 논리식의 예와 그 연산 결과입니다.

표 7-3 논리식의 예와 연산 결과

논리식	진리 값
지구는 태양 주위를 돕니다. ∧ 모든 새는 날 수 있습니다.	(참∧거짓)이므로 거짓
(3<5)∨(10<5)	(참∨거짓)이므로 참
~(10−4=5+1)	(~참)이므로 거짓
[(3<5)∨(10<5)]∧~(10−4=5+1)	(참∧거짓)이므로 거짓
(x>5)∧(x<10)	x가 5보다 크고 10보다 작은 수이면 참, 그 외는 거짓
(x>5)∧(y>5)	x와 y가 모두 5보다 크면 참, 그 외는 거짓

2 프로그램과 조건

프로그램을 설명하는 글에는 기능의 반복 또는 선택에 필요한 조건이 포함되기도 합니다. 예를 들어, 입장객의 나이가 12세 이하이면 요금을 할인하는 기능을 프로그램으로 작성한다고 가정해 봅시다. 이 경우 입장객의 나이가 12세 이하이면 참, 그 외는 거짓이 되는 조건에 따라 요금을 할인할지 말지를 선택해야 합니다. 이 조건을 프로그램에서는 [입장객의 나이]라는 변수를 사용하여 관계식이나 논리식으로 구현할 수 있습니다.

또 다른 예로, 캐릭터의 생명 개수가 남아 있다면 게임을 계속 이어서 하는 기능을 구현하는 경우에 대해 생각해 봅시다. 캐릭터의 생명 개수가 0이 아니면 참, 0이면 거짓인 조건으로 이 조건이 거짓이 될 때까지 게임 진행에 필요한 문장들을 반복하게 됩니다. 이 조건도 프로그램에서 [캐릭터의 생명 개수]라는 변수를 사용하여 관계식이나 논리식으로 구현할 수 있습니다.

조건에 사용되는 미지수는 프로그램에서 변수로 구현됩니다.

이처럼 프로그램 내에서 조건은 어떤 문장을 반복 실행할 것인지, 또는 둘 중 어떤 문장을 선택 실행할 것인지를 결정하는 기준으로 사용되므로 프로그램의 문장을 제어하는 데 핵심적인 역할을 합니다. 하지만 프로그래밍 공부를 시작하는 많은 사람들이 조건 표현에 익숙하지 않아 프로그래밍을 어려워하므로 다양한 조건 표현을 연습해야 합니다.

[그림 7-1]과 [그림 7-2]는 프로그램의 기능에 필요한 조건을 파악하고 파악된 조건을 관계식 또는 논리식으로 표현한 과정을 예를 통해 보여줍니다.

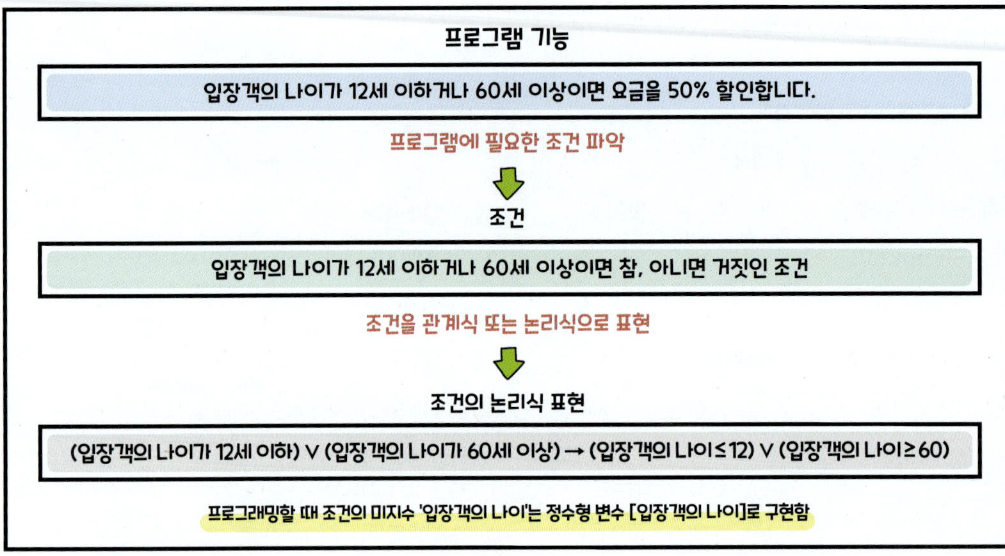

그림 7-1 입장료 할인 조건

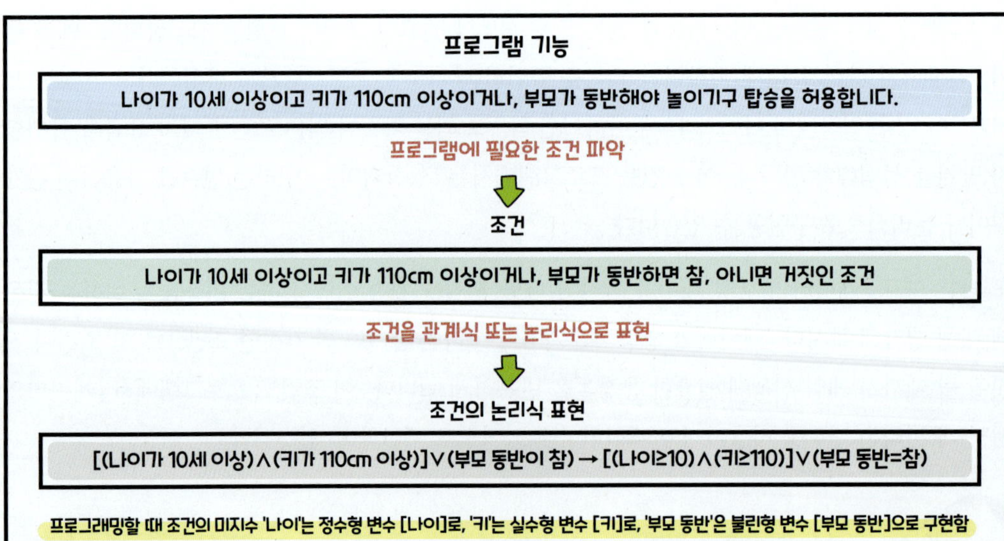

그림 7-2 놀이기구 탑승 조건

3 조건 활용하기

스크래치는 [표 7-4]와 같은 조건 블록들을 사용해 관계식과 논리식을 구현합니다.

표 7-4 조건 블록

조건 블록	설명
( ) < ( )	앞의 자료가 뒤의 자료보다 작으면 참, 크거나 같으면 거짓
( ) = ( )	앞의 자료와 뒤의 자료가 같으면 참, 다르면 거짓
( ) > ( )	앞의 자료가 뒤의 자료보다 크면 참, 작거나 같으면 거짓
< > 또는 < >	연결된 두 조건 중 하나라도 참이면 참, 그 외는 거짓
< > 그리고 < >	연결된 두 조건이 모두 참일 때만 참, 그 외는 거짓
< > 이(가) 아니다	조립된 조건이 참이면 거짓, 거짓이면 참

대소 관계를 비교하는 조건 블록의 경우 입력 창에 수가 입력되면 두 수의 크기에 따라 진리 값을 결정하지만 한글이나 영어 단어와 같은 문자열이 입력되면 사전에서 나중에 나오는 단어를 큰 값으로 해석합니다. 그리고 수, 영어 단어, 한글 순으로 크기가 증가하며 영어 단어의 대문자와 소문자는 구별하지 않습니다. [표 7-5]는 스크래치에서 다양한 자료의 대소 관계를 해석하는 방법을 보여주는 예입니다.

표 7-5 수와 문자열의 대소 비교

대소 관계 비교	설명
(100) < (200)	두 수의 대소 비교는 수의 크기로 결정. 참
(apple) < (cat)	두 영문 문자열의 대소 비교는 사전적 순서로 결정. 참
(토끼) < (호랑이)	두 한글 문자열의 대소 비교는 사전적 순서로 결정. 참
(9999999) < (apple) (9999999) < (가나다)	영문, 한글 문자열은 수보다 큼. 참
(zebra) < (가나다)	한글 문자열은 영문 문자열보다 큼. 참

조건 블록 안에 다른 조건 블록을 조립해 복잡한 조건식을 만들 수 있습니다. [그림 7-3]은 [그림 7-1]과 [그림 7-2]를 스크래치의 조건 블록으로 구현한 것입니다. 단, [입장객의 나이], [키], [부모 동반] 등의 변수를 먼저 만들어야 합니다.

참고로 스크래치는 '크다'(>)와 '작다'(<)의 관계를 검사하는 조건 블록은 제공하지만, '이상'(≥)과 '이하'(≤) 관계를 검사하는 조건 블록은 제공하지 않습니다. 따라서 '이상'과 '이하'를 표현할 때는 좀 복잡하더라도 다음과 같이 해야 합니다.

- **'이상'의 관계 :** '크다'의 조건 블록과 '같다'의 조건 블록을 논리합으로 연결합니다.
  예 ([입장객의 나이]≥60)를 ([입장객의 나이]>60)∨([입장객의 나이]=60)과 같이 표현
- **'이하'의 관계 :** '작다'의 조건 블록과 '같다'의 조건 블록을 논리합으로 연결합니다.
  예 ([입장객의 나이]≤12)를 ([입장객의 나이]<12)∨([입장객의 나이]=12)와 같이 표현

[그림 7-3]은 이와 같은 방법으로 '이상'과 '이하'의 관계를 표현한 것입니다.

입장객의 나이가 12세 이하거나 60세 이상이면 참, 아니면 거짓인 조건의 구현

나이가 10세 이상이고 키가 110cm 이상이거나, 부모가 동반하면 참, 아니면 거짓인 조건의 구현

그림 7-3 **조건 블록으로 구현한 조건**

Section 02 문장의 이해

1 프로그램 문장의 개념

프로그램 문장은 완결된 의미를 갖는 작업의 최소 단위를 의미하며, 컴퓨터는 프로그램 문장 단위로 프로그램을 실행합니다. 또한 일반적인 글에서는 마침표, 물음표, 느낌표 기호로 문장의 끝을 표시하는 것처럼 프로그램 문장도 끝에 특정 기호를 붙여 구분합니다. [그림 7-4]는 C와 자바 언어에서 프로그램 문장을 세미콜론(;)으로 구분한 방식을 보여줍니다.

```
for (i = 0; i <= P.degree; i++) {
    printf("%3.0fx^%d", P.coef[i], degree--);
    if (i < P.degree) printf(" +");
}
```

C 프로그램의 예

```
public class Problem_07 {
   public static void main(String[] args) {
      Scanner s = new Scanner(System.in);
```

자바 프로그램의 예

그림 7-4 C와 자바 언어의 문장 구분 방식

2 문장의 실행 방식

프로그램 문장을 쓰여진 순서대로 순차적으로 실행하는 방식을 순차적(Sequential) 실행이라고 합니다. 하지만 문장을 순차적으로만 실행하면 프로그램이 매우 길어지거나 표현조차 할 수 없는 경우도 발생합니다. 예를 들어, [그림 7-5]와 같이 어떤 변수에 10을 더하는 문장을 1,000번 실행해야 한다고 할 때 순차적 실행만 가능하다면 해당 문장을 1,000번 적어줘야 합니다. 또한 순차적 실행은 선택의 개념이 없어 '비가 오면 우산을 들고 나가고 비가 오지 않으면 우산을 안 들고 나간다'라는 행동을 구현하지 못합니다.

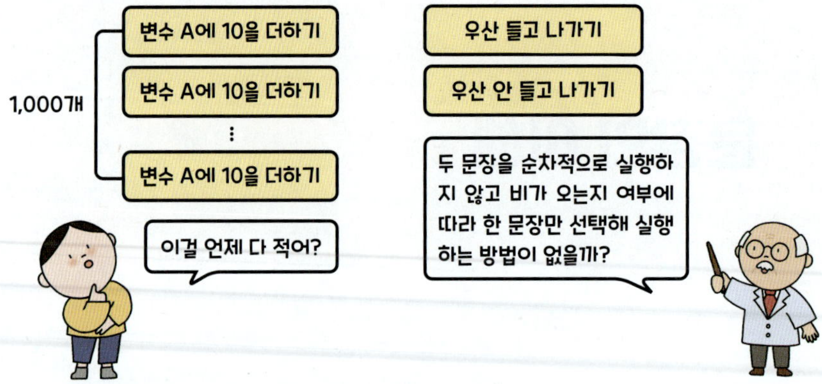

그림 7-5 순차적 실행 방식의 한계

이런 순차적 실행 방식의 한계를 보완하기 위해 프로그래밍 언어에서는 반복적(Iterative) 실행 방식과 선택적(Selective) 실행 방식을 함께 제공합니다. 두 실행 방식을 자세히 공부하기 전에 우선 개념만 간단히 살펴보면 다음과 같습니다.

- **반복적 실행 방식** : 반복 대상의 문장들을 무한 반복, 정해진 횟수만큼 반복, 조건이 참 또는 거짓이 될 때까지 반복 등의 방식을 제공합니다.
- **선택적 실행 방식** : 항상 조건과 함께 사용되어 해당 조건이 참일 때와 거짓일 때 실행되는 문장들을 구분하는 방식을 제공합니다.

3 스크래치의 문장

스크래치도 하나의 완결된 의미있는 일을 문장 단위로 구현합니다. 주로 스프라이트 또는 무대의 행동을 조작하거나 변수 값을 조작하기 위한 문장 블록을 제공하는데, 문장이 블록 단위로 제공되기 때문에 세미콜론과 같은 특수 기호로 구분할 필요가 없습니다. 문장 블록은 내부에 자신이 수행할 작업 내용을 담고 있습니다. 이때 자료가 필요하면 [그림 7-6]과 같이 그 자료를 입력받을 수 있는 입력 창 또는 자료를 선택할 수 있는 선택 메뉴를 포함하고 있습니다.

그림 7-6 문장 블록의 예

문장 블록은 [그림 7-7]과 같이 다른 문장 블록, 제어 블록, 이벤트 블록, 절차 블록 등과 연결해 조립할 수 있습니다.

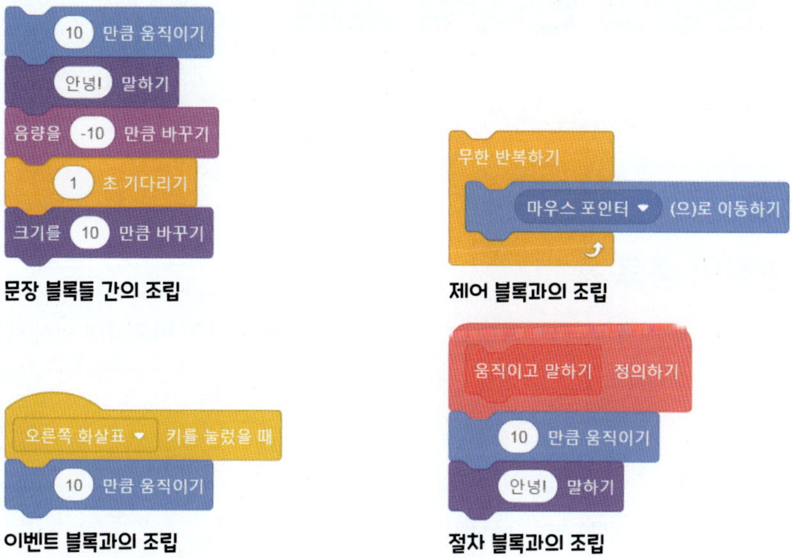

그림 7-7 문장 블록의 조립

Section 03

문장의 반복적 실행

1 반복적 실행 방식의 종류

문장은 다양한 제어 방식으로 반복해서 실행할 수 있습니다. 반복적 실행 방식을 이용하면 앞에서 변수 A에 10을 1,000번 더하는 문제를 [그림 7-8]과 같이 해결할 수 있습니다.

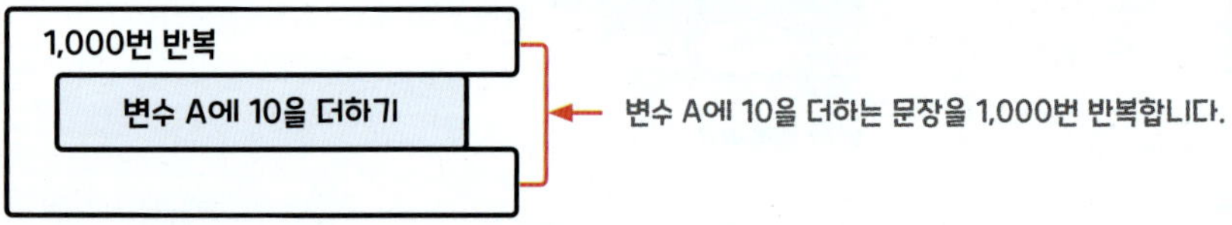

그림 7-8 반복적 실행

다양한 반복적 실행 방식이 존재하지만 여기서는 가장 기본이라 할 수 있는 무한 반복형, 횟수 반복형, While 반복형, Until 반복형을 소개합니다.

무한 반복형

무한 반복형은 문장들을 무한히 반복 실행합니다. 따라서 반복하는 문장의 다음 문장들을 실행할 수 없다는 특징이 있습니다.

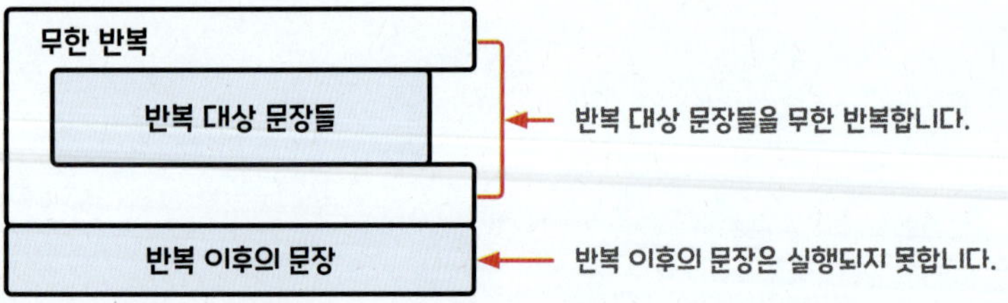

그림 7-9 무한 반복형의 실행

횟수 반복형

횟수 반복형은 문장을 지정된 횟수만큼 반복 실행한 후 반복 실행을 중지합니다.

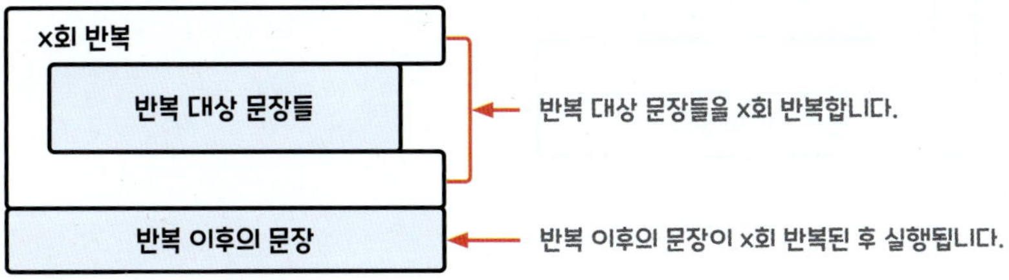

그림 7-10 횟수 반복형의 실행

While 반복형

While 반복형은 반복 제어에 조건을 사용합니다. 반복하려는 문장을 처음 실행하기 전에 조건을 검사하여 참이면 반복 대상 문장들을 실행합니다. 그런 다음 다시 조건을 검사하여 여전히 참이면 그 문장들을 다시 실행합니다. 이런 작업을 반복하다가 어느 순간 조건이 거짓이 되면 반복 대상 문장들을 실행하지 않고 다음 문장을 실행합니다. 만약 조건이 계속 참이면 While 반복형은 반복 대상 문장들을 무한히 반복합니다.

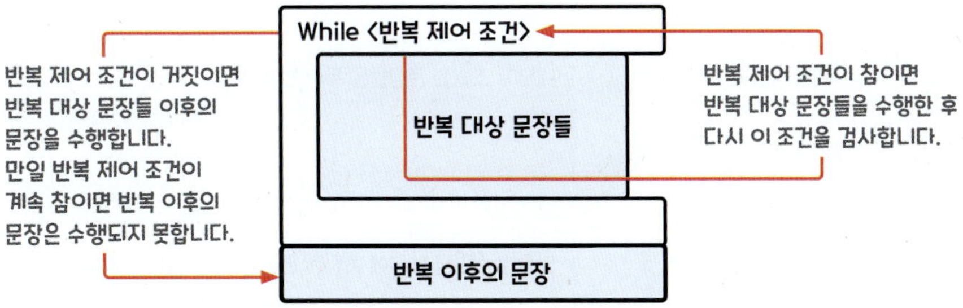

그림 7-11 While 반복형의 실행

Until 반복형

Until 반복형도 While 반복형과 마찬가지로 반복 제어 조건을 사용하되 사용법이 정반대입니다. 즉, 조건을 검사하여 거짓이면 반복 대상 문장들을 실행합니다. 따라서 조건을 다시 검사하여 거짓이면 반복 대상 문장들을 다시 실행합니다. 이런 작업을 반복하다가 어느 순간 조건이 참이 되면 반복 대상 문장들을 실행하지 않고 다음 문장을 실행합니다. 만약 조건이 계속 거짓이면 Until 반복형은 반복 대상 문장들을 무한히 반복합니다.

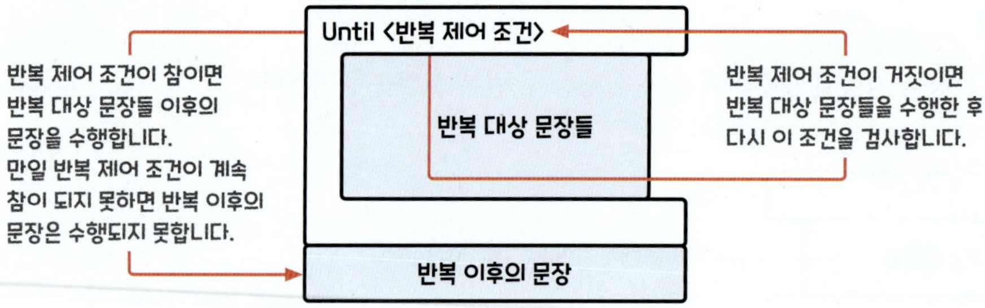

그림 7-12 Until 반복형의 실행

2 반복적 실행 제어 블록

스크래치는 반복적 실행 방식을 지원하는 제어 블록들을 [코드] 탭-[제어] 메뉴에 모아놓았습니다. 스크래치는 [표 7-6]과 같이 무한 반복형, 횟수 반복형, Until 반복형을 지원합니다. 여기서 무한 반복형 제어 블록은 내부 블록들을 무한히 반복하기 때문에 그 아래에 블록을 조립하는 것이 의미가 없습니다. 그래서 블록 형태를 보면 아래쪽에 블록을 조립할 수 있는 돌기가 없습니다.

표 7-6 반복적 실행 제어 블록

반복적 실행 제어 블록	종류	설명
	무한 반복형	내부에 조립된 문장들을 무한 반복합니다.
	횟수 반복형	일정 횟수만큼 내부에 조립된 문장들을 반복 수행합니다.
	Until 반복형	조건이 참이 될 때까지 내부에 조립된 문장들을 반복 수행합니다.

3 [실습] 1부터 무한히 숫자 세기

반복 실행을 지원하는 제어 블록들을 간단히 활용해 보겠습니다. 고양이의 지역 변수 [숫자]를 만들고 [그림 7-13]과 같이 스크립트를 작성합니다. 이 스크립트를 실행하면 고양이는 1부터 무한히 숫자를 셉니다.

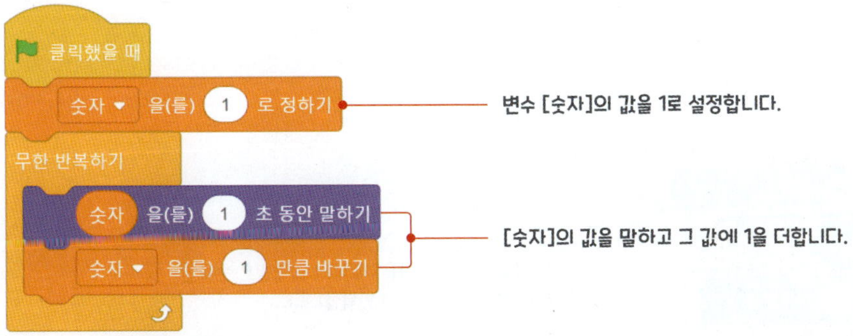

그림 7-13 **1부터 무한히 숫자 세기**

4 [실습] 1부터 입력받은 숫자까지 세기

[그림 7-14]는 사용자에게 임의의 숫자를 입력받아 1부터 그 숫자까지 셉니다. 고양이의 지역 변수 [숫자]를 만들고 [그림 7-14]와 같이 스크립트를 작성해 실행합니다.

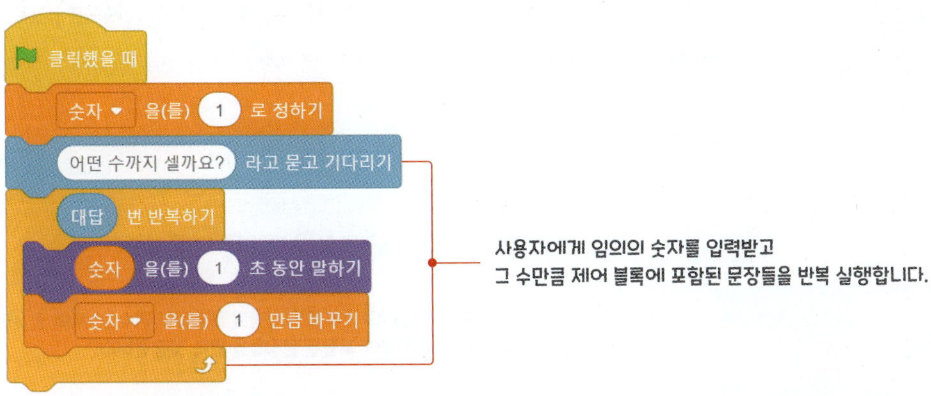

그림 7-14 **1부터 입력받은 숫자까지 세기**

5 [실습] 1부터 입력받은 숫자까지 세기(조건 이용)

[그림 7–15]는 1부터 사용자로부터 입력받은 숫자까지 세는 작업을 Until 반복형 제어 블록을 이용하여 구현한 것입니다. Until 반복문은 사용하는 조건이 거짓이면 내부의 문장을 반복 수행하고, 조건이 참이 되는 순간 반복을 중단한다는 것에 유의해야 합니다. 고양이의 지역 변수 [숫자]를 만들고 [그림 7–15]와 같이 스크립트를 작성하여 실행합니다.

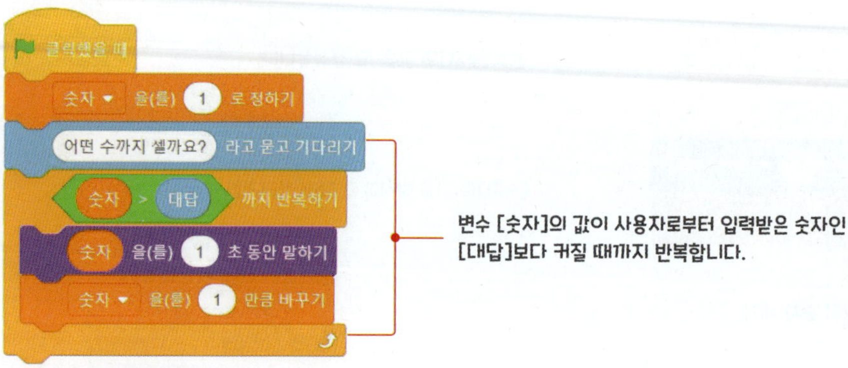

그림 7–15 1부터 입력받은 숫자까지 세기(조건 이용)

6 [실습] 1부터 더해서 입력받은 수보다 커지는 수 구하기

[그림 7–16]은 사용자에게 임의의 숫자를 입력받고 1부터 수를 세면서 어느 수까지 더하면 사용자가 입력한 수보다 커지는지 계산합니다. 고양이의 지역 변수 [숫자], [숫자의 합]을 만들고 [그림 7–16]과 같이 스크립트를 작성하여 실행합니다.

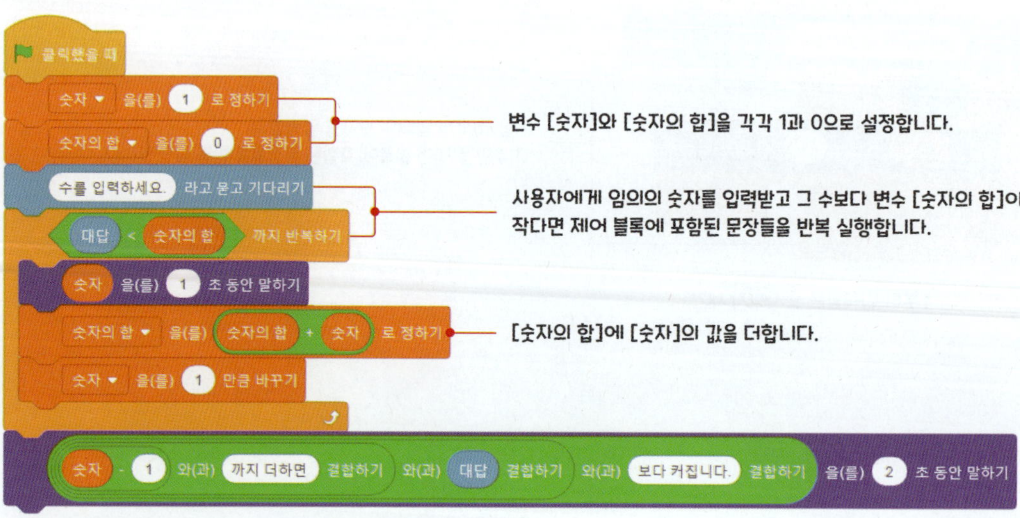

그림 7–16 1부터 더해서 입력받은 수보다 커지는 수 구하기

7 [실습] 구구단 말하기(특정 단만)

[그림 7-17]은 구구단의 특정 단을 말하는 스크립트입니다. 먼저 사용자에게 어떤 단을 말할지 묻고, 구구단에서 사용자가 정해준 단만 말합니다. 고양이의 지역 변수 [구구단 단계], [곱하는 수], [구구단 계산식], [구구단 계산 결과]를 만들고 [그림 7-17]과 같이 스크립트를 작성하여 실행합니다."

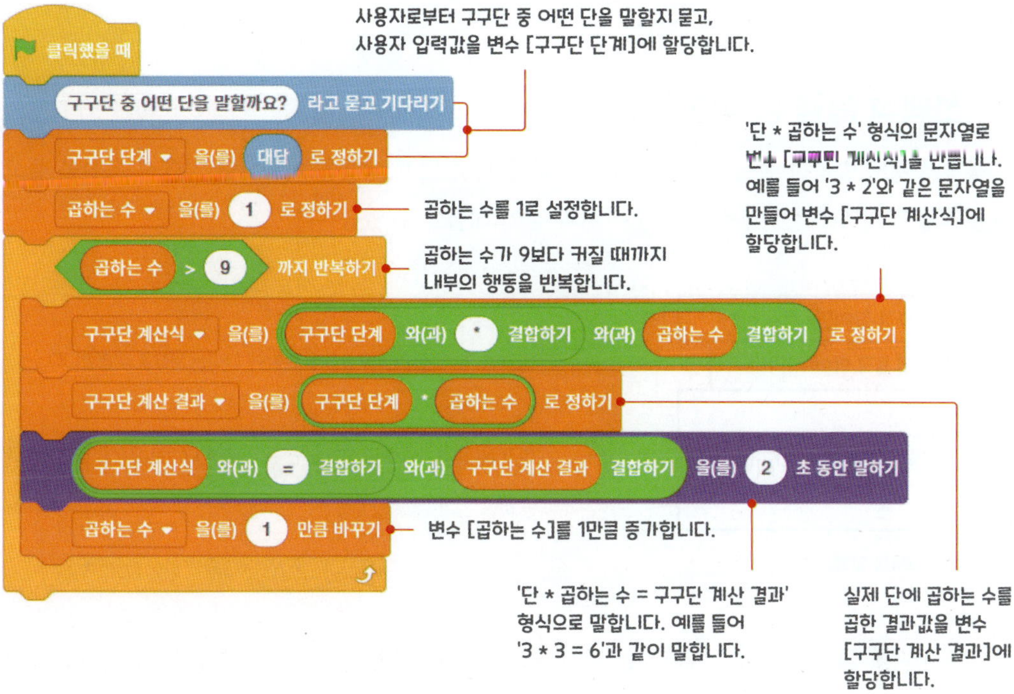

그림 7-17 구구단에서 사용자가 정해준 단만 말하기

Section 04

문장의 선택적 실행

1 선택적 실행 방식의 종류

선택적 실행도 반복적 실행처럼 종류가 다양합니다. 선택적 실행을 이용하여 앞에서 우산을 들고 나갈지 말지 선택하는 문제를 [그림 7-18]과 같이 해결할 수 있습니다.

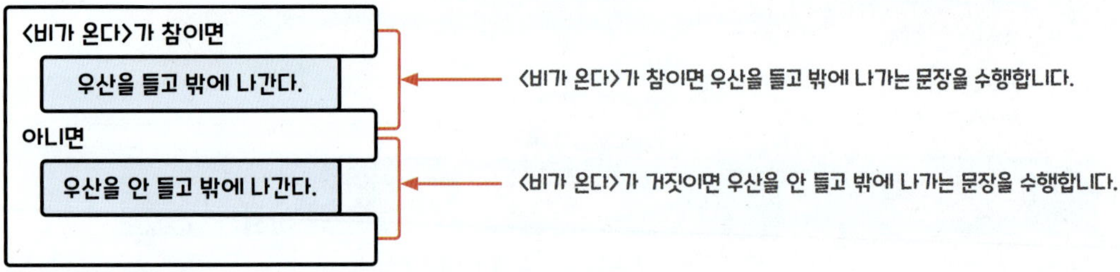

그림 7-18 **선택적 실행**

다양한 선택적 실행 방식이 존재하지만 여기서는 스크래치에서 지원하는 방식인 만약 선택형과 만약-아니면 선택형을 소개합니다.

만약 선택형

만약 선택형은 선택 제어 조건이 참일 경우에 실행할 문장을 구분해 줍니다.

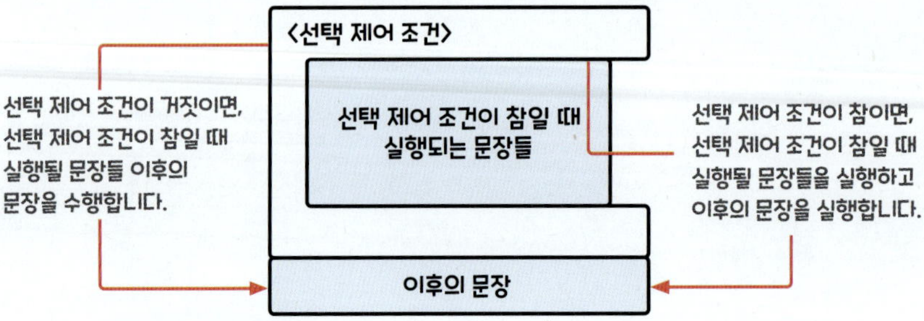

그림 7-19 **만약 선택형의 실행**

만약-아니면 선택형

만약-아니면 선택형은 [그림 7-20]과 같이 선택 제어 조건이 참일 경우에 실행할 문장들뿐 아니라 거짓일 경우에 실행할 문장들도 함께 구분해 줍니다.

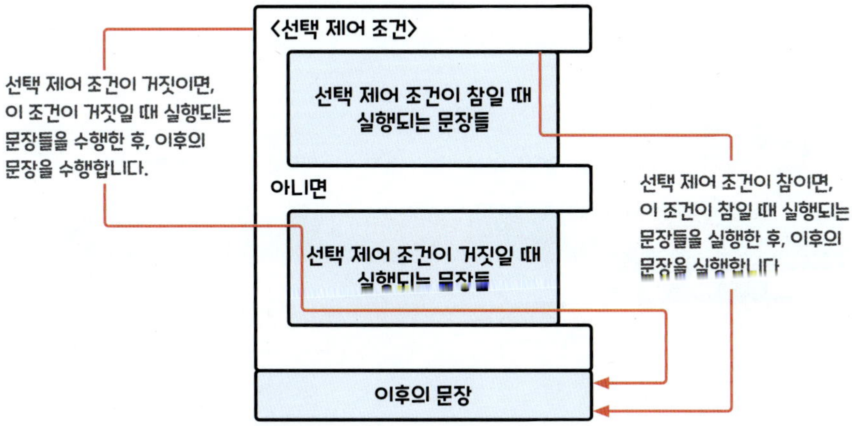

그림 7-20 만약-아니면 선택형의 실행

2 선택적 실행 제어 블록

스크래치는 선택적 실행 방식을 지원하는 제어 블록들을 [코드] 탭-[제어] 메뉴에 모아놓았습니다. 스크래치는 [표 7-7]과 같이 선택적 실행 방식으로 만약 선택형과 만약-아니면 선택형을 지원합니다.

표 7-7 선택적 실행 제어 블록

선택적 실행 제어 블록	종류	설명
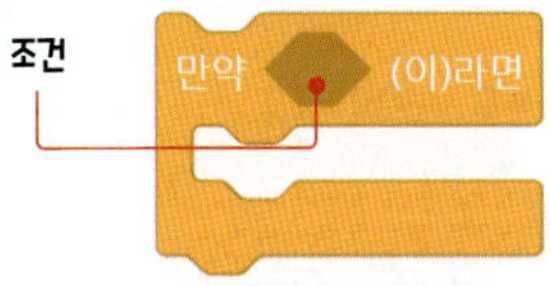	만약 선택형	조건이 참이면 내부에 조립된 문장들을 실행합니다.
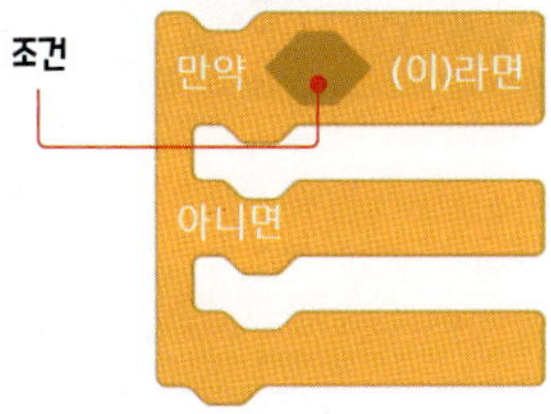	만약-아니면 선택형	조건이 참이면 내부 위에 조립된 문장들을 실행하고 조건이 거짓이면 내부 아래에 조립된 문장들을 실행합니다.

3 [실습] 나이에 따라 입장료 할인하기

선택적 실행을 지원하는 제어 블록들을 간단히 활용해 보겠습니다. 고양이의 지역 변수 [입장객의 나이]를 만들고 [그림 7-21]과 같이 스크립트를 작성합니다. 이 스크립트는 사용자에게 입장객의 나이를 입력받아 나이가 12세 이하거나 60세 이상이면 입장권 요금을 할인합니다.

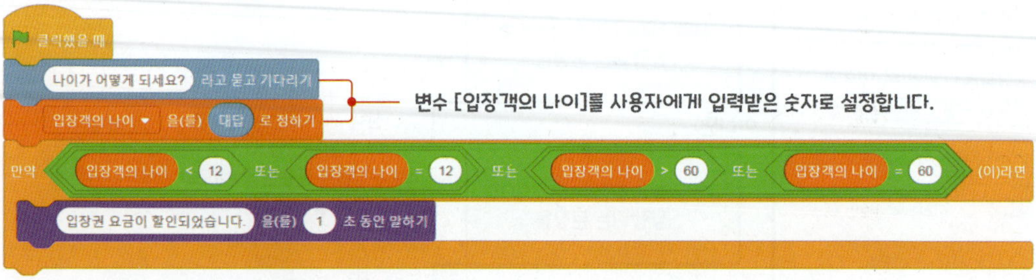

그림 7-21 입장객 나이에 따라 입장료 할인하기

4 [실습] 조건에 따라 놀이기구 이용 허용하기

[그림 7-22]는 놀이기구 이용이 가능한지 검사하기 위해서 사용자에게 나이와 키, 부모 동반 여부를 입력받아 나이가 10세 이상이고 키가 110cm 이상이거나, 부모가 동반할 때 놀이기구 탑승을 허용합니다. 고양이의 지역 변수 [입장객의 나이], [키], [부모 동반]을 만들고 [그림 7-22]와 같이 스크립트를 작성하여 실행합니다.

참고로 모두 [그림 7-3]에서 소개한 조건들을 이용하므로 이 조건이 이해되지 않으면 [그림 7-3]을 다시 살펴보기 바랍니다.

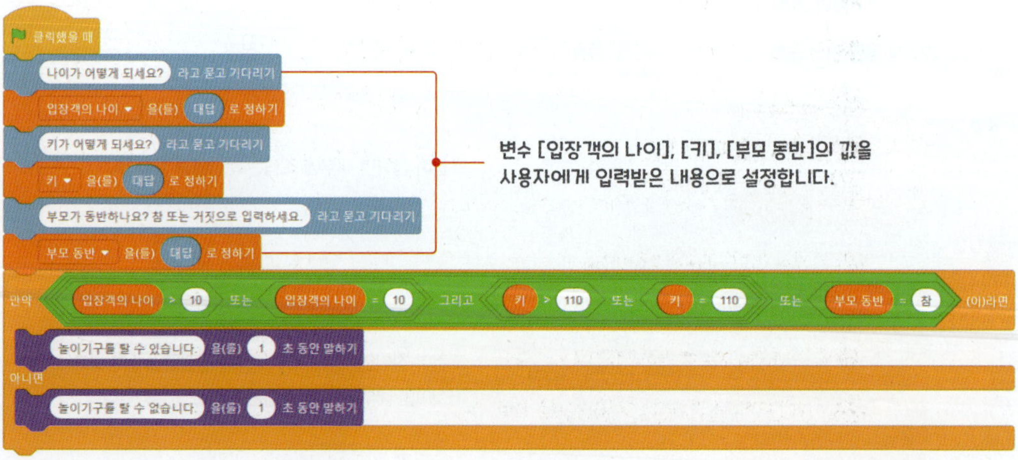

그림 7-22 입장객의 나이, 키, 부모 동반 여부에 따라 놀이기구 이용 허용하기

5 [실습] 짝수와 홀수 구별하기

이번에는 사용자에게서 수를 입력받아 그 수가 짝수인지 홀수인지 구별하는 고양이의 스크립트를 작성해 보겠습니다. 짝수는 2로 나누면 나머지가 0이고 홀수는 2로 나누면 나머지가 1이라는 특징을 이용합니다. 따라서 [코드] 탭-[연산] 메뉴에 있는 나머지를 구하는 자료/변수 블록을 이용해 [표 7-8]과 같이 짝수와 홀수를 구별하는 조건을 구현할 수 있습니다.

표 7-8 짝수와 홀수 구별 조건

조건	설명
어떤 수 나누기 2 의 나머지 = 0	변수 [어떤 수]가 짝수이면 참, 홀수이면 거짓을 갖는 조건입니다.

[표 7-8]의 조건을 이용해 짝수와 홀수를 구별하는 스크립트는 [그림 7-23]과 같습니다.

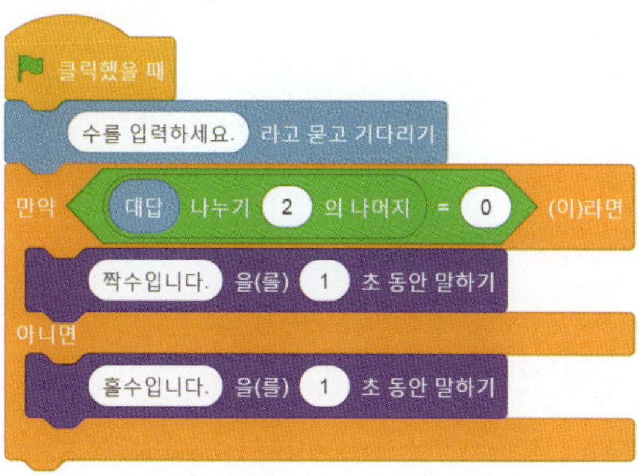

그림 7-23 짝수와 홀수 구별하기

6 [실습] 3과 5의 공배수 구별하기

나머지를 구하는 자료/변수 블록을 활용하면 배수 관계도 판단할 수 있습니다. 예를 들어, 어떤 수가 3의 배수인지 구별하는 조건은 [표 7-9]와 같이 구현할 수 있습니다.

표 7-9 3의 배수 구별 조건

조건	설명
어떤 수 나누기 3 의 나머지 = 0	변수 [어떤 수]가 3의 배수이면 참, 아니면 거짓을 갖는 조건입니다.

하나 더 알기 **나머지 연산을 이용한 그룹 나누기**

나머지를 구하는 기능은 정수 또는 자연수를 몇 개의 그룹으로 나눌 때도 유용합니다. 예를 들어, 모든 자연수를 3개의 그룹으로 나눌 때는 3으로 나누어 나머지가 0인 그룹, 1인 그룹, 2인 그룹으로 나눌 수 있습니다.

[표 7-9]의 조건을 이용해 3과 5의 공배수를 구별하는 스크립트는 [그림 7-24]와 같습니다.

그림 7-24 **3과 5의 공배수 구별하기**

Section 05 반복과 선택의 중첩 실행

1 [실습] 레크리에이션 손뼉치기

반복적 실행 내부에 다른 반복을 포함해 중첩된 반복적 실행을 구현할 수 있습니다. 예를 들어, 레크리에이션을 진행하는 사회자가 청중을 조용히 시킬 때 자주 사용하는 특별한 손뼉치기 방법이 있습니다. 사회자가 청중에게 '손뼉 3회'라고 외치면, 청중이 처음에는 '짝', 두 번째는 '짝짝', 세 번째는 '짝짝짝'처럼 손뼉을 치는 것입니다. 이런 행동은 손뼉치는 반복된 행동을 사회자가 말한 횟수만큼 반복하기 때문에 반복이 중첩된 행동입니다.

[그림 7-25]는 사용자에게 손뼉을 몇 회 쳐야 하는지 묻고, 그 횟수에 다다를 때까지 손뼉을 하나씩 더 증가하면서 치는 스크립트입니다. 고양이의 지역 변수 [손뼉 횟수], [손뼉 소리]를 만들고 [그림 7-25]와 같이 스크립트를 작성하여 실행합니다.

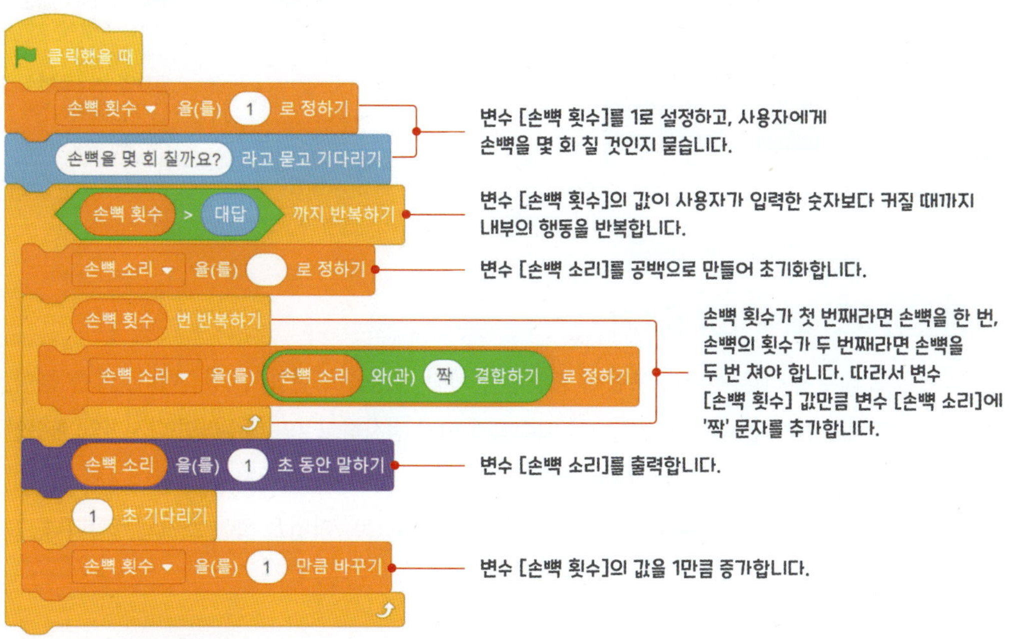

그림 7-25 레크리에이션 손뼉치기

2 [실습] 구구단 말하기

[그림 7-26]은 2단부터 9단까지 구구단을 말하는 스크립트입니다. [그림 7-26]의 스크립트는 2단을 '2×1=1'부터 '2×9=18'까지 말하고 이어서 같은 방식으로 3~9단까지 말합니다. 따라서 각 단에 대해서 1부터 9까지 곱하는 반복 작업을 2단부터 9단까지 반복하는 중첩된 반복 작업으로 수행합니다. 고양이의 지역 변수 [구구단 단계], [곱하는 수], [구구단 계산식], [구구단 계산 결과]를 만들고 [그림 7-26]과 같이 스크립트를 작성하여 실행합니다.

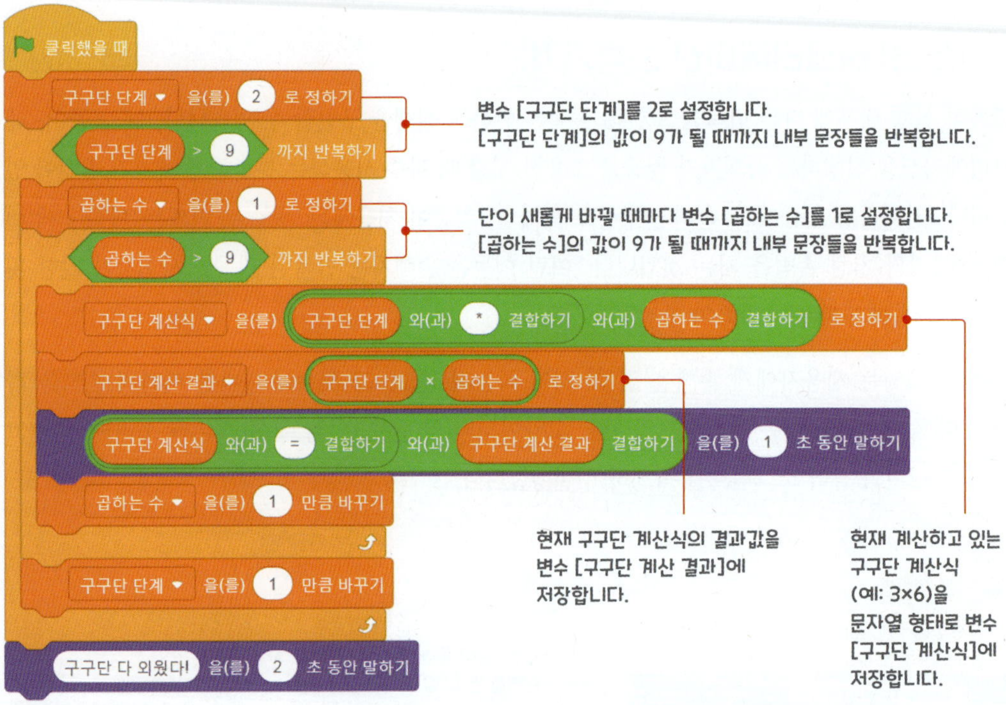

그림 7-26 **구구단 말하기**

3 [실습] 6의 배수 검사하기

선택적 실행도 내부에 다른 선택을 포함해 중첩된 선택적 실행을 구현할 수 있습니다. 예를 들어, 어떤 수가 6의 배수인지 검사할 때 우선 2의 배수인지 먼저 검사하고 2의 배수라면 다시 3의 배수인지 검사한다고 가정합시다. 이 경우 해당 수가 2의 배수인지 추려내는 선택적 실행 안에 3의 배수인지 추려내는 선택적 실행이 중첩됩니다. [그림 7-27]은 이와 같은 작업을 하는 스크립트입니다.

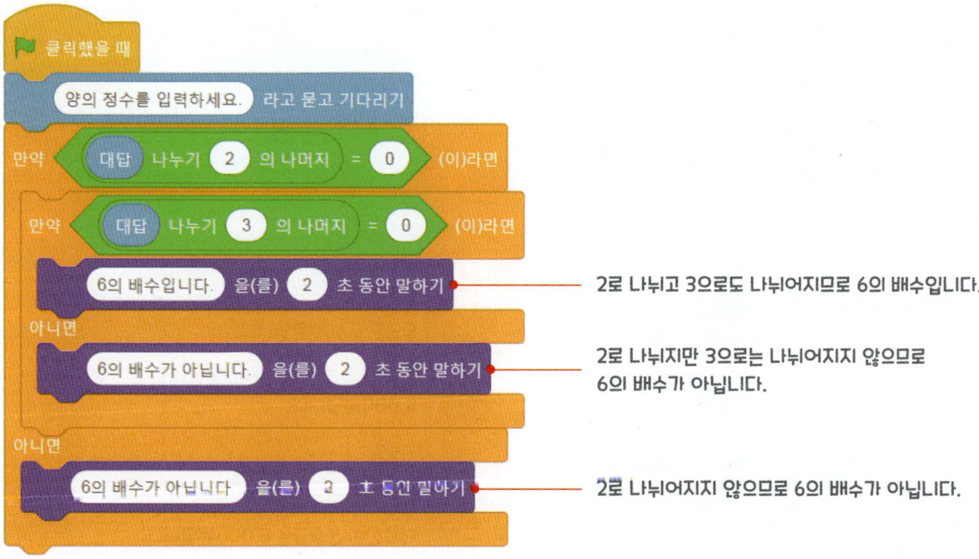

그림 7-27 **6의 배수 검사하기**

4 [실습] 놀이공원 입장료 계산하기

[표 7-10]은 기본 입장료가 10,000원인 놀이공원의 요금 체계입니다. [그림 7-28]은 이 요금 체계를 바탕으로 입장객의 요금을 계산하는 스크립트입니다. 고양이의 지역 변수 [입장객의 나이], [장애인 여부]를 만들고 [그림 7-28]과 같이 스크립트를 작성하여 실행합니다.

표 7-10 **놀이공원의 요금 체계**

입장객 구분		요금
일반인	어린이(12세 이하)	8,000원(20% 할인)
	어르신(60세 이상)	8,000원(20% 할인)
	일반	10,000원
장애인 (장애인 우대증 소지자)	어린이(12세 이하)	6,400원(20% 추가 할인)
	어르신(60세 이상)	6,400원(20% 추가 할인)
	일반	8,000원(20% 할인)

12세 이하는 13세 미만과 의미가 같습니다. 이런 관계를 이용하면 조건을 짧게 만들 수 있습니다. 또한 60세 이상도 59세 초과로 표현하면 조건이 간단해집니다. [그림 7-28]과 [그림 7-21]의 조건을 비교해 보세요.

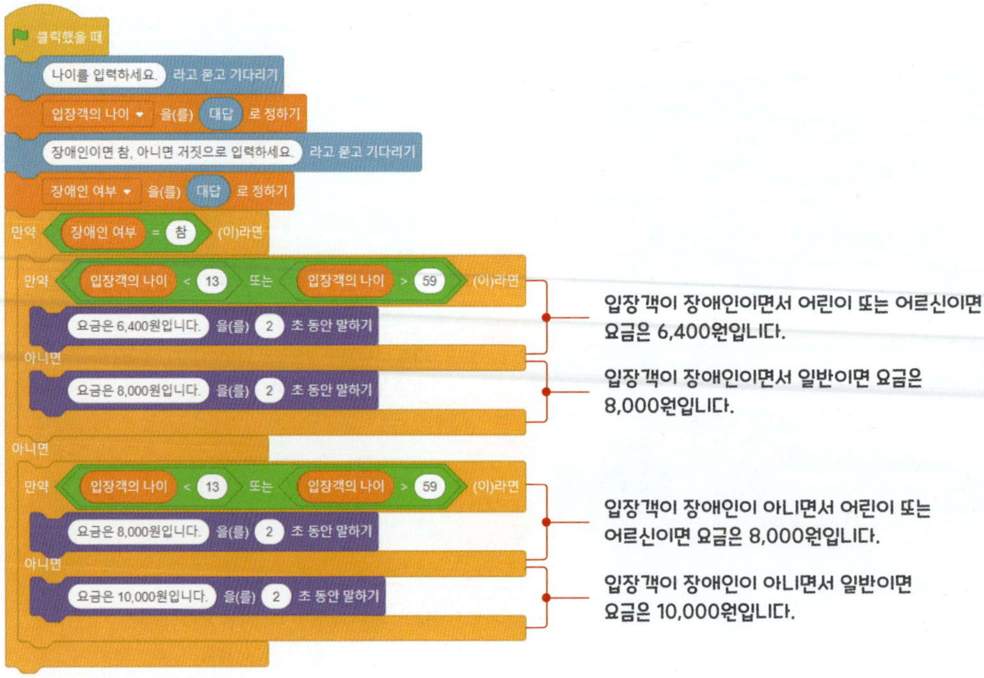

그림 7-28 **놀이공원의 입장료 계산하기**

5 [실습] q를 입력할 때까지 짝수와 홀수 구별하기

반복적 실행과 선택적 실행을 서로 중첩하여 다양한 문장 제어를 구현할 수 있습니다. [그림 7-29]는 사용자가 문자 q를 입력할 때까지 반복적으로 수를 입력받아 짝수인지 홀수인지 구별하는 스크립트입니다. 즉 사용자가 문자 q를 입력할 때까지 반복하는 문장 안에 사용자가 입력한 수가 짝수인지 홀수인지 구분하는 선택적 실행이 포함되어 있습니다.

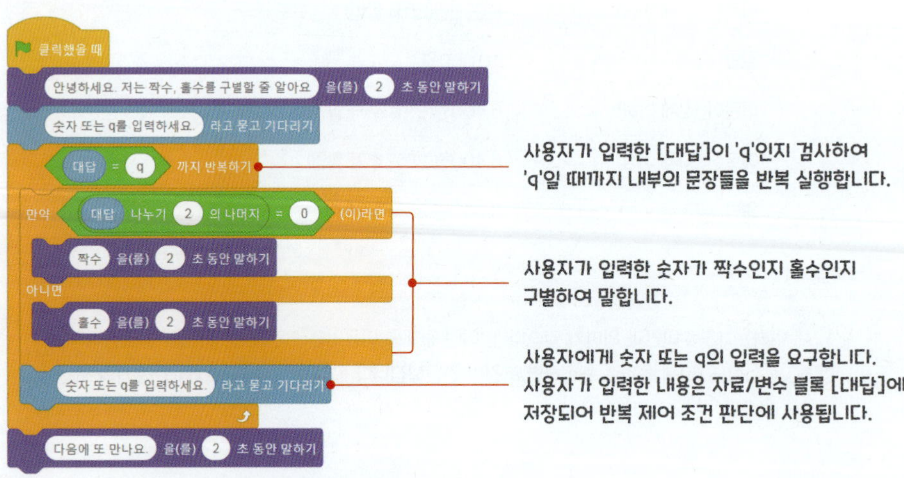

그림 7-29 **q를 입력할 때까지 짝수와 홀수 구별하기**

6 [실습] 유클리드 최대공약수 구하기

여러분은 2장에서 유클리드 최대공약수 구하기, 거스름돈 내어주기, 1부터 N 사이 숫자 맞추기 알고리즘을 공부했습니다. 이제 이 알고리즘들을 스크래치로 구현해 보겠습니다. 만일 프로그램을 이해하기 어렵다면 2장으로 돌아가 알고리즘들을 다시 한번 이해해 보길 바랍니다.

[그림 7-30]은 유클리드 최대공약수 구하기 알고리즘을 스크래치로 구현한 것입니다. 이 프로그램은 사용자가 최대공약수를 구할 두 개의 양의 정수를 입력하면 그 두 수의 최대공약수를 구합니다. 이 스크립트는 두 번째 입력한 수가 항상 첫 번째 입력한 수보다 크지 않다고 가정하고 있습니다. 고양이의 지역 변수 [a], [b], [c]를 만들고 [그림 7-30]과 같이 스크립트를 작성하여 실행합니다.

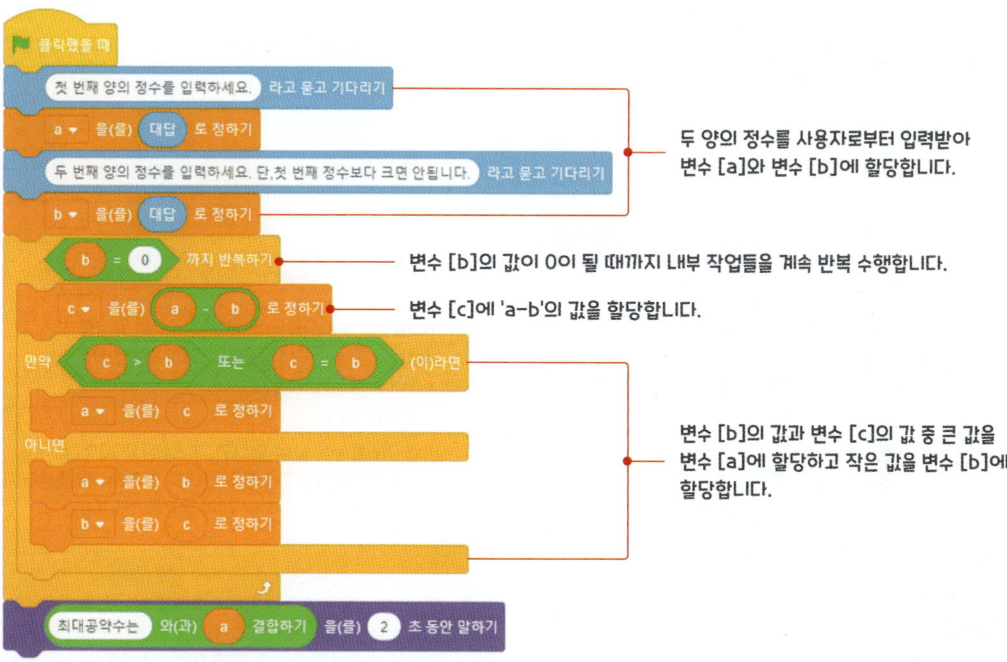

그림 7-30 **유클리드 최대공약수 구하기**

7 [실습] 거스름돈 내어주기

[그림 7-32]는 500원, 100원, 50원, 10원짜리 동전으로 동전의 개수가 최소가 되도록 거스름돈을 내어주는 방법을 탐욕 알고리즘으로 찾는 스크립트입니다. 탐욕 알고리즘이란 선택의 순간마다 당장 눈앞에 보이는 최적의 상황만을 쫓아 해답에 도달하는 알고리즘을 말합니다. 여러분은 [그림 7-32]에 구현된 알고리즘이 거슬러 줄 수 있는 동전을 500원, 100원, 50원, 10원으로 가정하기 때문에 항상 거스름돈의 금액을 10의 단위로 입력해야 함에 주의해야 합니다.

이 알고리즘은 거슬러 줄 동전의 개수를 나누기의 몫을 이용해 구합니다. 예를 들어, 거스름돈 금액이 2,780원인 경우, 거슬러 줄 500원짜리 동전 개수는 2,780을 500으로 나눈 몫인 5입니다. 이는 먼저 '500원짜리 동전 5개로 2,500원을 거슬러 준다'는 의미입니다. 그리고 남은 280원에 대해서 거슬러 줄 100원짜리 동전의 개수는 280을 100으로 나눈 몫인 2입니다. 이와 같은 방식으로 거스름돈에 사용될 50원짜리 동전과 10원짜리 동전 개수까지 구할 수 있습니다.

스크래치로 나누기의 몫을 구하는 방법은 [그림 7-31]과 같이 간단하게 구현할 수 있습니다.

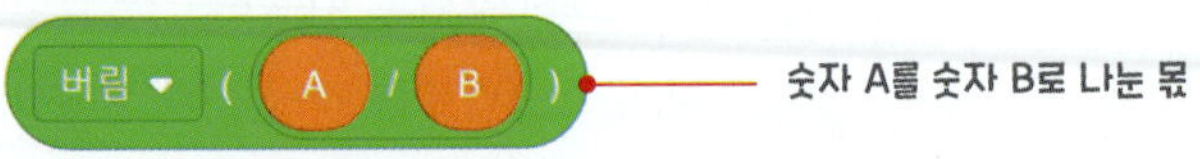

그림 7-31 숫자 A를 숫자 B로 나눈 몫을 구하는 계산식

그럼 이제 고양이의 지역 변수 [거스름돈], [500원 개수], [100원 개수], [50원 개수], [10원 개수]를 만들고 [그림 7-32]와 같이 스크립트를 작성하여 실행합니다.

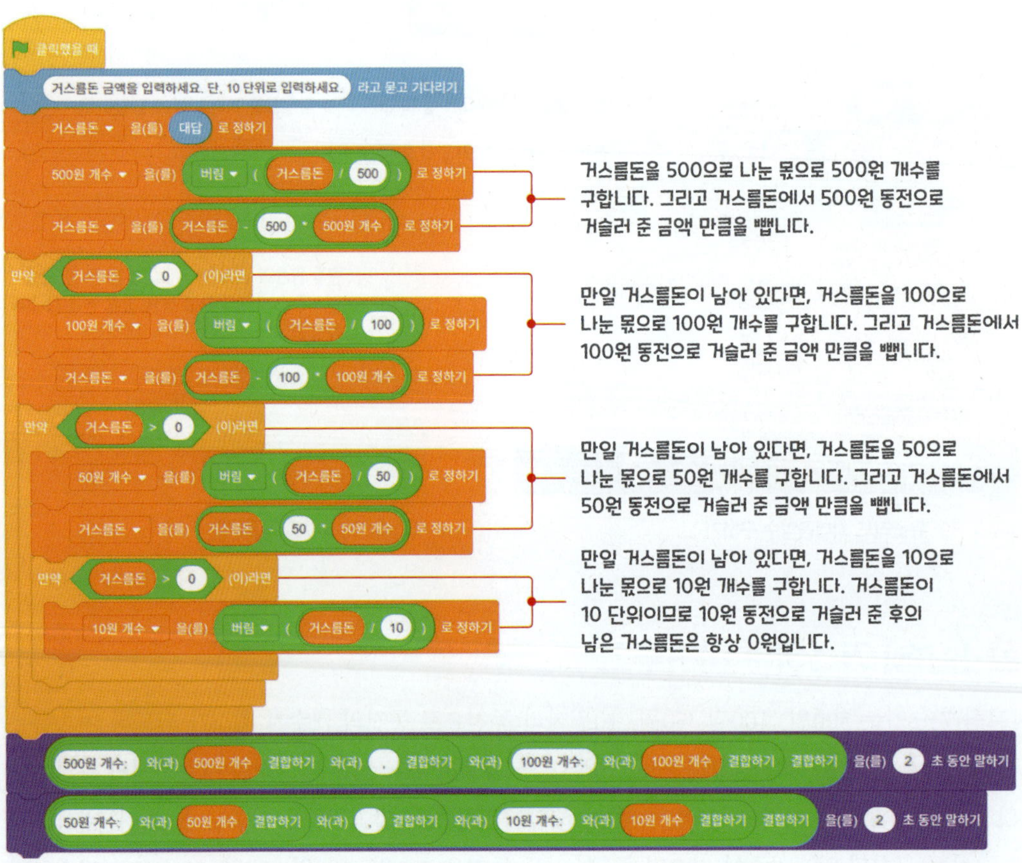

그림 7-32 거스름돈 내어주기

8 [실습] 1부터 N 사이 숫자 맞추기

[그림 7-33]은 1부터 N까지 자연수 중 하나의 숫자를 선택하고, 그 숫자를 이분 탐색 알고리즘으로 찾는 스크립트입니다. 이분 탐색이란 문제의 범위를 절반으로 나누어 답이 될 수 없는 부분을 버리고, 남은 문제 범위에서 같은 작업을 반복하는 것입니다. 고양이의 지역 변수 [N], [a], [b], [c], [정답 찾음]을 만들고 [그림 7-33]과 같이 스크립트를 작성하여 실행합니다.

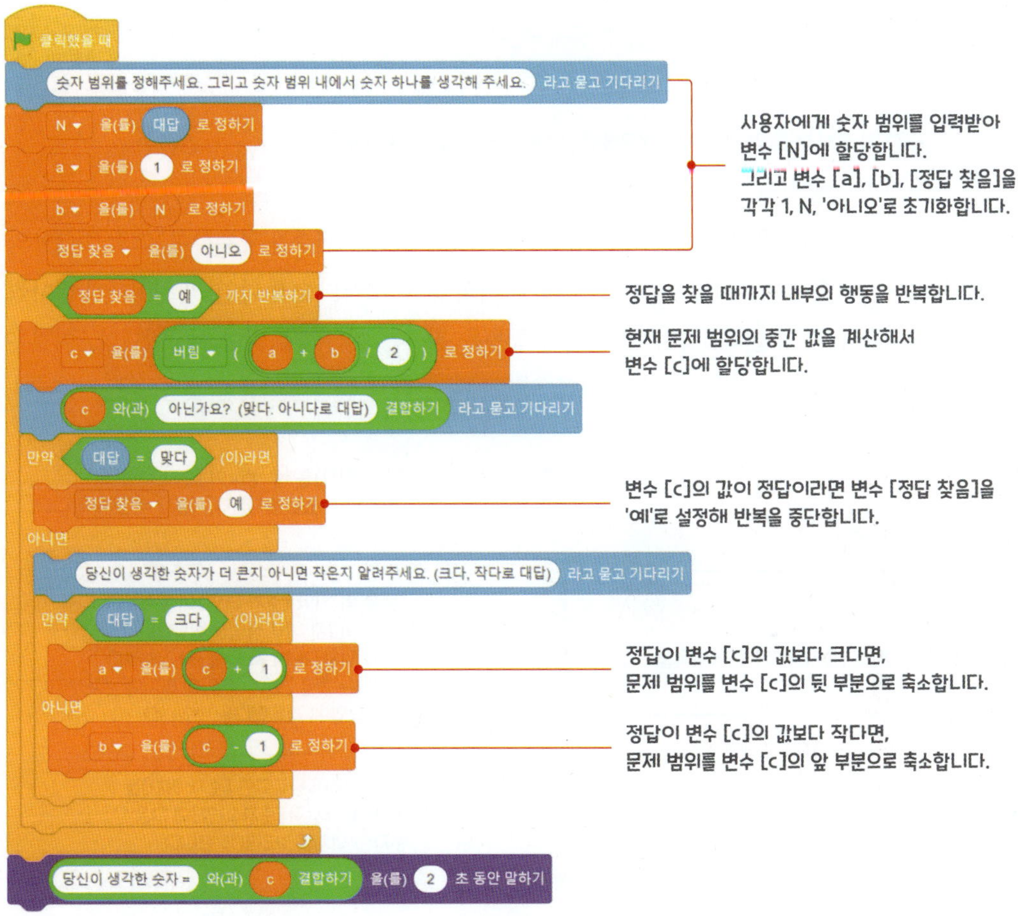

그림 7-33 1부터 N 사이 숫자 맞추기

9 [실습] 숫자 나열에서 최대 숫자 찾기

2장의 연습문제 10번은 양의 정수 나열에서 최대 숫자를 찾는 알고리즘을 소개하고 있습니다. [그림 7-36]은 이 알고리즘을 스크래치 스크립트로 구현한 것입니다.

이 스크립트는 먼저 여러분에게 숫자(양의 정수)들을 입력받아 [숫자 나열]이라는 리스트로 관리합니다. 여러분에게 숫자들을 입력받아 [숫자 나열]에 추가하는 방법은 [그림 7-34]와 같습니다.

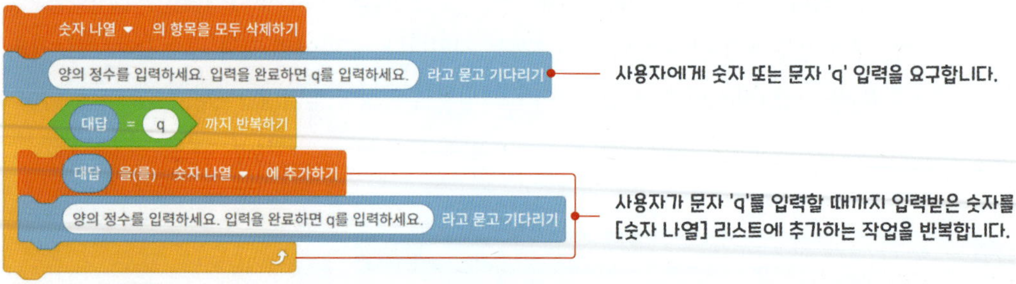

그림 7-34 **사용자가 문자 'q'를 입력할 때까지 입력받은 숫자를 [숫자 나열]에 추가하기**

[숫자 나열]에 있는 숫자를 하나씩 꺼내는 방법은 [숫자 위치]라는 변수를 활용하여 [그림 7-35]와 같이 구현할 수 있습니다. 여러분은 변수 [숫자 위치]의 값을 1부터 [숫자 나열]의 길이까지 하나씩 증가시키면서, [숫자 나열]의 [숫자 위치]번째 항목을 원하는 계산식에 넣어 사용합니다. 이것은 [숫자 나열]의 마지막 숫자 위치가 [숫자 나열]의 길이와 같다는 성질을 이용한 것입니다.

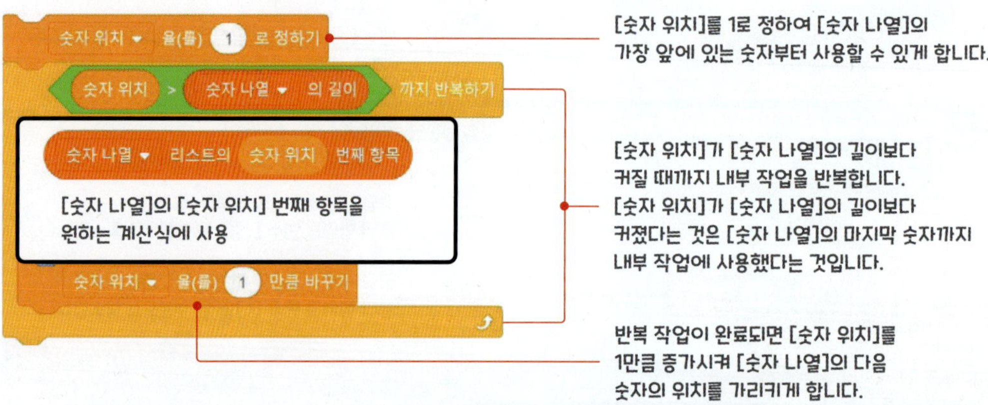

그림 7-35 **[숫자 나열]의 숫자를 하나씩 꺼내어 계산에 사용하기**

그럼 이제 앞에서 배운 내용을 바탕으로 고양이의 지역 변수 [숫자 위치], [최대 숫자]와 지역 리스트 [숫자 나열]을 만들고 [그림 7-36]과 같이 스크립트를 작성하여 실행합니다.

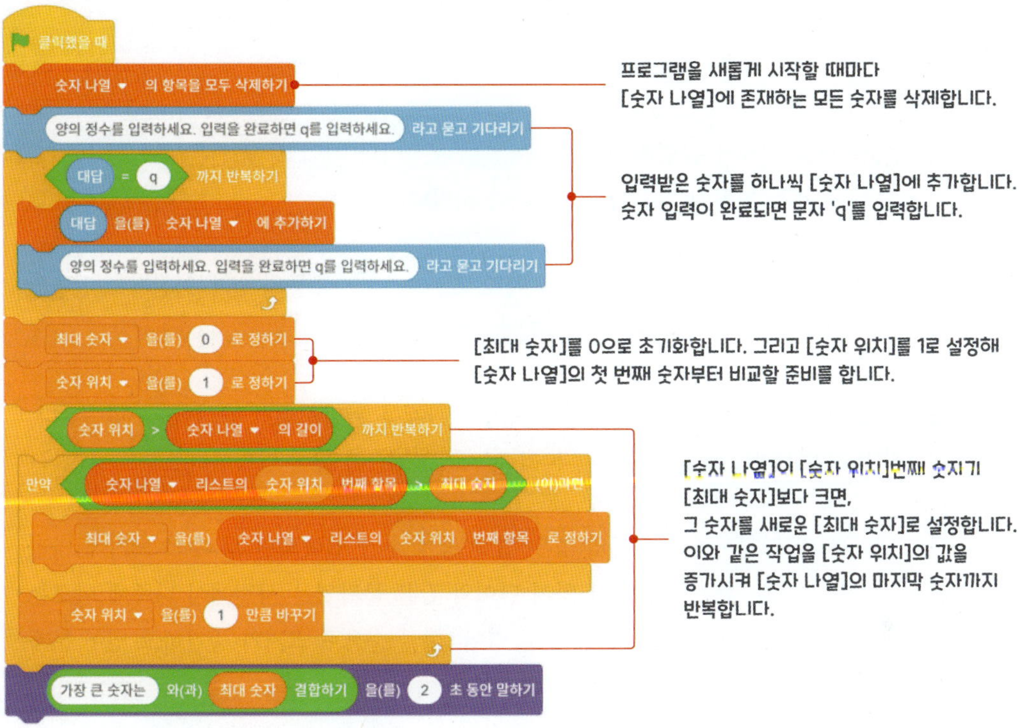

그림 7-36 **숫자 나열에서 최대 숫자 찾기 스크립트**

요약

01 명제는 참 또는 거짓을 분명히 판단할 수 있는 문장이나 식이고, 조건은 주어진 미지수 값에 따라 참 또는 거짓이 결정되는 문장이나 식입니다.

02 관계식은 두 수나 산술식을 대소 관계를 나타내는 >, =, < 등의 관계 연산자로 연결한 식으로, 식의 결과가 참 또는 거짓 값을 갖습니다.

03 명제나 조건을 논리 연산자로 연결하여 복잡한 관계를 논리식으로 표현할 수 있습니다. 대표적 논리 연산자로는 논리합(∨), 논리곱(∧), 부정(~) 등이 있습니다.

04 대소 관계를 비교하는 조건 블록의 경우 입력 창에 수가 입력되면 두 수의 크기에 따라 참과 거짓을 결정하지만, 한글이나 영어 단어와 같은 문자열은 사전에서 나중에 나오는 단어를 큰 값으로 해석합니다. 그리고 수, 영어, 한글 순으로 크기가 증가하고 영어 문자열의 경우 대문자와 소문자는 구별하지 않습니다

05 프로그램 문장은 완결된 의미를 갖는 작업의 최소 단위로, 컴퓨터는 프로그램 문장 단위로 프로그램을 실행합니다.

06 프로그램 문장을 쓰여진 순서대로 순차적으로 실행하는 방식을 순차적 실행이라고 합니다. 반복적 실행은 반복 대상의 문장들을 무한 반복, 정해진 횟수만큼 반복, 조건이 참 또는 거짓이 될 때까지 반복하는 것이고, 선택적 실행은 조건이 참일 때와 거짓일 때 실행되는 문장들을 구분합니다.

07 반복적 실행에서 무한 반복형은 문장들을 무한히 반복 실행하고, 횟수 반복형은 문장을 지정된 횟수만큼만 반복 실행합니다. While 반복형은 조건이 거짓이 될 때까지 반복하며, Until 반복형은 조건이 참이 될 때까지 반복합니다.

08 스크래치는 반복적 실행 방식을 지원하는 제어 블록들을 [코드] 탭의 [제어] 메뉴에 모아 놓았습니다. 스크래치는 무한 반복형, 횟수 반복형, Until 반복형을 지원합니다.

09 선택적 실행에서 만약 선택형은 조건이 참일 경우에만 실행될 문장을 구분하고, 만약-아니면 선택형은 조건이 참일 경우에 실행할 문장들뿐 아니라 거짓일 경우에 실행할 문장들도 함께 구분해 줍니다.

10 스크래치는 선택적 실행 방식을 지원하는 제어 블록들을 [코드] 탭의 [제어] 메뉴에 모아 놓았습니다. 스크래치는 만약 선택형과 만약-아니면 선택형을 모두 지원합니다.

11 자연수의 짝수, 홀수 구분은 [코드] 탭의 [연산] 메뉴에 있는 나누기의 나머지를 구해 주는 블록으로 해결할 수 있습니다. 즉, 어떤 자연수를 2로 나눈 나머지가 0인지 검사하는 논리식을 만들고 그 논리식이 참이면 짝수로, 거짓이면 홀수로 구분하면 됩니다.

연습문제

01 다음 중 명제에 해당하지 않는 것은 무엇일까요?

① 1과 1을 더하면 3이 됩니다.

② 모든 새는 하늘을 날 수 있습니다.

③ 태양이 지구 주위를 돕니다.

④ 사람은 빨간 꽃을 좋아합니다.

02 'x는 짝수다.'라는 문장에 대한 설명으로 옳은 것을 모두 고르세요.

① 미지수 x에 따라서 참과 거짓이 결정되는 조건입니다.

② x의 값이 4이면 참입니다.

③ x의 값에 상관없이 거짓입니다.

④ 항상 참인 명제입니다.

03 대소 관계를 나타내는 관계 연산자로 두 수나 산술식을 연결한 식을 무엇이라 하나요?

① 명제 ② 조건

③ 관계식 ④ 논리식

04 참과 거짓을 구분하는 명제 또는 조건을 논리 연산자로 연결한 식을 무엇이라고 하나요?

① 명제 ② 조건

③ 관계식 ④ 논리식

05 P와 Q를 각각 참과 거짓인 명제라고 할 때 참인 논리식들로만 묶은 것을 고르세요.

① $P \lor Q$, $P \land \sim Q$, $P \land (\sim P \lor \sim Q)$

② $\sim Q$, $P \land Q$, $\sim P \lor (P \lor \sim Q)$

③ $\sim Q$, $\sim P \lor Q$, $\sim P \lor (P \land \sim Q)$

④ $P \lor Q$, $P \land \sim Q$, $P \land (\sim P \land Q)$

06 다음 스크래치의 관계식들 중 참인 것으로만 묶은 것을 고르세요.

ⓐ A = a	ⓑ 999 < 학교	ⓒ 학교 < School
ⓓ School < 학교	ⓔ 999 < School	ⓕ Apple < School

① ⓑ–ⓒ–ⓓ–ⓕ

② ⓐ–ⓑ–ⓓ–ⓔ–ⓕ

③ ⓑ–ⓒ–ⓓ–ⓔ–ⓕ

④ ⓑ–ⓒ–ⓓ–ⓔ

07 다음과 같은 조건을 올바르게 구현한 조건은 무엇일까요?

> 나이가 13세 이하인 여자이거나 나이가 6세 이하이면 참, 아니면 거짓인 조건

① (나이≤13)∨(성별=여자)∨(나이≤6)

② ((나이≤13)∧(성별=여자))∧(나이≤6)

③ ((나이≤13)∨(성별=여자))∧(나이≤6)

④ ((나이≤13)∧(성별=여자))∨(나이≤6)

08 다음은 엘리베이터의 문이 열리는 조건을 기술한 것입니다. 이 조건을 올바르게 구현한 것은 무엇일까요?

> 엘리베이터가 정지한 상태에서 엘리베이터 내부에서 문 열림 버튼을 누를 때

① (문 열림 버튼=눌림)

② (동작 상태=정지)

③ (문 열림 버튼=눌림)∧(동작 상태=정지)

④ (문 열림 버튼=눌림)∨(동작 상태=정지)

09 다음과 같은 스크래치 논리식에 대한 설명으로 올바른 것은 무엇인가요?

① 2과 3의 공배수를 구하는 조건입니다.

② 2의 배수이지만 3의 배수가 아닌 수를 구하는 조건입니다.

③ [양의 정수]의 값이 7일 때 참값을 갖습니다.

④ [양의 정수]의 값이 6일 때 참값을 갖습니다.

10 다음과 같은 놀이공원 요금 체계에서 요금 할인이 적용되는 입장객을 구분하는 조건으로 옳은 것은 무엇일까요?

놀이공원 입장객 구분		요금
일반인	어린이(12세 이하)	8,000원(20% 할인)
	어르신(60세 이상)	8,000원(20% 할인)
	일반	10,000원
장애인 (장애인 우대증 소지자)	어린이(12세 이하)	6,400원(20% 추가 할인)
	어르신(60세 이상)	6,400원(20% 추가 할인)
	일반	8,000원(20% 할인)
국가 유공자 가족	나이, 장애인 여부와 상관없이 40% 할인 적용	6,000원(40% 할인)

① ((나이≤12)∧(나이≥60))∨(장애인 여부=참)∨(국가 유공자 가족 여부=참)

② ((나이≤12)∨(나이≥60))∨(장애인 여부=참)∨(국가 유공자 가족 여부=참)

③ (((나이≤12)∧(나이≥60))∧(장애인 여부=참))∨(국가 유공자 가족 여부=참)

④ (((나이≤12)∨(나이≥60))∧(장애인 여부=참))∨(국가 유공자 가족 여부=참)

11 다음과 같은 프로그램을 실행할 때 변수 [합계1]과 [합계2]의 값은 무엇일까요?

① [합계1]=18, [합계2]=37

② [합계1]=18, [합계2]=27

③ [합계1]=9, [합계2]=37

④ [합계1]=9, [합계2]=27

12 고양이가 다음과 같은 행동을 수행할 때 '하하'와 '호호'를 몇 번씩 말하게 될까요?

① 하하 25번, 호호 30번

② 하하 16번, 호호 20번

③ 하하 30번, 호호 25번

④ 하하 20번, 호호 16번

13 고양이가 사용자에게서 입력받은 수를 짝수와 홀수로 구분한 후 짝수끼리의 합과 홀수끼리의 합을 구하는 프로그램을 작성하세요. 사용자가 숫자 대신에 문자 q를 입력하면 고양이는 그때까지 계산한 짝수끼리의 합과 홀수끼리의 합을 말하고 종료됩니다. 이 프로그램을 실행하여 사용자가 2, 1, 12, 5, q 순으로 입력했을 때의 과정은 다음과 같습니다.

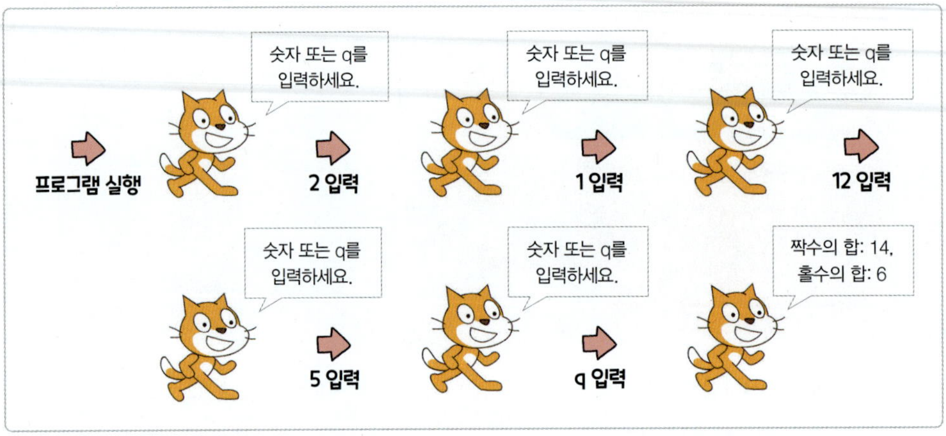

1. 고양이는 사용자에게 숫자 또는 문자 q를 입력하도록 요구합니다.
2. 사용자가 숫자를 입력하면 그 수가 짝수인지 홀수인지 구별하여, 짝수면 짝수끼리의 합에 더하고, 홀수면 홀수끼리의 합에 더합니다.
3. 사용자가 문자 q를 입력할 때까지 위의 **1**번과 **2**번 작업을 반복합니다.
4. 사용자가 문자 q를 입력하면 현재까지 구한 짝수끼리의 합과 홀수끼리의 합의 결과를 알려주고 프로그램을 종료합니다.

14 다음과 같은 놀이공원의 요금 체계에 따라 고양이가 요금을 계산하는 프로그램을 작성하세요.

놀이공원 입장객 구분		요금
일반인	어린이(12세 이하)	8,000원(20% 할인)
	어르신(60세 이상)	8,000원(20% 할인)
	일반	10,000원
장애인	나이와 상관없이 20% 할인 적용	8,000원(20% 할인)

15 고양이가 반복적으로 사용자에게서 연도를 입력받아 그 연도가 윤년인지 아닌지 구별하는 프로그램을 작성하세요. 사용자가 연도 대신에 문자 q를 입력하면 프로그램이 종료됩니다. 사용자가 2016, 2100, 2400, q 순으로 입력할 때 프로그램 실행 모습과 윤년을 계산하는 방식은 다음과 같습니다.

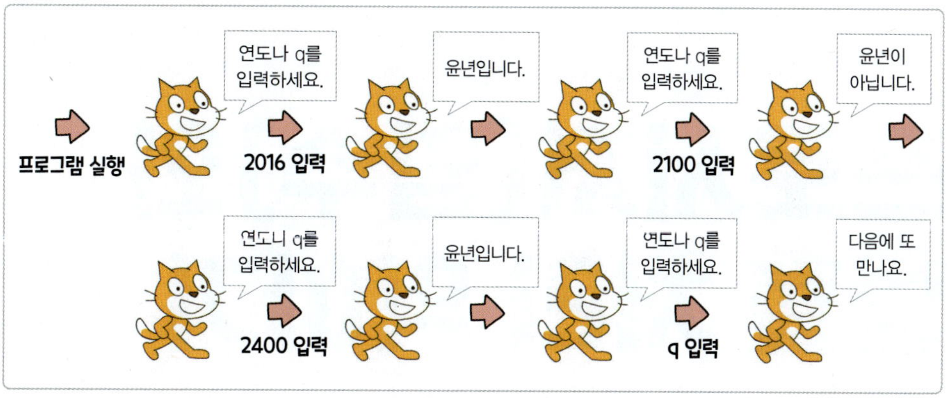

윤년은 2월이 29일까지 있는 해입니다. 어떤 해가 4로 나뉘고 100으로는 나뉘지 않거나, 400으로 나뉘면 윤년입니다. 예를 들어, 2016년은 4로 나뉘고 100으로는 나뉘지 않으므로 윤년입니다. 2100년은 4로 나뉘지만 100으로도 나뉘므로 윤년이 아닙니다. 2400년은 4로 나뉘고 100으로도 나뉘지만 400으로도 나뉘므로 윤년입니다.

CHAPTER 08

프로시저(함수)와 병렬 처리 익히기

학습목표

- 프로시저의 개념을 이해하고 프로시저 호출에 의한 실행 방식을 공부합니다.
- 프로시저 인자와 매개변수의 개념을 이해하고 다양한 인자 전달 방식을 공부합니다.
- 스크래치 프로시저의 특징을 이해하고 절차 블록 활용을 연습합니다.
- 병렬 처리를 위한 멀티 태스킹과 멀티 스레딩의 개념을 이해합니다.
- 스크래치가 지원하는 병렬 처리 방식을 이해하고 이벤트 블록 활용을 연습합니다.

Preview

프로시저는 프로그램의 일부 기능을 담당하는 연속적인 문장들의 묶음입니다. 프로시저 방식의 프로그래밍은 중복 코딩의 감소, 수정의 용이함, 코드의 재사용성 향상, 기능의 분해 등과 같이 프로그래밍 작업에 있어서 중요한 장점들을 제공합니다. 또한 병렬 처리는 여러 프로그램을 동시에 실행하거나 한 프로그램의 여러 기능을 동시에 수행하는 개념입니다. 스크래치는 발생하는 이벤트에 대응하여 수행되어야 할 모든 행동을 동시에 병렬 처리합니다.

이 장은 프로시저의 개념과 더불어 프로시저의 매개변수와 반환값에 대해 살펴보고, 프로시저의 호출과 실행 방식을 알아봅니다. 그리고 프로시저를 활용한 예제를 실습합니다. 또한 병렬 처리 개념을 살펴보고 스크래치의 병렬 처리 방식을 알아봅니다. 그리고 병렬 처리 기능을 활용한 예제를 실습합니다.

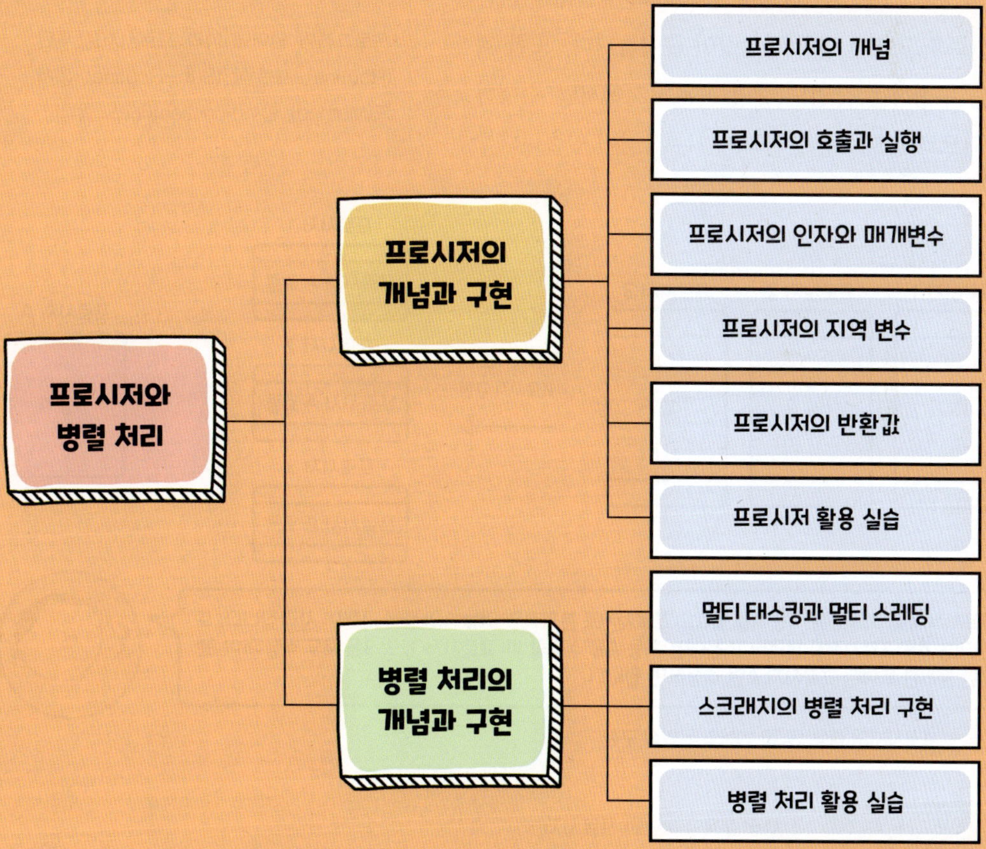

Section 01 프로시저의 개념과 구현

1 프로시저의 개념

프로시저(Procedure)란 프로그램의 일부 기능을 담당하는 연속적인 문장들의 묶음입니다. 프로시저를 활용하면 공통으로 사용하는 기능을 따로 독립시켜 필요할 때마다 사용할 수 있습니다. 이런 특징은 프로그램 기능을 중복으로 구현해야 하는 번거로움을 줄여 결국 작업량이 줄어듭니다. 또한 기능을 수정하는 작업도 해당 프로시저에서만 수행하면 되므로 유지보수가 편리하다는 장점이 있습니다.

프로그래밍 언어에 따라 프로시저를 루틴(Routine), 서브루틴(Sub-Routine), 메서드(Method), 함수(Function)라고도 합니다.

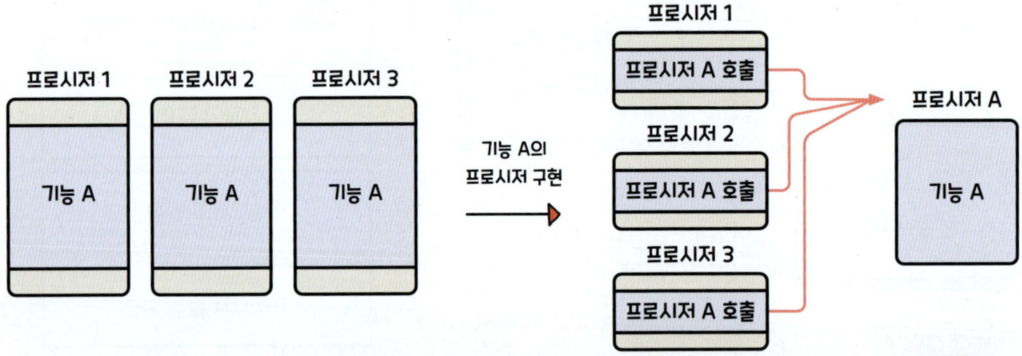

프로시저 1, 2, 3의 공통 기능 A를 별도의 프로시저로 분리하면 기능 A의 중복 구현이 사라집니다. 또한 기능 A를 프로시저로 분리하기 전에는 기능 A를 수정할 때 프로시저 1, 2, 3을 모두 수정해야 했지만 분리한 후에는 프로시저 A만 수정하면 됩니다.

그림 8-1 프로시저의 활용 : 공통 기능의 독립적 구현

하나 더 알기 절차적 프로그래밍과 프로시저

프로시저는 절차적 프로그래밍(Procedural Programming)의 핵심 개념입니다. 절차적 프로그래밍은 프로그램을 프로시저들 간 호출 관계로 보는 관점으로, 프로그램의 기능을 여러 개의 프로시저로 나누어 구현하고 이를 호출하여 사용해 프로그램의 전체 기능을 구현합니다.

[그림 8-1]을 보면 프로시저 A가 프로시저 1, 프로시저 2, 프로시저 3에서 재사용되는 것을 알 수 있습니다. 이는 자주 사용되는 기능을 프로시저로 구현하고 이를 재사용함으로써 프로그래밍 작업을 더욱 수월하게 할 수 있다는 것을 의미합니다. 이런 재사용성은 프로시저의 강력한 장점입니다.

프로시저는 복잡한 기능을 단순한 기능 단위로 분해하는 작업도 도와줍니다. 분해된 기능들은 프로시저 형태로 여러 프로그래머가 병렬적으로 구현할 수 있습니다.

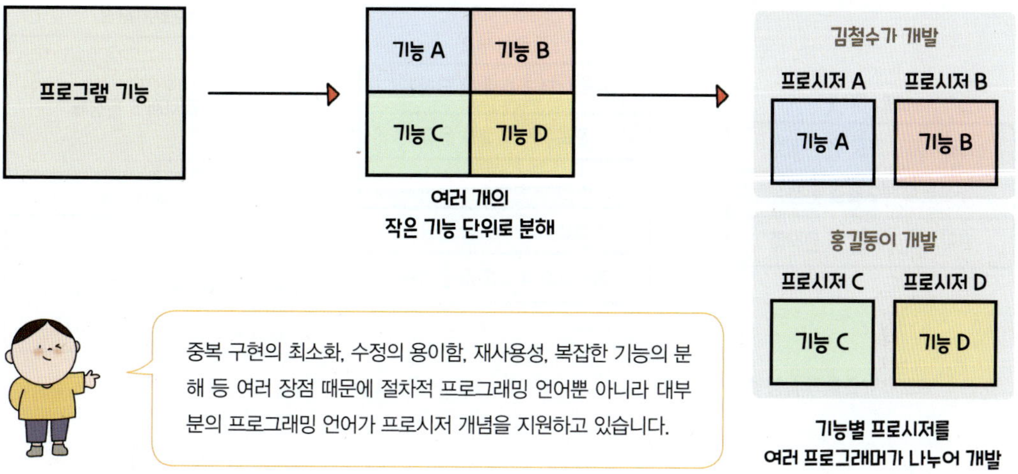

그림 8-2 **프로시저의 활용 : 프로그램 기능의 분해와 병렬적 구현**

2 프로시저의 호출과 실행

프로시저는 자신을 대표하는 이름을 가지며 이 이름이 호출되면 포함하고 있는 문장들을 실행합니다. 프로시저도 변수처럼 생성된 장소를 기반으로 자신이 호출될 수 있는 유효범위를 갖습니다. 즉, 한 프로시저가 어떤 프로시저를 호출하려면 호출할 프로시저의 유효범위 내에 존재해야 합니다.

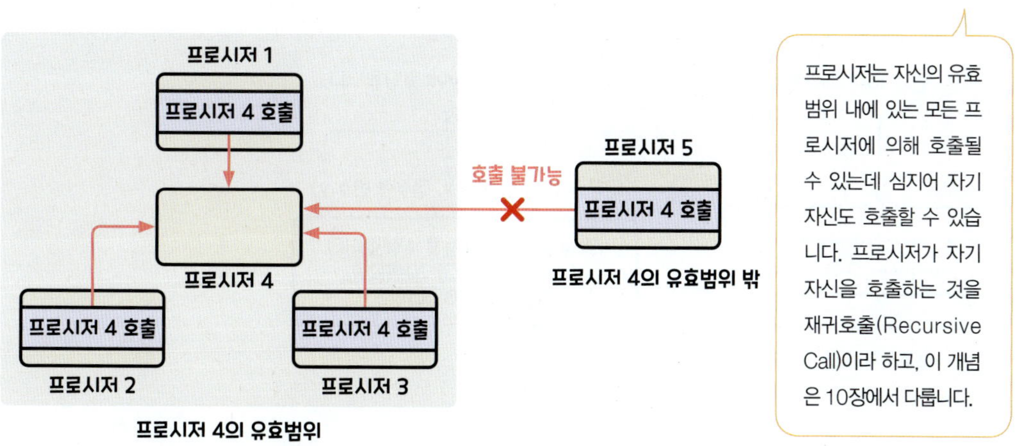

그림 8-3 **프로시저 호출에 대한 유효범위의 개념**

프로시저는 [그림 8-4]와 같이 호출한 프로시저의 실행이 완료될 때까지 기다리다가 호출한 프로시저의 실행이 완료되면 호출 이후의 문장을 실행합니다. [그림 8-4]의 화살표를 따라 '프로시저 2 호출 전 문장들 → 프로시저 2 호출 문장 → 프로시저 3 호출 전 문장들 → 프로시저 3 호출 문장 → 프로시저 3 문장들 → 프로시저 3 호출 후 문장들 → 프로시저 4 호출 문장 → 프로시저 4 문장들 → 프로시저 4 호출 후 문장들 → 프로시저 2 호출 후 문장들' 순으로 실행됩니다.

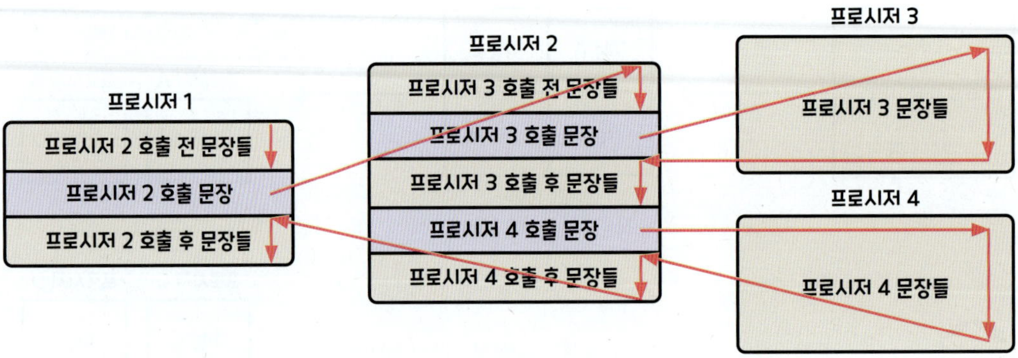

그림 8-4 프로시저 호출의 실행 순서

3 프로시저의 인자와 매개변수

프로시저를 호출할 때는 프로시저 실행에 필요한 자료를 함께 전달할 수 있습니다. 프로시저 호출 시 전달되는 자료를 **인자(Argument)**라고 하는데 [그림 8-5]의 '더하기 (10, 20)'과 같이 호출하는 프로시저 이름 옆에 괄호를 붙이고 그 안에 표기합니다. 프로시저는 인자로 전달되는 자료를 **매개변수(Parameter)**로 받는데 [그림 8-5]의 '더하기 (정수형 변수 x, 정수형 변수 y)'와 같이 프로시저 이름 옆에 변수형과 변수 이름을 나열한 괄호로 나타냅니다. 프로시저가 호출될 때 매개변수에 인자 값을 할당하고 자신의 내부에서 매개변수를 자유롭게 활용합니다.

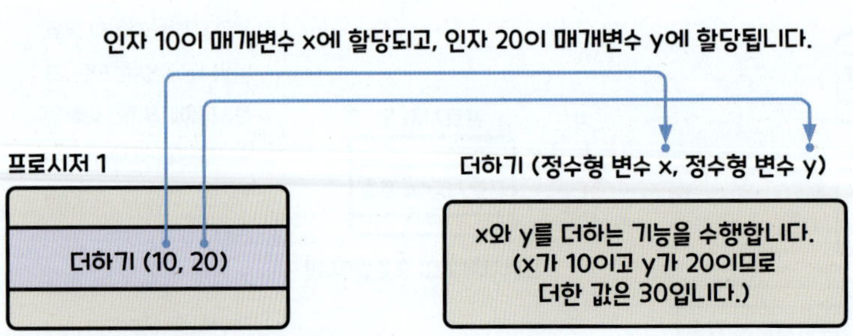

그림 8-5 프로시저 호출 시 인자 전달

하나 더 알기 ✓ 인자를 매개변수로 전달할 때의 유의점

인자를 전달할 때는 프로시저 매개변수의 개수와 변수형에 맞게 순서대로 인자들을 전달해야 합니다. 예를 들어, 프로시저의 매개변수가 정수형 변수와 문자형 변수 순이라면 이 프로시저를 호출할 때 정수형 인자와 문자형 인자를 순서대로 적어 전달해야 합니다.

매개변수에 인자를 전달하는 방식에는 크게 값 호출(Call by Value)과 참조 호출(Call by Reference)이 있습니다.

값 호출 방식

값 호출은 인자 값을 매개변수에 복사해서 호출하는 방식으로, 프로시저 내에서 매개변수가 변경되어도 원래 대응하는 인자 값이 변경되지 않습니다.

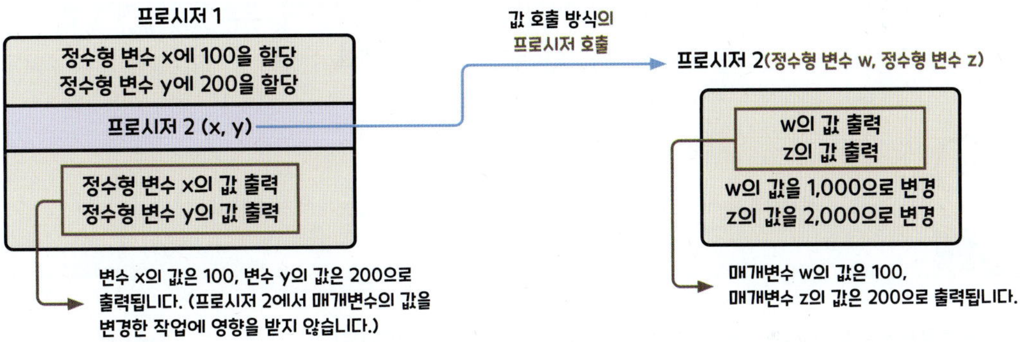

그림 8-6 값 호출 방식

참조 호출 방식

참조 호출은 인자가 저장되어 있는 메모리 주소를 매개변수가 참조하도록 호출하는 방식으로, 프로시저 내에서 매개변수가 변경되면 대응하는 인자 값도 변경됩니다.

[그림 8-7]에 나오는 프로시저 2의 매개변수 w와 z의 변수형은 엄밀히 말해서 정수형 자료가 저장되어 있는 메모리 주소의 참조가 정확한 표현이나 메모리 주소의 참조에 대한 개념은 이 책의 범위를 넘어서기 때문에 생략합니다.

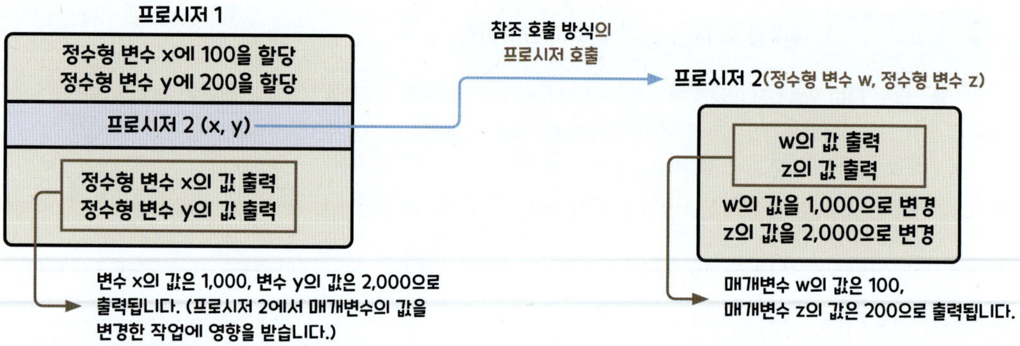

그림 8-7 **참조 호출 방식**

4 프로시저의 지역 변수

대부분의 프로그래밍 언어는 프로시저 내부에서 새로운 변수를 생성할 수 있는데 이런 변수는 그 프로시저의 지역 변수로 생성되어 다른 프로시저는 사용할 수 없습니다. 프로시저의 지역 변수 사용은 그 프로시저와 다른 프로시저들 간의 의존성을 낮추어 이해와 수정이 용이합니다.

TIP

프로시저의 매개변수도 그 프로시저 내부에서만 사용할 수 있는 지역 변수입니다.

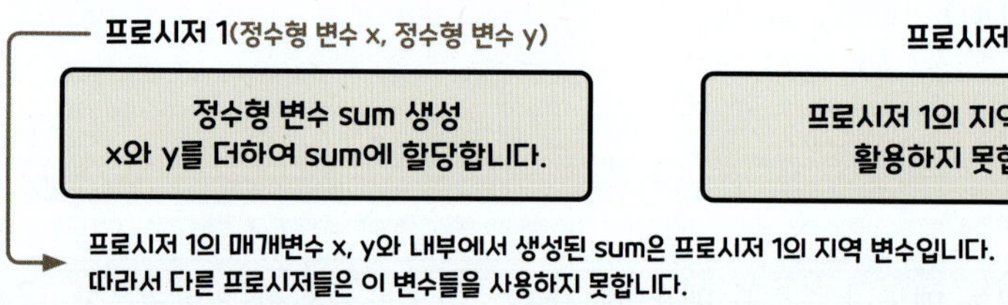

그림 8-8 **프로시저의 지역 변수**

5 프로시저의 반환값

프로그래밍 언어에 따라 프로시저는 종료 순간에 특정 값을 반환하기도 합니다. 이런 경우 일반적으로 반환값의 자료형을 프로시저 이름 앞에 붙여줍니다. 프로시저의 반환값은 보통 그 프로시저를 호출한 프로시저에서 변수로 받아 사용하는데, 이때 그 변수는 반환값과 자료형이 같아야 합니다.

반환값을 갖는 프로시저를 특별히 함수라고 지칭하기도 합니다.

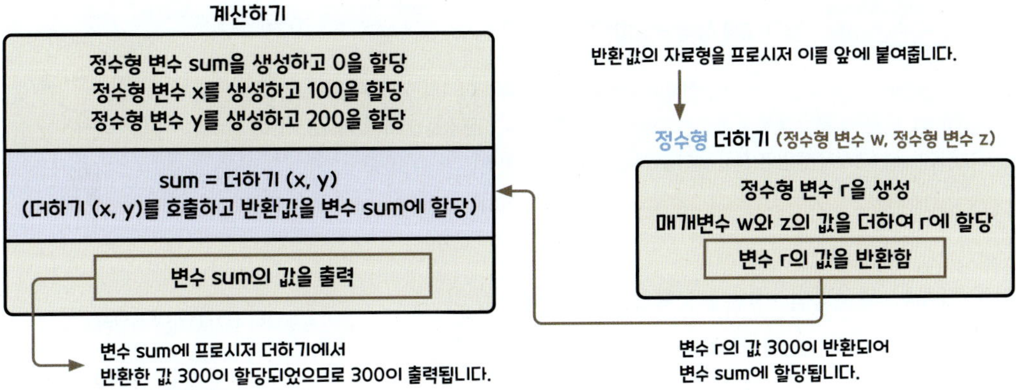

그림 8-9 프로시저의 반환값

6 [실습] [움직이기] 프로시저 구현하기

스크래치는 프로시저의 반환값 기능이 없어 프로시저의 이름과 매개변수만 담는 절차 블록으로 프로시저를 구현합니다. 절차 블록은 [코드] 탭-[내 블록] 메뉴를 이용해 생성할 수 있습니다. [그림 8-10]은 [움직이기] 프로시저를 구현하기 위해 절차 블록을 생성하는 화면으로, [x좌표]와 [y좌표]를 매개변수로 갖습니다.

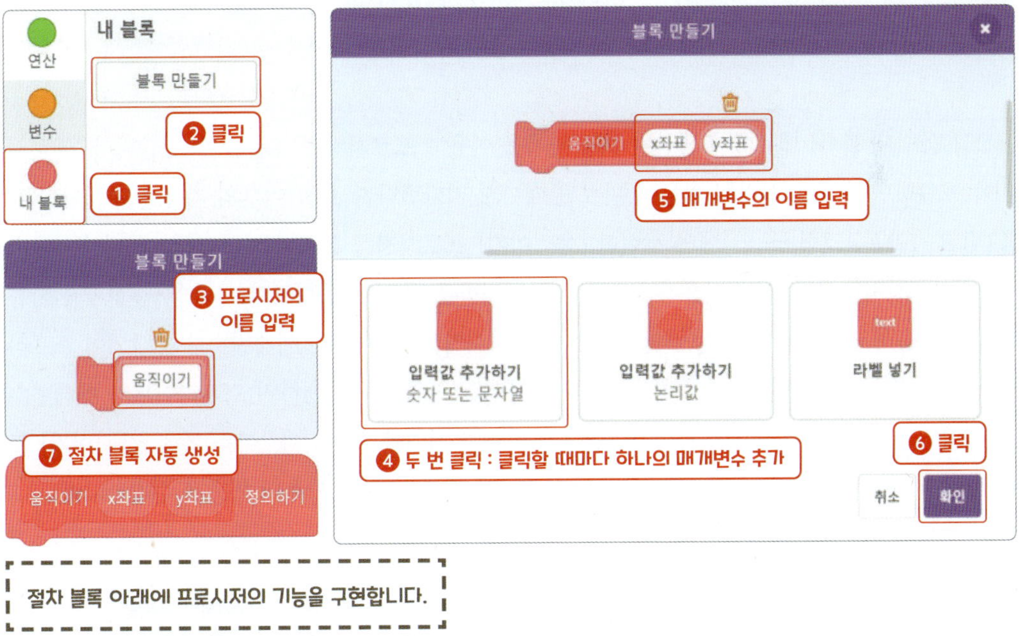

그림 8-10 절차 블록 생성하기

하나 더 알기 √ 절차 블록 생성의 의미

[내 블록] 메뉴를 통해 만드는 것은 정확히 말하면 절차 블록이 아니라 절차 블록을 호출할 문장 블록입니다. 단지 이 문장 블록이 프로시저의 이름과 매개변수 이름들을 담고 있기 때문에 이 정보를 이용하여 스크래치가 관련된 절차 블록을 자동으로 생성합니다.

절차 블록이 생성되면 아래에 블록들을 조립하여 원하는 기능을 구현합니다. 프로시저의 기능을 구현할 때 절차 블록에 있는 매개변수를 드래그하여 자료/변수 블록처럼 사용할 수 있습니다.

> 스크래치의 프로시저는 매개변수 외에 자신만의 지역 변수를 별도로 생성하는 기능을 제공하지 않습니다.

[그림 8-11]은 [그림 8-10]에서 생성한 절차 블록 아래에 스프라이트가 매개변수 [x좌표]와 [y좌표]의 위치로 이동하게 하는 스크립트를 작성한 것입니다. 매개변수의 사용은 절차 블록의 매개변수를 클릭하여 드래그하면 됩니다.

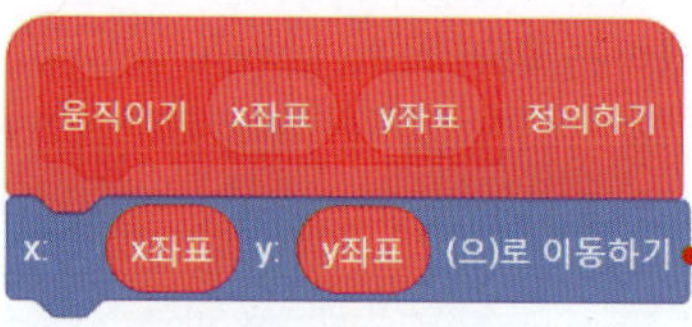

절차 블록에 있는 매개변수 [x좌표]와 [y좌표]를 이용하여 그 좌표로 이동하는 행동을 구현합니다.

그림 8-11 프로시저 기능 구현하기

[코드] 탭-[내 블록] 메뉴에서 생성한 문장 블록을 이용해 프로시저를 호출할 수 있습니다. 프로시저를 호출하면 그 프로시저의 기능이 완료될 때까지 기다렸다가 호출 이후의 기능을 수행합니다. [그림 8-12]는 [그림 8-11]에서 구현한 [움직이기] 프로시저를 활용하는 스크립트입니다. [움직이기] 프로시저를 호출할 때 사용자에게서 값을 입력받은 변수 [이동할 x좌표]와 [이동할 y좌표]를 인자로 사용하고 있습니다. 이 인자들의 값이 [움직이기] 프로시저의 매개변수로 전달되어 스프라이트가 그 위치로 이동하게 됩니다. [그림 8-12]의 스크립트를 실행하면 스프라이트가 매개변수로 전달된 위치로 이동한 후에 1초 기다렸다가 이동한 위치를 말합니다. 이를 통해 [움직이기] 프로시저를 호출하면 프로시저의 기능이 완료될 때까지 기다린 다음 그 후의 행동을 수행합니다.

> 프로시저를 호출하는 문장 블록은 그 프로시저를 생성한 스프라이트나 무대에서만 사용할 수 있습니다. 즉, 스크래치는 프로시저의 호출이 가능한 유효범위를 그 프로시저가 생성된 스프라이트 또는 무대에 한정시키고 있습니다.

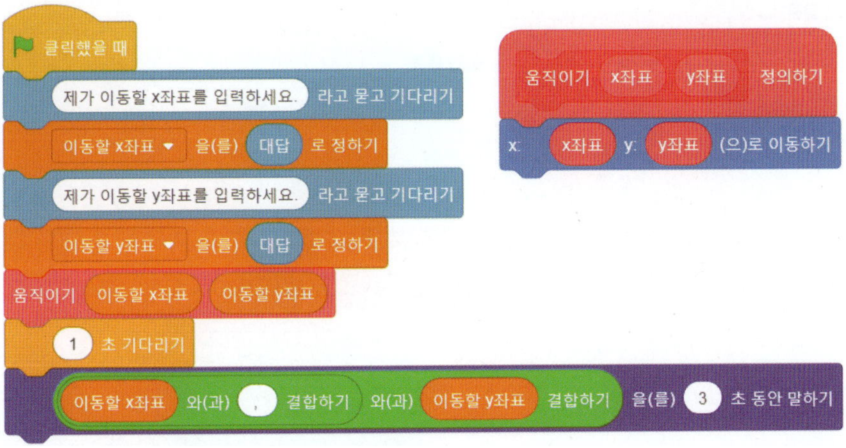

그림 8-12 정해준 위치로 이동하기(프로시저 활용)

7 [실습] [사칙연산하기] 작업 구현하기

사용자가 입력하는 두 수에 대해서 사칙연산을 계산하는 스프라이트의 스크립트를 작성해 보겠습니다. 주요 기능은 다음과 같습니다.

1. 프로그램을 실행하면 스프라이트가 사용자에게 사칙연산 계산에 사용할 첫 번째 수를 요구합니다.
2. 사용자가 수를 입력하면 스프라이트는 두 번째 수를 요구합니다.
3. 사용자가 두 번째 수를 입력하면 스프라이트는 더하기, 빼기, 곱하기, 나누기 중 어떤 연산을 원하는지 요구합니다(사칙연산의 종류는 '더하기', '빼기', '곱하기', '나누기'와 같이 문자열로 입력).
4. 사용자가 사칙연산 중 하나를 입력하면 두 수에 그 사칙연산으로 계산한 결과값을 말하고 위의 작업을 무한히 반복합니다.

사용자에게 입력을 받거나 결과를 출력하는 기능은 사용자의 기호에 따라 변경될 가능성이 높습니다. 이렇게 변경될 가능성이 높은 기능은 수정이 쉽도록 별도의 프로시저로 구현하는 것이 좋습니다. 따라서 이 프로그램의 기능을 크게 ❶ 계산에 사용될 두 숫자, 사칙연산을 구별하는 문자열을 받는 작업, ❷ 입력받은 두 수에 사칙연산을 적용하는 계산 작업, ❸ 계산된 결과를 적당한 문자열로 사용자에게 출력하는 작업으로 쪼개어 프로시저들로 구성해 보겠습니다. 먼저 이 프로시저들을 구현하는 데 필요한 절차 블록을 [표 8-1]과 같이 생성합니다.

표 8-1 **프로시저와 절차 블록**

프로시저	절차 블록
사용자 입력 받기	사용자 입력 받기 정의하기
사칙연산 계산하기	사칙연산 계산하기 (첫 번째 수) (두 번째 수) (연산 종류) 정의하기
결과값 말하기	결과값 말하기 (계산결과) 정의하기

[그림 8-13]은 [표 8-1]의 프로시저들을 활용해 사칙연산을 하는 스크립트입니다. [첫 번째 수], [두 번째 수], [연산 종류], [계산결과]는 스프라이트의 지역 변수입니다.

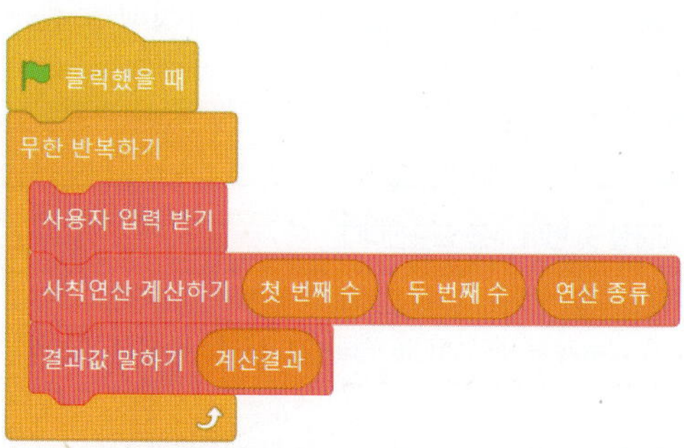

그림 8-13 **사칙연산하기**

> 프로시저를 사용하면 프로그램을 추상적으로 이해하는 데 도움이 됩니다. 즉 [그림 8-13]을 보면 이 프로그램이 사용자의 입력을 받아 사칙연산을 계산하고 그 결과를 출력하는 작업을 무한히 반복한다는 것을 한눈에 알 수 있습니다.

[그림 8-14]에서 [그림 8-16]까지는 각 프로시저의 기능을 구현한 스크립트입니다. [그림 8-14]는 [사용자 입력 받기] 프로시저를 구현한 것입니다.

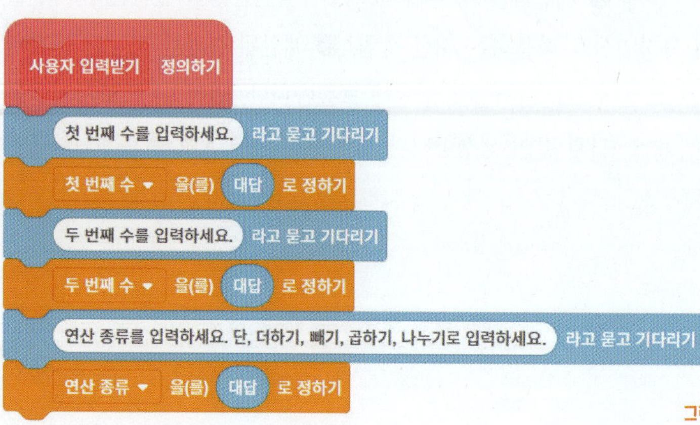

그림 8-14 **[사용자 입력 받기] 프로시저**

[사칙연산 계산하기] 프로시저는 [첫 번째 수], [두 번째 수], [연산 종류] 매개변수를 이용해 기능을 구현합니다. [연산 종류]에 따라 [첫 번째 수]와 [두 번째 수]의 더하기, 빼기, 곱하기, 나누기 중 하나의 계산을 수행합니다. 따라서 [사칙연산 계산하기] 프로시저는 이 모든 계산 기능을 포함해야 하는데 여기서는 각 계산 기능을 별도의 프로시저로 구현하였습니다.

하나 더 알기 ✓ 스프라이트의 지역 변수와 프로시저의 매개 변수 이름 간의 규칙

'첫 번째 수'라는 이름을 스프라이트의 지역 변수에도 사용하고([그림 8-13] 참고), [사칙연산 계산하기] 프로시저의 매개변수에도 사용하였습니다. 프로시저의 매개변수는 해당 프로시저에만 사용되는 지역 변수이기 때문에 스프라이트의 변수와 이름이 같아도 스크래치가 구별할 수 있습니다. 따라서 스크래치는 스프라이트의 지역 변수와 프로시저의 매개변수가 동일한 이름을 사용하는 것을 허용합니다. [두 번째 수] 매개변수와 [결과값 말하기] 프로시저의 [계산결과] 매개변수도 마찬가지입니다.

그림 8-15 **[사칙연산 계산하기] 프로시저**

[결과값 말하기] 프로시저는 [계산결과] 매개변수를 이용해 기능을 구현합니다.

그림 8-16 [결과값 말하기] 프로시저

하나 더 알기 **프로시저와 계층적 분해**

프로그래밍 대상의 작업이 복잡하거나 규모가 큰 경우 이를 분해하여 구현하기 적절한 규모의 작업들로 분해하는 것이 좋습니다. 이런 분해 작업을 통해 만들어진 작업들 간의 계층적 관계는 프로시저들 간의 호출 관계를 결정할 때 활용됩니다. 즉, 각 계층의 작업들은 프로시저들로 구현될 수 있는데, 이때 상위 작업에 해당하는 프로시저가 하위 작업에 해당하는 프로시저를 호출하는 구조를 갖게 됩니다.

1장에서 소개한 [그림 1-16]의 [외식하기] 작업을 예로 들면, [외식하기] 작업에 대응하는 프로시저는 하위 작업들인 [식당으로 이동하기], [주문 및 식사하기], [계산하고 식당 나가기]에 대응하는 프로시저들을 호출합니다. 같은 방식으로 [식당으로 이동하기]에 대응하는 프로시저는 하위 작업들인 [식당 정하기], [예약하기], [식당 입장하기]에 대응하는 프로시저들을 호출하게 됩니다.

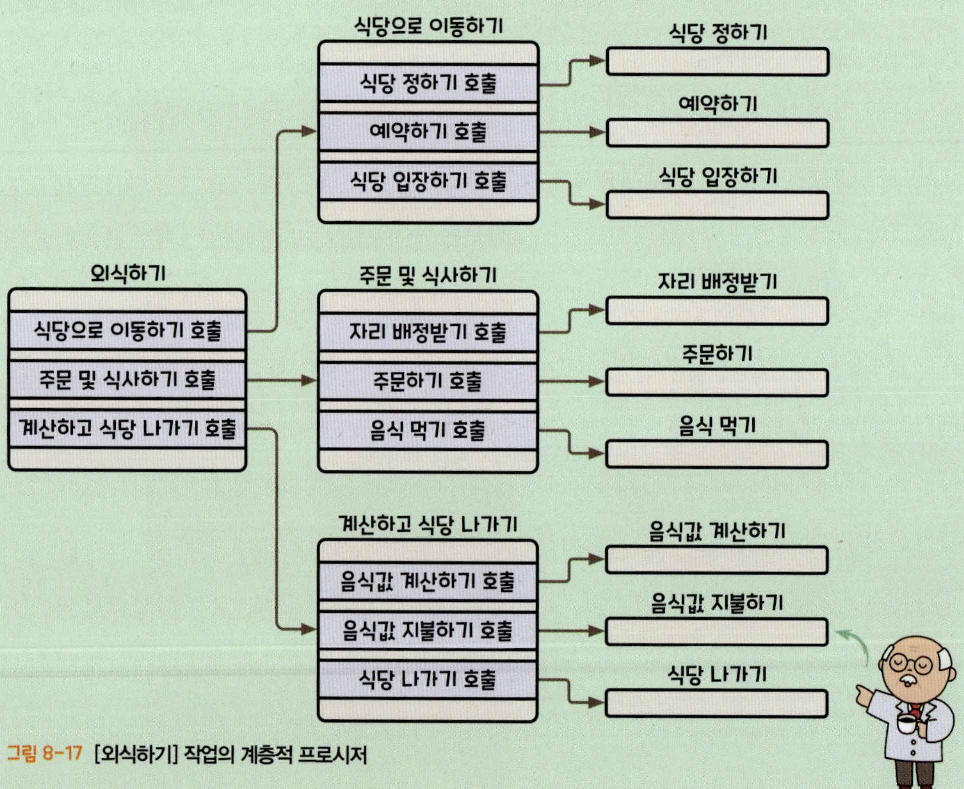

그림 8-17 [외식하기] 작업의 계층적 프로시저

Section 02

병렬 처리의 개념과 구현

1 병렬 처리를 위한 멀티 태스킹과 멀티 스레딩

컴퓨터는 여러 개의 프로그램을 병렬적으로 실행하여 여러 기능을 동시에 이용할 수 있게 합니다. 예를 들어, 여러분은 웹 브라우저를 실행시켜 웹 서핑을 즐기면서 동시에 채팅 프로그램으로 친구들과 대화하고, 여기에 추가적으로 음악 플레이어로 음악을 들을 수 있습니다. 이렇게 여러 개의 프로그램을 동시에 실행시키는 개념을 멀티 태스킹(Multi-Tasking)이라고 합니다.

TIP 태스크(Task)는 컴퓨터가 실행할 수 있는 명령어들의 집합으로 실행 중인 프로그램을 의미하는 프로세스(Process)와 거의 동일한 개념입니다.

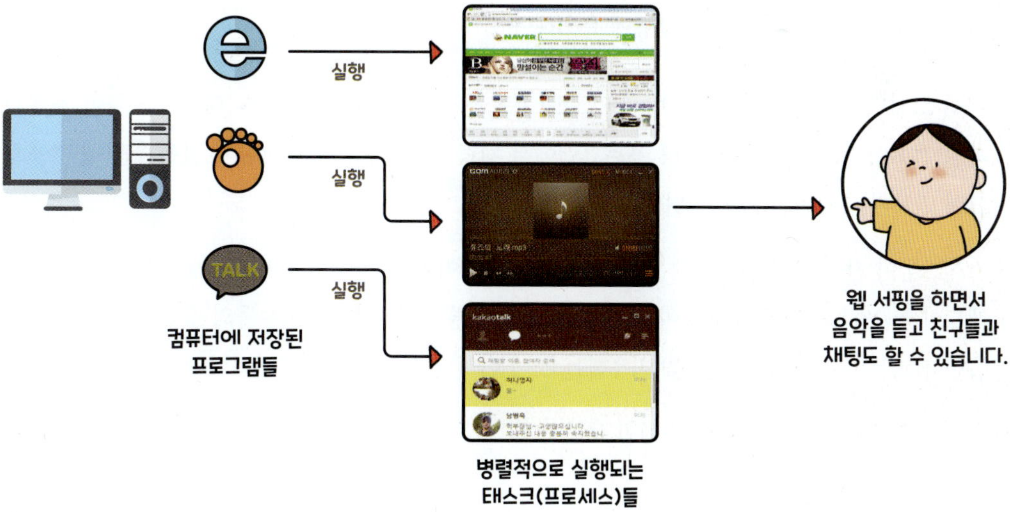

그림 8-18 멀티 태스킹의 개념

프로그램 하나가 여러 작업을 동시에 처리하는 경우도 있습니다. 예를 들어, 요즘 채팅 프로그램은 채팅 도중에 파일을 전달할 수 있습니다. 이렇게 하나의 프로그램이 여러 기능을 동시에 실행하는 개념을 멀티 스레딩(Multi-Threading)이라고 합니다.

스레드(Thread)는 프로그램에 적힌 문장들을 실행하는 프로그램의 실행 주체로, 실행 중인 프로그램은 현재의 실행을 담당하는 스레드를 최소 한 개 이상 갖습니다. 그리고 스레드를 여러 개 생성해 자신이 갖고 있는 다양한 기능을 병렬적으로 실행할 수 있습니다. 예를 들어, 실행 중인 채팅 프로그램은 하나의 스레드로 채팅 기능을 수행하면서 또 다른 스레드를 생성하여 파일 전송 기능을 병렬적으로 수행할 수 있습니다.

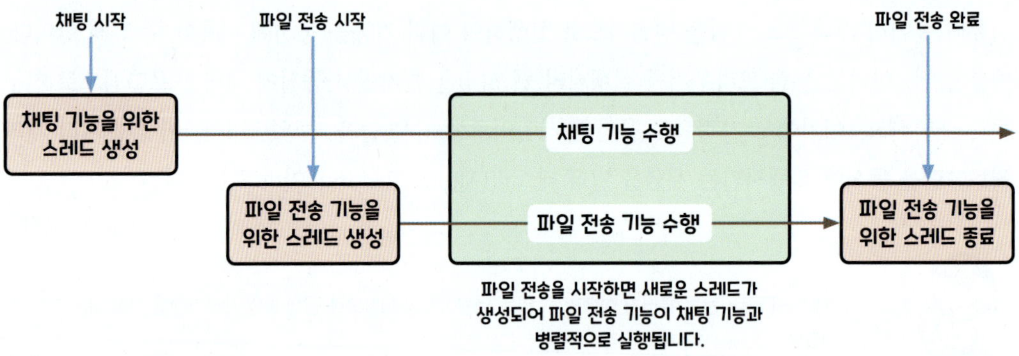

그림 8-19 **멀티 스레딩의 예**

멀티 스레딩을 사용할 때는 다음 사항에 유의해야 합니다.

- 여러 스레드 중 하나만 오류를 범해도 프로그램 전체가 종료될 수 있습니다. 예를 들어 채팅과 파일 전송이 동시에 가능한 채팅 프로그램에서 채팅 중 파일 전송에 오류가 발생하면 채팅 프로그램 전체가 종료될 수 있습니다.
- 스레드들이 자원을 공유하는 경우 예기치 않은 상황이 발생할 수 있습니다. 예를 들어 하나의 스레드가 두 변수의 값을 읽어들여 곱하는 도중에 다른 스레드가 그 변수들의 값을 변경해 버리면 곱한 결과는 변수들의 최신 값을 이용하는 것이 아니기 때문에 무의미해집니다.
- 실행 중인 프로그램은 자신이 생성한 모든 스레드가 종료될 때까지 종료되지 않습니다.

2 [실습] 스크래치의 병렬 처리 구현하기

스프라이트와 무대는 이벤트(Event)가 발생할 때 이에 대응하는 행동을 할 수 있습니다. 이벤트는 어떤 동작을 실행시키는 사건으로 [프로그램 실행 창] 상단에 있는 시작하기 버튼() 클릭, 마우스 클릭, 키보드의 특정 키 입력 등이 그 예입니다. 스크래치는 각 이벤트마다 이에 대응하는 이벤트 블록을 제공하고 있습니다. 이 이벤트 블록을 사용하여 이벤트가 발생할 때 스프라이트 또는 무대가 반응해야 할 행동들을 조립할 수 있습니다. [그림 8-20]은 시작하기 버튼( )을 클릭하면 그때부터 무한히 '야옹' 소리를 내고, 키보드의 스페이스 바를 누르면 그때부터 마우스 포인터를 향해 무한히 움직이는 고양이의 스크립트입니다.

> 이벤트에 대한 자세한 설명은 10장에서 다룹니다.

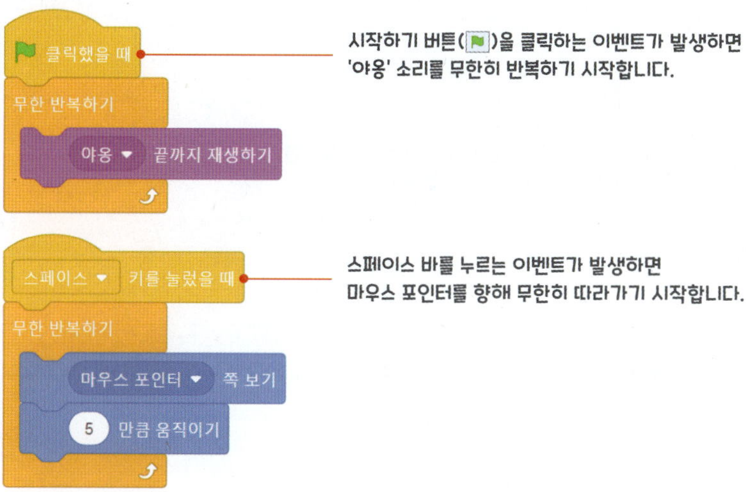

그림 8-20 고양이의 스크립트

[그림 8-20]의 프로그램은 시작하기 버튼( )을 클릭했을 때 고양이가 이에 반응하여 '야옹' 소리를 무한히 내기 시작합니다. 잠시 후 키보드의 스페이스 바를 눌렀을 때 고양이가 '야옹' 소리를 내면서 마우스 포인터를 향해 움직이기 시작합니다. 여기서 고양이의 '야옹' 소리를 반복하는 행동과 마우스 포인터를 향해 움직이는 행동이 병렬적으로 수행됨을 알 수 있습니다. 이런 병렬 처리는 스크래치가 [그림 8-21]과 같이 이벤트에 반응하는 스프라이트와 무대의 행동마다 스레드를 생성하여 수행하기 때문에 가능합니다.

> 스크래치의 스프라이트와 무대의 행동은 근본적으로 이벤트가 발생할 때 반응해야 할 행동들을 모아 놓은 것으로 볼 수 있습니다. 스크래치는 이벤트가 발생하면 그 이벤트에 반응할 스프라이트나 무대의 행동마다 스레드를 하나씩 생성하여 병렬 처리합니다.

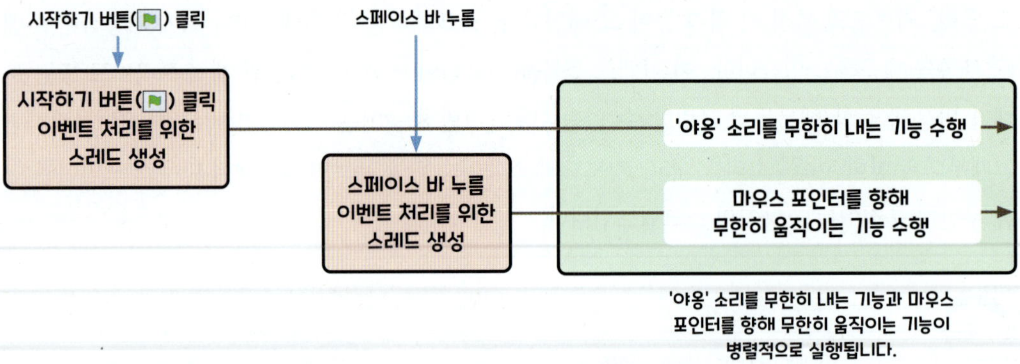

그림 8-21 고양이 행동의 병렬 처리(멀티 스레딩)

개 스프라이트를 추가([스프라이트 고르기]에서 **Dog1** 선택)하고 [그림 8-22]와 같이 스크립트를 작성합니다.

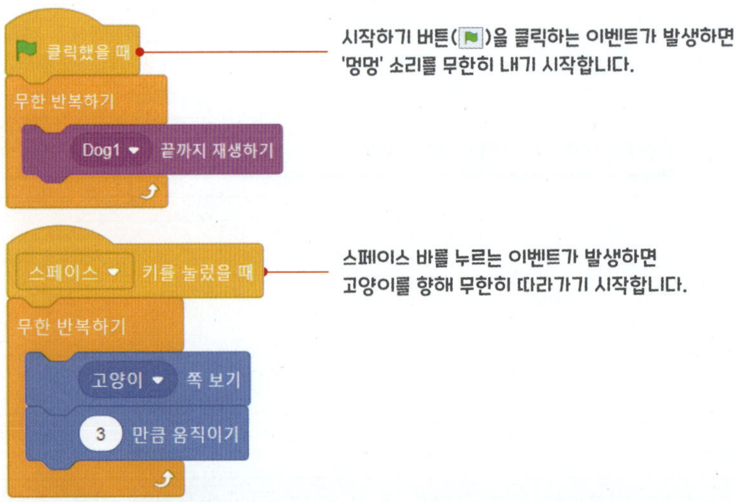

그림 8-22 개의 스크립트

[그림 8-22]까지 완성된 프로그램은 시작하기 버튼(🏴)을 클릭할 때 고양이와 개가 이에 반응하여 각각 '야옹' 소리와 '멍멍' 소리를 무한히 내기 시작합니다. 잠시 후 키보드의 스페이스 바를 누르면 고양이는 '야옹' 소리를 내면서 마우스 포인터를 향해 움직이고 개는 '멍멍' 소리를 내면서 고양이를 쫓아가기 시작합니다.

TIP

[그림 8-23]에서는 고양이와 개 행동의 병렬 처리(멀티 스레딩)를 도식으로 나타냅니다. 다음으로 이어지는 [그림 8-24]는 멀티 스레딩의 균등하지 않은 프로그램 실행의 예를 나타낸 것으로, 230쪽 '하나 더 알기'에 관련 내용을 설명하였으니 참고하세요.

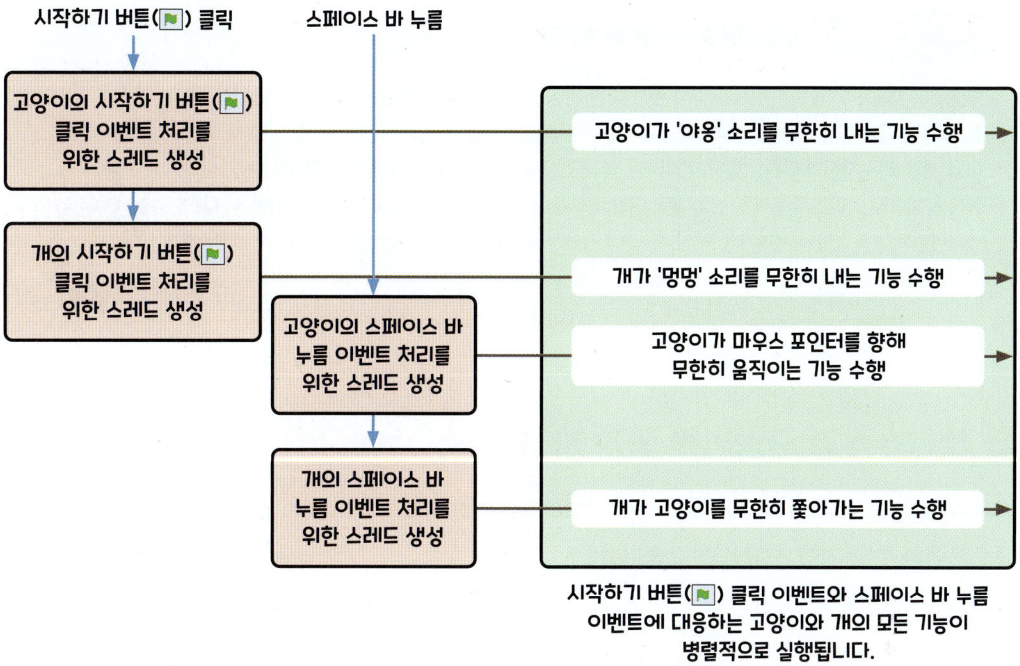

그림 8-23 고양이와 개 행동의 병렬 처리(멀티 스레딩)

그림 8-24 멀티 스레딩의 균등하지 않은 프로그램 실행의 예

하나 더 알기 √ **병렬 수행을 이해할 때 주의점**

병렬로 수행되는 스레드들은 서로 간에 반드시 한 문장씩 균등하게 수행된다는 보장이 없습니다. 예를 들어 앞의 [그림 8-24]에서 병렬적인 문장들이 균등하게 수행된다면 스페이스 바를 누를 때 고양이와 개가 모두 자신의 이름을 말해야 합니다. 하지만 실제 프로그램을 실행하면 둘 중 하나는 자신의 이름을 말하지 못하는 경우가 발생합니다. 이는 어느 한 스프라이트가 조건이 참인지 검사한 후 다른 스프라이트가 조건을 검사하기 전에 먼저 그 조건을 거짓으로 변경하는 문장까지 수행하기 때문에 발생하는 현상입니다.

3 [실습] 개가 고양이를 쫓게 하기

키보드의 방향 키로 움직이는 고양이와 고양이를 무한히 쫓아가는 개의 행동을 구현해 봅니다. 이 프로그램의 주요 기능은 다음과 같습니다.

1. 프로그램을 실행하면 고양이는 '야옹' 소리를 무한히 반복합니다.
2. 프로그램을 실행하면 개는 '멍멍' 소리를 무한히 반복합니다.
3. 키보드의 방향 키를 누르면 고양이는 방향 키가 가리키는 방향을 바라보며 5만큼 이동합니다.
4. 개는 0.2초마다 2만큼씩 이동하며 고양이를 쫓아갑니다.

스크래치를 실행하여 고양이와 개 스프라이트를 준비합니다. [그림 8-25]는 고양이의 스크립트이고, [그림 8-26]은 개의 스크립트입니다.

고양이는 각 방향을 바라볼 때마다 회전 방식을 결정하고 있습니다. 그렇지 않으면 고양이가 왼쪽을 바라볼 때 머리가 아래로 향하는 현상이 발생합니다. 회전 방식을 결정하는 블록들을 모두 제거해 보면 이 블록들의 필요성을 눈으로 확인할 수 있습니다.

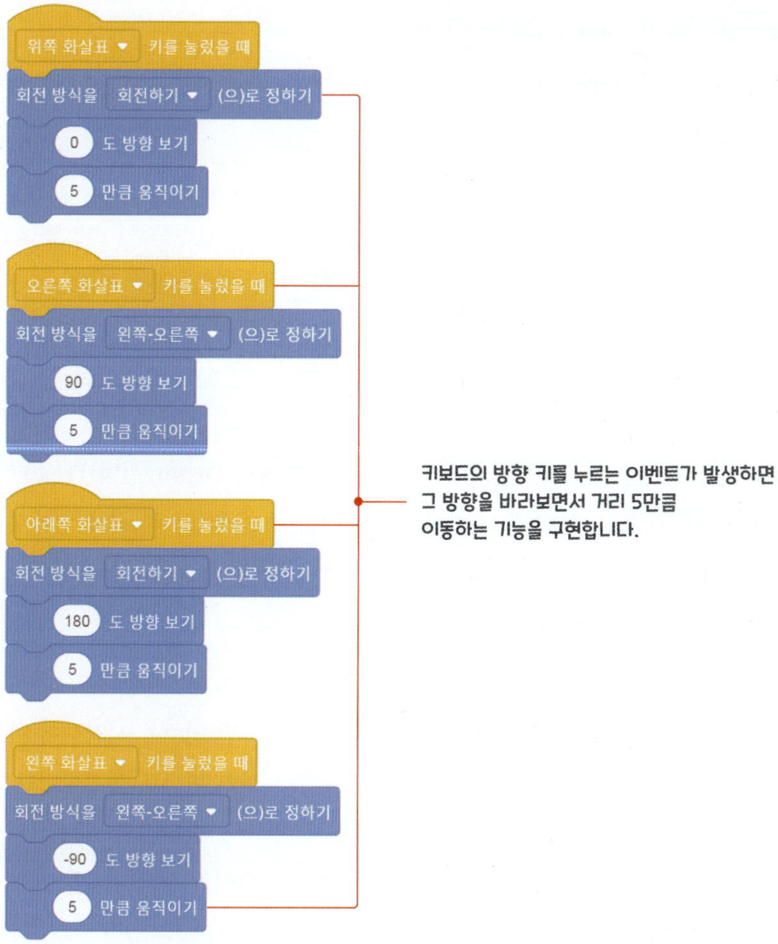

그림 8-25 **고양이의 스크립트**

특히 개는 시작하기 버튼(⚑)을 클릭할 때 수행해야 할 기능을 2개로 나누어 구현했습니다. 따라서 시작하기 버튼(⚑) 클릭 이벤트가 발생하면 '멍멍' 소리를 무한히 반복하는 행동과 고양이를 바라보며 쫓아가는 행동을 병렬적으로 수행합니다.

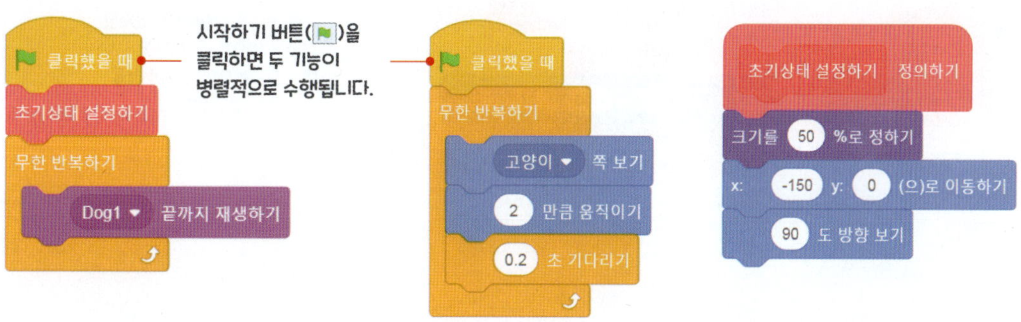

그림 8-26 **개의 스크립트**

4 [실습] 드럼 연주에 맞춰 소녀 춤추게 하기

드럼이 연주되면 춤을 추고 드럼 연주가 멈추면 춤을 멈추는 소녀의 행동을 구현합니다. 이 프로그램의 주요 기능은 다음과 같습니다.

1. 프로그램을 실행하면 드럼은 연주되지 않고 소녀는 춤을 추지 않는 상태입니다.
2. 연주하지 않는 드럼을 마우스로 클릭하면 드럼 연주가 시작되고 소녀는 춤을 추기 시작합니다.
3. 연주 중인 드럼을 마우스로 클릭하면 드럼은 연주를 멈추고 소녀도 춤을 멈춥니다.
4. 위의 **2**번과 **3**번 작업을 반복합니다.

스크래치를 실행하여 고양이를 삭제한 후, 드럼([스프라이트 고르기]에서 **Drum** 선택)과 소녀([스프라이트 고르기]에서 **Cassy Dance** 선택)를 추가하고 드럼에 연주 음원([소리 고르기]에서 **Drum Machine** 선택)을 추가합니다. 이어서 [그림 8-27]과 같이 드럼의 스크립트를 작성하고 [그림 8-28]과 같이 소녀의 스크립트를 작성합니다.

드럼은 연주 상태에 따라 마우스 클릭에 대해 다르게 반응해야 합니다. 즉, 연주가 진행 중일 때 드럼을 클릭하면 연주를 멈춰야 하고 반대로 드럼이 연주되지 않을 때 클릭하면 연주를 시작해야 합니다. 따라서 드럼의 연주 상태를 기록할 변수 [드럼 연주 중]을 드럼의 전역 변수로 생성합니다. 이 변수는 드럼이 연주 중일 때는 참, 연주되지 않을 때는 거짓 값을 갖습니다. 따라서 소녀는 전역 변수 [드럼 연주 중]의 값을 검사하여 드럼이 연주 중일 때는 춤을 추고 드럼이 연주되지 않을 때에는 춤을 멈추는 행동을 무한히 반복합니다.

드럼의 [드럼 연주 중]을 전역 변수로 생성하는 이유는 소녀가 이 변수 값을 활용하여 춤을 출지 말지 결정하도록 하기 위해서입니다.

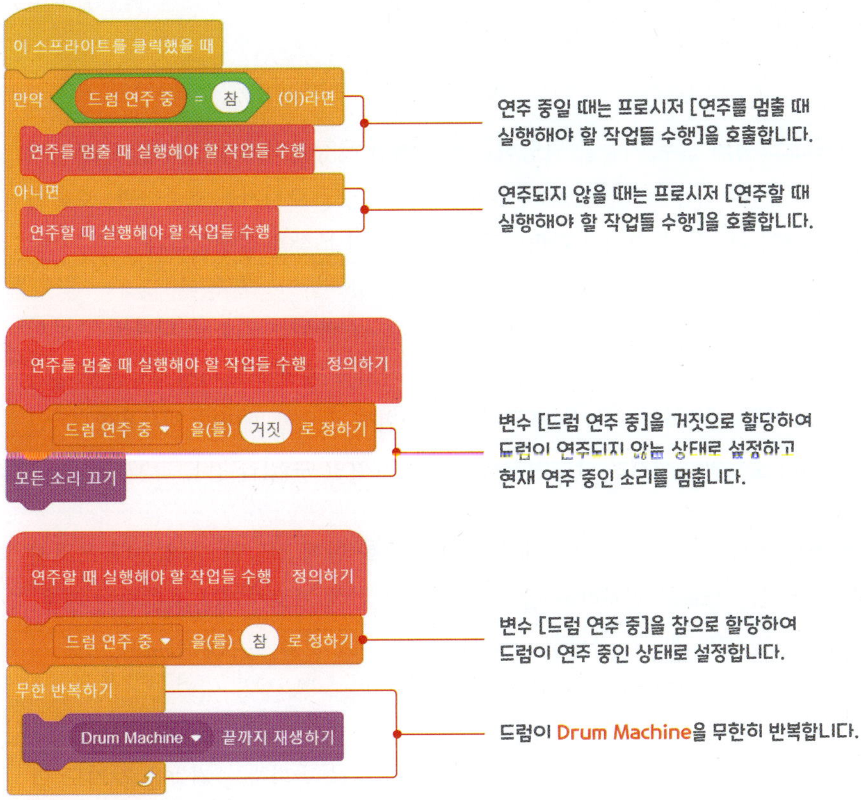

그림 8-27 드럼의 스크립트

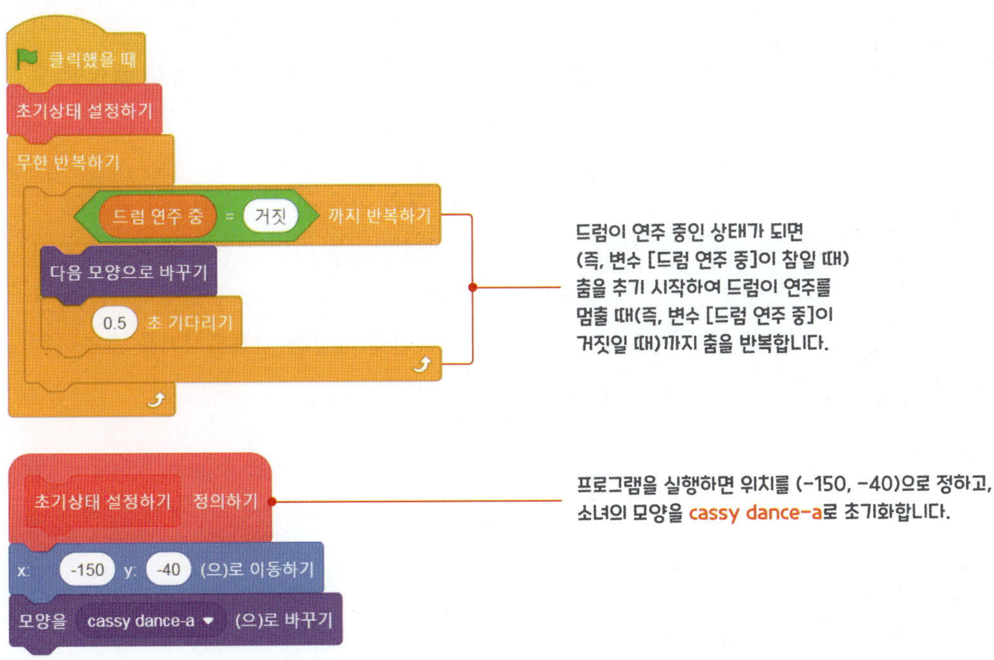

그림 8-28 소녀의 초기 상태 설정하기

요약

01 프로시저란 프로그램의 일부 기능을 담당하는 연속적인 문장들의 묶음입니다. 프로시저의 실행은 프로시저의 이름을 호출함으로써 이루어집니다. 프로시저를 호출하면, 호출된 프로시저의 실행이 완료될 때까지 기다리다가 호출 이후의 문장을 실행합니다.

02 프로시저의 장점은 다음과 같습니다. 첫째, 중복적으로 사용되는 기능을 하나의 프로시저로 구현해 작업량을 줄일 수 있고, 그 기능의 수정 작업도 해당 프로시저에서만 이루어집니다. 그리고 자주 사용하는 기능을 프로시저로 구현해 필요할 때마다 재사용할 수 있으며 여러 개발자들이 프로시저를 나누어 병렬적으로 개발할 수 있습니다.

03 프로시저를 호출할 때는 프로시저 실행에 필요한 자료를 함께 전달할 수 있는데 프로시저 호출 시 전달되는 자료를 인자라고 합니다. 인자와 함께 프로시저를 호출하는 경우, 해당 프로시저는 인자의 개수와 자료형에 맞게 매개변수를 갖고 있어야 합니다. 프로시저의 매개변수는 그 프로시저 내부에서만 사용 가능합니다.

04 프로그래밍 언어에 따라 프로시저가 종료 순간에 특정 값을 반환하는 기능을 갖기도 합니다. 이렇게 값을 반환할 수 있는 프로시저를 일반적으로 함수라고 부릅니다.

05 스크래치는 프로시저의 반환값 기능이 없어 프로시저의 이름과 매개변수만으로 프로시저를 구현합니다. 스크래치의 프로시저는 [코드] 탭의 [내 블록] 메뉴를 이용해 생성할 수 있습니다.

06 프로그래밍 대상의 작업이 복잡하거나 규모가 큰 경우 이를 구현하기 적절한 규모의 작업들로 분해합니다. 이런 분해 작업을 통해 만들어진 작업들 간의 계층적 관계는 프로시저들 간의 호출 관계를 결정할 때 활용됩니다. 즉, 각 계층의 작업들을 프로시저들로 구현하고, 상위 작업에 해당하는 프로시저가 하위 작업에 해당하는 프로시저를 호출하는 구조를 갖게 됩니다.

연습문제

01 **다음 중 프로시저에 대한 설명으로 올바르지 않은 것을 고르세요.**

① 프로시저란 프로그램의 일부 기능을 담당하는 연속적인 문장들의 묶음입니다.

② 프로시저 간 호출로 프로그램 기능을 구현합니다.

③ 절차적 프로그래밍 방식의 핵심 개념입니다.

④ 하나의 프로그램은 하나의 프로시저로 만들어야 합니다.

02 **다음 중 프로시저의 특징으로 올바르지 않은 것을 고르세요.**

① 자주 사용되는 기능을 프로시저로 구현하면 프로그래밍 작업량이 줍니다.

② 프로시저의 사용은 프로그램의 수정 작업을 어렵게 만듭니다.

③ 프로시저는 복잡한 기능을 간단한 기능들로 분해하여 구현하도록 돕습니다.

④ 프로시저 개념은 여러 개발자가 병렬적으로 개발할 수 있도록 도와줍니다.

03 **다음 중 스크래치에서 제공하는 프로시저의 설명으로 올바르지 않은 것을 고르세요.**

① [내 블록] 메뉴를 통해서 프로시저 호출 문장 블록을 만들 수 있습니다.

② 프로시저 호출 문장 블록을 만들면 프로시저(절차) 블록이 자동 생성됩니다.

③ 프로시저 호출 문장 블록 생성 시 매개변수 개수와 이름을 정할 수 있습니다.

④ 프로시저의 매개변수는 스프라이트 내부 모든 곳에서 사용할 수 있습니다.

04 **다음과 같이 프로시저를 서로 다른 방식으로 호출할 때 결과값으로 올바른 것을 고르세요.**

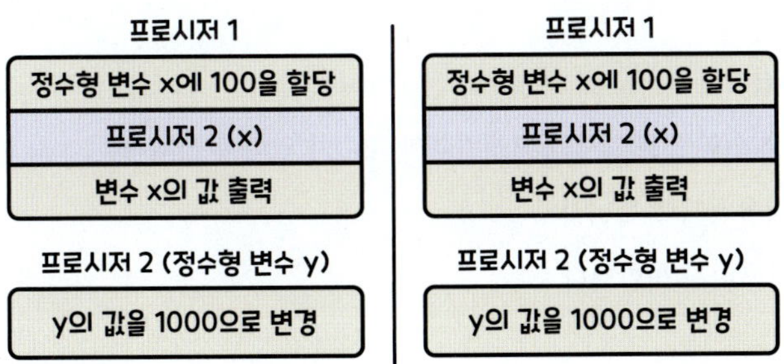

(A) 값 호출 방식의 프로시저 호출 (B) 참조 호출 방식의 프로시저 호출

① (A)−100, (B)−100

② (A)−100, (B)−1000

③ (A)−1000, (B)−100

④ (A)−1000, (B)−1000

05 다음은 어느 고양이의 행동입니다. 프로그램을 실행하면 고양이는 어떤 순서로 숫자를 말하게 될까요?

① 1→2→3→4→5→6→7　　② 1→4→5→2→6→3→7

③ 1→4→7→5→2→6→3　　④ 1→4→5→7→6→2→3

06 다음 스크래치 프로그램에서 잘못된 것을 올바르게 지적한 것을 고르세요.

① 프로시저 인자 이름이 너무 깁니다.

② 프로시저를 호출할 때 인자 개수와 프로시저의 매개변수의 개수가 같아야 합니다.

③ 프로시저의 이름에 숫자를 사용하지 못합니다.

④ 프로시저 인자로 1개 이상 사용하지 못합니다.

07 다음 스크래치 프로그램에서 고양이가 말하는 숫자는 무엇일까요?

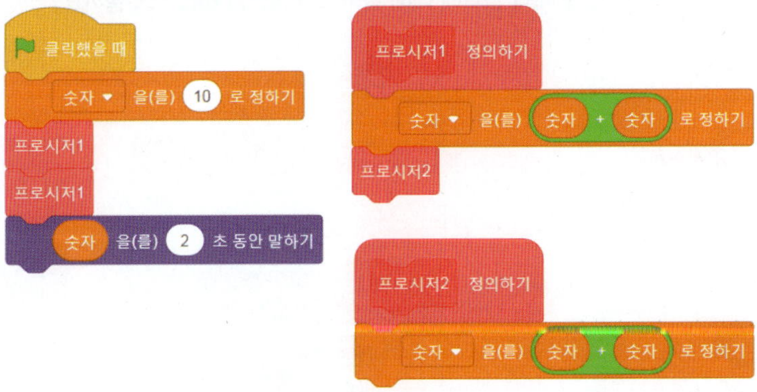

① 160 ② 170 ③ 180 ④ 190

08 다음 설명 중 올바르지 않은 것을 고르세요.

① 여러 개의 프로그램을 동시에 실행시키는 개념을 멀티 태스킹이라고 합니다.

② 한 프로그램이 여러 개의 기능을 동시에 실행하는 개념을 멀티 스레딩이라고 합니다.

③ 여러 스레드 중 하나만 오류를 범해도 프로그램 전체가 종료될 수 있습니다.

④ 프로그램은 자신이 생성한 스레드들 중 하나만 종료되어도 프로그램 전체가 종료됩니다.

⑤ 스크래치는 이벤트를 처리하는 기능마다 스레드를 생성해 병렬 처리합니다.

09 다음과 같은 고양이의 스크립트에서 시작하기 버튼(⚑)을 클릭할 때 고양이가 취하는 행동을 올바르게 설명한 것은 무엇일까요?

① 제자리에서 '야옹' 소리를 무한히 냅니다.

② 아무런 소리 없이 마우스 포인터를 무한히 쫓아갑니다.

③ '야옹' 소리를 내면서 마우스 포인터를 쫓아가는 행동을 무한히 반복합니다.

④ 한 스프라이트에 같은 이벤트 블록을 여러 개 사용할 수 없습니다.

10 **다음과 같이 고양이와 개가 전역 변수 [조건]이 참이 될 때 인사하는 행동을 수행합니다. 프로그램을 실행한 후, 1초 후에 스페이스 바를 눌렀을 때의 결과에 대해 올바르게 설명한 것은 무엇일까요?**

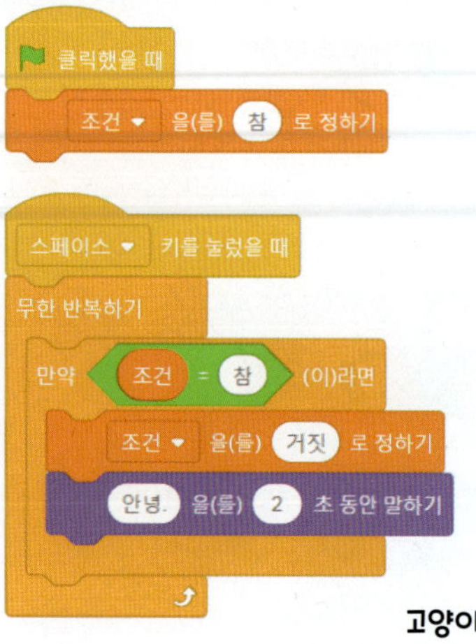

고양이의 스크립트

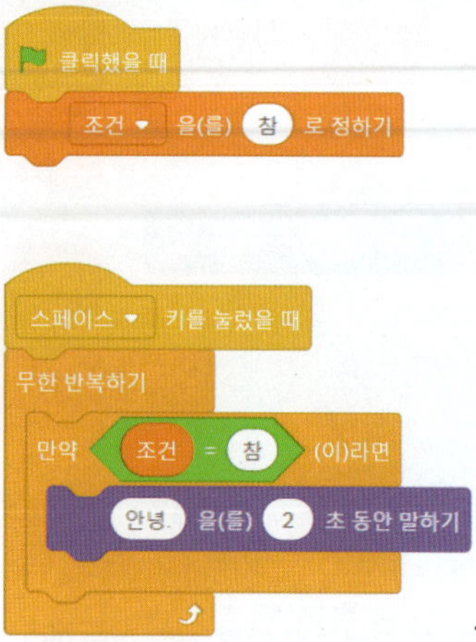

개의 스크립트

① 스페이스 바를 누르면 항상 고양이와 개가 동시에 [조건]이 참인 것을 알게 됩니다. 따라서 항상 고양이와 개가 모두 인사합니다.

② 멀티 스레딩 방식은 병렬적인 문장들 중 어떤 문장이 먼저 실행될지 모릅니다. 따라서 [조건]이 참인 것을 먼저 알게 된 고양이가 [조건]을 거짓으로 변경한 후 개가 [조건]을 검사할 수도 있습니다. 이런 경우, 개는 인사할 수 없습니다.

11 **221쪽의 [사칙연산하기] 내용을 확장하여 사칙연산뿐만 아니라 나누기의 몫과 나누기의 나머지까지 계산해 주는 고양이 행동을 작성하세요. 이 프로그램의 기능은 다음과 같습니다. 단, 고양이의 행동은 아래 표의 프로시저들을 사용해야 합니다.**

1. 프로그램을 실행하면 고양이는 화면 중앙에 위치합니다.
2. 프로그램을 실행하면 고양이는 여러분에게 "첫 번째 수를 입력하세요."라고 묻고, 여러분이 입력한 숫자를 변수 [첫 번째 수]에 할당합니다.
3. 위의 작업이 끝나면 고양이는 여러분에게 "두 번째 수를 입력하세요."라고 묻고, 여러분이 입력한 숫자를 변수 [두 번째 수]에 할당합니다.
4. 위의 작업이 끝나면 고양이는 여러분에게 "어떤 계산을 수행할까요? 더하기, 빼기, 곱하기, 나누기, 나누기 몫, 나누기 나머지 중 하나를 입력하세요."라고 묻고, 여러분이 입력한 대답을 변수 [연산종류]에 할당합니다.
5. 위의 작업이 끝나면 고양이는 여러분이 입력한 두 숫자를 이용하여 원하는 계산을 수행한 후, "결과값은 [결과값]입니다."라고 출력합니다.

스프라이트	프로시저 기능	절차 블록
사용자 입력받기	사용자로부터 첫 번째 수, 두 번째 수, 연산종류를 입력받음.	사용자 입력받기 정의하기
계산하기	연산종류에 따라 실제 계산하는 프로시저들을 호출함. 호출할 때 변수 [첫 번째 수]와 [두 번째 수]를 인자로 전달함.	계산하기 (첫 번째 수) (두 번째 수) (연산종류) 정의하기
더하기	매개변수 [첫 번째 수]와 [두 번째 수]를 더하고, 그 결과를 변수 [결과값]에 할당함.	더하기 (첫 번째 수) (두 번째 수) 정의하기
빼기	매개변수 [첫 번째 수]에서 [두 번째 수]를 빼고, 그 결과를 변수 [결과값]에 할당함.	빼기 (첫 번째 수) (두 번째 수) 정의하기
곱하기	매개변수 [첫 번째 수]와 [두 번째 수]를 곱하고, 그 결과를 변수 [결과값]에 할당함.	곱하기 (첫 번째 수) (두 번째 수) 정의하기
나누기	매개변수 [첫 번째 수]를 [두 번째 수]로 나누고, 그 결과를 변수 [결과값]에 할당함.	나누기 (첫 번째 수) (두 번째 수) 정의하기
나누기 몫 구하기	매개변수 [첫 번째 수]를 [두 번째 수]로 나눈 몫을 변수 [결과값]에 할당함.	나누기 몫 구하기 (첫 번째 수) (두 번째 수) 정의하기
나누기 나머지 구하기	매개변수 [첫 번째 수]를 [두 번째 수]로 나눈 나머지를 변수 [결과값]에 할당함.	나누기 나머지 구하기 (첫 번째 수) (두 번째 수) 정의하기
결과값 출력하기	매개변수 [결과값]을 출력함.	결과값 출력하기 (결과값) 정의하기

12 **232쪽에 소개한 '드럼 연주에 맞춰 소녀 춤추게 하기' 프로그램에 다른 악기와 소녀를 추가하여 더욱 신나는 프로그램으로 변경해 봅시다. 이 프로그램의 실행 화면과 기능은 다음과 같습니다.**

1. 벨([스프라이트 고르기]의 Bell 선택)과 다른 소녀([스프라이트 고르기]의 Jouvi Dance 선택)를 추가합니다.
2. 무대 배경으로 숲속 풍경([배경 고르기]의 Forest 선택)을 사용합니다.
3. 프로그램을 실행하면 악기들은 연주되지 않고, 소녀들은 정지해 있습니다.
4 연주되지 않는 악기를 클릭하면 연주가 시작되고 연주 중인 악기를 클릭하면 연주가 중단됩니다.
5. 벨과 드럼은 병렬적으로 연주가 가능합니다.
6. 하나의 악기라도 연주 중이면 소녀들은 춤을 추고, 모든 악기가 연주를 멈추면 소녀들도 춤을 멈춥니다.

CHAPTER 09

감지를 활용한 응용 프로그래밍

학습목표

- 감지의 개념을 이해합니다.
- 스크래치가 제공하는 감지 기능과 관련된 블록들을 소개합니다.
- 스크래치의 감지 기능과 관련된 블록들을 연습합니다.
- 멀티모달 인터페이스의 개념을 이해합니다.
- 스크래치의 비디오 감지 블록들을 연습합니다.

Preview

감지란 어떤 현상이나 자료를 관찰하여 판독하는 것을 말합니다. 스크래치는 스프라이트 간의 거리, 키보드 입력값, 타이머 값, 스프라이트가 특정 색깔에 닿았는지, 키보드의 특정 키를 눌렀는지 등의 다양한 감지 기능을 제공합니다. 또한 스크래치는 카메라의 비디오와 마이크의 음량을 감지하는 기능도 지원합니다. 이와 같은 감지 기능은 창의적인 프로그램 창작의 편의성을 높여줍니다.
이 장은 감지의 개념을 설명하고, 스크래치가 제공하는 다양한 감지 기능을 활용하여 창의적 프로그래밍을 실습합니다. 그리고 멀티모달 인터페이스 개념을 알아보고, 카메라의 비디오 동작과 마이크의 음량 감지 방법은 간단한 예제로 실습합니다.

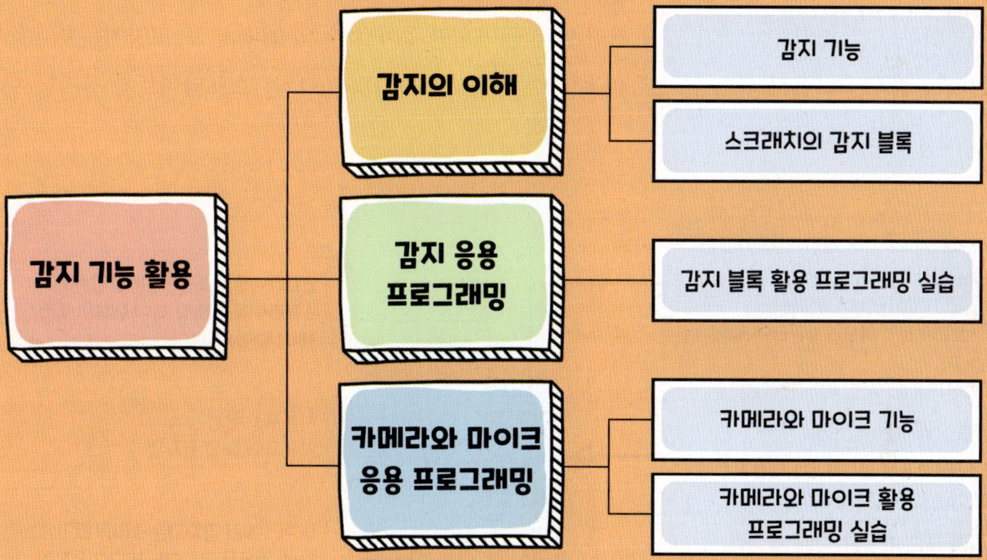

Section 01 감지의 이해

1 감지 기능

감지(Sensing)란 어떤 현상이나 자료를 관찰하여 판독하는 것입니다. 스크래치는 감지 기능을 제공하여 스프라이트가 다양한 현상과 자료의 값을 활용할 수 있도록 합니다. 예를 들어, 고양이는 쥐까지의 거리를 감지하여 쥐가 일정 거리 안에 들어오면 쫓아갈 수 있습니다. 또 고양이는 마우스 포인터의 위치를 감지하여 그 위치로 이동할 수 있습니다. [그림 9-1]은 스프라이트가 감지할 수 있는 대상을 보여줍니다.

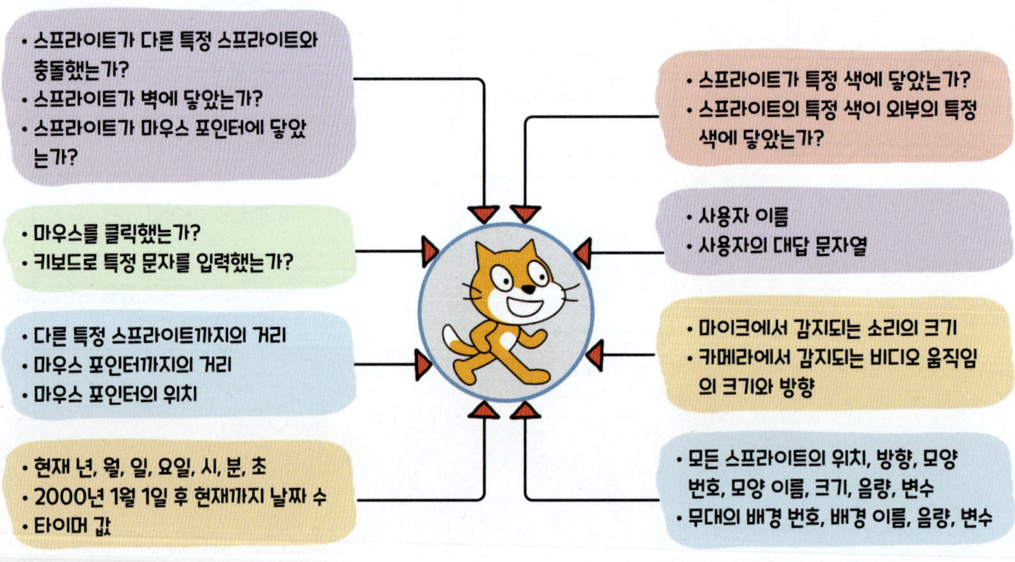

그림 9-1 스프라이트의 감지 대상

비디오의 감지 기능은 [확장 기능 추가하기]의 [비디오 감지] 기능에서 제공합니다. 무대도 감지 기능을 활용할 수 있습니다. 다만 무대는 움직일 수 없으므로 다른 스프라이트까지의 거리와 충돌 여부, 특정 색과의 접촉 등은 감지할 수 없습니다.

감지 기능을 제어 블록과 조합하여 다양한 동작을 손쉽게 구현할 수 있습니다. 예를 들어, 스프라이트 간 충돌 현상을 감지하여 고양이가 쥐를 잡았는지 알 수 있고, 특정 색과의 접촉 현상을 감지하여 달리는 자동차가 회색 벽에 충돌했는지 알 수 있습니다. 그 밖에 스프라이트 간의 거리를 감지하여 적이 일정 거리 안으로 들어오면 총을 발사하는 장치를 만들 수 있고, 스프라이트가 질문을 던지고 사용자가 답을 맞추는 퀴즈 게임도 만들 수 있습니다. 컴퓨터에 장착된 카메라의 비디오를 감지하여 손으로 건들면 도망치는 고양이도 만들 수 있습니다.

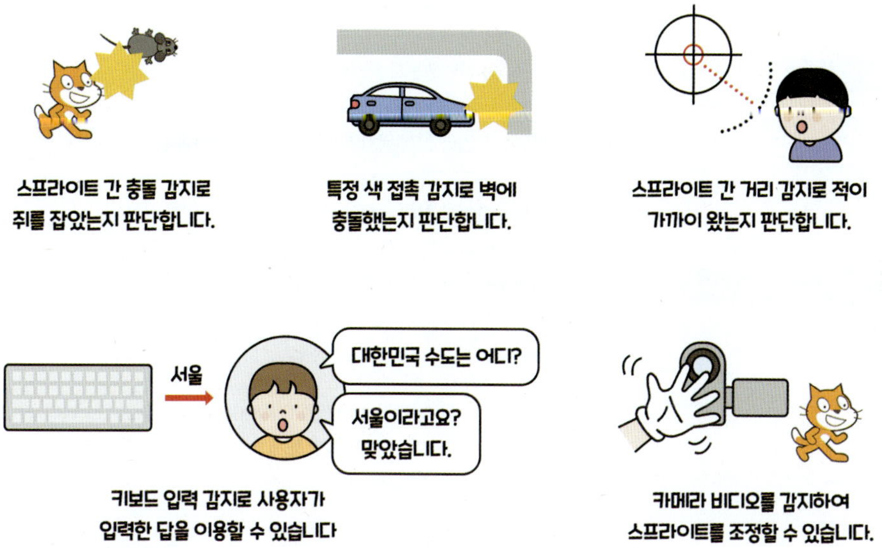

그림 9-2 감지 활용의 예

2 스크래치의 감지 블록

스크래치는 감지 기능과 관련된 블록들을 [코드] 탭-[감지] 메뉴에 모아놓았습니다. [감지] 메뉴는 타이머를 0으로 초기화하는 블록과 같이 감지 대상을 조작하는 문장 블록도 포함하고 있습니다. [표 9-1]은 스크래치가 제공하는 감지를 위한 블록들입니다.

표 9-1 감지 블록

블록	설명
마우스 포인터 ▼ 에 닿았는가?	스프라이트가 마우스 포인터, 벽, 다른 스프라이트 등에 닿았는지 확인합니다.
색에 닿았는가?	스프라이트가 설정한 색에 닿았는지 확인합니다.

색이 색에 닿았는가?	스프라이트에 있는 왼쪽에 설정한 색이 오른쪽에 설정한 색에 닿았는지 확인합니다.
마우스 포인터 ▾ 까지의 거리	선택한 스프라이트나 마우스 포인터까지의 거리를 담고 있습니다.
너 이름이 뭐니? 라고 묻고 기다리기	묻고 사용자가 답할 때까지 기다립니다.
대답	사용자가 답한 내용을 저장합니다.
스페이스 ▾ 키를 눌렀는가?	설정한 키가 눌렸는지 확인합니다.
마우스를 클릭했는가?	마우스를 클릭했는지 확인합니다.
마우스의 x좌표	마우스 포인터 현재 위치의 x좌표를 담고 있습니다.
마우스의 y좌표	마우스 포인터 현재 위치의 y좌표를 담고 있습니다.
드래그 모드를 드래그 할 수 있는 ▾ 상태로 정하기	전체 화면 실행 시 스프라이트의 드래그 허용 여부를 설정합니다.
음량	마이크로 전달된 음량을 담고 있습니다.
타이머	타이머 초기화 이후 경과 시간을 1/1000초 단위로 담고 있습니다. 타이머는 프로그램을 새롭게 실행하거나 타이머 초기화 문장 블록을 실행할 때 0으로 초기화됩니다.
타이머 초기화	타이머 값을 0으로 만듭니다.
무대 ▾ 의 배경 번호 ▾	무대나 스프라이트의 정보를 담고 있습니다.
현재 년 ▾	현재 년, 월, 일, 요일, 시, 분, 초를 담고 있습니다.
2000년 이후 현재까지 날짜 수	2000년 1월 1일 이후 현재까지의 날짜 수를 담고 있습니다.
사용자 이름	로그인한 사용자 이름을 담고 있습니다.
비디오 동작 ▾ 에 대한 스프라이트 ▾ 에서의 관찰값	[비디오 감지 기능] 스프라이트나 무대를 기준으로 비디오 동작과 방향의 관찰값을 담고 있습니다.
비디오 켜기 ▾	[비디오 감지 기능] 비디오를 켜거나 끕니다.
비디오 투명도를 0 (으)로 정하기	[비디오 감지 기능] 비디오의 투명도를 설정합니다.

[표 9-1]에 있는 비디오 감지 기능 블록들은 스크래치 화면 왼쪽 아래에 있는 확장 기능 추가하기(■)를 클릭한 후 [비디오 감지] 기능에서 찾을 수 있습니다. [비디오 감지] 기능에는 비디오 동작 크기가 일정 수치를 넘어갈 때 처리되는 이벤트 블록도 존재합니다. 이 블록은 10장에서 살펴봅니다.

Section 02

감지 응용 프로그래밍

1 [실습] 키보드로 쥐 조정하기

이제부터 고양이를 피해 도망치는 쥐를 단계별로 만들어보겠습니다. 여러분은 단계마다 새로운 감지 기능 블록들을 경험하게 될 것입니다. 먼저 기본적으로 제공하는 고양이를 삭제하고 [스프라이트 고르기]에서 Mouse1을 추가하여 이름을 '쥐'로 수정한 후 [그림 9-3]과 같이 스크립트를 작성합니다. 키보드의 ↑, ↓, ←, →를 누르면 그 방향대로 쥐가 이동하는데 방향 키를 누를 때마다 거리 2만큼씩 이동합니다. 이 예를 통해 여러분은 키보드의 특정 키가 눌렸는지 감지하는 기능을 연습합니다.

그림 9-3 쥐 움직이기

2 [실습] 마우스를 클릭하면 고양이가 등장해 쥐 쫓게 하기

[스프라이트 고르기]에서 Cat 2를 추가하고 이름을 '고양이'로 수정합니다. [그림 9-4]와 같이 고양이의 스크립트를 작성합니다. 고양이는 처음에 보이지 않다가 마우스를 클릭하면 무대 가장자리에 나타나 쥐를 쫓기 시작하는데 0.2초에 3만큼의 속도로 이동합니다. 이 예를 통해 여러분은 마우스가 클릭되었는지 감지하는 기능을 연습합니다.

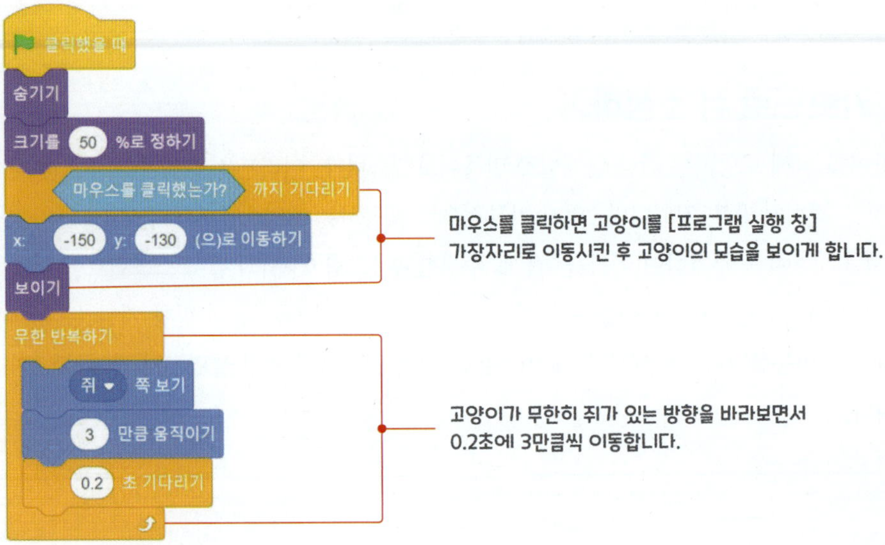

그림 9-4 **고양이가 등장해 쥐 쫓게 하기**

3 [실습] 고양이가 쥐 잡게 하기

고양이가 쥐를 잡으면 '잡았다!'라고 말한 뒤 쥐를 맛있게 먹는 스크립트를 작성해 봅시다. 이때 쥐는 고양이에게 잡혀 더는 움직이지 않으며 고양이도 쥐를 쫓을 필요가 없으므로 더는 움직이지 않습니다. 고양이가 쥐를 잡는 행동은 두 스프라이트가 닿았는지를 확인해 구현할 수 있습니다. 이 예를 통해 여러분은 두 스프라이트가 서로 닿았는지 감지하는 기능을 연습합니다.

[그림 9-5]는 쥐가 고양이에게 잡히면 '찍' 소리를 내고 더는 움직이지 않도록 [그림 9-3]을 수정한 스크립트이고, [그림 9-6]은 [그림 9-4]에 고양이가 쥐를 잡는 행동을 추가한 스크립트입니다.

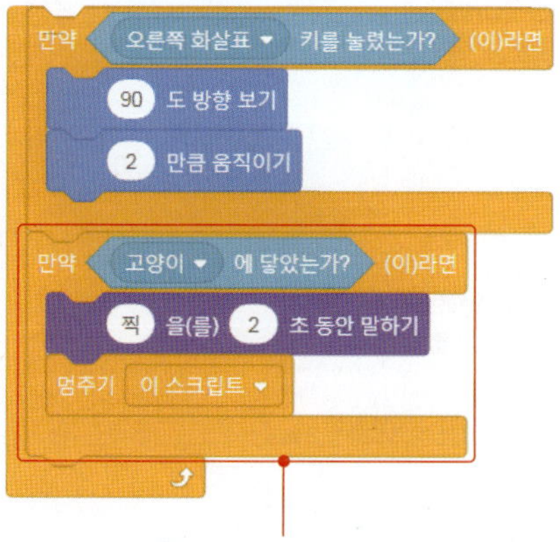

그림 9-5 **[그림 9-3]의 스크립트 수정**

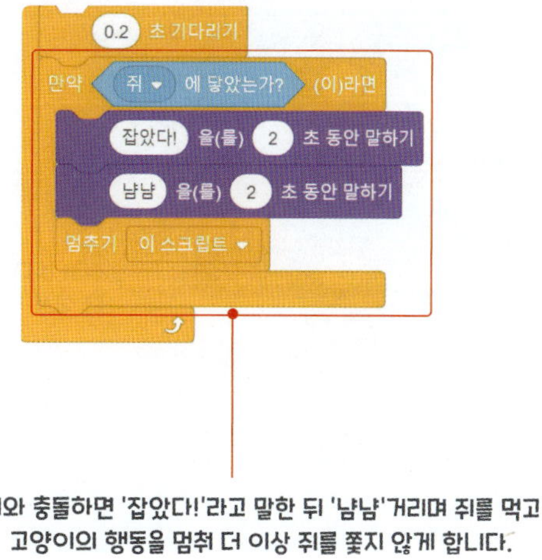

그림 9-6 **[그림 9-4]의 스크립트 수정**

4 [실습] 쥐가 바다에 빠지면 죽게 하기

무대 배경을 Beach Malibu로 변경하고, 쥐가 바다에 빠지면 죽는 스크립트를 작성해 보겠습니다. 쥐가 바다에 빠지면 죽는 행동은 바다 색에 닿았는지를 확인해 구현할 수 있습니다. 이 예를 통해 여러분은 스프라이트가 특정 색에 닿았는지 감지하는 기능을 연습합니다.

[그림 9-7]은 스프라이트가 특정 색깔에 닿았는지 확인하는 감지 블록의 사용법을 보여줍니다. 이 블록은 특정 색깔에 접촉하는 순간 참이 됩니다. 이 블록을 사용해 [그림 9-5]의 스크립트를 [그림 9-8]과 같이 수정합니다.

그림 9-7 **색 감지 블록 사용법**

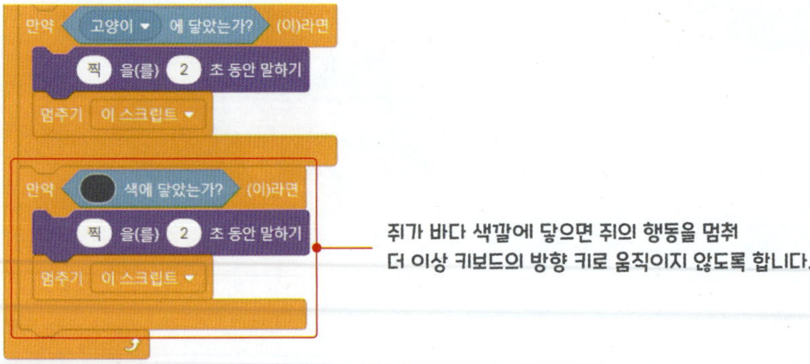

그림 9-8 [그림 9-5]의 스크립트 수정

5 [실습] 고양이가 마우스로 클릭한 위치에 나타나게 하기

[그림 9-4]에서는 마우스를 클릭할 때 고양이가 무대 가장자리에서 등장하였습니다. 이를 수정하여 마우스를 클릭한 위치에 고양이가 등장하도록 해보겠습니다. 이 기능은 마우스 포인터의 위치를 확인하여 [그림 9-9]와 같이 구현할 수 있습니다. 여러분은 이 예를 통해 마우스 포인터의 위치를 감지하는 기능을 연습합니다.

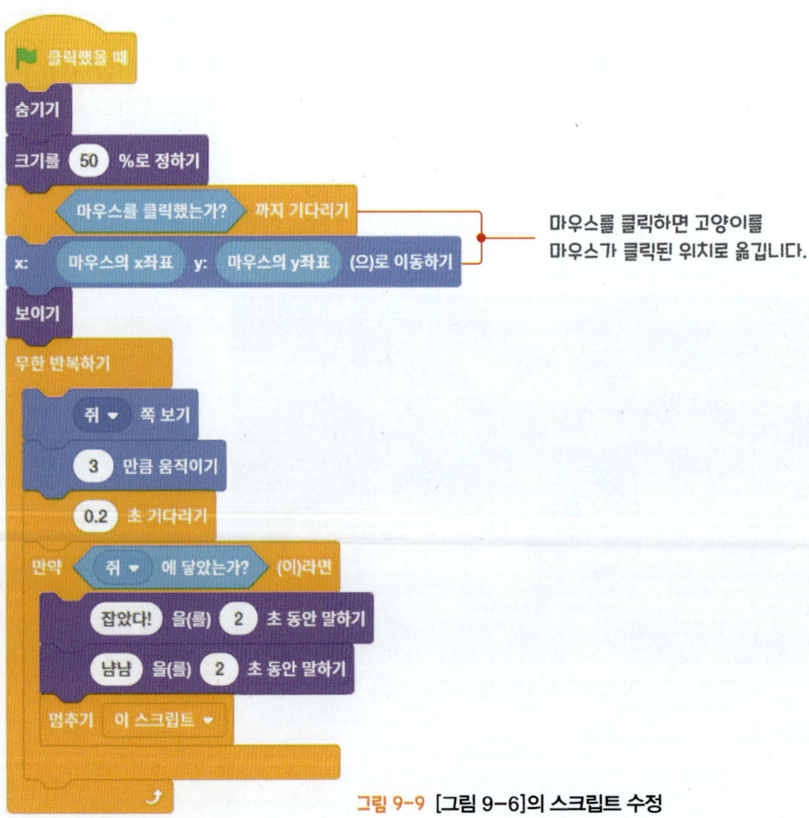

그림 9-9 [그림 9-6]의 스크립트 수정

6 [실습] 쥐가 다가오면 고양이가 쫓게 하기

고양이가 등장하자마자 쥐를 쫓는 게 아니라 쥐가 100만큼의 거리 안으로 들어올 때부터 쫓도록 [그림 9-9]의 스크립트를 [그림 9-10]과 같이 수정해 봅시다. 이 예를 통해 여러분은 두 스프라이트 간의 거리를 감지하는 기능을 연습합니다.

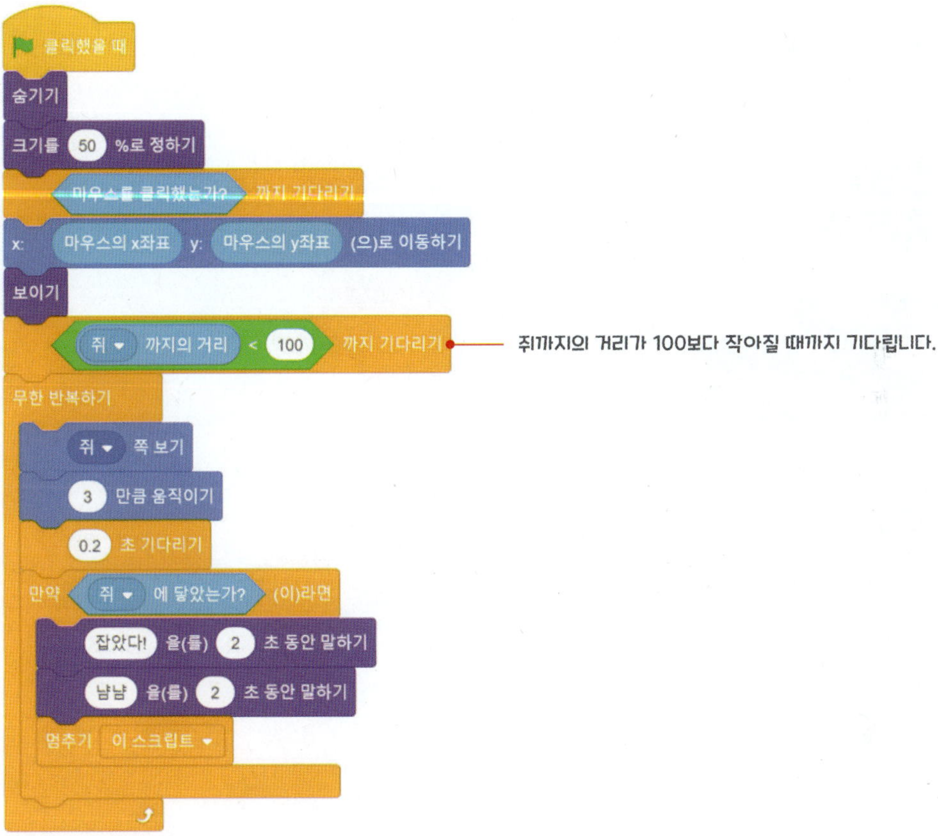

그림 9-10 [그림 9-9]의 스크립트 수정

7 [실습] 60초가 넘어가면 고양이가 포기하게 하기

마지막으로, 고양이가 쥐를 쫓기 시작한 후 60초 안에 쥐를 잡지 못하면 지쳐서 포기하도록 [그림 9-10]의 스크립트를 [그림 9-11]과 같이 수정해 봅시다. 시간을 측정하기 위해서는 [감지] 메뉴의 [타이머]라는 자료/변수 블록을 이용해야 합니다. [타이머] 블록은 1000분의 1초 단위로 타이머가 초기화된 이후 경과 시간을 담고 있습니다. [감지] 메뉴에 [타이머 초기화]라는 블록이 있는데 이 블록을 실행하면 타이머 블록의 값을 0으로 초기화합니다. 이 예를 통해 여러분은 경과된 시간을 감지하는 기능을 연습합니다. 참고로 타이머는 프로그램을 새롭게 실행할 때도 0으로 초기화됩니다.

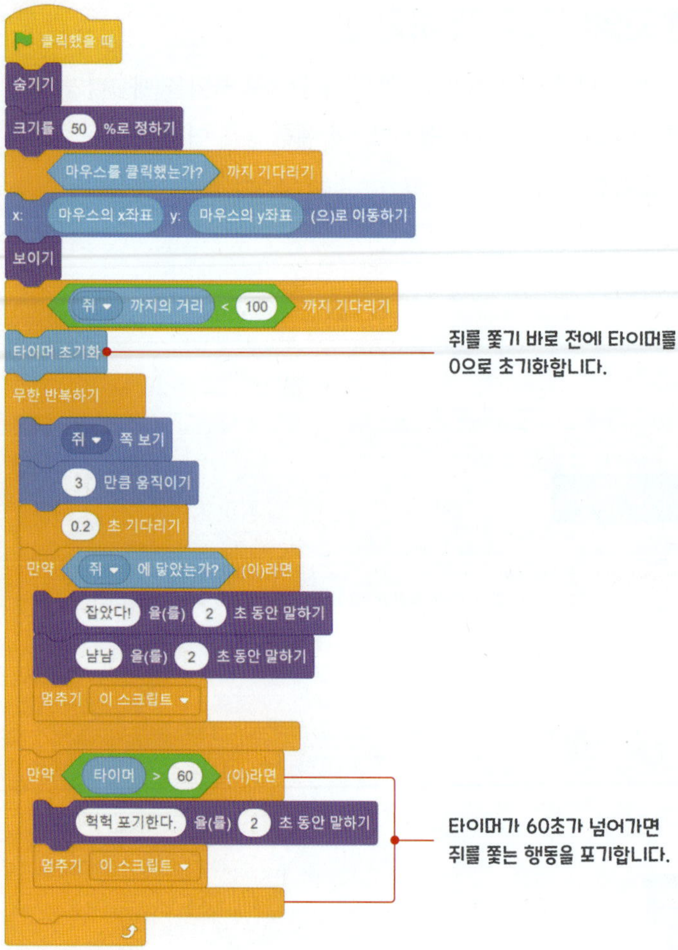

그림 9-11 [그림 9-10]의 스크립트 수정

Section 03

카메라와 마이크 응용 프로그래밍

1 카메라와 마이크 기능

사람과 컴퓨터 간의 전형적인 대화 방식은 키보드와 마우스를 이용하는 것입니다. 그러나 음성과 동작인식 기술이 발전하고 터치 스크린이 보편화됨에 따라 음성, 동작, 스크린 터치도 컴퓨터와 대화하는 방식으로 활용되고 있습니다. 이와 같은 다양한 인터페이스는 보다 사람 중심으로 자연스럽고 효율적으로 컴퓨터와 상호작용하도록 도와줍니다. 키보드를 조작하는 데 어려움을 겪는 노인이나 장애인이 음성으로 컴퓨터와 대화하거나 스크린 터치로 복잡한 컴퓨터의 기능을 직관적으로 조작하는 것 등을 대표적인 예로 들 수 있습니다.

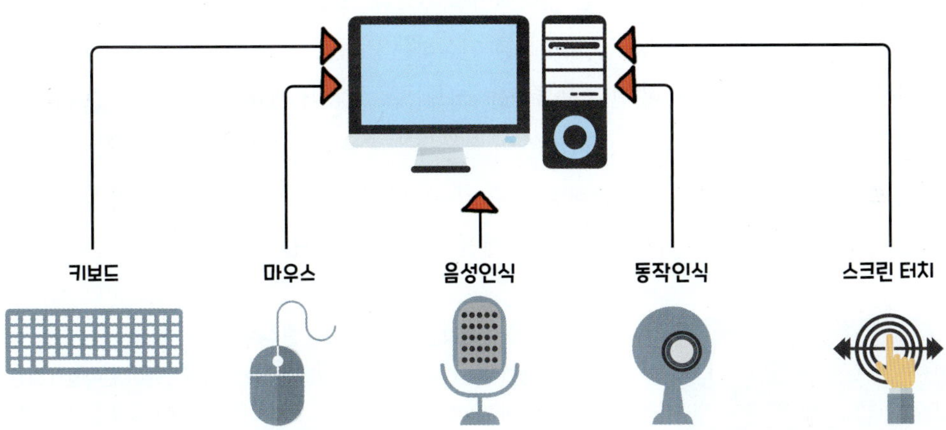

그림 9-12 사람과 컴퓨터 간 인터페이스

하나 더 알기 **멀티모달 인터페이스**

이처럼 키보드와 마우스뿐 아니라 음성, 동작, 스크린 터치 등의 다양한 방법으로 컴퓨터와 대화하는 것을 멀티모달 인터페이스(Multimodal Interface)라고 합니다. 멀티모달에서 모달은 상호작용에 사용되는 대화 채널을 의미하는 모달리티(Modality)에서 온 용어입니다. 키보드도 컴퓨터와 상호작용하는 대화 채널로서 하나의 모달리티를 지원하는 장치입니다.

특히 게임에서는 키보드와 마우스만으로 조작하기보다 음성과 동작, 스크린 터치 등을 모두 이용하는 것이 사용자에게 새로운 재미를 줄 수 있습니다. 그래서 많은 게임 회사들이 다양한 대화 방식의 인터페이스 기능을 갖춘 게임기와 게임 소프트웨어를 개발하고 있습니다. [그림 9-13]은 특히 동작인식 기능으로 새로운 재미를 제공하는 게임기들을 보여줍니다.

닌텐도 Wii　　마이크로소프트 XBOX　　소니 PS

그림 9-13 동작인식 인터페이스 활용 예

스크래치도 키보드와 마우스뿐 아니라 다른 인터페이스 기능을 활용할 수 있도록 지원하고 있습니다. 이런 기능은 크게 카메라로 촬영되는 비디오를 인식하는 기능과 마이크로 입력되는 오디오의 음량을 측정하는 기능으로 나뉘며, 관련된 블록들을 [코드] 탭-[감지] 메뉴와 확장 기능 중 하나인 [비디오 감지] 기능에 모아놓았습니다. 여러분은 이 블록들을 활용하여 사용자의 동작 또는 음성으로 조작되는 스프라이트의 행동을 프로그래밍할 수 있습니다. [그림 9-14]는 스크래치의 비디오를 감지하는 자료/변수 블록이 비디오의 동작과 방향을 해석하는 방법을 보여줍니다.

- 비디오 동작의 관찰값은 손동작이 크면 클수록 값이 커집니다.
- 비디오 방향의 관찰값은 손의 방향 값을 측정합니다. 즉, 손이 왼쪽에서 오른쪽으로 이동하면 양의 값, 오른쪽에서 왼쪽으로 이동하면 음의 값이 측정됩니다.
- 무대를 기준으로 감지하면 무대 내 모든 비디오의 동작과 방향을 감지합니다.
- 스프라이트를 기준으로 감지하면 스프라이트의 비디오 감지 영역(스프라이트가 차지하는 공간) 내에서만 비디오의 동작과 방향을 감지합니다.

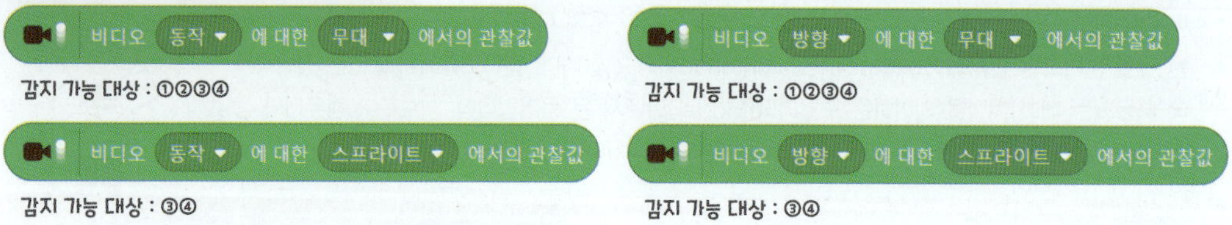

그림 9-14 비디오 동작과 방향을 감지하는 자료/변수 블록

2 [실습] 고양이를 때리면 울게 하기

비디오 동작과 방향을 감지하려면 컴퓨터에 카메라가 연결되어 있어야 합니다. 이런 환경을 구축하고 난 후 때리는 강도에 따라 우는 소리의 크기가 달라지는 고양이의 스크립트를 [그림 9-15]와 같이 작성합니다. 이 고양이는 손으로 약하게 때리면 원래 음량의 10%로 작게 울고, 세게 때리면 원래 음량대로 우는 행동을 합니다. 이 예를 통해서 여러분은 스프라이트를 기준으로 비디오 동작을 감지하는 기능을 연습합니다.

비디오 동작은 컴퓨터 환경에 따라 달라질 수 있으므로 상황에 맞게 관찰값의 크기를 조정합니다.

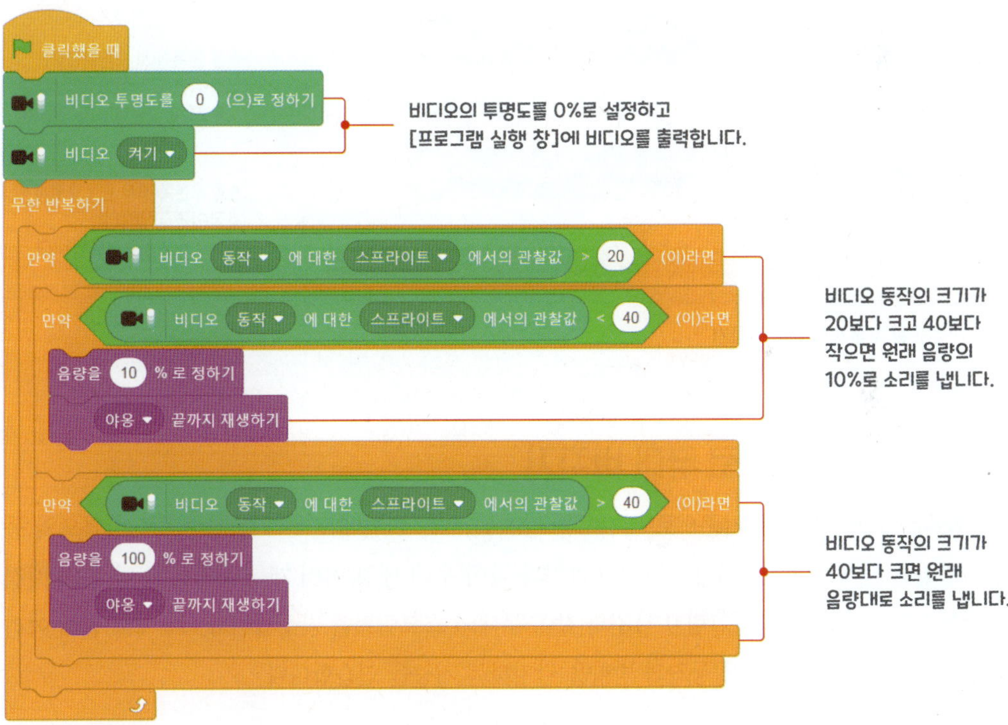

그림 9-15 때리는 강도에 따라 우는 소리의 크기 달라지게 하기

3 [실습] 고양이가 사람 손을 피해 도망가게 하기

고양이를 손으로 밀면 손의 반대 방향으로 도망가게 해 봅시다. 사용자가 왼쪽에서 오른쪽으로 손을 갖다 대면 고양이가 오른쪽으로 이동하고, 반대로 오른쪽에서 왼쪽으로 손을 갖다 대면 고양이

가 왼쪽으로 이동하도록 [그림 9-16]과 같이 스크립트를 작성합니다. 이 예를 통해 여러분은 스프라이트를 기준으로 비디오 방향 감지 기능을 연습합니다.

> 비디오 방향은 매우 민감해 스프라이트를 세밀하게 조정하기는 어렵습니다. 그래서 일반적으로 동작이 왼쪽에서 오른쪽으로 이루어질 때 양의 값을 갖고 오른쪽에서 왼쪽으로 이루어질 때 음의 값을 갖는 정도로만 구분하는 것이 좋습니다.

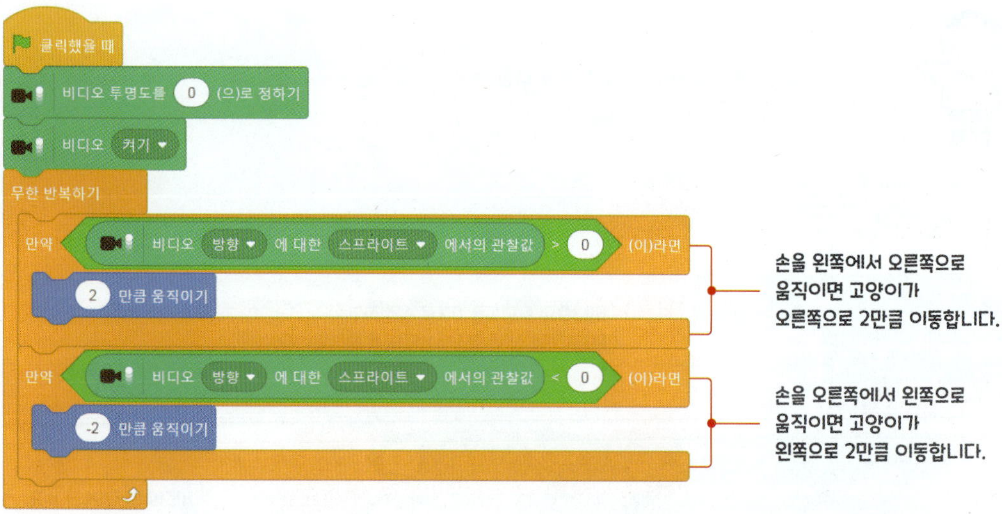

그림 9-16 **손을 피해 도망 다니게 하기**

4 [실습] 손동작으로 무대 바꾸기

지금까지는 스프라이트를 기준으로 비디오를 감지했는데, 이번에는 무대를 기준으로 비디오의 동작과 방향을 감지해 보겠습니다. [그림 9-17]과 같이 무대 배경 여러 개를 추가하고 이 무대 배경을 손동작으로 변경하도록 [그림 9-18]과 같이 무대의 스크립트를 작성합니다. 이 예를 통해 여러분은 무대를 기준으로 비디오 동작과 방향을 감지하는 기능을 연습합니다.

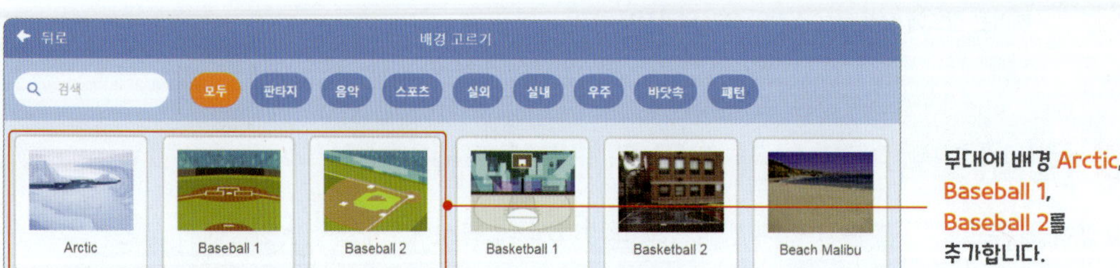

그림 9-17 **무대 배경 추가하기**

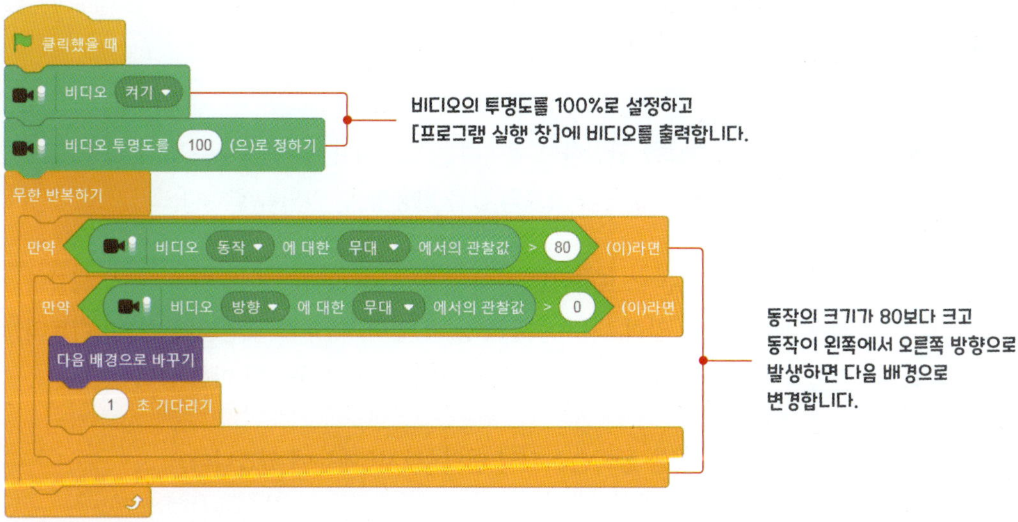

그림 9-18 **손동작으로 배경 바꾸기**

5 [실습] 소리에 따라 고양이의 달리는 속도 변경하기

음량을 이용하기 위해 컴퓨터에 마이크를 연결한 후 [그림 9-19]와 같이 응원 소리의 크기에 따라 달리는 속도가 변경되는 고양이 스크립트를 작성합니다. 이 예를 통해 여러분은 마이크로 입력되는 오디오의 음량을 감지하는 기능을 연습합니다. 마이크의 음량도 컴퓨터 환경에 따라 감지되는 값이 달라지므로 스크립트를 실행해 보면서 음량의 비교 수치를 적절하게 조정합니다.

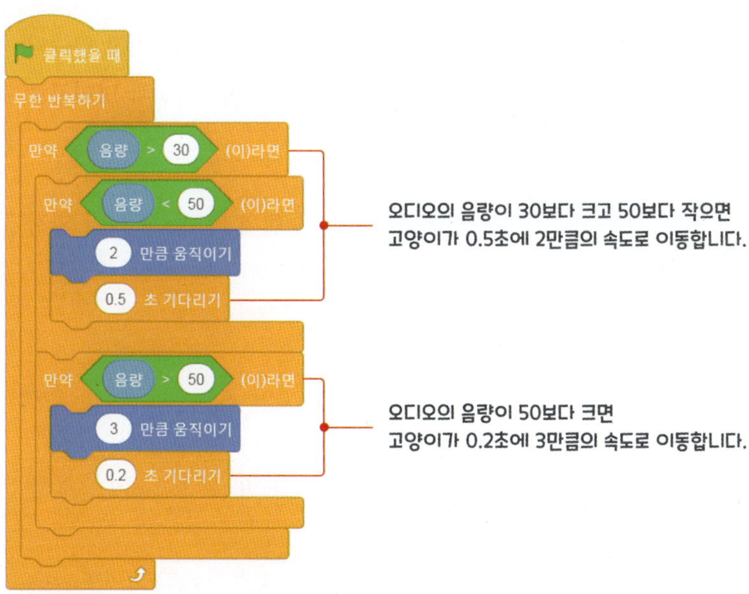

그림 9-19 **응원 소리에 따라 달리는 속도 변경하기**

요약

01 감지란 어떤 현상이나 자료를 관찰하여 판독하는 것입니다. 스크래치는 감지 기능을 제공하여 스프라이트가 다양한 현상과 자료의 값을 활용할 수 있도록 합니다.

02 스크래치의 감지 대상으로는 스프라이트 간의 충돌, 스프라이트 간의 거리, 특정 색깔과의 접촉, 사용자의 키보드 입력, 키보드의 특정 키 입력, 마우스 포인터나 스프라이트의 좌표, 음량의 크기, 타이머 값, 현재 년/월/일/요일/시각, 사용자의 이름 등이 있습니다.

03 스크래치의 감지 기능을 위한 블록은 [코드] 탭의 [감지] 메뉴에 있습니다.

04 사람과 컴퓨터 간의 전형적인 대화 방식인 키보드와 마우스뿐만 아니라 음성, 동작, 스크린 터치 등의 다양한 방법으로 컴퓨터와 대화하는 것을 멀티모달(Multi-Modal) 인터페이스라고 합니다. 멀티모달에서 모달은 상호작용에 사용되는 대화 채널을 의미하는 '모달리티(Modality)'에서 온 용어입니다.

05 멀티모달 인터페이스는 보다 사람 중심으로 자연스럽고 효율적으로 컴퓨터와 상호작용하도록 도와줍니다. 즉, 멀티모달 인터페이스는 키보드 조작에 어려움을 겪는 노인들이나 장애인들이 음성으로 컴퓨터와 대화하거나 스크린 터치로 복잡한 컴퓨터의 기능을 직관적으로 조작하도록 도와줍니다.

06 스크래치는 키보드와 마우스 외의 인터페이스 기능도 활용할 수 있도록 지원하고 있습니다. 이런 스크래치 기능은 크게 카메라로 촬영되는 비디오를 인식하는 기능과 마이크로 입력되는 오디오의 음량을 측정하는 기능으로 나뉘어집니다.

07 스크래치에서 멀티모달 인터페이스와 관련된 블록들은 [코드] 탭의 [감지] 메뉴와 확장 기능의 [비디오 감지] 메뉴에 있습니다.

연습문제

01 어떤 현상이나 자료를 관찰하여 판독하는 개념은 무엇인가요?

① 이벤트 ② 감지 ③ 자료형 ④ 조건

02 다음 중 스크래치의 스프라이트가 감지할 수 있는 대상을 모두 고르세요.

① 다른 스프라이트까지의 거리
② 특정 색과의 접촉 현상
③ 현재 년, 월, 일, 요일, 시, 분, 초
④ 마우스 포인터까지의 거리

03 다음 중 무대가 감지할 수 없는 대상을 모두 고르세요.

① 마우스가 클릭되는 현상
② 스프라이트와의 충돌 현상
③ 키보드의 특정 키가 눌리는 현상
④ 특정 색과의 접촉 현상

※ 다음은 스크래치에서 제공하는 감지 기능 관련 블록들입니다. 이 보기를 보고 **04**번과 **05**번 문제에 답하세요.

ⓐ 벽 ▾ 에 닿았는가?
ⓑ 색에 닿았는가?
ⓒ 마우스를 클릭했는가?
ⓓ 스페이스 ▾ 키를 눌렀는가?

04 벽 또는 다른 스프라이트와 충돌했는지 감지하는 데 사용하는 블록은 무엇인가요?

① ⓐ 블록
② ⓑ 블록
③ ⓒ 블록
④ ⓓ 블록

05 키보드의 특정 키가 눌리는 현상을 감지하는 데 사용하는 블록은 무엇인가요?

① ⓐ 블록
② ⓑ 블록
③ ⓒ 블록
④ ⓓ 블록

06 키보드와 마우스뿐 아니라 동작, 음성 등의 다양한 방식으로 컴퓨터와 상호작용하는 개념은 무엇인가요?

① 멀티 스레딩
② 멀티모달 인터페이스
③ 멀티플레이
④ 멀티 태스킹

07 다음은 감지 기능을 활용한 고양이의 스크립트입니다. 이 프로그램에 대한 설명으로 옳지 않은 것을 모두 고르세요.

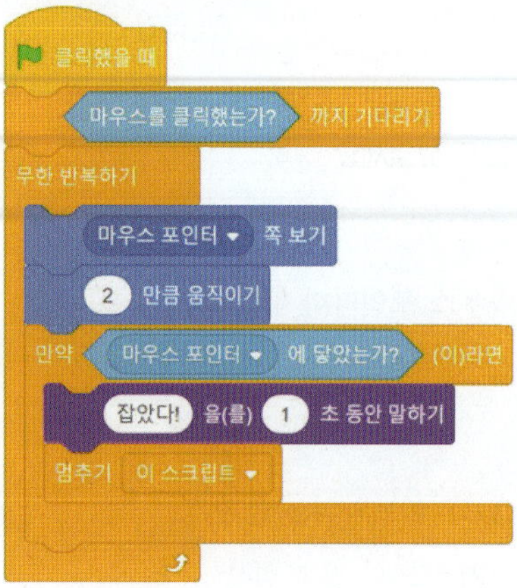

① 시작하기 버튼( )을 클릭하자마자 마우스 포인터를 쫓아갑니다.

② 시작하기 버튼( )을 클릭하고 마우스를 클릭하면 마우스 포인터를 쫓아갑니다.

③ 마우스 포인터에 닿으면 "잡았다!"라고 말하고 쫓는 행동을 멈춥니다.

④ 마우스 포인터에 닿으면 "잡았다!"라고 말하고 계속 마우스 포인터를 쫓습니다.

08 다음은 감지 기능을 활용한 고양이의 스크립트입니다. 이 프로그램에 대한 설명으로 옳은 것은 무엇인가요?

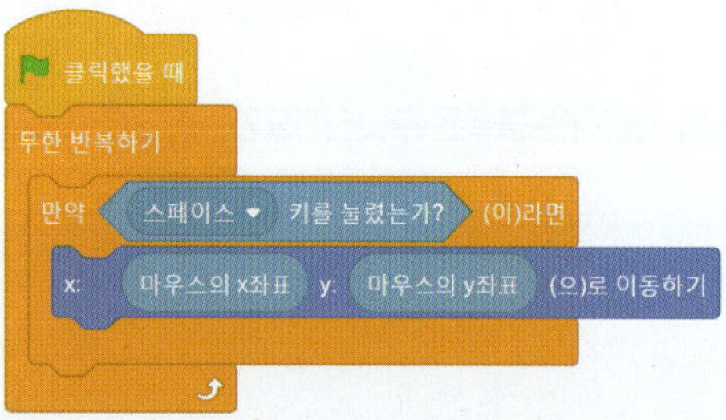

① 시작하기 버튼( )을 클릭한 후, 스페이스 바를 누르면 마우스 포인터를 쫓아갑니다.

② 시작하기 버튼( )을 클릭한 후, 스페이스 바를 누르면 마우스 포인터 방향을 바라봅니다.

③ 시작하기 버튼( )을 클릭한 후, 스페이스 바를 누르면 마우스 포인터 위치로 순간 이동합니다.

④ 시작하기 버튼( )을 클릭한 후, 스페이스 바를 누르면 마우스 포인터를 바라보면서 쫓아갑니다.

09 다음은 감지 기능을 활용한 고양이의 스크립트입니다. 이 프로그램에 대한 설명으로 옳은 것을 모두 고르세요.

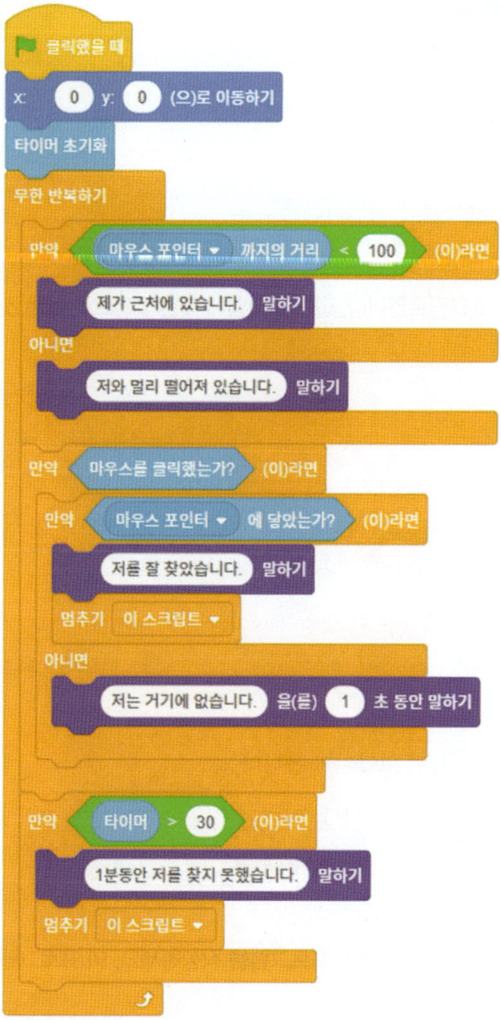

① 30초 안에 마우스 포인터를 고양이와의 거리가 100보다 가까운 곳에 갖다 대면 “제가 근처에 있습니다.”라고 말합니다.

② 30초 안에 고양이에 마우스 포인터가 닿으면 “저를 잘 찾았습니다.”라고 말합니다.

③ 30초 안에 고양이와 100 이상 떨어진 곳을 클릭하면 “저와 멀리 떨어져 있습니다.”라고 말합니다.

④ 30초 안에 고양이를 클릭하면 “저를 잘 찾았습니다.”라고 말합니다.

10 **다음과 같은 조건이 참이 되기 위한 현상으로 옳은 것은 무엇인가요?**

① 스프라이트의 비디오 감지 영역 내에서 손을 왼쪽에서 오른쪽으로 움직입니다.

② 스프라이트의 비디오 감지 영역 내에서 손을 오른쪽에서 왼쪽으로 움직입니다.

③ 무대 아무 곳에서나 손을 왼쪽에서 오른쪽으로 움직입니다.

④ 무대 아무 곳에서나 손을 오른쪽에서 왼쪽으로 움직입니다.

11 **다음은 비디오 감지 기능을 활용한 고양이의 스크립트입니다. 이 프로그램에 대한 설명으로 옳은 것은 무엇인가요?**

① 고양이를 15보다 큰 동작으로 때리면 고양이가 웁니다.

② 무대 아무 곳에서나 15보다 큰 동작이 발생하면 고양이가 웁니다.

③ 고양이를 15보다 작은 동작으로 때리면 고양이가 웁니다.

④ 무대 아무 곳에서나 15보다 작은 동작이 발생하면 고양이가 웁니다.

12 **고양이는 마우스 포인터를 쫓아가고 개는 고양이를 쫓아가는 프로그램을 작성하세요. 이 프로그램의 실행 화면과 기능은 다음과 같습니다.**

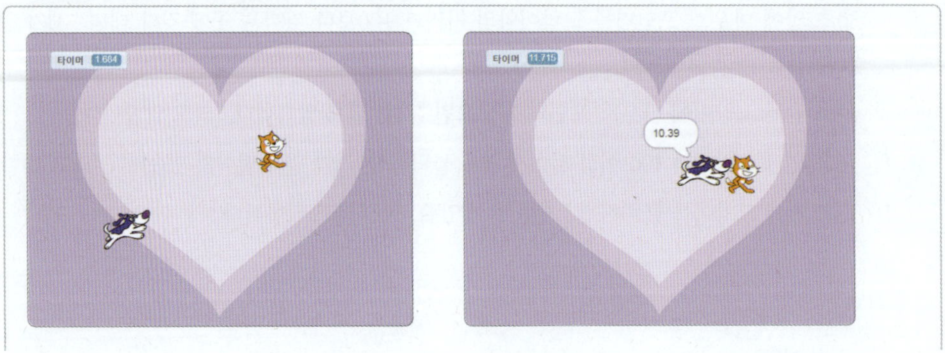

1. 무대 배경은 Hearts입니다.
2. 시작하기 버튼(🏳)을 클릭하면 무대는 배경음악 Dance Around를 반복 재생합니다.
3. 시작하기 버튼(🏳)을 클릭하면 고양이는 자신의 크기를 50%로 줄이고 위치 (0, 0)에 나타나 마우스 포인터 방향을 바라보면서 0.2초에 3만큼씩 이동합니다.
4. 시작하기 버튼(🏳)을 클릭하면 개는 자신의 크기를 50%로 줄이고 위치 (−150, −100)에서 자신의 모습을 숨기고 있습니다.
5. 키보드의 스페이스 바를 누르면 개가 모습을 드러내어 고양이를 바라보면서 0.2초에 3만큼씩 이동합니다.
6. 개가 고양이를 쫓기 시작한 순간부터 타이머로 시간을 측정합니다.
7. 개가 고양이를 잡으면 둘 다 동작을 멈추고 개가 고양이를 잡기까지 걸린 시간을 2초간 말합니다.
8. 개가 고양이를 잡으면 배경음악도 중지됩니다.

13 **고양이가 사과를 던져서 위아래로 움직이는 박쥐를 맞히는 게임을 작성하세요. 이 프로그램의 실행 화면과 기능은 다음과 같습니다.**

1. 무대 배경은 Desert입니다.
2. 시작하기 버튼(🏳)을 클릭하면 무대는 점수를 0으로 설정합니다(무대에 변수 [점수] 생성).
3. 시작하기 버튼(🏳)을 클릭하면 고양이는 자신의 크기를 70%로 줄이고 위치 (−200, −50)에 나타나 제자리에 가만히 있습니다.
4. 시작하기 버튼(🏳)을 클릭하면 박쥐는 자신의 크기를 60%로 줄이고 위치 (170, 0)에 나타나 위아래로 이동합니다(이동 속도는 사용자가 결정).
5. 시작하기 버튼(🏳)을 클릭하면 사과는 자신의 크기를 50%로 줄이고 위치 (−160, −50)에 나타납니다.
6. 키보드의 스페이스 바를 누르면 사과는 스페이스 바를 누르는 순간의 마우스 포인터 위치를 바라보면서 날아갑니다(사과가 날아가는 속도는 사용자가 결정).
7. 날아가는 사과는 도중에 마우스 포인터 조작으로 방향을 바꿀 수 없습니다.
8. 날아가는 사과는 박쥐에 닿거나 벽에 닿으면 사라지고, 다시 고양이 손 쪽(위치 (−160, −50))에 나타납니다.
9. 박쥐는 사과에 맞으면 점수를 10만큼 올리고 소용돌이 치면서 사라집니다. 그리고 다시 원래 위치 (170, 0)에 나타나 위아래로 이동합니다.

CHAPTER 10

이벤트를 활용한 응용 프로그래밍

학습목표

- 이벤트의 개념과 이벤트 드리븐 프로그램의 개념을 이해합니다.
- 메시지 방송의 개념을 이해합니다.
- 스크래치가 제공하는 이벤트 처리 기능과 관련된 블록들을 소개합니다.
- 스크래치의 이벤트 처리와 관련된 블록들을 연습합니다.
- 비디오와 오디오로 발생하는 이벤트 처리 기능을 연습합니다.

Preview

이벤트란 어떤 동작을 실행시키는 사건을 의미합니다. 스크래치는 프로그램을 시작하는 시작하기 버튼( ) 클릭, 키보드의 특정 키 입력, 마우스 클릭, 타이머의 특정 값 초과 등의 다양한 이벤트들을 정의하고 있습니다. 여러분은 이런 이벤트 발생 시 스프라이트가 수행해야 할 행동을 프로그래밍할 수 있습니다. 또한 스크래치는 메시지 방송 기능을 제공하여 새로운 이벤트를 정의하고 활용할 수 있도록 합니다. 메시지 방송 기능은 하나의 스프라이트가 다른 스프라이트의 행동을 촉발시키는 데에 사용합니다. 스크래치는 카메라의 비디오 동작이나 마이크의 음량이 일정 크기를 넘어가는 이벤트도 활용할 수 있습니다. 이와 같은 이벤트 기능은 감지 기능과 더불어 창의적인 프로그램 제작을 도와줍니다.

이 장은 이벤트의 개념과 메시지 방송 기능을 설명하고, 스크래치가 제공하는 다양한 이벤트 기능을 활용하여 창의적 프로그래밍을 실습합니다. 그리고 카메라의 비디오 동작과 마이크의 음량이 특정 크기를 넘어가는 이벤트를 활용한 간단한 예제를 실습합니다.

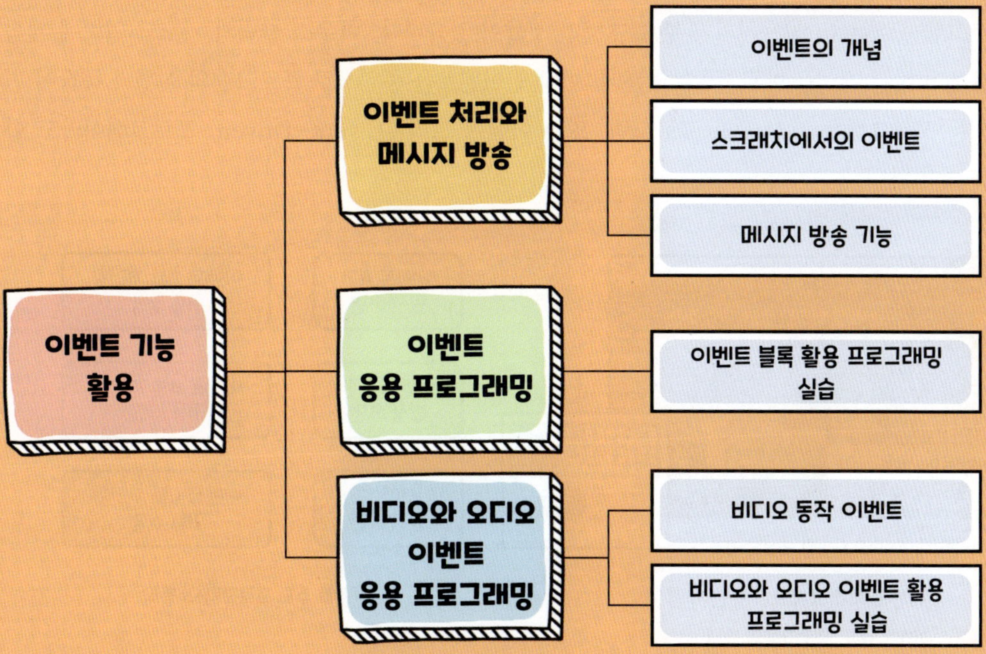

Section 01

이벤트 처리와 메시지 방송

1 이벤트의 개념

이벤트(Event)란 어떤 동작을 실행시키는 사건을 의미합니다. 일상 속에서 이루어지는 행동은 이벤트에 의해 수행되는 경우가 많습니다. 갑자기 비가 오면 건물 안으로 몸을 피한다거나, 전화벨이 울리면 급히 달려와 전화를 받는 행동이 모두 이에 해당됩니다. 프로그램에서도 반응해야 할 이벤트들이 존재하는데 대표적인 예로 키보드 입력, 마우스 클릭 등이 있습니다.

프로그램 중에는 이벤트 처리가 주요 기능인 것들이 있습니다. 마우스 클릭과 키보드 입력에 계속 반응해야 하는 게임을 예로 들 수 있는데, 이렇게 이벤트를 중심으로 프로그램의 실행과 동작이 변경되는 프로그램을 사건 주도 프로그램, 또는 이벤트 드리븐(Event-Driven) 프로그램이라고 합니다.

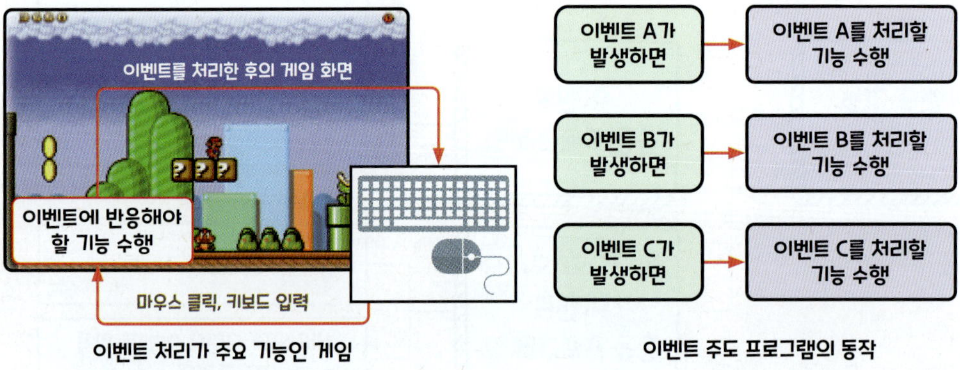

그림 10-1 이벤트 주도 프로그램의 개념

2 스크래치에서의 이벤트

스크래치는 게임이나 인터랙티브 스토리와 같이 사용자와 활발하게 상호작용하는 프로그램 개발을 장려하면서 이벤트 주도 프로그래밍 방식을 지원합니다. [그림 10-2]는 스크래치가 지원하는 이벤트들을 보여줍니다.

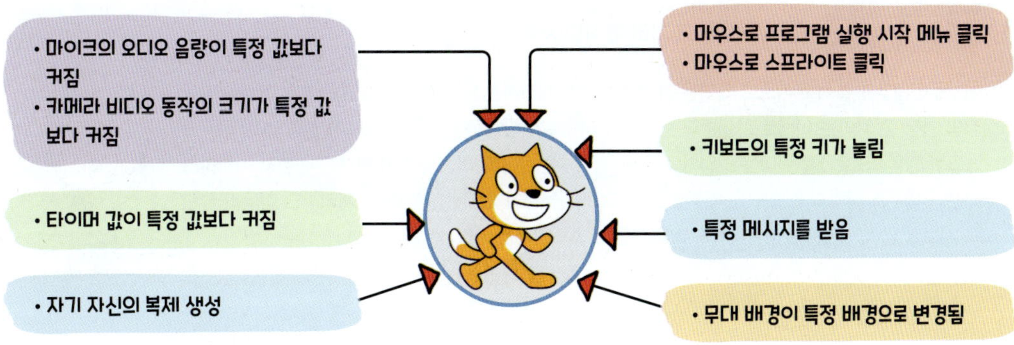

그림 10-2 스크래치에서 지원하는 여러 가지 이벤트

[그림 10-2]에 기술된 자신의 복제 생성 이벤트는 스프라이트가 자신과 똑같은 형태의 스프라이트를 복제할 때 발생하는 이벤트입니다. 스프라이트의 복제는 게임 프로그래밍에서 매우 자주 사용하는 기능으로 11장에서 자세히 다룹니다.

스크래치의 이벤트 처리 기능을 활용하면 감지 기능과 마찬가지로 다양한 동작을 손쉽게 프로그래밍할 수 있습니다. 예를 들어 키보드의 방향 키 입력을 이벤트로 처리해 자동차의 진행 방향을 조정할 수 있고, 무대 배경이 야구장일 때는 야구를 하다가 배경이 자연 경관으로 바뀌면 산책하도록 주인공의 행동을 변경할 수도 있습니다. 그 밖에 고양이들이 쥐가 나타났다는 메시지를 받아 쥐를 쫓아가도록 할 수 있고, 카메라나 마이크로부터 전달되는 자료의 값을 이용하여 동작과 음성인식 프로그램도 만들 수 있습니다. [그림 10-3]은 스크래치의 이벤트 처리 기능으로 구현할 수 있는 다양한 활용 예입니다.

그림 10-3 스크래치의 이벤트 처리 기능의 활용 예

하나 더 알기 ✓ **감지와 이벤트 처리 방식의 차이**

9장에서 마우스 클릭과 키보드 입력을 감지 기능으로 처리하는 방법에 대해 배웠습니다. 이벤트와 감지의 가장 큰 차이는 이벤트로 실행되는 기능이 이벤트가 발생하는 순간 스레드가 생성되어 다른 기능들과 병렬적으로 실행된다는 것입니다. 또한 감지 기능은 감지하는 순간에 발생한 현상만 처리하기 때문에 마우스 클릭과 키보드 입력을 놓칠 수 있는 가능성이 있지만, 이벤트로 처리하면 마우스 클릭과 키보드 입력이 언제 발생하더라도 놓치지 않고 처리한다는 차이가 있습니다.

스크래치는 이벤트 처리와 관련된 블록을 [코드] 탭-[이벤트] 메뉴에 모아놓았습니다. [표 10-1]은 스크래치의 이벤트를 처리하는 블록들을 보여줍니다.

표 10-1 이벤트 처리 블록

블록	설명
🏁 클릭했을 때	시작하기 버튼(🏁)을 클릭하면 아래에 연결된 블록들을 실행합니다.
스페이스 ▾ 키를 눌렀을 때	설정한 키를 누르면 아래에 연결된 블록들을 실행합니다.
이 스프라이트를 클릭했을 때	이 블록을 포함한 스프라이트를 클릭하면 아래에 연결된 블록들을 실행합니다.
배경이 배경 1 ▾ (으)로 바뀌었을 때	설정된 배경으로 바뀌면 아래에 연결된 블록들을 실행합니다.
음량 ▾ > 10 일 때	음량 또는 타이머의 값이 설정한 값보다 크면 아래에 연결된 블록들을 실행합니다.
메시지1 ▾ 신호를 받았을 때	설정한 메시지를 받으면 아래에 연결된 블록들을 실행합니다.
메시지1 ▾ 신호 보내기	모든 스프라이트에 메시지를 보내고 즉시 다음 동작을 실행합니다.
메시지1 ▾ 신호 보내고 기다리기	모든 스프라이트에 메시지를 보내고 이 메시지로 인해 실행되는 모든 행동을 마친 후에 다음 동작을 실행합니다.
비디오 동작 > 10 일 때	비디오 동작의 크기가 설정한 값보다 크면 아래에 연결된 블록들을 실행합니다.

[표 10-1]에 있는 비디오 감지 기능 블록은 스크래치 프로그래밍 환경 왼쪽 아래에 있는 [확장 기능 추가하기] 버튼(▣)을 클릭해 [비디오 감지] 기능을 추가하면 찾을 수 있습니다.

3 메시지 방송과 관련된 블록

[표 10-1]에서 소개한 블록들 중 메시지 신호와 관련된 블록들의 사용법을 알아봅시다. 스프라이트는 사용자가 이름을 정한 특정 메시지를 같은 프로그램에 존재하는 모든 스프라이트와 무대에게 전달할 수 있습니다. 심지어 메시지를 보낸 스프라이트 자신도 그 메시지를 전달받게 됩니다. 이 책에서는 '메시지 신호 보내기'라는 용어보다는 '메시지 방송'이란 용어를 사용합니다. 그 이유는 방송(Broadcasting)이란 뜻이 메시지를 모든 대상에게 전달한다는 의미이며, 블록의 영문 표기에도 'Broadcast'란 단어를 사용하기 때문입니다. [그림 10-4]는 방송하기 블록이 메시지 [쥐 봤다]를 방송하도록 메시지의 이름을 정해 주는 방법입니다.

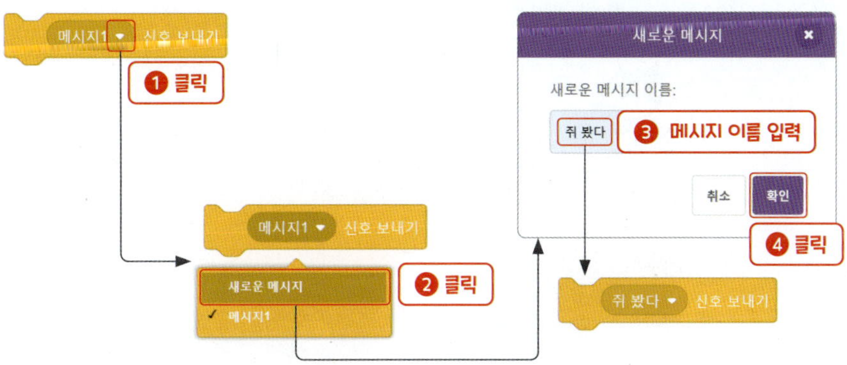

그림 10-4 **방송할 메시지의 이름 지정**

스프라이트와 무대는 특정 메시지를 받으면 이에 반응할 수 있습니다. 즉, 스프라이트나 무대가 특정 메시지를 받았을 때 반응해야 할 행동들을 대응하는 이벤트 블록에 조립하면 됩니다. [그림 10-5]는 메시지 [쥐 봤다]가 방송될 때 이 메시지를 받는 이벤트 블록의 생성 방법입니다.

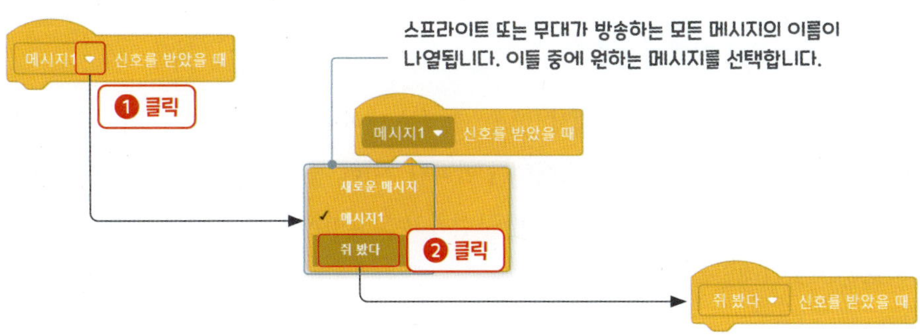

그림 10-5 **이벤트 블록의 생성**

[그림 10-4]와 [그림 10-5]의 블록들을 활용하면 쥐를 발견한 고양이가 그 사실을 메시지 [쥐 봤다]로 방송하고 다른 고양이들이 그 메시지를 받아서 함께 쥐를 쫓는 행동을 만들 수 있습니다.

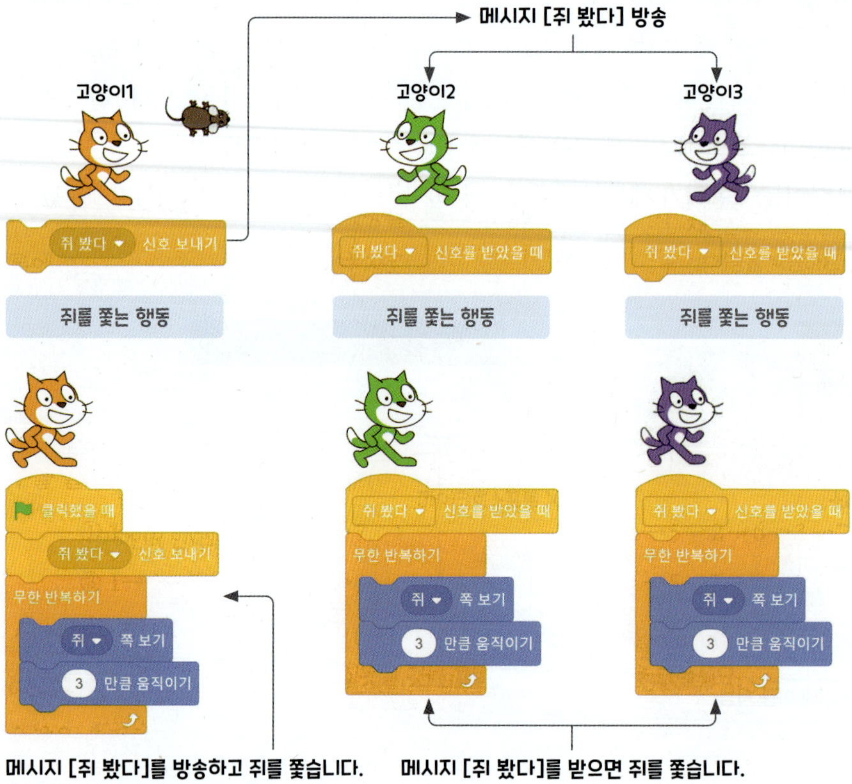

그림 10-6 **메시지 방송과 활용 예**

메시지 방송의 활용 목적은 크게 두 가지로 나뉩니다. 하나는 [그림 10-6]에서 볼 수 있듯이 메시지를 방송하는 주체가 다른 대상에게 어떤 행동을 유발하기 위해서이고, 또 다른 하나는 자기 자신의 행동을 병렬적으로 수행하기 위해서입니다.

후자의 예로 고양이가 쥐를 쫓아갈 때 반복해서 '야옹' 소리를 내야 한다면 고양이는 쥐를 쫓는 행동과 '야옹' 소리를 내는 행동을 병렬적으로 수행해야 합니다. 이런 경우 고양이의 행동 내부에 메시지 [소리 내]를 받아서 '야옹' 소리를 내는 행동을 구현하고 고양이가 쥐를 쫓기 전에 메시지 [소리 내]를 방송하도록 프로그래밍을 합니다.

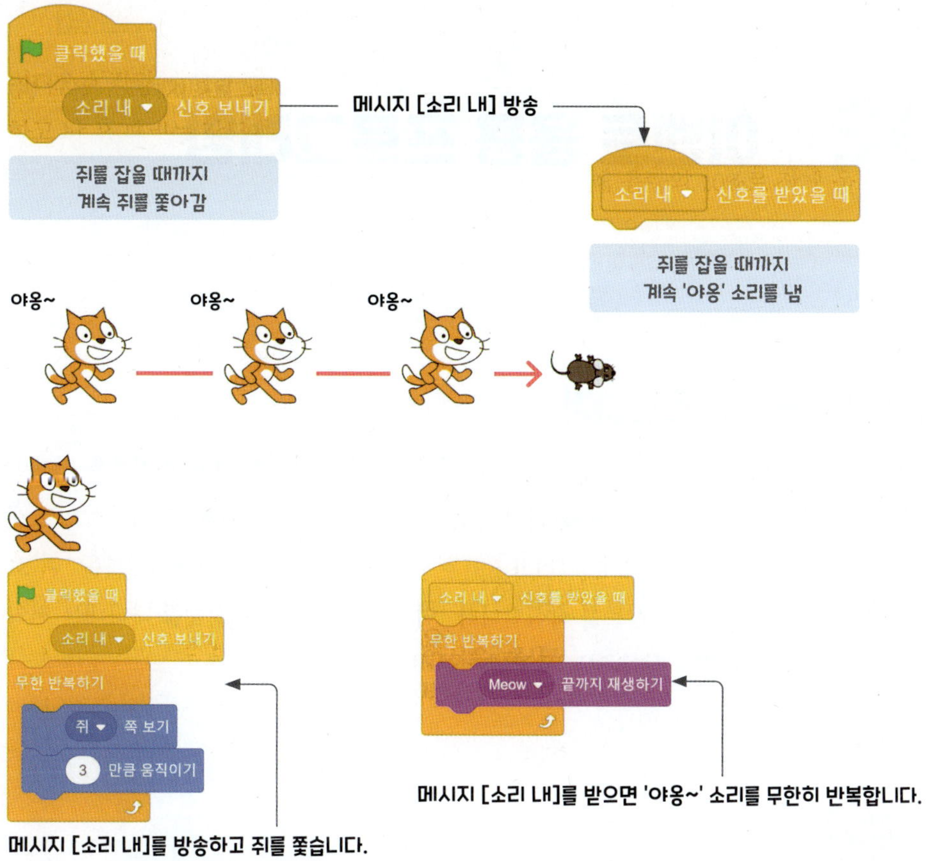

그림 10-7 메시지 방송을 활용한 병렬적 행동

모든 이벤트 블록은 서로 병렬적으로 수행된다는 것을 다시 한번 기억하기 바랍니다. 따라서 [그림 10-7]에서 시작하기 버튼( ) 클릭 이벤트를 처리하는 기능과 메시지 [소리 내]를 받았을 때 처리되는 기능이 함께 수행됩니다.

Section 02

이벤트 응용 프로그래밍

1 [실습] 키보드로 쥐 조정하기

이제부터 3마리의 고양이들을 피해 도망치는 쥐를 단계별로 만들어보겠습니다. 여러분은 단계마다 새로운 이벤트 기능 블록들을 경험하게 될 것입니다. 먼저 스크래치를 실행한 후 기본적으로 제공하는 고양이 스프라이트를 삭제합니다. 그리고 Mouse1 스프라이트를 추가하여 이름을 '쥐'로 수정한 후 [그림 10-8]과 같이 스크립트를 작성합니다. 여기서는 쥐의 생존 상태를 나타내는 전역 변수 [쥐 생존상태]를 이용해 쥐가 살아 있는 동안에만 움직일 수 있게 했습니다.

그림 10-8 키보드로 조정하는 쥐의 스크립트

2 [실습] 고양이가 쥐를 쫓게 하기

[그림 10-8]의 프로그램에 Cat 2 스프라이트를 추가하여 이름을 '고양이'로 수정하고 [그림 10-9]와 같이 스크립트를 작성합니다. 고양이는 쥐가 일정 거리 안에 들어오는 순간부터 0.1초마다 거리 3만큼씩 이동하며 쥐를 쫓습니다. 고양이가 쥐를 잡으면 [쥐 생존상태]를 '죽었음'으로 설정하고 쥐를 쫓는 행동을 멈춥니다.

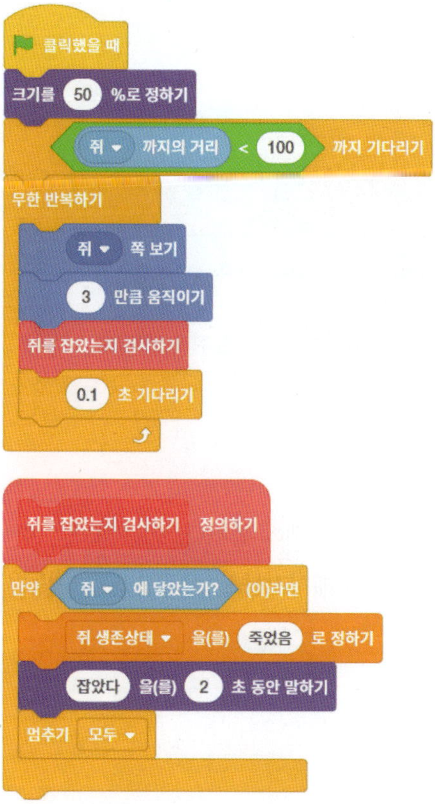

그림 10-9 **쥐를 쫓는 고양이의 스크립트**

3 [실습] 쥐가 30초 이상 잡히지 않으면 이기게 하기

고양이가 쥐를 쫓기 시작한 순간부터 쥐가 30초 동안 고양이에게 잡히지 않았다면, 즉 변수 [쥐 생존상태]가 '살았음'이라면 쥐가 승리를 선언하게 합니다. 고양이가 쥐를 쫓기 시작한 순간부터 경과되는 시간은 고양이가 쥐까지 떨어진 거리를 관찰하다가 이 거리가 일정 거리보다 가까워지는 순간에 타이머를 초기화함으로써 측정할 수 있습니다. 쥐를 쫓기 시작한 순간에 타이머를 초기화하도록 [그림 10-9]의 스크립트를 [그림 10-10]과 같이 수정하고, 쥐에는 [그림 10-11]의 스크립트를 추가하여 쥐가 살아 있는 상태에서 타이머가 30초보다 커지면 '이겼다! 고양이 멈춰라.'를 외치도록 합니다.

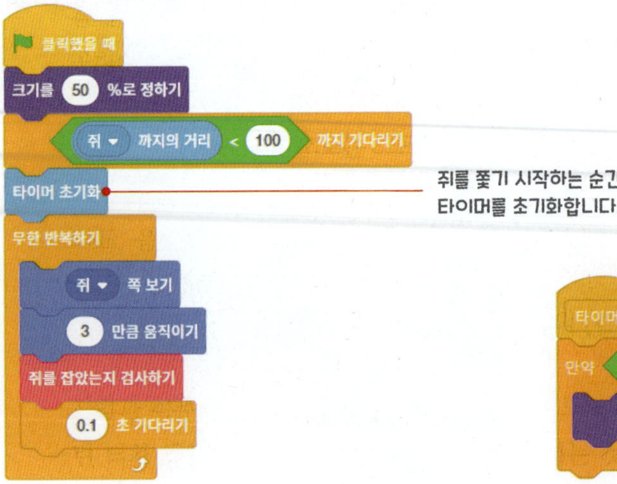

그림 10-10 타이머 초기화를 추가한 고양이의 스크립트

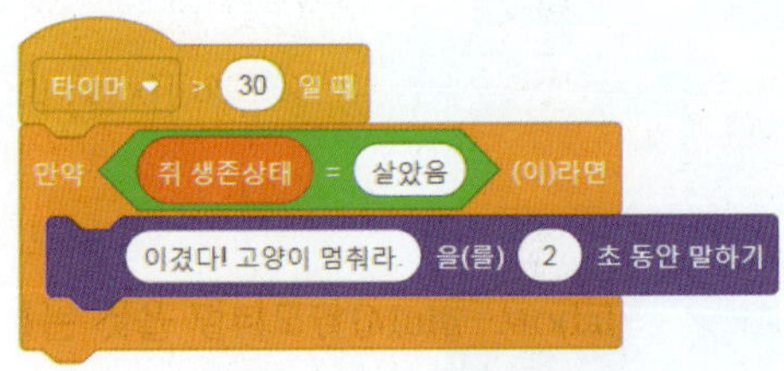

그림 10-11 승리 선언을 추가한 쥐의 스크립트

4 [실습] 쥐가 이기면 고양이가 포기하게 하기

쥐가 승리를 선언한 다음에는 고양이가 쥐를 더 이상 쫓지 않고 포기해야 합니다. 이는 [그림 10-12]와 같이 쥐가 [고양이 멈춰라] 메시지를 방송하면 고양이는 이 메시지를 받아 쥐를 쫓는 행동을 멈추게 하면 됩니다.

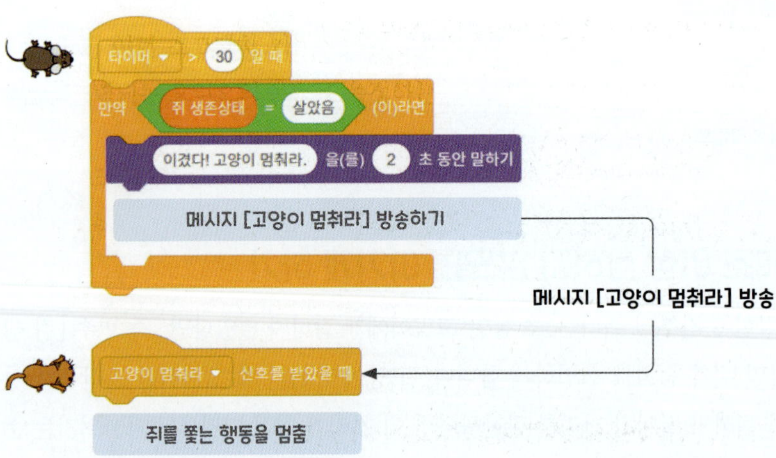

그림 10-12 쥐의 승리 선언에 반응하는 고양이

[그림 10-13]은 쥐가 [고양이 멈춰라] 메시지를 방송하도록 쥐 스크립트 [그림 10-11]을 수정한 것이고 [그림 10-14]는 고양이가 이 메시지를 받아 쫓는 동작을 멈추도록 고양이 스크립트 [그림 10-10]에 추가하는 스크립트입니다.

그림 10-13 이겼을 때 메시지를 방송하도록 수정한 쥐의 스크립트

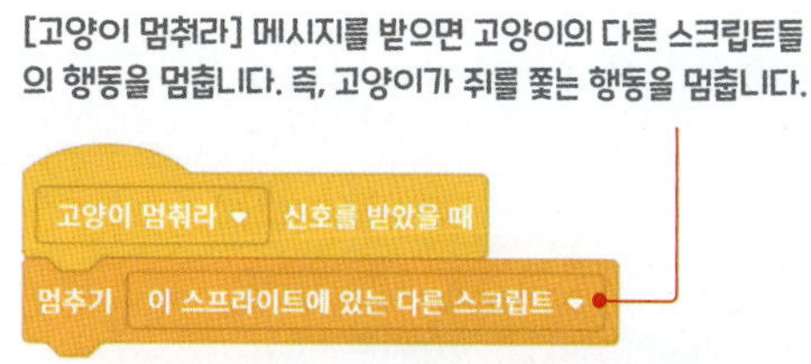

그림 10-14 쥐가 승리를 선언하면 쫓기를 멈추도록 추가하는 고양이의 스크립트

5 [실습] 고양이가 야옹 소리를 내며 쥐를 쫓게 하기

고양이가 쥐를 쫓을 때 야옹 소리를 내게 하려면 쥐를 쫓는 행동과 '야옹' 소리를 내는 행동이 동시에 이루어져야 합니다. 따라서 고양이 스크립트를 [그림 10-15]와 같이 수정합니다.

그림 10-15 '야옹' 소리를 병렬적으로 내도록 수정한 고양이의 스크립트

6 [실습] 승자에 따라 배경 변경하기

처음 프로그램을 실행하면 무대가 배경을 Light로 바꾸고 배경 음악으로 Dance Around를 출력합니다. 쥐는 자신이 이겼을 때 배경을 Hearts로 변경합니다. 그리고 무대는 배경이 Hearts로 변경되면 배경 음악으로 Dance Celebrate를 출력합니다. 먼저 Light와 Hearts를 무대 배경으로 추가하고 Dance Around와 Dance Celebrate를 무대의 소리로 추가합니다. 그런 다음 쥐의 스크립트를 [그림 10-16]과 같이 수정하고 무대의 스크립트를 [그림 10-17]과 같이 작성합니다.

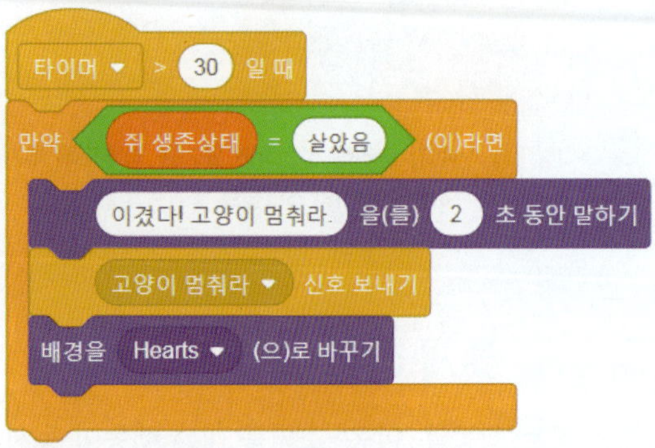

그림 10-16 **이겼을 때 무대 배경을 변경하도록 수정한 쥐의 스크립트**

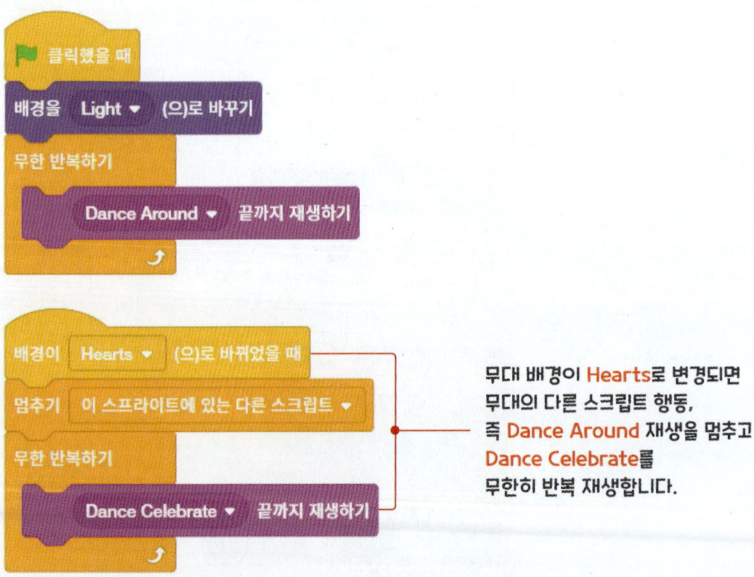

그림 10-17 **무대의 스크립트**

7 [실습] 고양이가 친구를 불러 쥐를 함께 쫓게 하기

이제 쥐를 쫓을 고양이를 2마리 더 추가하여 게임을 좀 더 긴장감 있게 만들어봅시다. 쥐를 먼저 발견한 고양이는 메시지 [쥐 봤다]를 방송하여 다른 고양이들과 함께 쥐를 쫓게 됩니다. [스프라이트 고르기]에서 Cat 2를 2개 더 추가해 고양이를 총 3마리로 만듭니다. 이 고양이들의 이름을 각각 '고양이1', '고양이2', '고양이3'으로 변경하고 쉽게 구별할 수 있도록 [그림 10-18]과 같이 [모양] 탭의 기능을 이용해 색깔을 변경합니다.

그림 10-18 고양이 스프라이트들의 색깔 변경

모든 고양이의 스크립트는 [그림 10-19]와 같이 동일합니다. 고양이는 쥐까지의 거리를 지속적으로 관찰하다가 만일 그 거리가 100보다 가까워지면 메시지 [쥐 봤다]를 방송합니다. 이 메시지를 받으면 고양이는 쥐와의 거리를 관찰하는 행동을 멈추고 타이머를 초기화한 후 '야옹' 소리를 내면서 쥐를 쫓습니다.

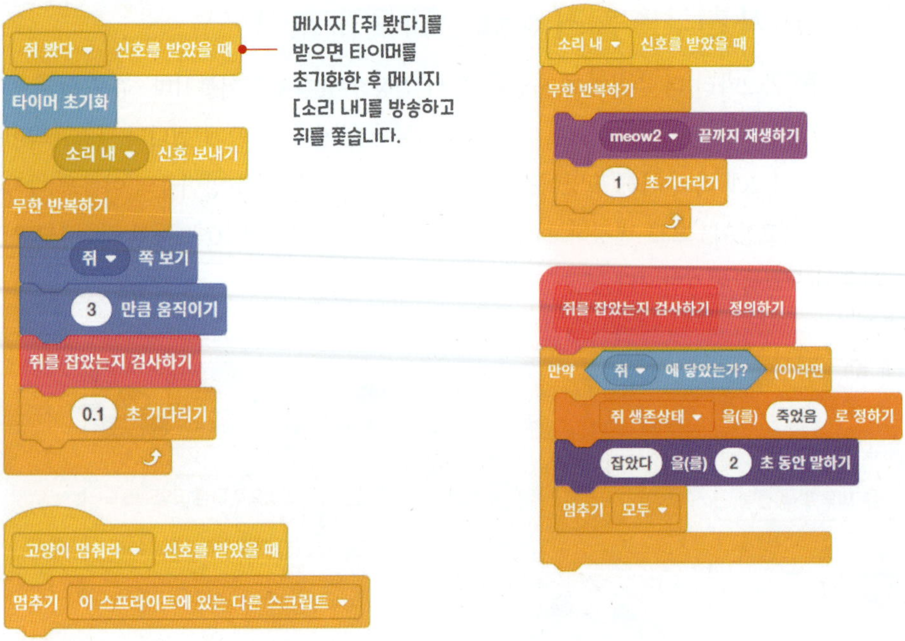

그림 10-19 고양이1, 고양이2, 고양이3의 스크립트

하나 더 알기 **[신호 보내기]와 [신호 보내고 기다리기] 차이**

[신호 보내기] 블록은 메시지를 방송한 직후 바로 다음 문장을 실행합니다. 이에 반해 [신호 보내고 기다리기] 블록은 방송한 메시지에 의해 실행되는 모든 행동이 완료될 때까지 기다린 후 다음 문장을 실행합니다.

예를 들어보겠습니다. [그림 10-20]을 보면 고양이의 왼쪽 행동은 [야옹 소리내기] 메시지를 방송한 후 바로 쥐 소리를 내기 때문에 실행하면 '야옹~' 소리와 '찍찍~' 소리가 동시에 들립니다. 반면에 오른쪽 행동은 [야옹 소리내기] 메시지를 방송한 후 그 메시지로 인해 실행되는 '야옹~' 소리 재생이 완료될 때까지 기다립니다. 따라서 여러분은 '야옹~' 소리를 먼저 듣고 그 후에 '찍찍~' 소리를 듣게 됩니다.

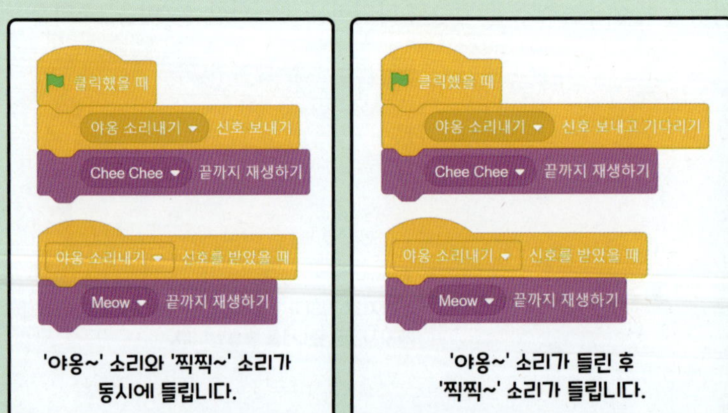

그림 10-20 [신호 보내기]와 [신호 보내고 기다리기]의 차이

Section 03 비디오와 오디오 이벤트 응용 프로그래밍

1 비디오 동작 이벤트

스크래치는 카메라에서 비디오 동작의 크기가 일정 값을 넘어가는 이벤트를 처리하는 이벤트 블록을 제공합니다. 이 이벤트 블록은 [그림 10-21]과 같이 스프라이트에 사용하면 해당 스프라이트의 비디오 감지 영역 안에서 발생하는 동작만 감지하고, 무대에 사용하면 무대 전체에서 발생하는 동작을 감지합니다.

비디오 동작 > 60 일 때

이벤트가 발생했을 때 수행할 행동들 조립

고양이 스프라이트의 비디오 감지 영역 내에서 발생하는 비디오 동작에 대해서 이벤트를 처리함

이벤트 처리 대상 : ②

비디오 동작 > 60 일 때

이벤트가 발생했을 때 수행할 행동들 조립

무대 전체에서 발생하는 모든 비디오 동작에 대해서 이벤트를 처리함

이벤트 처리 대상 : ①②

그림 10-21 비디오 동작을 처리하는 이벤트 블록

2 [실습] 공을 손으로 건들면 사라지게 하기

컴퓨터에 카메라를 설치한 후 일정 크기 이상으로 자신을 건들면 사라졌다가 3초 후에 다시 나타나는 공(스크래치를 실행한 후 기본적으로 제공하는 고양이 스프라이트를 삭제하고 [스프라이트 고르기]에서 Ball 선택)의 스크립트를 [그림 10-22]와 같이 작성합니다.

이 스크립트를 실행하면 공은 처음에 제자리에 정지되어 있는 상태입니다. 이때 마우스로 클릭하면 공은 마우스 포인터 방향으로 0.1초에 10만큼의 거리를 이동하기 시작하며 벽에 닿으면 튕겨 나오게 됩니다. 만약 이 공을 손으로 50 이상의 동작 크기로 건드리면 공이 사라졌다가 3초 후에 다시 나타나는데 이때 공이 나타나는 위치는 사라진 상태에서 움직인 위치입니다.

공의 비디오 감지 영역이 아닌 곳에서는 크기 50 이상의 비디오 동작이 발생하더라도 공이 사라지지 않는다는 것에 유의합니다. 참고로 비디오 관련 블록들은 [확장 기능 추가하기]를 선택한 후 [비디오 감지] 메뉴를 선택하여 불러올 수 있습니다.

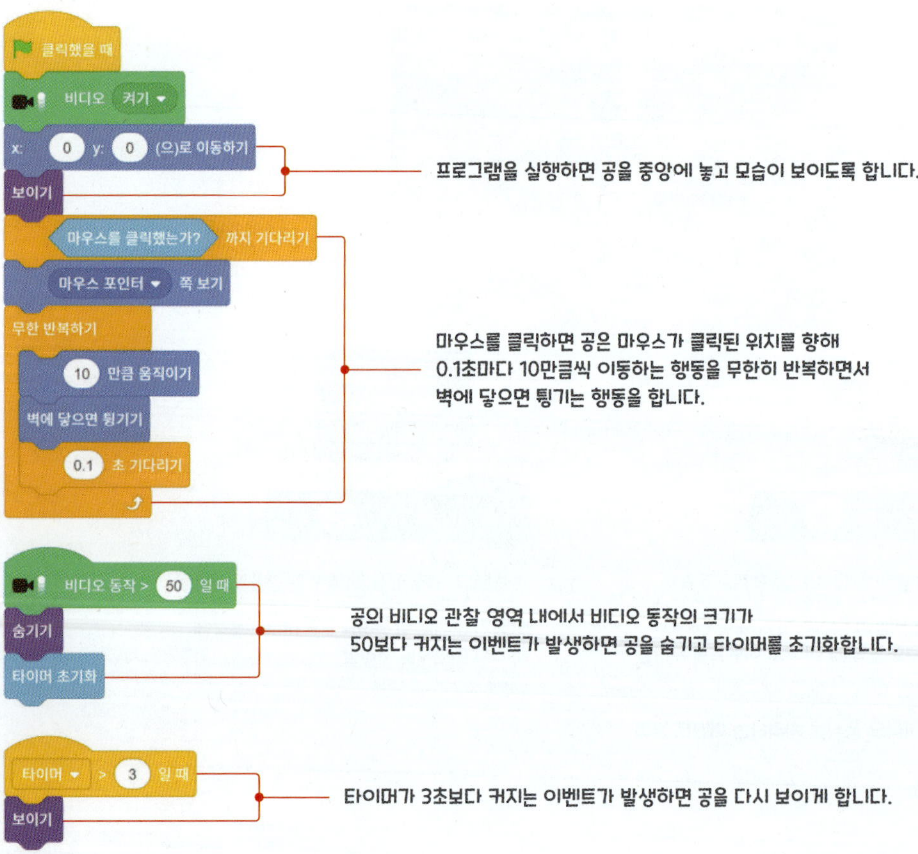

그림 10-22 손으로 건들면 사라지는 공의 스크립트

3 [실습] 공을 소리로 사라지게 하기

컴퓨터에 마이크를 연결한 후 일정 크기 이상의 소리가 나면 사라졌다가 3초 후에 다시 나타나는 공의 스크립트를 [그림 10-23]과 같이 작성합니다. 손동작이 아닌 소리로 공이 사라진다는 것과 비디오를 사용하지 않는다는 것 외에는 앞에서 소개한 '공을 손으로 건들면 사라지게 하기' 스크립트와 동일합니다.

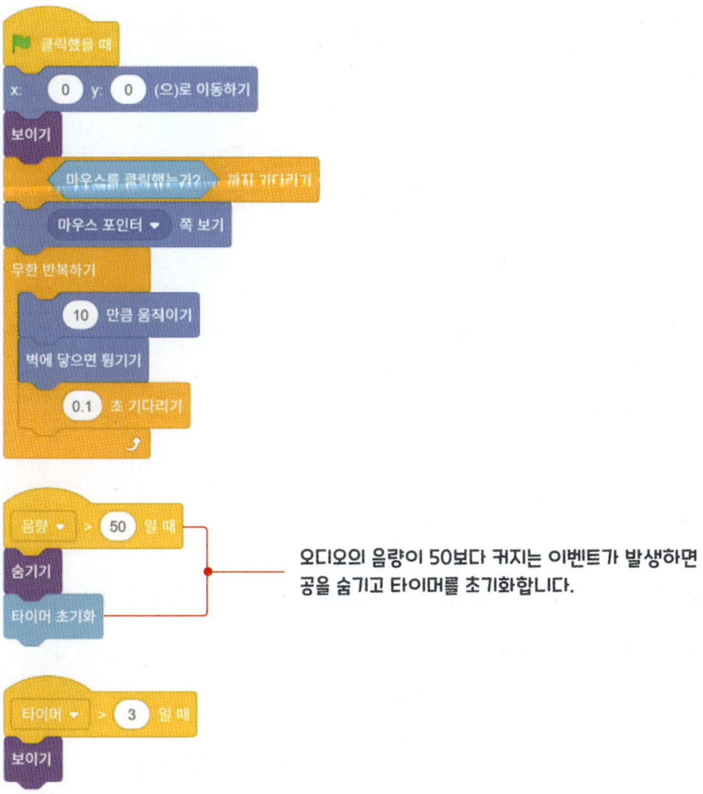

그림 10-23 소리에 의해 사라지는 공의 스크립트

요약

01 이벤트란 어떤 동작을 실행시키는 사건을 의미합니다. 프로그램이 처리하는 대표적인 이벤트로 키보드 입력과 마우스 클릭 등이 있습니다.

02 게임과 같은 프로그램은 마우스 클릭과 키보드 입력에 계속 반응해야 합니다. 이렇게 이벤트를 중심으로 프로그램의 실행과 동작이 변경되는 프로그램을 사건 주도 프로그램, 또는 이벤트 드리븐(Event-Driven) 프로그램이라고 합니다.

03 스크래치의 이벤트 처리 기능을 활용하면 감지 기능과 마찬가지로 다양한 동작을 손쉽게 프로그래밍할 수 있습니다. 스크래치가 지원하는 이벤트로는 시작하기 버튼( ) 클릭, 키보드 키 누름, 스프라이트 클릭, 무대배경 변경 등이 있습니다.

04 스크래치는 멀티모달 인터페이스 지원을 위해서 음량이 특정 값을 넘어가거나 비디오의 동작 크기가 특정 값을 넘어가는 이벤트도 지원합니다.

05 스크래치의 이벤트 처리 블록들은 [코드] 탭의 [이벤트] 메뉴에 모아놓았고, 비디오와 관련된 이벤트 처리 블록은 확장 기능의 [비디오 감지] 메뉴에 모아놓았습니다.

06 스프라이트는 사용자가 정한 특정 메시지를 같은 프로그램에 존재하는 모든 스프라이트들과 무대에 방송할 수 있습니다. 이 메시지는 그 메시지를 방송한 스프라이트 자신에게도 전달됩니다.

07 스프라이트와 무대는 특정 메시지를 받으면 이에 반응할 수 있습니다. 이런 행동은 그 메시지를 받는 이벤트 블록을 이용하여 구현됩니다.

08 메시지 방송의 활용 목적은 크게 두 가지로 나누어집니다. 하나는 메시지를 방송하는 주체가 다른 대상에게 어떤 행동을 유발시키기 위한 것이고, 또 다른 하나는 자기 자신의 행동을 병렬적으로 수행하기 위한 것입니다.

연습문제

01 어떤 동작을 실행시키는 사건을 의미하는 개념은 무엇인가요?

① 이벤트 ② 감지

③ 자료형 ④ 조건

02 이벤트를 중심으로 실행의 흐름이 결정되고 동작이 변경되는 프로그램을 무엇이라고 하나요?

① 이벤트 강조 프로그램

② 이벤트 드리븐 프로그램

③ 멀티 이벤트 프로그램

④ 병렬 처리 프로그램

03 다음 중 스크래치가 처리할 수 있는 이벤트가 아닌 것을 고르세요.

① 특정 시간의 경과

② 스프라이트를 마우스로 클릭

③ 키보드의 특정 키 입력

④ 스프라이트들 간의 충돌

04 다음의 이벤트 블록들에 대한 설명으로 옳지 않은 것을 고르세요.

① ⓐ 블록 – [프로그램 실행 창] 상단에 있는 시작하기 버튼( )을 클릭하는 이벤트를 처리합니다.

② ⓑ 블록 – 키보드의 스페이스 바를 누르는 이벤트를 처리합니다.

③ ⓒ 블록 – 스프라이트를 마우스로 클릭하는 이벤트를 처리합니다.

④ ⓓ 블록 – 스프라이트의 음량이 10보다 큰 이벤트를 처리합니다.

05 다음은 이벤트 처리 기능을 활용한 고양이의 스크립트입니다. 이 프로그램에 대한 설명으로 옳지 않은 것을 고르세요.

① 시작하기 버튼(🏴)을 누르면 [프로그램 실행 창] 정중앙으로 이동하고 크기를 반으로 줄입니다.

② 키보드의 [→]를 누르면 오른쪽을 바라보며 거리 10만큼 이동합니다.

③ 키보드의 [→]와 [←]를 동시에 누르면 오른쪽 또는 왼쪽 중 한쪽 방향으로만 이동합니다.

④ 고양이를 마우스로 클릭하면 '야옹' 소리를 냅니다.

06 다음은 메시지 방송 기능을 활용해 고양이와 강아지가 1부터 숫자를 하나씩 증가시키면서 번갈아 말하는 스크립트들입니다. A, B, C에 들어갈 메시지를 올바르게 짝지은 것을 고르세요.

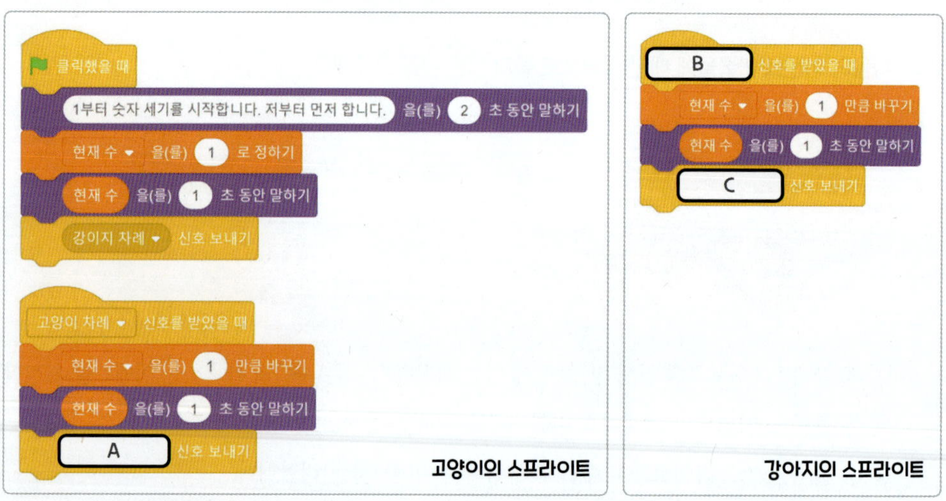

① [A] 고양이 차례 [B] 강아지 차례 [C] 고양이 차례

② [A] 고양이 차례 [B] 고양이 차례 [C] 강아지 차례

③ [A] 강아지 차례 [B] 강아지 차례 [C] 고양이 차례

④ [A] 강아지 차례 [B] 고양이 차례 [C] 강아지 차례

07 다음은 메시지 방송 기능을 활용한 고양이의 스크립트입니다. 이 프로그램에 대한 설명으로 옳지 않은 것을 고르세요.

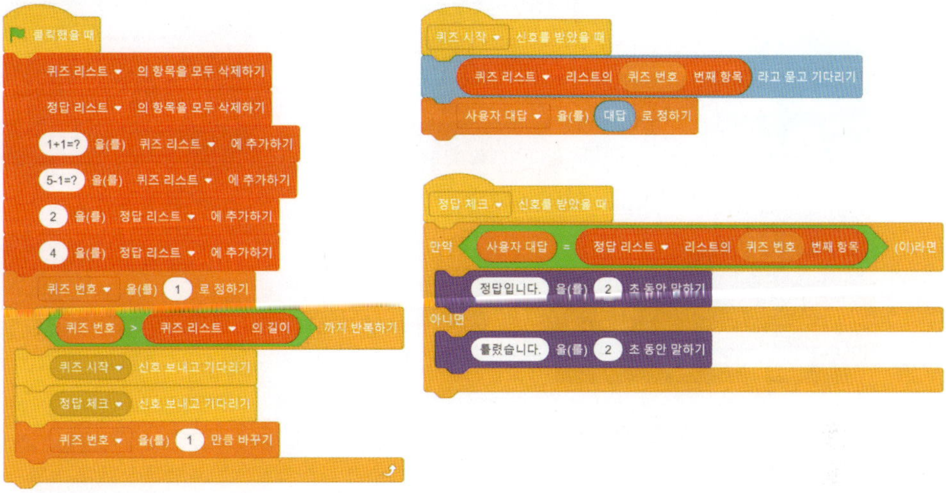

① 퀴즈 리스트에 있는 퀴즈의 정답을 순서대로 정답 리스트에 추가해야 합니다.

② 고양이가 퀴즈 리스트에서 문제를 무작위로 선택해 출제합니다.

③ 고양이는 퀴즈 리스트에 있는 퀴즈들을 순서대로 질문하고 답을 체크합니다.

④ 고양이는 [정답 체크 신호를 받았을 때] 이벤트 블록에 조립된 행동이 모두 끝난 후에 변수 [퀴즈 번호]를 1만큼 증가합니다.

08 다음은 메시지 방송 기능을 활용한 고양이와 쥐의 스크립트입니다. 이 프로그램에 대한 설명으로 옳은 것을 고르세요.

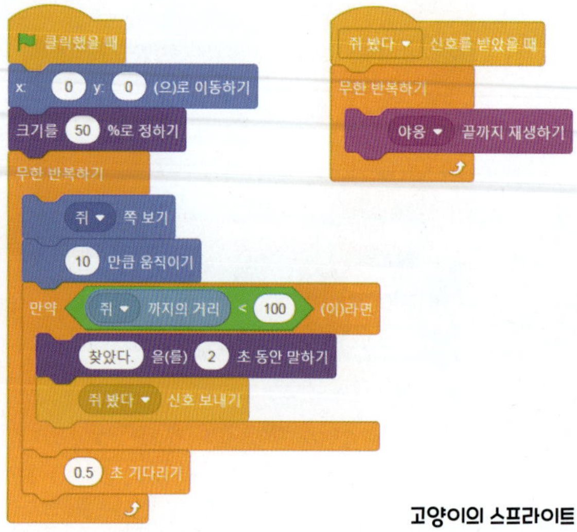

고양이의 스프라이트

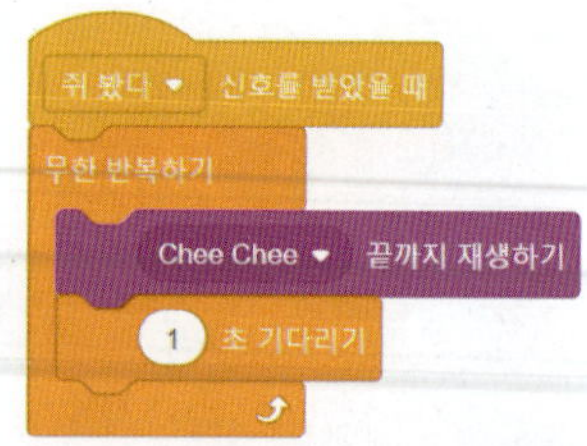

쥐의 스크립트

① 고양이가 쥐를 향해 100보다 가깝게 가면 고양이만 울기 시작합니다.

② 고양이가 쥐를 향해 100보다 가깝게 가면 쥐만 울기 시작합니다.

③ 고양이가 쥐를 향해 100보다 가깝게 가면 고양이와 쥐 모두 울기 시작합니다.

④ 고양이가 쥐를 향해 100보다 가깝게 가도 아무도 울지 않습니다.

09 다음은 이벤트 처리 기능을 활용한 고양이의 스크립트입니다. 이 프로그램을 실행하고 그림과 같이 손을 움직였을 때 고양이의 행동으로 옳은 것을 모두 고르세요(단, 모든 손동작의 크기는 10보다 크다고 가정합니다).

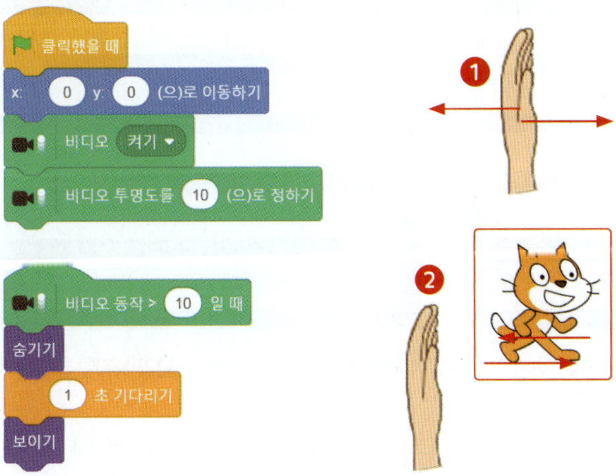

① ❶과 같이 손을 움직이면 고양이가 사라지지 않습니다.

② ❶과 같이 손을 움직이면 고양이가 1초 동안 사라집니다.

③ ❷와 같이 손을 움직이면 고양이가 사라지지 않습니다.

④ ❷와 같이 손을 움직이면 고양이가 1초 동안 사라집니다.

10 키보드의 방향 키를 움직여 쥐가 미로를 통과해 오렌지를 먹는 프로그램을 작성하세요. 이 프로그램의 실행 화면과 기능은 다음과 같습니다.

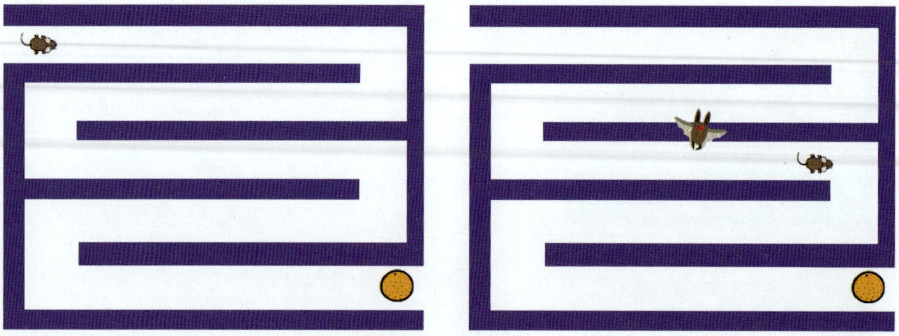

1. 무대 배경을 [배경] 탭의 기능을 이용하여 위의 그림과 같이 제작하여 사용합니다([배경] 탭의 사각형 그리기 기능과 색 채우기 기능을 이용합니다).
2. 시작하기 버튼(🏁)을 클릭하면 쥐는 자신의 크기를 40%로 줄이고 좌측 상단 미로 입구에 등장합니다.
3. 시작하기 버튼(🏁)을 클릭하면 오렌지는 우측 하단 미로 출구에 등장합니다.
4. 쥐는 키보드의 ↑, ↓, ←, →를 누르면 방향 키 방향대로 거리 5만큼 이동합니다.
5. 시작하기 버튼(🏁)을 클릭한 후 5초가 지나면 박쥐가 등장해 0.2초마다 거리 5만큼씩 이동하며 쥐를 쫓습니다.
6. 쥐가 벽에 닿거나 박쥐에게 잡히면 게임이 다시 시작됩니다. 즉, 쥐는 다시 미로 입구 위치로 이동하고 박쥐도 사라져 다시 5초 후에 등장합니다.
7. 쥐가 오렌지와 닿으면 '이겼다.'라고 말합니다. 그 후 오렌지와 박쥐가 사라집니다.
8. 언제든지 키보드의 스페이스 바를 누르면 게임이 다시 시작됩니다.

11 고양이와 여우가 화살표를 클릭할 때마다 한 마디씩 대화하는 프로그램을 작성하세요. 이 프로그램의 실행 화면과 기능은 다음과 같습니다.

1. 무대 배경으로 Blue Sky를 사용합니다.
2. 시작하기 버튼(🏴)을 클릭하면 고양이는 (-140, -110) 위치에서 등장하고 여우는 (140, -110) 위치에서 등장합니다. 화살표는 (200, 150) 위치에서 등장합니다.
3. 화살표를 마우스로 클릭할 때마다 고양이와 여우가 서로 한 마디씩 합니다.
4. 화살표는 고양이와 여우가 말하는 도중에는 약간 투명해지면서 마우스로 클릭해도 작동하지 않습니다.
5. 화살표는 고양이와 여우의 말이 끝나면 다시 원래 색으로 돌아와 마우스로 클릭하면 다음 대화를 진행합니다.
6. 고양이와 여우의 대화 내용과 순서는 다음과 같습니다.

고양이	여우
① 안녕. 여우야. ② 오랜만이야. 그 동안 잘 지냈니?	
	③ 반가워. 고양이야. 나는 잘 지내고 있어. 너는?
④ 나도 잘 지냈어. ⑤ 내가 약속이 있어서 그만 가봐야 해.	
	⑥ 그래. 다음에 한 번 연락 줘.
⑦ 그래. 곧 연락할게.	

· PART ·

03

스크래치 종합 프로젝트 실습하기

CONTENTS

CHAPTER 11

종합 프로젝트(1) : 달려라 풍뎅이

학습목표

- 복제의 개념을 이해하고 스크래치의 복제 기능을 연습합니다.
- 스프라이트와 그 스프라이트의 복제 간의 차이를 이해합니다.
- 난수의 개념을 이해하고 스크래치의 난수 생성 기능을 연습합니다.
- 달려라 풍뎅이 프로그래밍을 통해 창의적 프로그래밍 능력을 향상시킵니다.

Preview

달려라 풍뎅이 프로그램은 마법사가 발사하는 수많은 별을 피해 풍뎅이가 하트를 먹어 점수를 올리는 프로그램입니다. 이 프로그램은 스크래치의 스프라이트 복제 기능과 난수 생성 기능을 활용합니다. 마법사가 발사하는 수많은 별마다 스프라이트를 추가할 수 없고, 계속해서 나타나는 하트의 위치를 미리 결정할 수도 없습니다. 우리는 이 문제를 스크래치의 스프라이트 복제 기능과 난수 생성 기능을 통해 해결할 수 있습니다. 복제와 난수 생성 기능은 거의 모든 게임에 활용되는 매우 중요한 기능이므로 달려라 풍뎅이 프로그램 실습을 통해 확실하게 이해하길 바랍니다.

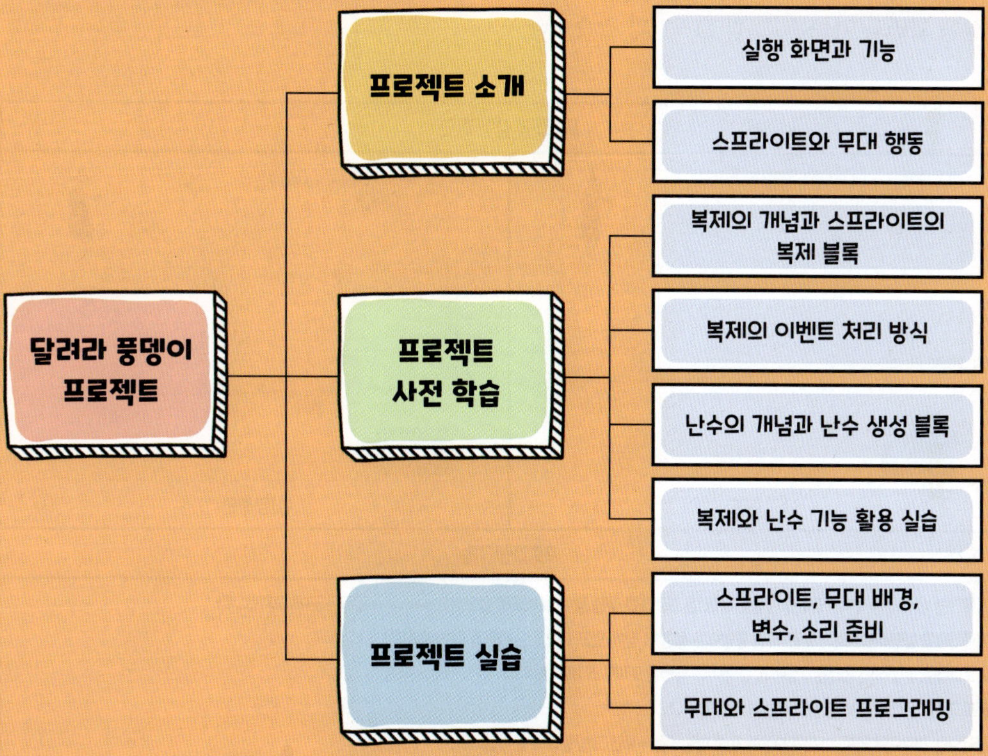

Section 01

프로젝트 소개

1 프로그램 실행 화면과 기능

달려라 풍뎅이는 마법사가 쏘는 별들을 피해 풍뎅이가 하트를 먹는 프로그램입니다. 이 프로그램의 실행 화면과 기능은 [그림 11-1]과 같습니다.

프로그램 실행 화면

<초기 화면>

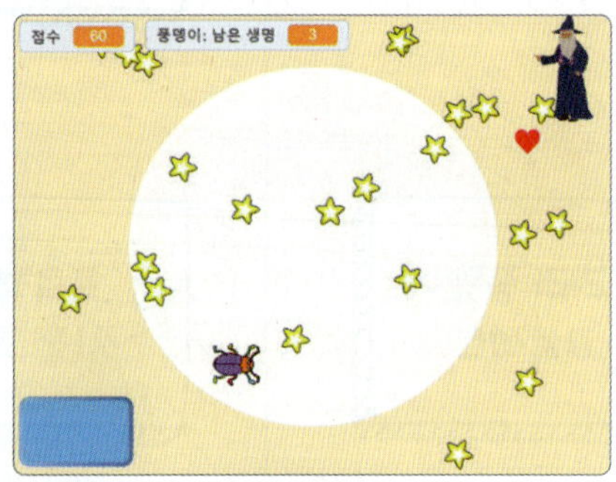

<실행 화면>

프로그램 기능

- 프로그램 실행 전에 변수 [점수]와 [남은 생명]은 프로그램 실행 창에 보이도록 설정하고, 사용자가 원하는 곳에 위치합니다.
- 프로그램을 실행하면 <초기 화면>처럼 풍뎅이는 풍뎅이 집에 있고, 마법사는 오른쪽 위에 위치합니다.
- 프로그램을 실행하면 점수는 0점이고, 풍뎅이의 생명은 3개로 초기화됩니다.
- 프로그램을 실행하면 배경 음악이 반복 재생됩니다.
- 풍뎅이는 키보드의 위쪽, 아래쪽, 오른쪽, 왼쪽 방향키를 누르면 그 방향대로 움직입니다.
- 마법사는 2초마다 별을 하나씩 생성하여 무작위 방향으로 발사합니다.
- 발사된 별은 일정한 속도로 직진하는데, 벽에 닿으면 튕기고 풍뎅이 집에 닿으면 소멸합니다.
- 하트는 프로그램 실행 창 내 무작위 위치에 나타나며 풍뎅이가 먹을 때까지 그 자리에 머물러 있습니다.
- 풍뎅이가 하트를 먹으면 하트는 사라지며, 1초 후에 다시 프로그램 실행 창 내 무작위 위치에 나타납니다.
- 풍뎅이는 별에 닿을 때마다 생명이 하나씩 사라지고 풍뎅이 집에서 새롭게 출발합니다.
- 풍뎅이가 하트를 먹을 때마다 점수가 10점씩 올라갑니다.
- 풍뎅이의 생명이 모두 소진되면 모든 스프라이트와 무대의 행동을 멈춥니다. 즉, 마법사는 더 이상 별을 발사하지 않고, 하트도 나타나지 않으며, 배경 음악도 출력되지 않습니다.

그림 11-1 달려라 풍뎅이 프로그램 실행 화면과 기능

2 프로그램의 스프라이트와 무대 행동

이 프로그램을 구현하기 위해서는 풍뎅이, 마법사, 풍뎅이 집, 별, 하트와 같은 스프라이트들과 무대 배경이 필요합니다. 그리고 각 스프라이트와 무대는 이 프로그램의 기능 구현을 위해 적당한 행동을 수행해야 합니다. [표 11-1]은 이 프로그램의 스프라이트와 무대에 대한 행동을 정리한 것입니다.

표 11-1 달려라 풍뎅이 프로그램의 스프라이트와 무대에 대한 행동

스프라이트/무대	행동
 풍뎅이	• 프로그램을 시작하면 풍뎅이가 집 안에 위치합니다. • 사용자가 방향키를 누를 때마다 그 방향으로 이동합니다. • 3개의 생명을 갖고 있으며 별에 닿을 때마다 생명이 하나씩 감소합니다. • 별에 닿아 죽을 때마다 풍뎅이가 자기 집 안에 새롭게 나타납니다. • 3개의 생명이 모두 소진되면 모든 스프라이트와 무대의 행동을 멈춥니다.
 마법사	• 프로그램을 시작하면 프로그램 실행 창 오른쪽 위에 위치하고 그 자리에 고정되어 있습니다. • 2초마다 손끝에서 별을 하나씩 생성합니다. • 풍뎅이의 생명 3개가 모두 소진되면 별을 발사하는 행동을 멈춥니다.
 풍뎅이 집	• 프로그램을 시작하면 프로그램 실행 창 왼쪽 하단에 위치하고 그 자리에 고정되어 있습니다. • 별은 풍뎅이 집에 닿을 때 사라집니다. 따라서 풍뎅이 집은 별로부터 풍뎅이를 보호하는 역할을 합니다.
 별	• 프로그램을 시작하면 마법사에 의해 2초마다 하나씩 생성됩니다. • 생성된 별은 무작위 방향으로 직선 운동을 합니다. • 벽에 닿으면 반대 방향으로 튕기면서 직선 운동을 계속합니다. • 풍뎅이 집에 닿으면 사라집니다.
 하트	• 프로그램을 시작하면 프로그램 실행 창 내 무작위 위치에 나타납니다. • 하트는 풍뎅이가 와서 먹을 때까지 그 자리에서 기다립니다. • 풍뎅이가 와서 먹으면 점수를 10점 올리고 사라집니다. • 사라진 하트는 1초 후에 다시 프로그램 실행 창 내 무작위 위치에 나타납니다.
 무대	• 프로그램을 시작하면 배경 음악을 반복해서 재생합니다. • 프로그램을 시작하면 점수를 0으로 초기화합니다.

Section 02

프로젝트 사전 학습 : 복제와 난수 활용

1 복제의 개념

달려라 풍뎅이 프로그램은 스크래치의 스프라이트 복제 기능과 난수 생성 기능을 활용합니다. 예를 들어 마법사는 수많은 별을 발사하게 되는데, 이때 발사되는 별은 하나의 별 스프라이트를 복제해서 발사하는 것입니다. 또한, 별이 발사되는 방향과 하트가 나타나는 위치는 무작위로 결정되는데, 이때 난수 생성 기능을 사용하게 됩니다. 따라서 이 프로그램을 프로그래밍하기 전에 스프라이트 복제 기능과 난수 생성 기능에 대해 먼저 학습해 보겠습니다. 참고로 복제와 난수 생성은 거의 모든 게임 프로그래밍에 활용되는 매우 중요한 기능입니다. 다음의 설명과 실습을 통해 이 기능들을 확실하게 이해하길 바랍니다.

먼저 복제를 활용하여 프로그래밍하는 방법을 연습합니다. 복제(Cloning)란 자신과 동일한 개체를 생성하는 것입니다. 스크래치에서 복제는 한 스프라이트의 모양을 그대로 복사한 새로운 개체가 생성되는 것을 의미합니다. 또한 복제는 복제될 당시 원형 스프라이트의 모양뿐만 아니라 적용된 크기 변화와 그래픽 효과까지 그대로 가져옵니다. 예를 들어, 고양이의 크기를 절반으로 줄인 상태에서 복제하면 줄어든 크기로 복제가 생성됩니다.

스프라이트는 자신의 복제를 여러 개 만들 수 있으며 복제된 스프라이트가 수행하는 행동을 별도의 스크립트로 작성할 수 있습니다. 즉 스프라이트는 원래 자신의 행동 외에 자신으로부터 복제된 스프라이트가 수행하는 행동도 포함할 수 있는데, 모든 복제는 그 행동을 공통으로 수행하게 됩니다.

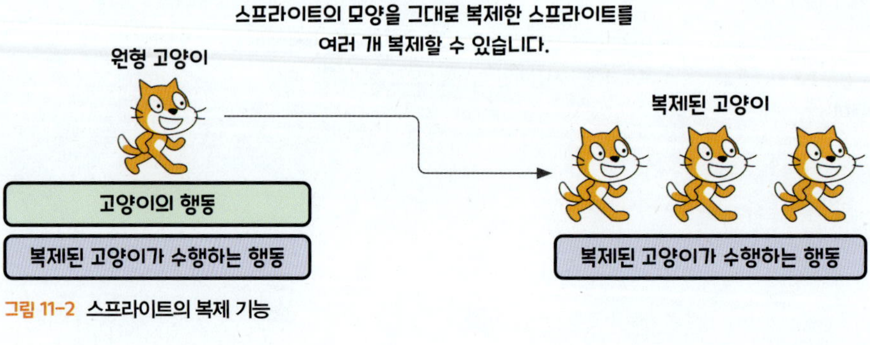

그림 11-2 스프라이트의 복제 기능

2 스프라이트 복제 블록

스크래치는 복제와 관련된 블록들을 [코드] 탭-[제어] 메뉴 아래 모아놓았습니다.

표 11-2 **복제 관련 블록**

블록	설명
복제되었을 때	복제된 스프라이트가 아래에 연결된 블록들을 실행합니다.
나 자신 ▾ 복제하기	설정한 스프라이트를 복제합니다.
이 복제본 삭제하기	복제본을 삭제합니다.

복제된 스프라이트의 행동을 이해하기 위해 간단한 프로그램을 작성해 봅시다. [그림 11-3]은 자신의 복제를 하나 생성하는 고양이의 행동을 보여줍니다. 복제된 스프라이트는 복제된 순간부터 앞을 향해 1초에 10만큼씩 계속 걸어가다가 벽에 닿으면 사라집니다.

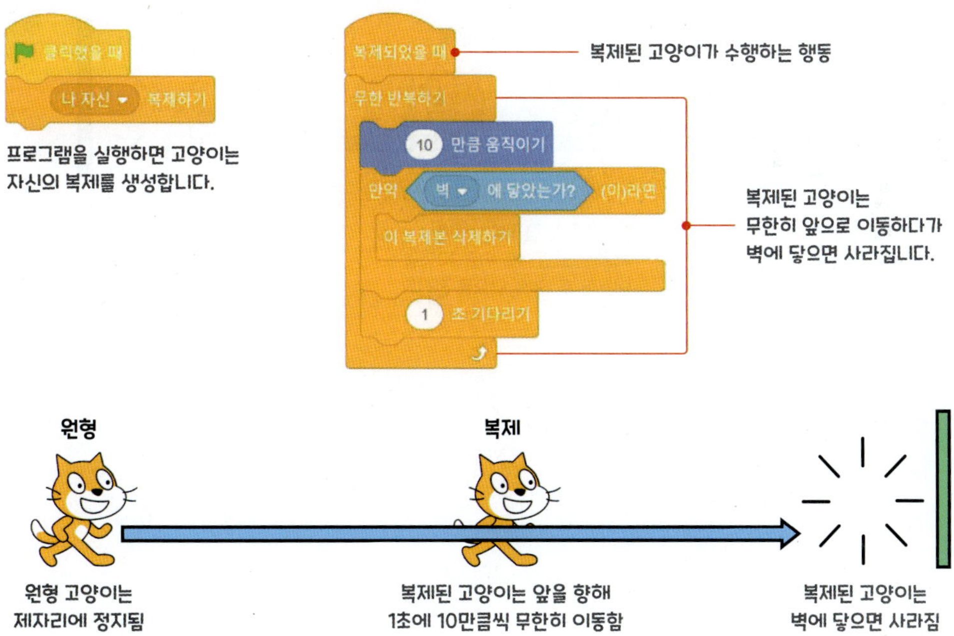

그림 11-3 **고양이를 복제하여 앞으로 이동하기**

3 복제와 이벤트 처리

이벤트 처리 기능은 복제된 스프라이트에도 동일하게 적용됩니다. 예를 들어, 키보드의 방향키 누름 이벤트를 처리하는 스프라이트가 자신의 복제를 만들었다면 방향키 누름에 대해서 원형 스프라이트뿐 아니라 복제된 스프라이트에도 동일하게 반응합니다. [그림 11-4]는 왼쪽 방향키를 눌렀을 때 고양이가 뒤로 움직이도록 [그림 11-3]을 수정한 것입니다. 왼쪽 방향키를 누를 때마다 원형 스프라이트뿐 아니라 앞으로 움직이는 복제된 스프라이트도 함께 뒤로 움직이는 것을 볼 수 있습니다.

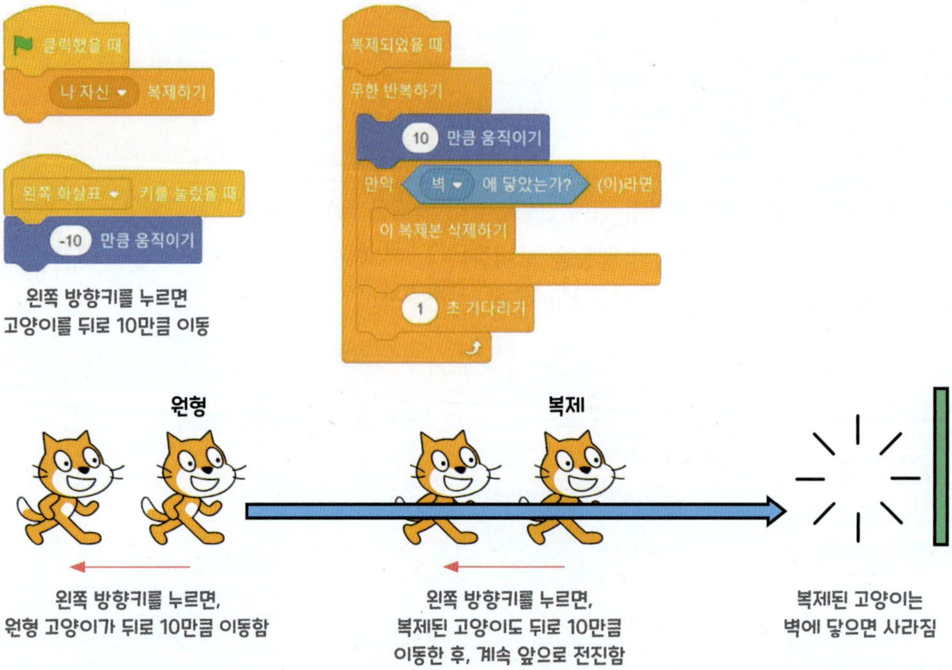

그림 11-4 복제의 이벤트 처리 예

만약 [그림 11-4]의 예에서 복제된 스프라이트가 방향키에 영향을 받지 않게 하려면, 방향키를 이벤트로 처리하지 말고 [그림 11-5]처럼 원형 스프라이트의 스크립트 내부에서 감지 기능으로 처리하면 됩니다.

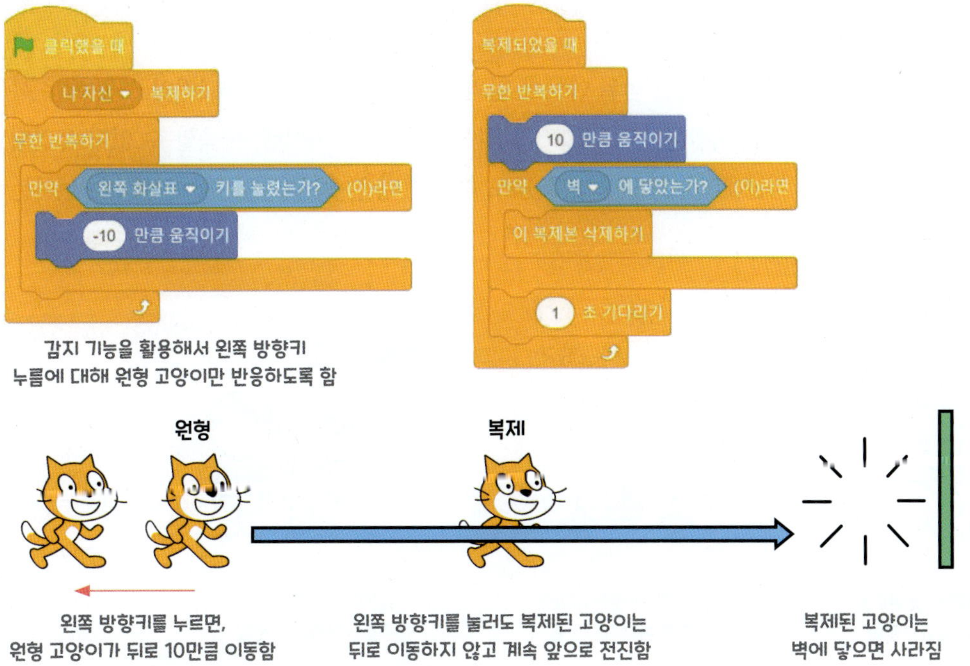

그림 11-5 **왼쪽 방향키 누름에 대해서 원형과 복제의 행동 분리하기**

4 복제의 원형 모습 반영

앞에서 설명했듯이 복제는 복제될 당시의 원형 스프라이트의 모양, 크기, 그래픽 효과를 그대로 반영한다고 했습니다. [그림 11-6]과 같이 고양이의 스크립트를 작성하여 다양한 형태의 복제를 만들어봅시다.

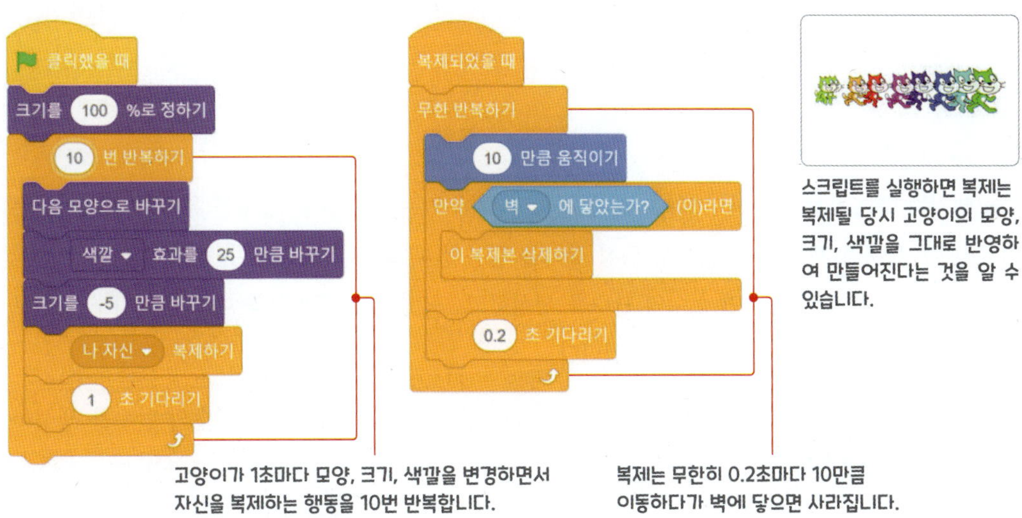

그림 11-6 **다양한 형태의 고양이 복제 만들기**

5 난수의 개념

난수(Random Number)는 정해진 범위 안에서 임의로 추출된 수입니다. 대표적인 사용 예는 복권 추첨 시 당첨 번호 생성, 게임에서 무작위로 등장하는 적군이나 아이템, 예측할 수 없이 유입되는 손님이나 작업들의 시뮬레이션 등입니다. 누구도 다음에 나올 숫자나 행동을 확신할 수 없다는 것이 특징입니다.

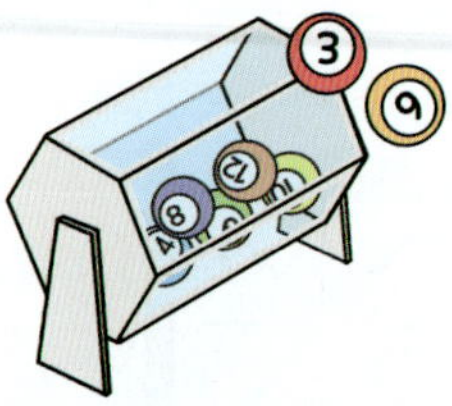

복권 당첨 번호를 예측하지 못함

적 비행기의 출현 시기와 위치를 예측하지 못함

손님이 언제, 몇 명이 방문할지 예측하지 못함

그림 11-7 난수의 활용 예

하나 더 알기 **컴퓨터의 난수 생성**

컴퓨터는 이미 정해진 계산 방법을 사용하여 난수를 생성하기 때문에 매번 생성하는 난수의 배열이 동일합니다. 예를 들어, 새로 실행할 때마다 같은 패턴으로 적군이 등장하는 게임은 이와 같은 난수 생성의 특징이 반영된 것입니다. 이처럼 동일한 조건 아래 매번 동일한 배열로 생성되는 난수를 의사 난수(Pseudo-Random Number)라고 합니다. 컴퓨터는 이와 같은 문제를 해결하기 위해서 보통은 계속 변하는 컴퓨터의 현재 시각을 씨앗 값(Seed)으로 삼고 그 씨앗 값이 다르면 난수의 배열도 달라지는 수학적 알고리즘을 이용하여 난수를 생성하고 있습니다.

6 난수 생성 블록

스크래치는 [코드] 탭-[연산] 메뉴 아래에 일정 범위에 있는 정수 또는 실수를 무작위로 생성하는 자료/변수 블록을 제공합니다. 난수 생성 블록을 활용할 때 주의할 점은 난수 생성 범위의 최솟값과 최댓값을 정수로 입력하면 정수의 난수를 생성하고, 최솟값과 최댓값 중 어느 하나라도 실수로 입력하면 실수의 난수를 생성한다는 것입니다.

[그림 11-8]은 자료/변수 블록을 활용하여 1과 100 사이의 정수의 난수와 실수의 난수를 생성하는 스크립트를 보여줍니다.

그림 11-8 난수 생성 블록 사용법(1) : 정수와 실수의 난수 발생

7 임의의 방향으로 발사되는 농구공

이제 복제와 난수 생성 기능을 활용해 임의의 방향으로 발사되는 농구공의 행동을 작성해 봅니다. 먼저, 스크래치를 실행한 후 기본적으로 제공되는 고양이를 삭제합니다. 그리고 [스프라이트 고르기]에서 Basketball를 추가하고 이름을 '농구공'으로 변경합니다.

[그림 11-9]는 농구공의 스크립트입니다. 프로그램을 실행하면 농구공은 프로그램 실행 창 중앙에 위치하고, 보이지 않게 모습을 숨긴 후 1초마다 무한히 자기 자신을 복제합니다. 주의할 것은 농구공 원형이 모습을 숨긴 상태이기 때문에 복제된 농구공도 역시 모습이 보이지 않는다는 것입니다. 따라서 복제된 농구공은 먼저 자신의 모습을 보이고, 0부터 360 사이의 임의의 정수로 바라보는 방향을 설정한 다음 그 방향으로 직진하다가 벽에 닿으면 삭제됩니다.

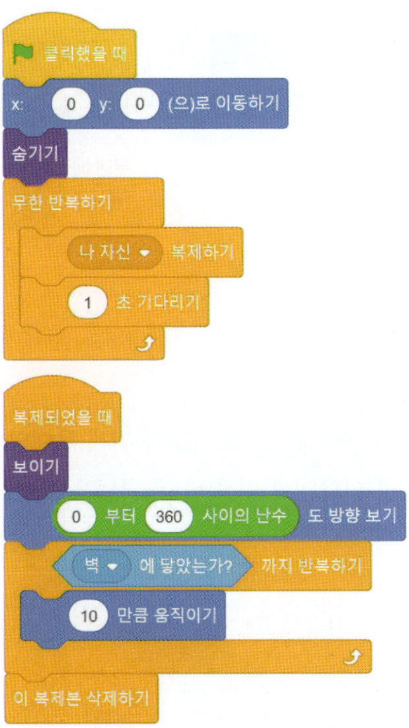

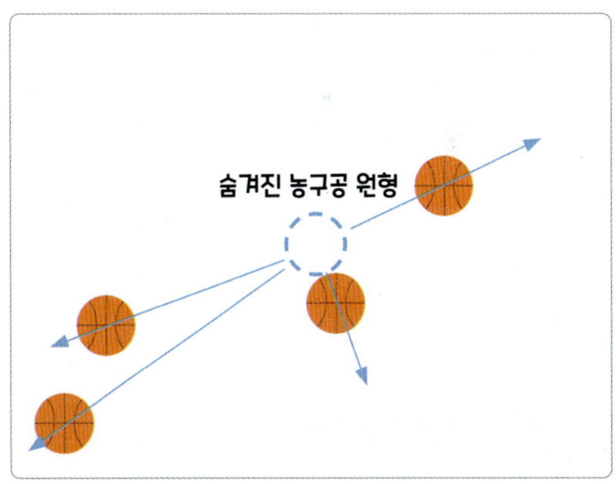

농구공 원형이 모습이 보이지 않기 때문에 복제된 농구공 역시 보이지 않은 상태로 복제됨. 따라서 복제된 농구공은 먼저 자신의 모습을 보이고, 0부터 360 사이 임의의 정수 방향으로 직진한 후 벽에 닿으면 사라짐.

그림 11-9 난수 생성 블록 사용법(2) : 임의의 방향으로 발사되는 농구공

Section 03 프로젝트 실습

1 스프라이트 준비하기

이제 앞에서 배운 복제와 난수 생성 기능을 활용하여 본격적으로 달려라 풍뎅이 프로그램을 프로그래밍해 보겠습니다. 먼저, 기본적으로 제공하는 고양이 스프라이트를 삭제한 후, [스프라이트 고르기]에서 Beetle, Wizard, Star, Heart, Button3 스프라이트를 추가하고 각각의 이름을 '풍뎅이', '마법사', '별', '하트', '풍뎅이 집'으로 변경합니다. 그리고 [배경 고르기]에서 Light를 무대 배경으로 추가합니다.

표 11-3 달려라 풍뎅이 프로그램에 사용될 스프라이트와 무대 배경

스프라이트					무대

풍뎅이 (Beetle)	마법사 (Wizard)	별 (Star)	하트 (Heart)	풍뎅이 집 (Button3)	무대 배경 (Light)

2 변수 준비하기

이 프로그램은 풍뎅이가 하트를 먹을 때마다 점수가 올라갑니다. 이 점수를 보여주기 위해 무대의 변수로 [점수]를 생성합니다. 그리고 풍뎅이의 남은 생명 개수를 나타내기 위한 변수로 [남은 생명]을 풍뎅이의 지역 변수로 생성합니다.

표 11-4 달려라 풍뎅이 프로그램에 사용될 무대와 스프라이트의 변수

스프라이트/무대	변수	설명
무대	점수	무대의 변수로 [점수]를 생성합니다. 프로그램을 실행할 때마다 0으로 설정되며 풍뎅이가 하트를 먹을 때마다 10점씩 올라갑니다. 변수 [점수]는 프로그램 실행 창에 보이도록 설정하고 적당한 곳에 보이도록 위치를 조정합니다. 참고로 무대에서 생성된 변수는 항상 전역 변수입니다.
 풍뎅이	남은 생명	풍뎅이의 지역 변수로 [남은 생명]을 생성합니다. 이 변수의 값은 프로그램을 실행할 때 3의 값을 갖고 풍뎅이가 별에 닿을 때마다 하나씩 줄어듭니다. 변수 [남은 생명]은 프로그램 실행 창에 보이도록 설정하고 적당한 곳으로 위치를 조정합니다.

3 소리 준비하기

이 프로그램을 실행하면 무대는 배경 음악으로 음원 Dance Around를 반복해서 재생합니다. 그리고 풍뎅이는 별에 닿아 죽을 때 음원 Alien Creak1을 재생하며, 하트는 풍뎅이가 자기 자신을 먹을 때 음원 Boing을 재생합니다. 따라서 [소리 고르기]에서 무대와 스프라이트들의 소리를 [표 11-5]와 같이 선택해 등록합니다.

표 11-5 달려라 풍뎅이 프로그램에 사용될 음원

스프라이트/무대	음원	설명
무대	Dance Around	무대의 소리로 음원 Dance Around를 등록합니다. 무대는 프로그램이 실행되는 동안 반복해서 이 음원을 출력합니다.
 풍뎅이	Alien Creak1	풍뎅이의 소리로 음원 Alien Creak1을 등록합니다. 풍뎅이가 별에 닿으면 이 음원을 출력합니다.
 하트	Boing	하트의 소리로 음원 Boing을 등록합니다. 풍뎅이가 하트를 먹으면 이 음원을 출력합니다.

4 무대의 스크립트

무대는 프로그램을 실행하면 변수 [점수]를 0으로 초기화하고, 배경 음악으로 음원 Dance Around를 반복 재생합니다.

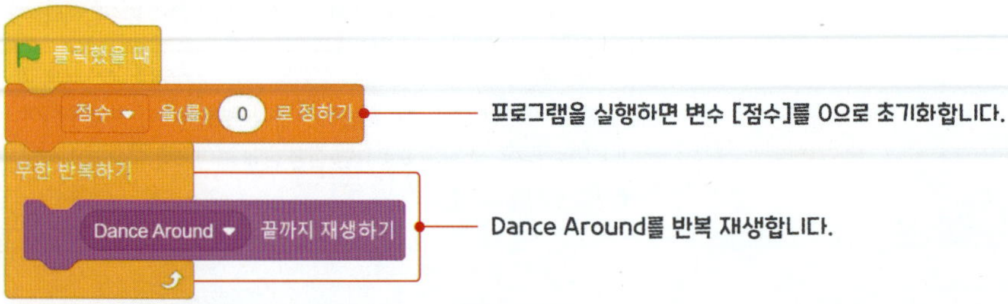

그림 11-10 **무대의 행동**

5 풍뎅이의 스크립트

풍뎅이는 프로그램을 실행하면 프로시저 [초기 상태 설정하기]를 호출하여 자신의 초기 상태를 설정합니다. 그리고 생명이 모두 소진될 때까지(즉, 변수 [남은 생명]이 0이 될 때까지), 프로시저 [풍뎅이 운전하기]와 [별에 닿으면 죽기]를 반복 호출하여 사용자가 누르는 방향키대로 움직이고 별에 닿으면 죽는 행동을 반복합니다. 참고로, 풍뎅이는 별에 닿아 죽을 때마다 변수 [남은 생명]의 값을 하나씩 감소시킵니다. 만일 풍뎅이의 생명이 모두 소진되면 모든 스프라이트와 무대의 행동을 멈춥니다.

그림 11-11 **프로그램을 실행하면 수행되는 풍뎅이의 행동**

프로시저 [초기 상태 설정하기]는 변수 [남은 생명]을 3으로 초기화하고, 프로시저 [풍뎅이를 집에 놓기]를 호출하여 풍뎅이가 풍뎅이 집 안에 놓이게 합니다. 프로시저 [풍뎅이를 집에 놓기]는 풍뎅이가 오른쪽 정면을 보게 하고, 풍뎅이 집 안에 놓이도록 풍뎅이의 위치를 설정합니다.

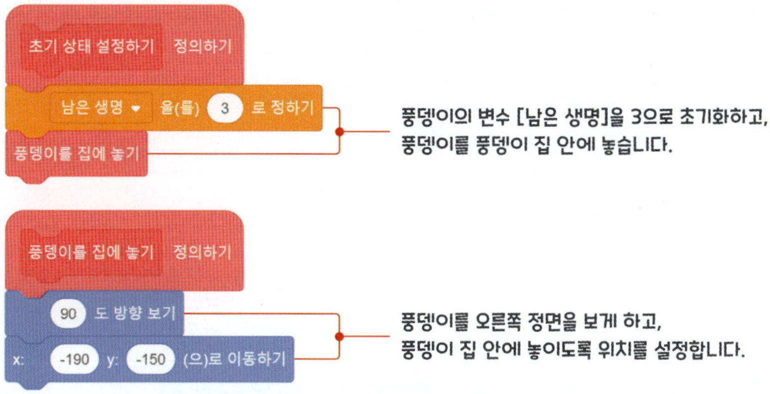

그림 11-12 **프로시저 [초기 상태 설정하기]와 [풍뎅이를 집에 놓기]의 스크립트**

프로시저 [풍뎅이 운전하기]는 사용자가 누른 방향키를 감지하여, 사용자가 누른 방향키의 방향대로 풍뎅이를 움직입니다.

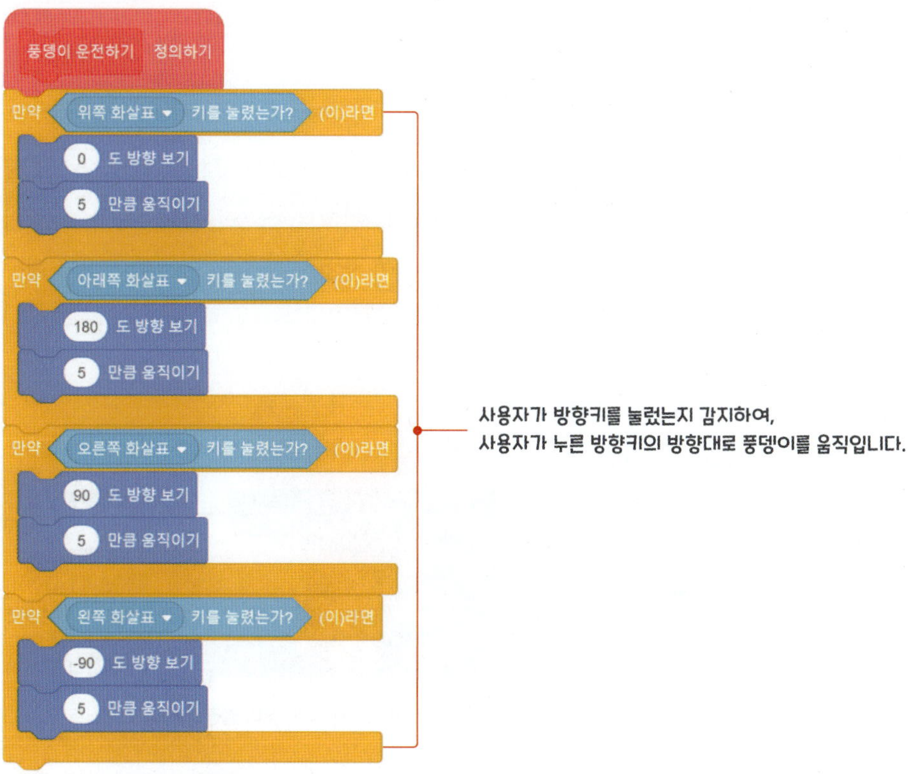

그림 11-13 **프로시저 [풍뎅이 운전하기]의 스크립트**

프로시저 [별에 닿으면 죽기]는 풍뎅이가 별에 닿았는지 감지합니다. 만일 풍뎅이가 별에 닿으면 음원 Alien Creak1을 재생하고, 자신의 색깔을 여러 번 변화시켜 죽는 효과를 나타냅니다. 그리고 변수 [남은 생명]을 1만큼 감소시키고, 프로시저 [풍뎅이를 집에 놓기]를 호출하여 다시 풍뎅이 집 안으로 이동합니다.

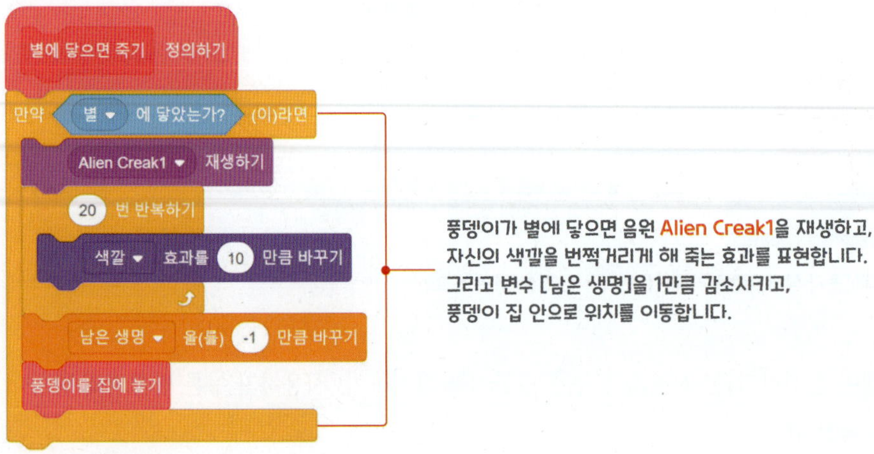

그림 11-14 프로시저 [별에 닿으면 죽기]의 스크립트

6 마법사의 스크립트

마법사는 프로그램을 실행하면 프로시저 [초기 상태 설정하기]를 호출하여 자신의 초기 상태를 설정합니다. 그리고 2초마다 별을 복제하는 행동을 반복합니다. 참고로 스프라이트는 자기 자신 외의 다른 스프라이트를 복제할 수 있습니다. 여기서는 마법사가 별을 복제하는데 복제된 별의 행동은 별 스프라이트에서 프로그래밍해야 합니다.

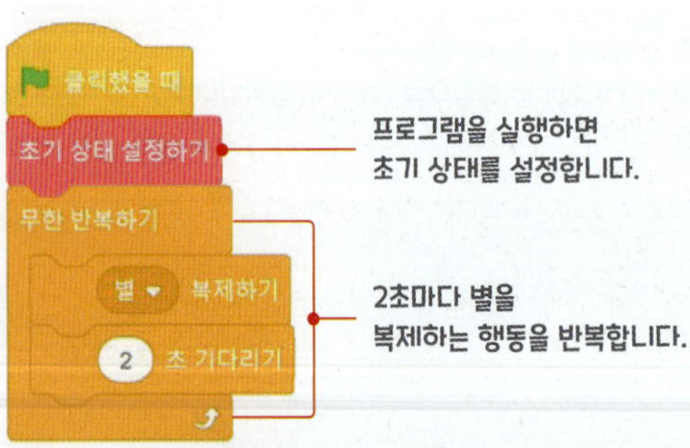

그림 11-15 프로그램을 실행하면 수행되는 마법사의 행동

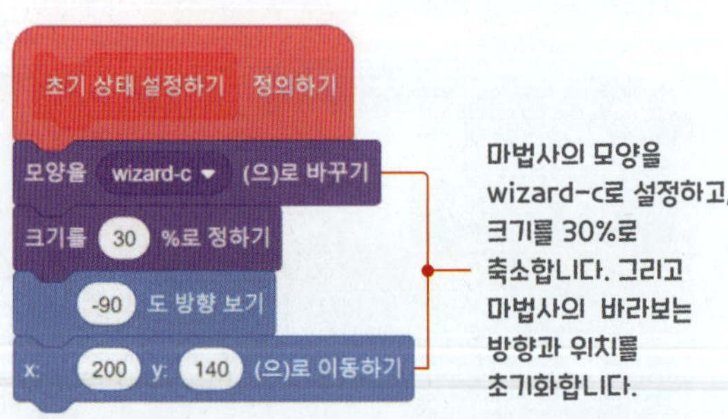

그림 11-16 프로시저 [초기 상태 설정하기]의 스크립트

프로시저 [초기 상태 설정하기]는 마법사의 모양을 wizard-c로 설정하고 크기를 30%로 축소합니다. 그리고 마법사가 왼쪽 정면을 바라보도록 방향을 설정하고, 프로그램 실행 창의 오른쪽 위에 있도록 위치를 설정합니다.

7 별의 스크립트

별은 프로그램을 실행하면 자신의 모습을 숨기고 크기를 50%로 축소합니다. 그리고 마법사의 손끝에 있도록 위치를 설정합니다.

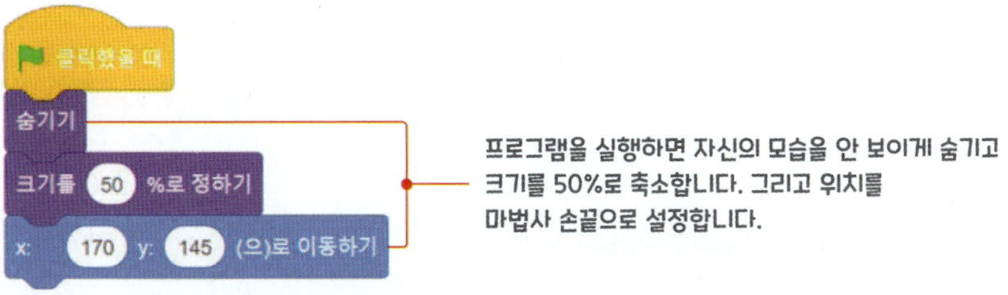

그림 11-17 **프로그램을 실행하면 수행되는 별의 행동**

[그림 11-15]에서 마법사가 2초에 하나씩 별의 복제를 생성하도록 했습니다. 여기서 주의해야 할 것은 별 원형이 마법사 손끝에 모습을 숨기고 있으므로 복제되는 별도 마법사의 손끝에서 모습을 숨긴 채 생성된다는 것입니다. 따라서 복제된 별은 먼저 자신의 모습을 보이고, 0도부터 359도 사이에서 임의의 방향으로 직진합니다. 복제된 별은 이동 중에 벽에 닿으면 튕기고, 풍뎅이 집에 닿으면 사라집니다.

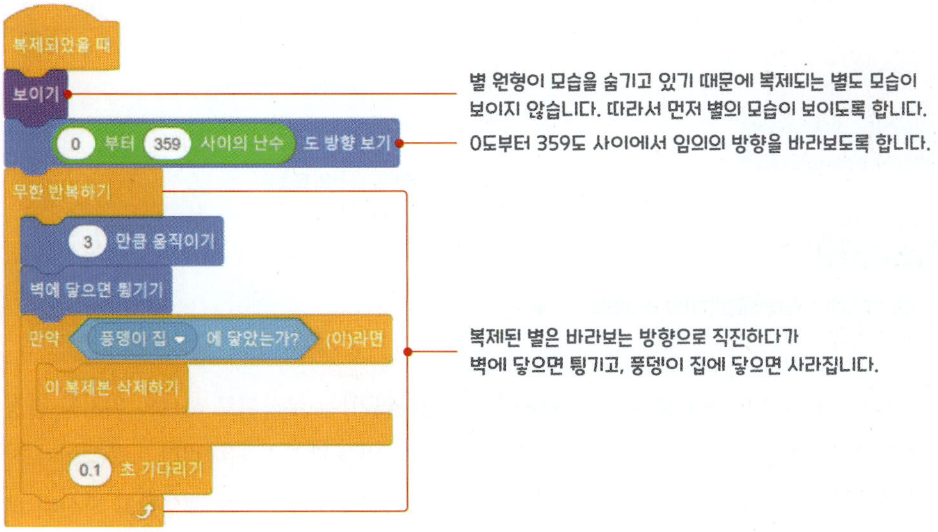

그림 11-18 **복제된 별의 행동**

8 하트의 스크립트

하트는 프로그램을 실행하면 프로시저 [초기 상태 설정하기]를 호출하여 자신의 초기 상태를 설정합니다. 그리고 프로시저 [임의의 위치에 나타나 풍뎅이가 먹을 때까지 기다리기]를 호출합니다. 이 프로시저의 실행이 완료되면 1초 동안 기다린 후 다시 이 프로시저를 호출하는 행동을 반복합니다.

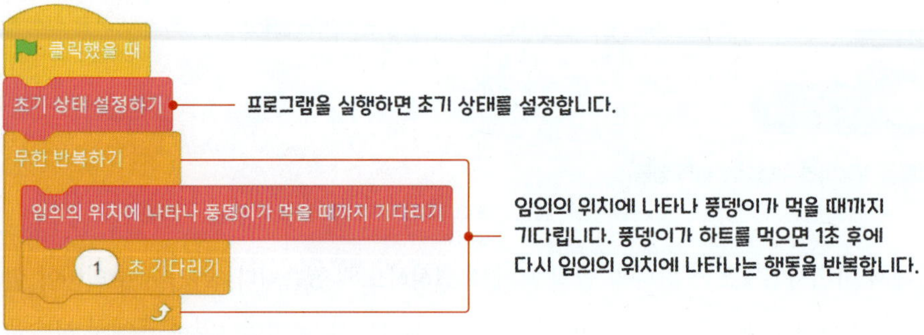

그림 11-19 **프로그램을 실행하면 수행되는 하트의 행동**

프로시저 [초기 상태 설정하기]는 하트의 모양을 heart red로 설정하고 모습을 숨깁니다. 그리고 하트의 크기를 30%로 축소합니다.

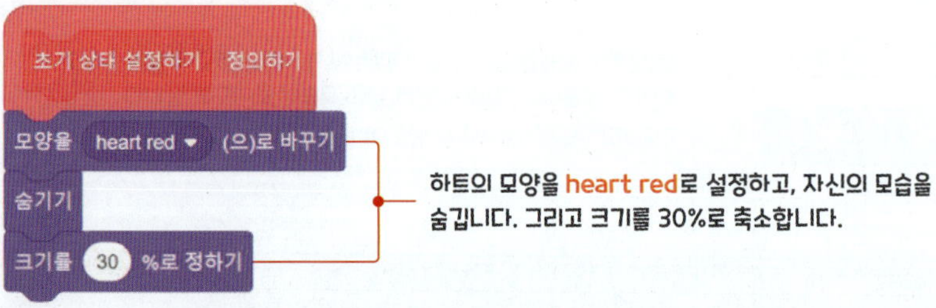

그림 11-20 **프로시저 [초기 상태 설정하기]의 스크립트**

프로시저 [임의의 위치에 나타나 풍뎅이가 먹을 때까지 기다리기]는 무작위로 하트의 위치를 결정하고, 숨겨진 하트의 모습을 보이게 합니다. 풍뎅이가 하트를 먹을 때까지 기다리다가 풍뎅이가 하트를 먹으면 변수 [점수]의 값을 10만큼 증가시킵니다. 그리고 음원 Boing을 재생하고 자신의 모습을 다시 숨깁니다.

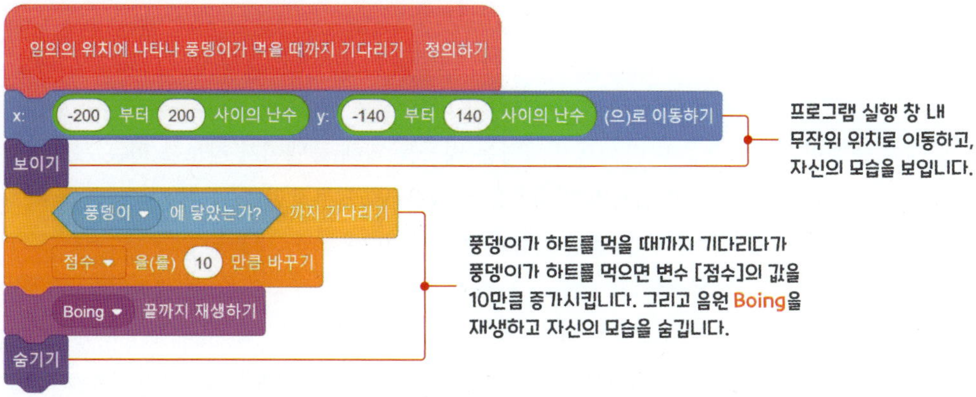

그림 11-21 프로시저 [임의의 위치에 나타나 풍뎅이가 먹을 때까지 기다리기]의 스크립트

9 풍뎅이 집의 스크립트

풍뎅이 집은 프로그램을 실행하면 자신의 모양을 button3-b로 설정하고, 순서를 맨 뒤로 설정합니다. 그리고 프로그램 실행 창 왼쪽 하단에 있도록 위치를 설정합니다. 풍뎅이 집의 순서를 맨 뒤로 설정하는 이유는 풍뎅이가 풍뎅이 집 안에 있을 때 풍뎅이 집이 풍뎅이를 가리지 않게 하기 위해서입니다.

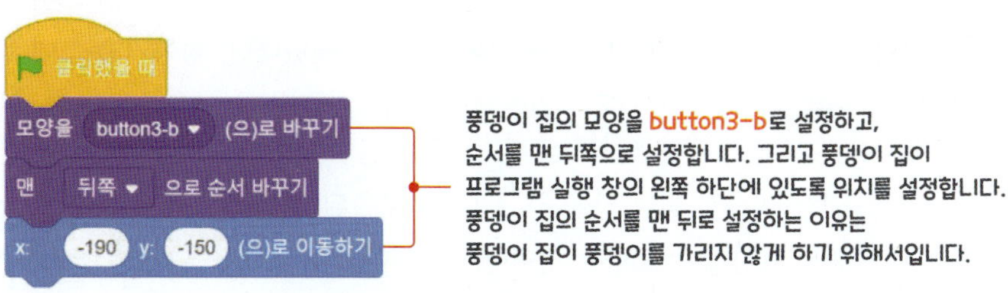

그림 11-22 프로그램을 실행하면 수행되는 풍뎅이 집의 행동

요약

01 달려라 풍뎅이 프로그램은 마법사가 발사하는 별들을 피해 풍뎅이가 하트를 먹는 프로그램입니다. 이 프로그램은 마법사가 발사하는 수많은 별과 무작위로 나타나는 하트를 위해 스크래치의 복제 기능과 난수 생성 기능을 활용합니다.

02 복제(Cloning)란 자신과 동일한 개체를 생성하는 것을 의미합니다. 스크래치에서 복제는 한 스프라이트의 현재의 모습(크기, 모양, 그래픽 효과)을 그대로 복사하여 새로운 개체를 생성합니다.

03 스프라이트는 자신의 복제를 여러 개 만들 수 있으며, 복제된 스프라이트가 수행하는 행동을 별도의 스크립트로 작성할 수 있습니다. 즉 스프라이트는 원래 자신의 행동 외에 자신으로부터 복제된 스프라이트가 수행하는 행동도 포함할 수 있습니다.

04 스크래치는 복제와 관련된 블록들을 [코드] 탭-[제어] 메뉴 아래 모아놓았습니다. 복제와 관련된 블록으로는 [복제되었을 때], [복제하기], [복제본 삭제하기] 등이 있습니다.

05 이벤트 처리 기능은 복제된 스프라이트에도 동일하게 적용됩니다. 예를 들어 키보드의 방향키 누름 이벤트를 처리하는 스프라이트가 자신의 복제를 만들었다면, 방향키 누름에 대해서 원형 스프라이트뿐 아니라 복제들도 동일하게 반응합니다.

06 난수(Random Number)는 정해진 범위 안에서 무작위로 추출된 수를 의미하며, 누구도 다음에 나올 숫자나 행동을 확신할 수 없다는 것이 특징입니다.

07 난수의 사용 예로는 복권 추첨 시 당첨 번호 생성, 게임에서 무작위로 등장하는 적군이나 아이템, 예측할 수 없게 유입되는 손님이나 작업들의 시뮬레이션 등이 있습니다.

08 컴퓨터는 이미 정해진 계산 방법으로 난수를 생성하기 때문에 매번 동일한 배열의 난수, 즉 의사난수(Psuedo-Random Number)를 생성합니다.

09 컴퓨터는 의사난수 문제를 해결하기 위해 컴퓨터의 현재 시각을 씨앗 값으로 삼고 그 씨앗 값이 다르면 난수의 배열도 달라지는 알고리즘을 이용하여 난수를 생성합니다.

10 스크래치는 [코드] 탭-[연산] 메뉴 아래 일정 범위에 있는 정수 또는 실수를 무작위로 생성하는 자료/변수 블록을 제공합니다. 이 블록은 난수 범위의 최솟값과 최댓값을 정수로 입력하면 정수 난수를 생성하고, 한쪽이라도 실수로 입력하면 실수 난수를 생성합니다.

11 달려라 풍뎅이 프로그램은 풍뎅이(Beetle), 마법사(Wizard), 별(Star), 하트(Heart), 풍뎅이 집(Button3) 등의 스프라이트를 사용하고, 무대 배경으로 Light를 사용합니다.

12 풍뎅이는 프로그램을 실행하면 자신의 위치를 풍뎅이 집 안으로 설정합니다. 그리고 3개의 생명이 모두 소진될 때까지 사용자가 누르는 방향키대로 움직이고, 마법사가 발사하는 별에 닿아 죽을 때마다 생명을 하나씩 소진하는 행동을 반복합니다. 풍뎅이는 죽을 때마다 풍뎅이 집 안으로 이동하고, 생명이 모두 소진되면 모든 스프라이트와 무대의 행동을 정지시킵니다.

13 마법사는 프로그램을 실행하면 자신의 모양, 크기, 바라보는 방향 등을 설정합니다. 그리고 2초마다 별을 복제하는 행동을 반복합니다. 복제되는 별의 행동은 별 스프라이트에서 만들어줍니다.

14 별은 프로그램을 실행하면 자신의 모습을 숨기고 크기를 절반으로 축소합니다. 그리고 마법사의 손끝에 있도록 위치를 설정합니다. 별은 마법사에 의해 복제될 때마다 자신의 모습을 보이고, 임의의 방향으로 직진합니다. 복제된 별은 이동 중에 벽에 닿으면 튕기고 풍뎅이 집에 닿으면 사라집니다.

15 하트는 프로그램을 실행하면 자신의 모습을 숨긴 다음 크기를 축소하고 모양을 설정합니다. 그리고 임의의 위치에 모습을 나타내어 풍뎅이가 먹을 때까지 기다립니다. 풍뎅이가 별을 먹으면 점수를 10점 올리고, 1초 후에 다시 임의의 위치에 나타나 풍뎅이가 먹을 때까지 기다리는 행동을 반복합니다.

16 풍뎅이 집은 프로그램을 실행하면 자신의 모양과 순서, 그리고 위치를 설정합니다. 풍뎅이 집의 순서를 맨 뒤로 설정하는 이유는 풍뎅이가 집 안에 있을 때 풍뎅이 집이 풍뎅이를 가리지 않게 하기 위해서입니다.

17 무대는 프로그램을 실행하면 점수를 0으로 초기화하고, 배경 음악을 반복 재생합니다.

연습문제

01 **스크래치의 스프라이트 복제 기능에 대해서 잘못 설명한 것을 고르세요.**

① 복제되는 스프라이트는 원형 스프라이트의 그래픽 효과까지 모두 복사합니다.

② 복제된 스프라이트는 원형 스프라이트와 다른 자신만의 행동을 가질 수 있습니다.

③ 복제된 스프라이트와 원형 스프라이트가 이벤트에 동일하게 반응합니다.

④ 원형 스프라이트 크기를 2배로 키운 후 복제해도 원래 크기의 스프라이트가 복제됩니다.

02 **다음은 복제 기능을 활용한 고양이의 스크립트입니다. 이 프로그램에 대한 설명으로 옳지 않은 것을 고르세요.**

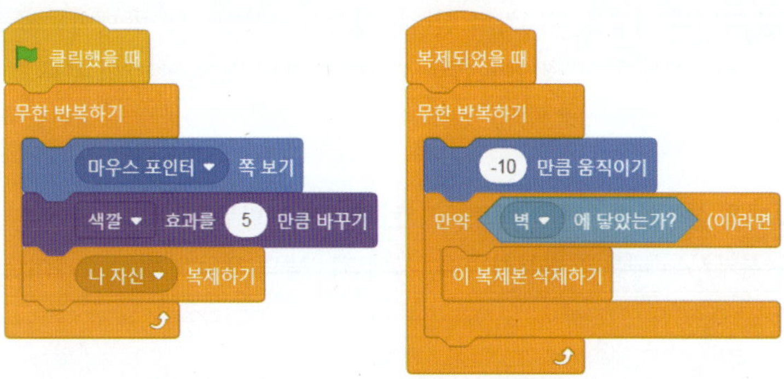

① 고양이는 제자리에서 마우스 포인터 위치를 무한히 바라봅니다.

② 고양이는 자신의 색깔을 무한히 변경합니다.

③ 모든 복제된 스프라이트는 실행 전 원형 스프라이트의 색깔만 갖습니다.

④ 복제된 스프라이트는 원형 스프라이트의 뒤로 벽에 닿을 때까지 이동하다 사라집니다.

03 **다음은 복제 기능을 활용한 고양이의 스크립트입니다. 이 프로그램을 실행하면 복제가 하나 생성되어 원형 스프라이트 뒤에 서게 됩니다. [↑]를 누를 때 프로그램의 실행 모습으로 옳은 것을 고르세요.**

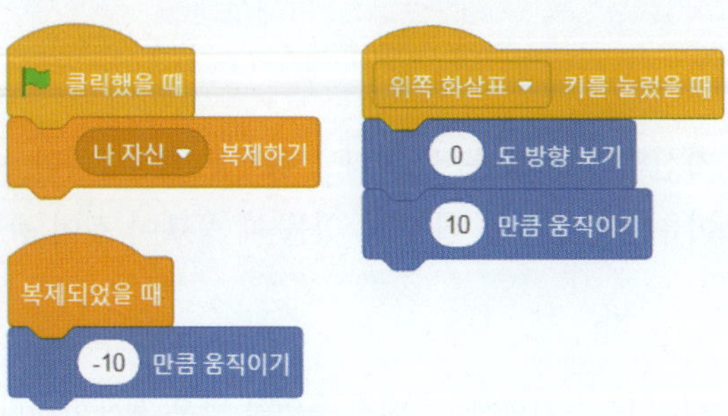

① 원형 스프라이트만 위로 이동합니다.

② 복제만 위로 이동합니다.

③ 원형과 복제 모두 위로 이동합니다.

④ 원형과 복제 모두 이동하지 않습니다.

04 **컴퓨터가 생성하는 난수처럼 같은 조건에서는 항상 동일한 배열로 생성되는 난수를 무엇이라고 하나요?**

① 의사난수

② 불완전 난수

③ 미완성 난수

④ 유사난수

05 **다음은 난수를 생성하는 스크래치 자료/변수 블록들의 활용 모습입니다. 이에 대한 설명으로 옳지 <u>않은</u> 것은 무엇인가요?**

① ⓐ는 1과 10 사이의 정수를 난수로 생성합니다.

② ⓑ는 1.0과 10 사이의 정수를 난수로 생성합니다.

③ ⓑ는 1.0과 10 사이의 실수를 난수로 생성합니다.

④ ⓒ는 1.0과 10.0 사이의 실수를 난수로 생성합니다.

06 **다음은 난수 생성 기능을 활용한 고양이의 스크립트입니다. 이 프로그램을 실행하여 스페이스 바를 누를 때마다 고양이가 수행하는 행동으로 옳은 것을 고르세요.**

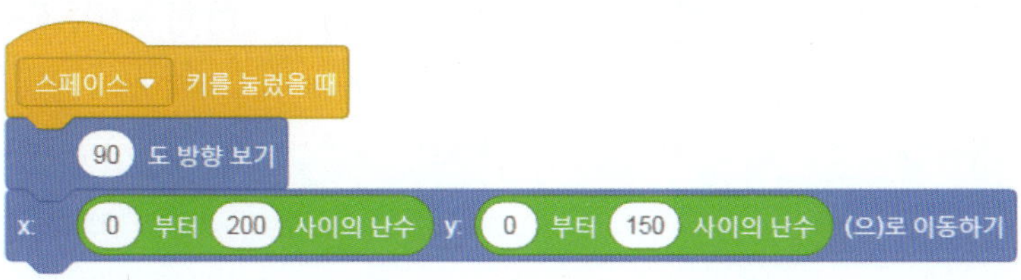

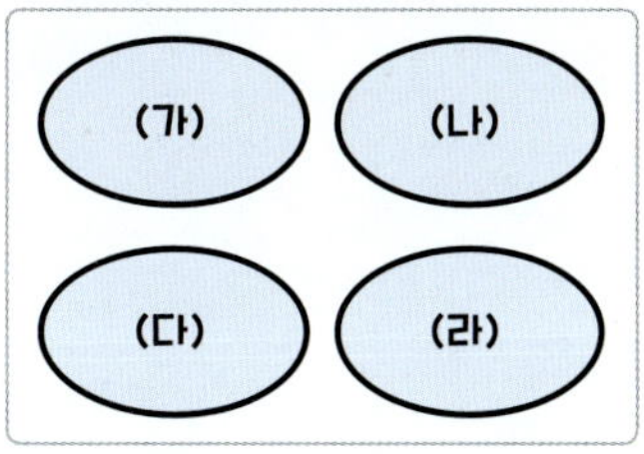

① (가) 영역의 임의의 장소로 이동합니다.

② (나) 영역의 임의의 장소로 이동합니다.

③ (다) 영역의 임의의 장소로 이동합니다.

④ (라) 영역의 임의의 장소로 이동합니다.

07 다음은 복제 기능을 활용한 화살(Arrow1)의 스크립트입니다. 이 스크립트를 실행하면 화살은 프로그램 실행 창 왼쪽 중앙에 고정되어 마우스 포인터를 바라보다가 마우스를 클릭하면 자신을 복제합니다. 화살의 복제는 마우스 포인터를 쫓아와 마우스 포인터에 닿으면 '팝(pop)' 소리를 내고 사라집니다. 스크립트가 이와 같은 행동을 수행하기 위한 A, B, C의 내용은 무엇인가요?

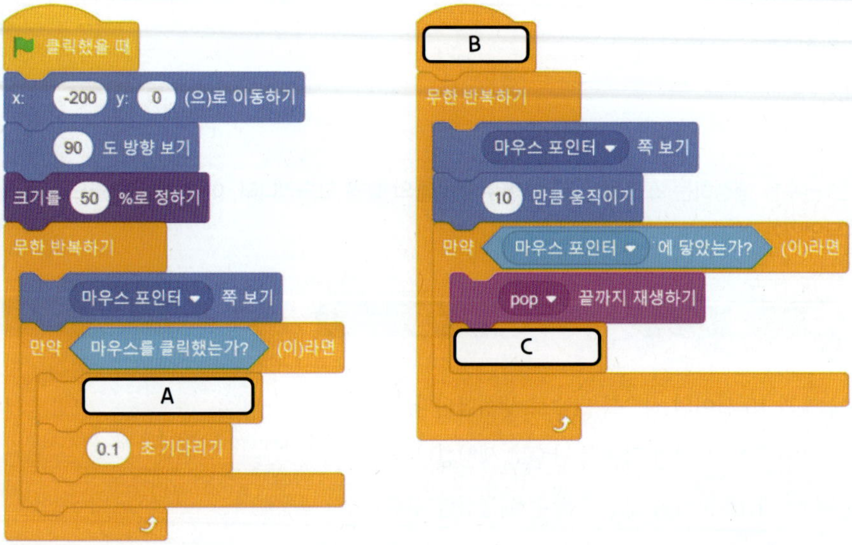

① [A] 나 자신 복제하기	[B] 이 스프라이트를 클릭했을 때	[C] 이 복제본 삭제하기
② [A] 이 스프라이트를 클릭했을 때	[B] 나 자신 복제하기	[C] 이 복제본 삭제하기
③ [A] 나 자신 복제하기	[B] 복제되었을 때	[C] 이 복제본 삭제하기
④ [A] 이 스프라이트를 클릭했을 때	[B] 나 자신 복제하기	[C] 이 복제본 삭제하기

08 다음은 고양이가 1부터 100 사이의 임의의 정수를 생각하고 여러분이 그 수를 맞추는 스크립트입니다. 빈 곳에 알맞은 블록은 무엇인가요?

① (1) 부터 (100) 사이의 난수

② (1.0) 부터 (100) 사이의 난수

③ (1.0) 부터 (100.0) 사이의 난수

④ (1) 부터 (100.0) 사이의 난수

CHAPTER 12

종합 프로젝트(2) : 상어 잡는 잠수부

학습목표

- 스프라이트의 결합 방법을 이해합니다.
- 키보드의 키 누름 상태를 활용하는 방법을 연습합니다.
- 스프라이트 복제마다 독립된 행동을 만들어봅니다.
- 상어 잡는 잠수부 프로그래밍을 통해 창의적 프로그래밍 능력을 향상시킵니다.

Preview

상어 잡는 잠수부 프로그램은 잠수부가 작살로 상어를 잡아 점수를 올리는 프로그램입니다. 이 프로그램을 프로그래밍하면서 여러분은 새로운 내용을 공부하게 됩니다. 먼저 잠수부가 작살을 쥐고 있도록 잠수부와 작살이 항상 붙어 있도록 하는 방법을 배우게 됩니다. 그리고 사용자가 키보드의 스페이스 바를 길게 누르면 빠른 작살이 발사되도록 키보드의 키 누름 상태를 처리하는 방법을 배웁니다. 또한, 출몰하는 상어들이 다양한 형태와 이동 속도를 갖도록 복제마다 독립된 행동을 처리하는 방법을 배우게 됩니다. 여러분은 상어 잡는 잠수부 프로그램을 프로그래밍하면서 이 모든 내용을 실습하게 됩니다.

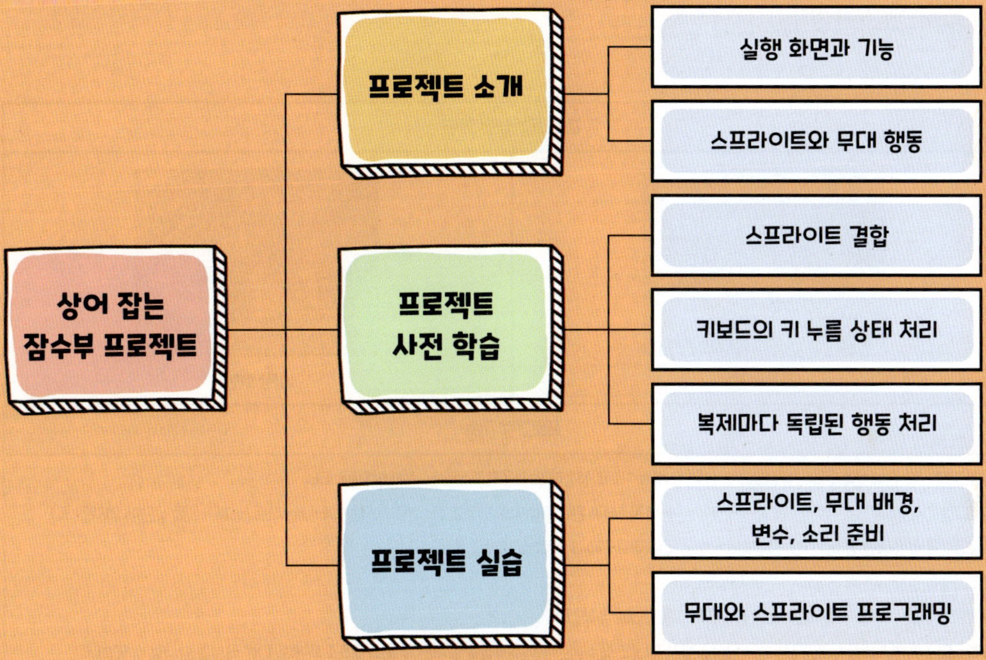

Section 01 프로젝트 소개

1 프로그램 실행 화면과 기능

상어 잡는 잠수부 프로그램은 잠수부가 작살로 상어를 잡는 프로그램입니다. 이 프로그램의 실행 화면과 기능은 [그림 12-1]과 같습니다.

<table>
<tr><th colspan="2">프로그램 실행 화면</th></tr>
<tr><td>
<초기 화면></td><td>
<실행 화면></td></tr>
<tr><th colspan="2">프로그램 기능</th></tr>
<tr><td colspan="2">
• 프로그램 실행 전에 변수 [점수]를 프로그램 실행 창에 보이도록 설정하고, 사용자가 원하는 곳에 위치합니다.
• 프로그램을 실행하면 <초기 화면>과 같이 작살을 손에 쥔 잠수부가 왼쪽 중앙에 위치하고, 잠수부의 생명을 나타내는 하트 세 개가 왼쪽 상단에 위치합니다.
• 프로그램을 실행하면 점수는 0점, 잠수부의 생명은 3개(하트 개수 3개)로 초기화됩니다.
• 프로그램을 실행하면 배경 음악이 반복 재생됩니다.
• 키보드의 위쪽, 아래쪽 방향키를 누르면 잠수부가 그 방향대로 움직입니다.
• 키보드의 스페이스 바를 누르면 잠수부가 작살을 발사합니다. 잠수부는 하나의 작살을 발사한 후 최소 0.5초 후에 또 다른 작살을 발사할 수 있습니다.
• 상어는 1초마다 한 마리씩 생성되는데, 세 가지 모양 중 하나가 무작위로 결정되고 이동 속도도 다양하게 결정됩니다.
• 생성된 상어는 오른쪽에서 왼쪽으로 헤엄쳐 오다가 잠수부에 닿거나 작살에 맞으면 사라집니다.
• 상어는 벽에 닿으면 사라지지만 상어 중 입을 크게 벌린 형태의 상어는 벽에 닿아도 사라지지 않고 반대 방향으로 방향을 바꾸어 헤엄치는 행동을 반복합니다.
• 잠수부는 사용자가 키보드의 스페이스 바를 짧게 눌렀다 떼면 보통 속도로 작살을 발사하고, 키보드의 스페이스 바를 1초 이상 길게 눌렀다 떼면 빠른 속도로 작살을 발사합니다.
• 보통 속도의 작살은 한 마리의 상어에 닿으면 사라지지만, 빠른 속도의 작살은 여러 마리의 상어를 뚫고 벽까지 날아갑니다. 벽에 닿은 작살은 사라집니다.
• 작살로 상어를 잡을 때마다 점수가 10점씩 올라갑니다.
• 잠수부가 상어에 닿을 때마다 하트의 개수가 하나씩 줄어듭니다.
• 잠수부의 생명이 모두 소진되면 모든 스프라이트와 무대는 자신의 행동을 멈춥니다. 즉, 잠수부는 더 이상 움직이지 않고, 상어도 모두 사라집니다. 그리고 배경 음악도 출력되지 않습니다.
</td></tr>
</table>

그림 12-1 상어 잡는 잠수부 프로그램의 실행 화면과 기능

2 프로그램의 스프라이트와 무대 행동

상어 잡는 잠수부 프로그램을 구현하기 위해서는 잠수부, 작살, 상어, 생명1, 생명2, 생명3과 같은 스프라이트들과 무대 배경이 필요합니다. 그리고 각 스프라이트와 무대는 이 프로그램의 기능을 구현하기 위해 적당한 행동을 수행해야 합니다. [표 12-1]은 상어 잡는 잠수부 프로그램의 스프라이트와 무대에 대한 행동을 정리한 것입니다.

표 12-1 상어 잡는 잠수부 프로그램의 스프라이트와 무대에 대한 행동

스프라이트/무대	행동
 잠수부	• 프로그램을 시작하면 프로그램 실행 창 왼쪽 중앙에 위치합니다. • 사용자가 위아래 방향키를 누를 때마다 그 방향으로 이동합니다. • 사용자가 스페이스 바를 누를 때마다 작살을 발사합니다. • 사용자가 스페이스 바를 짧게 눌렀다 떼면 보통 작살을 발사하고, 스페이스 바를 1초 이상 길게 눌렀다 떼면 빠른 작살을 발사합니다. • 작살을 발사한 다음 최소 0.5초 후에 또 다른 작살을 발사할 수 있습니다. • 3개의 생명을 갖고 있으며 상어에 닿을 때마다 생명이 하나씩 감소합니다. • 3개의 생명이 모두 소진되면 모든 스프라이트와 무대의 행동을 멈춥니다.
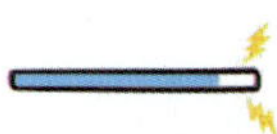 작살	• 프로그램을 시작하면 항상 잠수부 손에 고정되어 잠수부와 함께 이동합니다. • 발사되는 작살은 앞으로 직진하며 벽에 닿으면 사라집니다. • 보통 작살로 발사될 경우 상어에 닿으면 사라지지만, 빠른 작살로 발사되면 상어에 닿아도 사라지지 않고 벽까지 날아갑니다. • 빠른 작살은 보통 작살보다 발사 속도가 2배 빠릅니다.
 상어	• 프로그램을 시작하면 1초마다 한 마리씩 프로그램 실행 창 오른쪽에서 나타나 왼쪽으로 이동합니다. • 상어는 세 가지 모양을 가지며 형태와 이동 속도는 무작위로 결정됩니다. • 입을 크게 벌린 모양의 상어는 벽에 닿을 때마다 반대로 방향을 바꾸어 이동하고, 나머지 모양의 상어는 벽에 닿으면 사라집니다. • 상어는 작살과 잠수부에 닿을 때 사라지는데, 작살에 닿으면 점수를 10점 올리고 사라집니다.
 생명1	• 프로그램을 시작하면 프로그램 실행 창 왼쪽 상단에 위치합니다. • 잠수부의 첫 번째 죽음일 때 사라집니다.
 생명2	• 프로그램을 시작하면 생명1 오른쪽 옆에 위치합니다. • 잠수부의 두 번째 죽음일 때 사라집니다.
 생명3	• 프로그램을 시작하면 생명2 오른쪽 옆에 위치합니다. • 잠수부의 세 번째 죽음일 때 사라집니다.
 무대	• 프로그램을 시작하면 배경 음악을 반복해서 재생합니다. • 프로그램을 시작하면 점수를 0으로 초기화합니다.

Section 02

프로그래밍 사전 학습 : 스프라이트 결합, 키 누름 상태, 복제마다 구별된 행동 처리

1 스프라이트 결합 처리

상어 잡는 잠수부 프로그램을 구현하기 위해서는 스프라이트를 결합하고, 키 누름 상태를 감지하고, 복제마다 구별된 행동을 만들어줄 수 있어야 합니다. 예를 들어, 작살은 항상 잠수부 손에 붙어 다녀야 하는데 이를 위해서는 잠수부와 작살을 결합해야 합니다. 그리고 사용자가 키보드의 스페이스 바를 길게 눌렀다 떼면 빠른 작살이 발사되어야 하는데 이는 스페이스 바가 일정 시간 계속 눌렸는지 감지해야 합니다. 마지막으로 1초마다 복제된 상어는 서로 다른 모양과 이동 속도를 가져야 하므로 복제마다 독립된 행동이 가능해야 합니다.

먼저, 스프라이트 결합에 대해 프로그래밍 방법을 연습합니다. 게임에 등장하는 캐릭터들을 보면 여러 개의 스프라이트가 마치 하나의 개체처럼 결합하는 경우가 있습니다. 예를 들어, 기사와 말이 결합된 말 탄 기사와 각종 무기와 전사가 결합된 무기 든 전사 등이 있습니다. 남은 체력을 표시해 주는 체력 게이지 바가 주인공 머리 위에 결합된 형태 등도 대표적인 예입니다.

그림 12-2 여러 가지 스프라이트의 결합 형태

일반적으로 결합된 스프라이트들은 이동할 때 상대적 위치를 유지한 채 같이 움직여야 합니다. 즉, 말이 달릴 때 기사는 말 위에 앉아 있어야 하며, 주인공이 움직일 때 체력 게이지 바는 주인공 캐릭터 머리 위에 계속 붙어 다녀야 합니다. 이런 동작을 구현하는 일반적인 방법은 움직임의 주체가 되는 스프라이트를 기준으로 상대적 위치를 계산하여 붙어 다니는 스프라이트의 위치를 결정해 주는 것입니다.

예를 들어, 체력 게이지 바의 위치를 주인공의 위치를 기준으로 [그림 12-3]과 같이 결정할 수 있습니다. 이렇게 체력 게이지 바의 위치를 결정하면 주인공이 움직이더라도 체력 게이지 바의 x좌표는 항상 주인공의 x좌표와 동일하며, 체력 게이지 바의 y좌표는 항상 주인공의 y좌표보다 50만큼 위에 있게 됩니다.

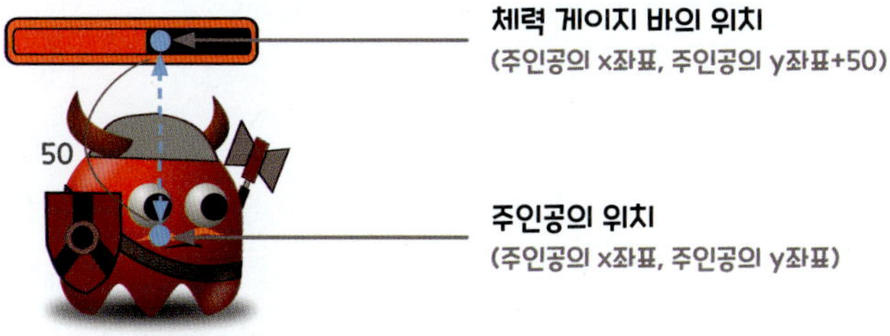

그림 12-3 **결합된 스프라이트의 위치 지정**

[그림 12-4]와 [그림 12-5]는 앞에서 설명한 방식으로 고양이 머리 위에 나비(Butterfly2)를 결합하여 고양이가 움직일 때마다 나비도 함께 움직이도록 프로그래밍한 것입니다.

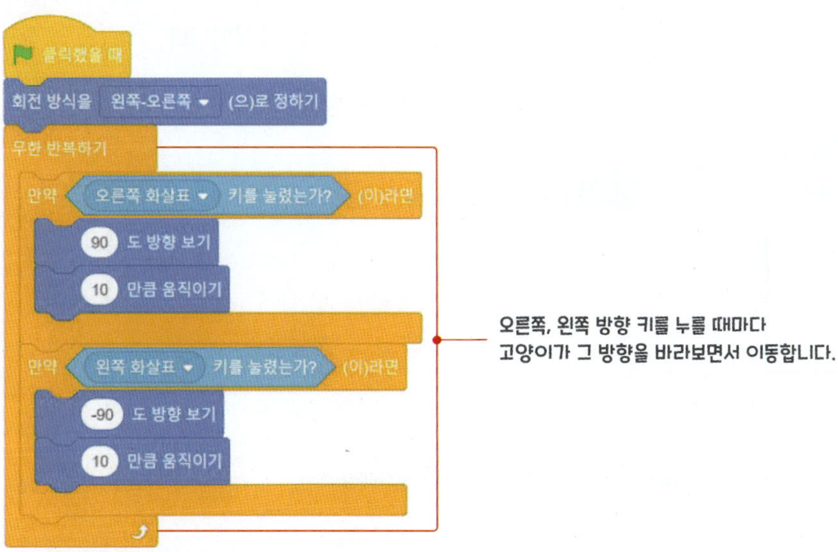

그림 12-4 **머리 위에 나비가 따라다니는 고양이의 스크립트**

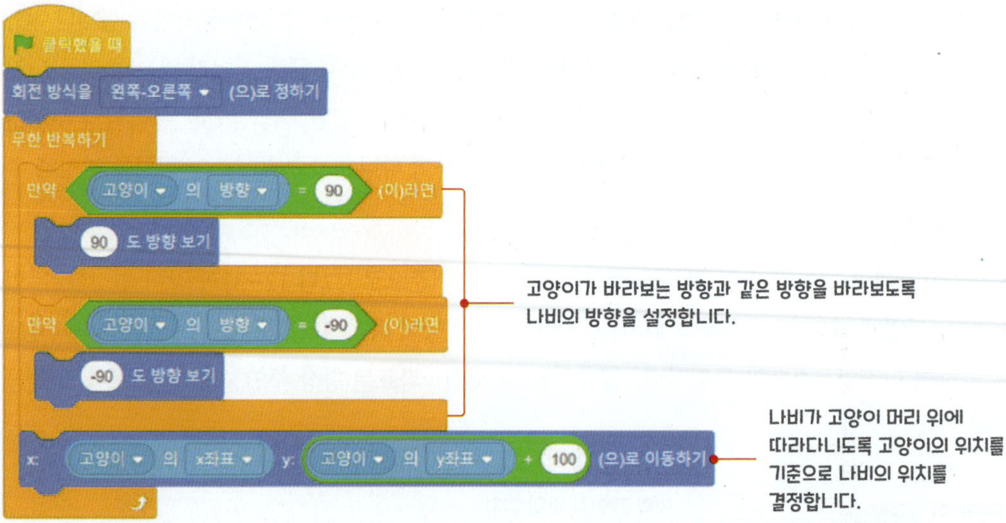

그림 12-5 고양이를 따라다니는 나비의 스크립트

2 키보드 키 누름 상태 처리

스프라이트는 키보드의 특정 키를 누른 상태에서 지속해서 수행되는 행동을 가질 수 있습니다. 예를 들어, 날고 있는 새의 높낮이를 조정할 때 스페이스 바를 누른 상태에서는 계속 위로 올라가다가 스페이스 바에서 손을 떼면 아래로 떨어지도록 할 수 있습니다.

이처럼 특정 키를 누른 후 그 키에서 손을 뗄 때까지 지속해서 수행되어야 할 행동은 [그림 12-6]과 같은 방식으로 구현할 수 있습니다. [그림 12-6]은 키보드의 스페이스 바를 누른 후 스페이스 바에서 손을 뗄 때까지 지속해서 수행되어야 할 행동을 프로그래밍하는 방식입니다.

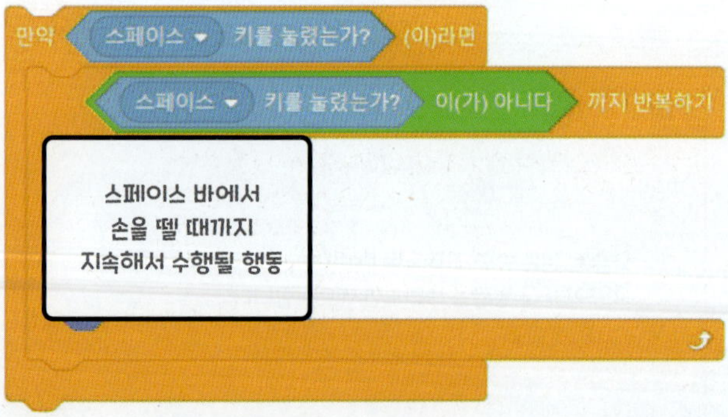

그림 12-6 키보드의 스페이스 바가 눌려진 상태에서 수행되어야 할 행동의 프로그래밍

[그림 12-7]은 앞에서 배운 내용을 바탕으로 키보드의 스페이스 바를 누른 상태에서는 일정한 속도로 위로 올라가고, 스페이스 바에서 손을 떼면 일정한 속도로 바닥까지 떨어지는 앵무새(Parrot)의 행동을 프로그래밍한 것입니다.

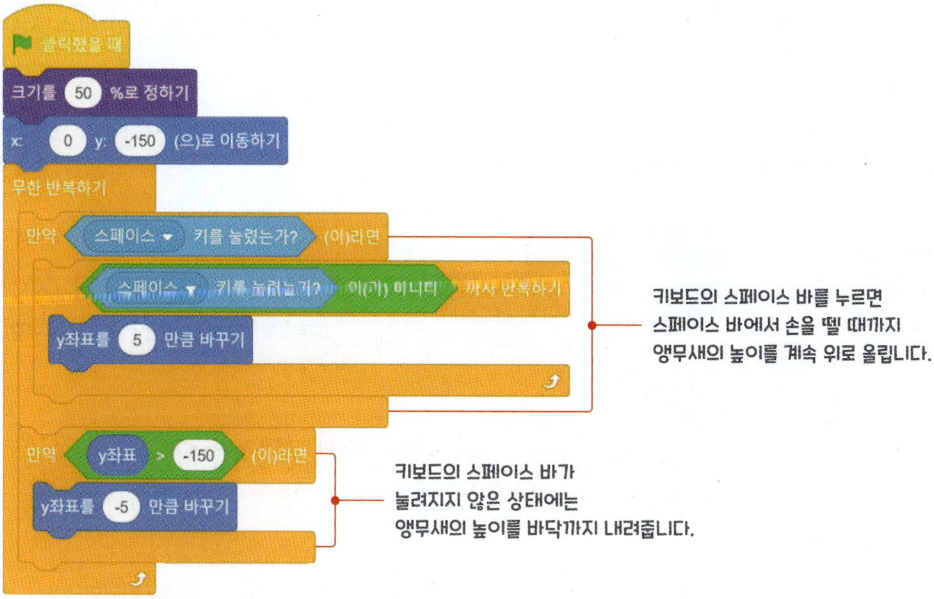

그림 12-7 키보드의 스페이스 바로 높이를 조정하는 앵무새의 스크립트

3 복제마다 독립된 행동 처리

스프라이트의 복제를 반복해서 만들어 프로그램 실행 창에 여러 개의 복제가 동시에 존재할 때 주의해야 할 사항이 있습니다. 예를 들어 고양이의 복제를 반복해서 만들고, 고양이가 복제될 때마다 서로 다른 속도로 이동하도록 프로그래밍한다고 가정합니다. 이런 경우 여러분은 변수 [속도]를 만들고, 복제된 고양이가 수행해야 할 행동에서 변수 [속도]의 값을 무작위로 결정하여 이동 속도로 사용할 것입니다. 그리고 여러분은 모든 고양이 복제가 자신이 복제될 때 무작위로 결정된 속도에 따라 서로 다른 속도로 이동할 것으로 기대할 것입니다.

하지만 이런 기대는 여러분이 변수 [속도]를 지역 변수로 만들었느냐 아니면 전역 변수로 만들었느냐에 따라 이루어질 수도 있고, 이루어지지 않을 수도 있습니다. 이를 알아보기 위해 고양이가 1초마다 자신의 복제를 반복해서 만들고, 복제된 고양이는 변수 [속도]의 값을 무작위로 결정하여 앞으로 이동하는 프로그램을 만들어보겠습니다.

[그림 12-8]은 변수 [속도]를 전역 변수로 만들어 프로그래밍한 경우입니다. 이 프로그램을 실행하면 모든 고양이 복제들이 가장 나중에 만들어진 고양이 복제의 속도와 항상 동일하게 이동하는 것을 알 수 있습니다. 즉, 이전에 만들어진 고양이 복제의 속도가 가장 나중에 만들어진 고양이 복제의 속도로 변경되는 문제점이 있습니다. 이런 문제는 변수 [속도]가 전역 변수로서 모든 고양이 복제가 공유하기 때문에 발생하는 것입니다. 참고로 전역 변수는 값이 변경되면 그 전역 변수를 공유하는 모든 스프라이트 행동에 영향을 줍니다.

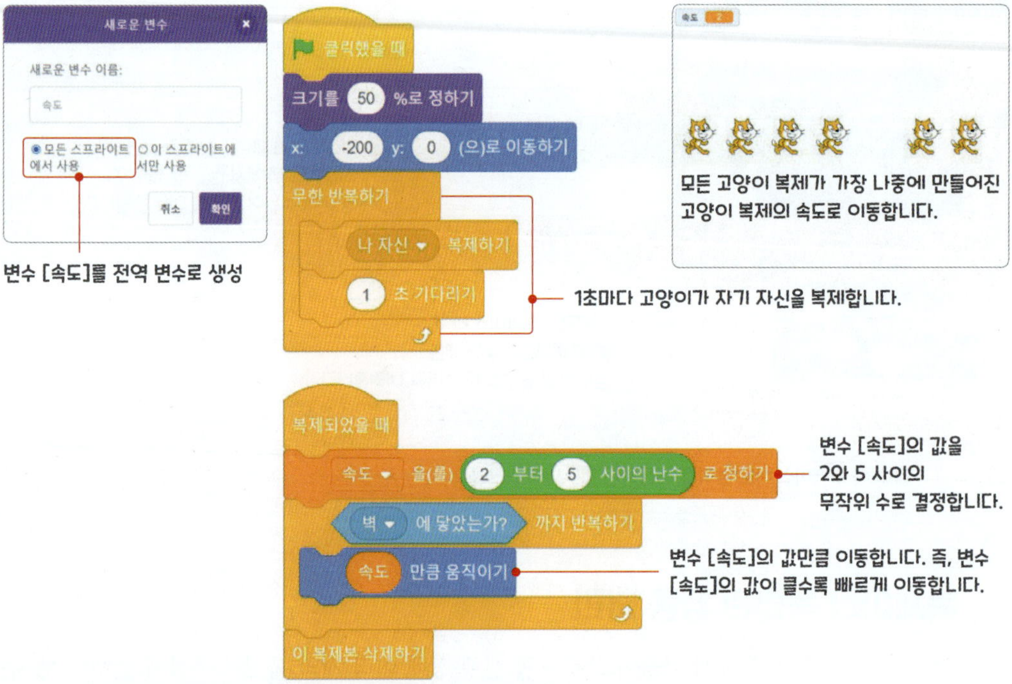

그림 12-8 **변수 [속도]를 전역 변수로 생성하는 경우 프로그래밍 실행 결과**

[그림 12-9]는 변수 [속도]를 지역 변수로 만들어 프로그래밍한 경우입니다. 이 프로그램을 실행하면 모든 고양이 복제는 자신이 복제되었을 때 결정된 변수 [속도]의 값을 유지한 채 이동합니다. 즉, 모든 고양이 복제가 서로 다른 속도로 이동한다는 것을 알 수 있습니다. 이는 변수 [속도]를 지역 변수로 생성하였기 때문에 고양이 복제마다 변수 [속도]를 자신에게 속한 지역 변수로 사용하기 때문입니다. 참고로, 지역 변수는 자신이 속한 스프라이트에서만 사용되어 값의 변화가 다른 스프라이트 행동에 영향을 주지 않습니다.

그림 12-9 **변수 [속도]를 지역 변수로 생성하는 경우 프로그래밍 실행 결과**

앞의 예제를 통해 복제마다 독립된 행동을 하도록 만들기 위해서는 복제에 사용되는 변수를 지역 변수로 생성해야 한다는 것을 알 수 있습니다.

Section 03

프로젝트 실습

1 스프라이트 준비하기

이제 앞에서 배운 스프라이트의 결합, 키 누름 상태 처리, 복제마다 독립된 행동 처리 방법을 활용하여 본격적으로 상어 잡는 잠수부를 프로그래밍해 보겠습니다.

먼저, 기본적으로 제공하는 고양이 스프라이트를 삭제한 후 [스프라이트 고르기]에서 Diver2, Magic Wand, Shark2, 3개의 Heart 스프라이트를 추가하고 각각의 이름을 '잠수부', '작살', '상어', '생명1', '생명2', '생명3'으로 변경합니다. 그리고 [배경 고르기]에서 Underwater1을 무대 배경으로 추가합니다.

표 12-2 상어 잡는 잠수부 프로그램에 사용될 스프라이트와 무대 배경

스프라이트						무대

잠수부 (Diver2)	작살 (Magic Wand)	상어 (Shark2)	생명1 (Heart)	생명3 (Heart)	생명2 (Heart)	무대 배경 (Underwater1)

2 변수 준비하기

상어 잡는 잠수부 프로그램은 작살로 상어를 잡을 때마다 점수가 올라갑니다. 이 점수를 보여주기 위해 무대의 변수로 [점수]를 생성합니다. 그리고 잠수부의 남은 생명 개수를 관리하기 위해 잠수부의 지역 변수 [남은 생명]을 생성하고, 잠수부가 작살을 던지는 속도를 나타내기 위해 잠수부의 전역 변수 [작살 속도]를 생성합니다. 작살은 잠수부가 던지는 속도에 따라 보통 작살과 빠른 작살로 구분하여 행동을 다르게 해야 합니다. 따라서 작살을 복제할 때마다 유형을 결정할 작살의 지역 변수 [작살 유형]을 생성합니다. 마지막으로 상어의 복제마다 모양과 속도를 결정할 상어의 지

역 변수 [상어 모양]과 [상어 속도]를 생성합니다. 여기서 작살과 상어를 복제할 때마다 독립된 행동을 만들기 위해 변수 [작살 유형], [상어 모양], [상어 속도]를 모두 지역 변수로 생성한다는 것에 주의합니다.

표 12-3 상어 잡는 잠수부 프로그램에 사용될 무대와 스프라이트의 변수

스프라이트/무대	변수	설명
 무대	점수	무대의 변수로 [점수]를 생성합니다. 프로그램을 실행할 때마다 0으로 설정되며 작살로 상어를 잡을 때마다 10점씩 올라갑니다. 변수 [점수]는 프로그램 실행 창에 보이도록 설정하고 적당한 곳에 위치를 조정합니다. 참고로 무대에서 생성된 변수는 항상 전역 변수입니다.
 잠수부	남은 생명	잠수부의 지역 변수로 [남은 생명]을 생성합니다. 이 변수의 값을 프로그램을 실행할 때 3의 값을 갖고 잠수부가 상어에 닿을 때마다 하나씩 줄어듭니다. 변수 [남은 생명]은 프로그램 실행 창에 보이지 않도록 설정합니다.
	작살 속도	잠수부의 전역 변수로 [작살 속도]를 생성합니다. 이 변수는 '보통' 또는 '빠름'의 값을 갖는데 키보드의 스페이스 바를 1초 이상 누르고 있으면 '빠름'으로 설정됩니다. 변수 [작살 속도]는 프로그램 실행 창에 보이지 않도록 설정합니다. 참고로, 변수 [작살 속도]를 전역 변수로 생성하는 이유는 작살 스프라이트가 이 변수의 값에 따라 자신의 유형을 '보통 작살' 또는 '빠른 작살'로 설정하기 위해서입니다.
 잠수부	작살 유형	작살의 지역 변수로 [작살 유형]을 생성합니다. 이 변수는 변수 [작살 속도]의 값에 따라 '보통 작살' 또는 '빠른 작살'의 값을 갖습니다. 변수 [작살 유형]은 프로그램 실행 창에 보이지 않도록 설정합니다.
 상어	상어 모양	상어의 지역 변수로 [상어 모양]을 생성합니다. 이 변수는 1부터 3사이의 무작위 값을 갖습니다. 변수 [상어 모양]은 프로그램 실행 창에 보이지 않도록 설정합니다.
	상어 속도	상어의 지역 변수로 [상어 속도]를 생성합니다. 이 변수는 1부터 10사이의 무작위 값을 갖습니다. 변수 [상어 속도]는 프로그램 실행 창에 보이지 않도록 설정합니다.

3 소리 준비하기

상어 잡는 잠수부 프로그램을 실행하면 무대는 배경 음악으로 Dance Slow Mo를 반복해서 재생합니다. 그리고 잠수부는 상어에 닿아 죽을 때 음원 Scream2를 재생하고 사용자가 키보드의 스페이스 바를 길게 누르고 있는 동안 음원 Alert를 반복 재생합니다. 작살은 발사될 때 음원 Laser1을 재생하고, 상어는 작살에 맞아 죽을 때 음원 Ya를 재생합니다. 따라서 [소리 고르기]에서 무대와 스프라이트들의 소리를 [표 12-4]와 같이 선택해 등록합니다.

표 12-4 상어 잡는 잠수부 프로그램에 사용될 음원

스프라이트/무대	음원	설명
 무대	Dance Slow Mo	무대의 소리로 음원 Dance Slow Mo를 등록합니다. 무대는 프로그램이 실행되는 동안 반복해서 이 음원을 출력합니다.
 잠수부	Scream2	잠수부의 소리로 음원 Scream2를 등록합니다. 잠수부가 상어에 닿아 죽을 때 이 음원을 출력합니다.
	Alert	잠수부의 소리로 음원 Alert를 등록합니다. 잠수부가 작살을 빠르게 던지기 위해 스페이스 바를 길게 누르고 있는 동안 이 음원을 출력합니다.
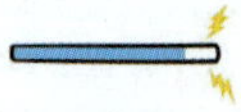 잠수부	Laser1	작살의 소리로 음원 Laser1을 등록합니다. 작살이 발사될 때 이 음원을 출력합니다.
 상어	Ya	상어의 소리로 음원 Ya를 등록합니다. 상어가 작살에 닿아 죽을 때 이 음원을 출력합니다.

4 무대의 스크립트

무대는 프로그램을 실행하면 변수 [점수]를 0으로 초기화하고, 배경 음악으로 음원 Dance Slow Mo를 반복 재생합니다.

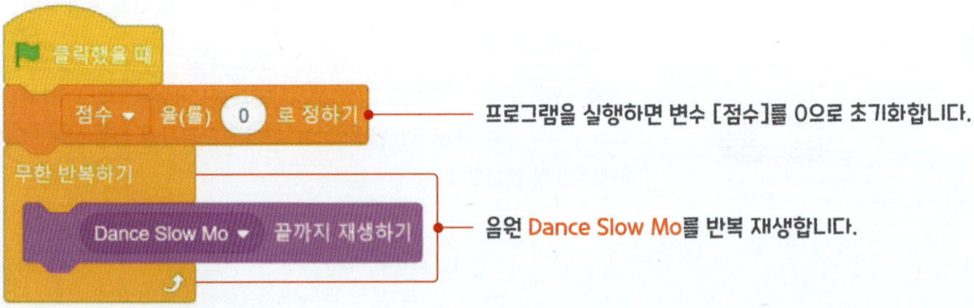

그림 12-10 무대의 행동

5 잠수부의 스크립트

잠수부는 프로그램을 실행하면 프로시저 [초기 상태 설정하기]를 호출하여 자신의 초기 상태를 설정합니다. 그리고 생명이 모두 소진될 때까지(즉, 변수 [남은 생명]이 0이 될 때까지) 프로시저 [위아래로 이동하기], [작살 발사하기], 그리고 [상어에 닿으면 죽기]를 반복 호출하여 사용자가 누르는 위아래 방향키대로 움직이고, 작살을 발사하고, 상어에 닿으면 죽는 행동을 반복합니다. 참고로 잠수부는 상어에 닿아 죽을 때마다 변수 [남은 생명]의 값을 하나씩 감소시킵니다. 만일 잠수부의 생명이 모두 소진되면 모든 스프라이트와 무대의 행동을 정지시켜 프로그램을 종료합니다.

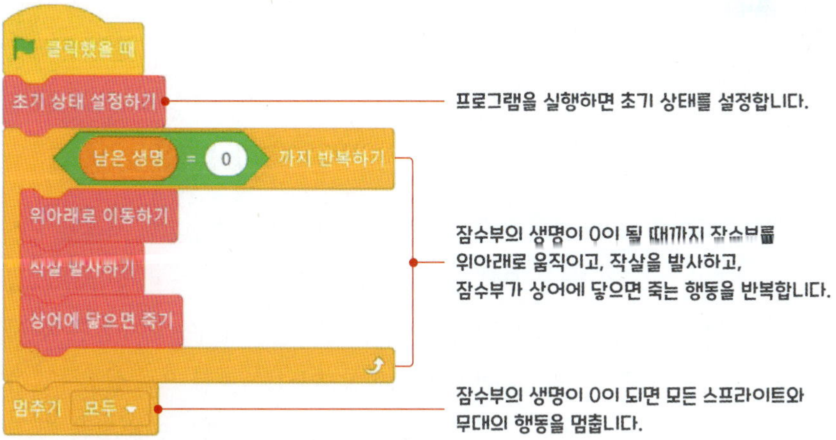

그림 12-11 **프로그램을 실행하면 수행되는 잠수부의 행동**

프로시저 [초기 상태 설정하기]는 잠수부의 크기를 절반으로 줄이고, 프로그램 실행 창 왼쪽 중앙에 위치합니다. 그리고 잠수부의 순서를 앞쪽으로 설정하여 작살이 잠수부의 손을 가리지 않게 합니다. 마지막으로 변수 [남은 생명]을 3으로 초기화합니다.

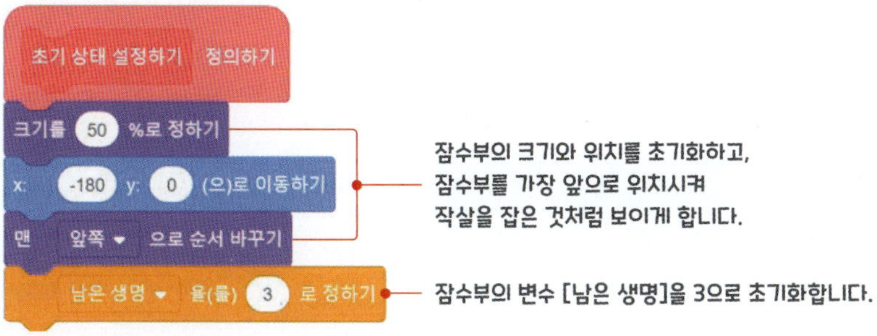

그림 12-12 **프로시저 [초기 상태 설정하기]의 스크립트**

프로시저 [위아래로 이동하기]는 사용자가 누른 위쪽, 아래쪽 방향키를 감지하여, 사용자가 누른 방향키의 방향대로 잠수부를 움직입니다.

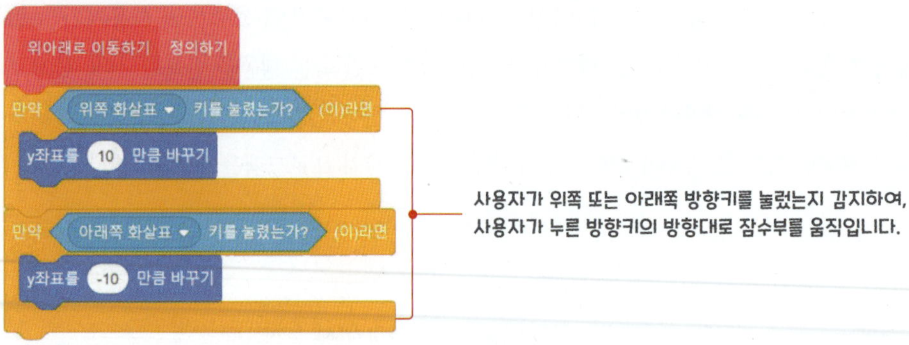

그림 12-13 **프로시저 [위아래로 이동하기]의 스크립트**

프로시저 [작살 발사하기]는 사용자가 키보드의 스페이스 바를 눌렀는지 감지합니다. 사용자가 스페이스 바를 누르면, 변수 [작살 속도]를 '보통'으로 설정하고 사용자가 스페이스 바를 누르고 있는 시간을 측정하기 위해서 타이머를 0으로 초기화합니다. 만일, 잠수부가 상어에 닿지 않은 채 사용자가 스페이스 바를 1초 이상 누르고 있으면, 그동안 변수 [작살 속도]를 '빠름'으로 설정하고 음원 Alert를 재생하는 작업을 반복합니다. 사용자가 누르고 있던 스페이스 바에서 손을 뗐을 때 잠수부가 살아 있는 상태라면, 즉 상어에 닿지 않은 상태라면 작살을 복제합니다. 참고로 복제된 작살의 행동은 작살 스프라이트에서 작성합니다. 마지막으로 작살을 복제한 후 0.5초 동안 기다리게 해 잠수부가 너무 자주 작살을 발사하지 못하게 합니다.

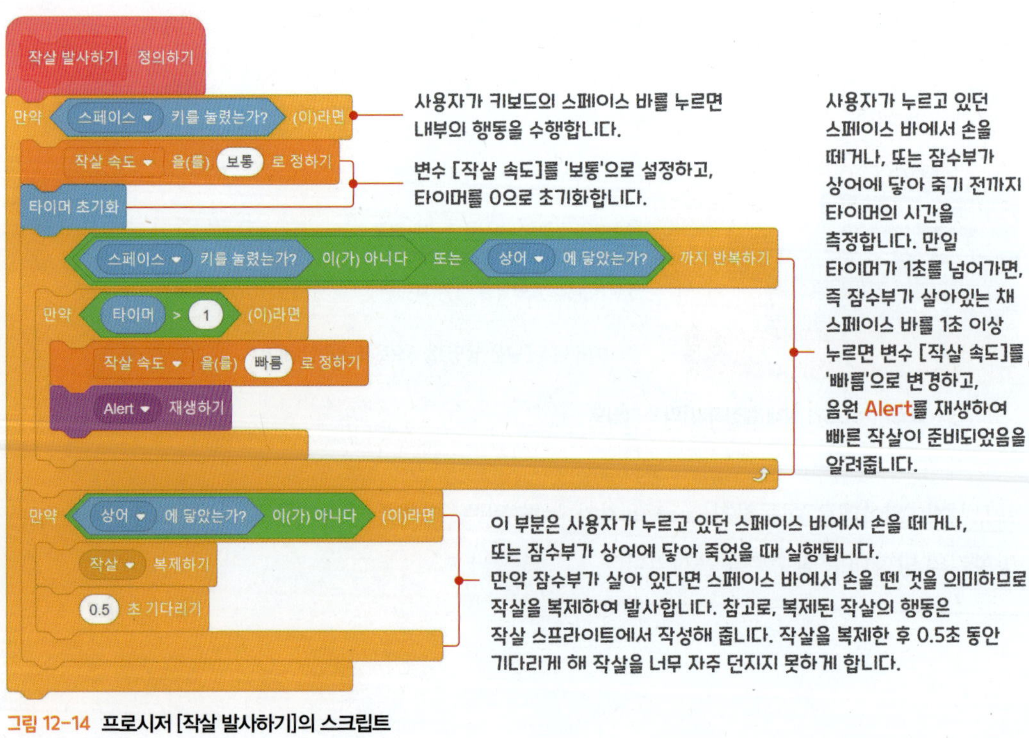

그림 12-14 **프로시저 [작살 발사하기]의 스크립트**

프로시저 [상어에 닿으면 죽기]는 잠수부가 상어에 닿으면 비명 소리로 음원 Scream2를 재생합니다. 그리고 변수 [남은 생명]이 3이면 메시지 '한 번 죽음'을, 변수 [남은 생명]이 2이면 메시지 '두 번 죽음'을, 변수 [남은 생명]이 1이면 메시지 '세 번 죽음'을 방송합니다. 그 후 변수 [남은 생명]을 1만큼 감소합니다. 참고로, 메시지 '한 번 죽음'이 방송되면 스프라이트 생명1이 그 메시지를 받아 사라집니다. 이와 마찬가지로 메시지 '두 번 죽음'과 '세 번 죽음'이 방송되면 각각 스프라이트 생명2와 생명3이 사라집니다.

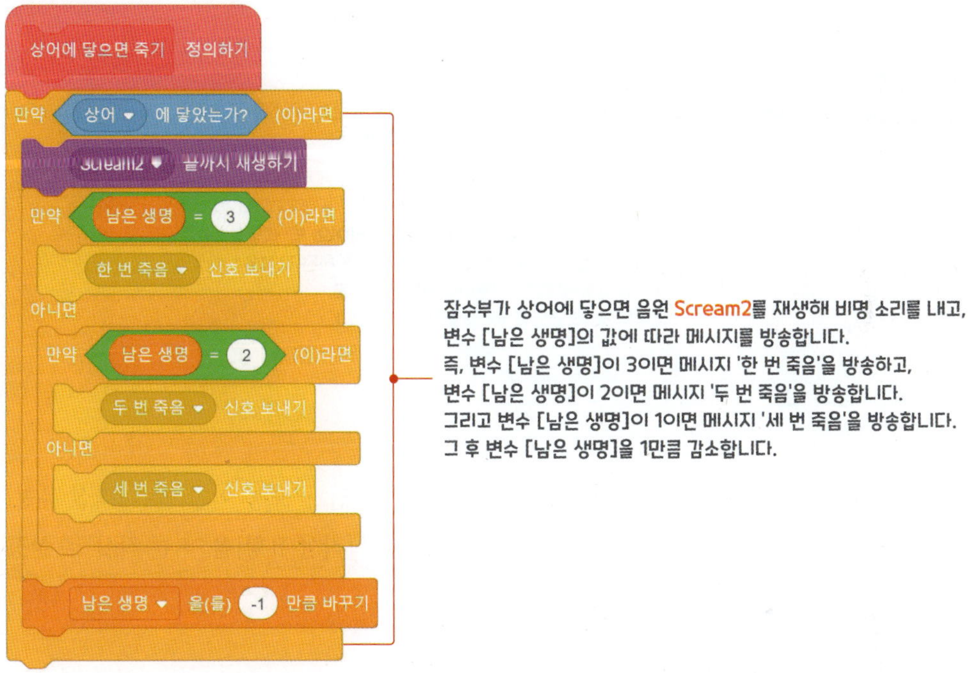

그림 12-15 **프로시저 [상어에 닿으면 죽기]의 스크립트**

6 작살의 스크립트

작살은 프로그램을 실행하면 자신의 크기를 절반으로 축소하고, 항상 잠수부의 손에 붙어 다닙니다.

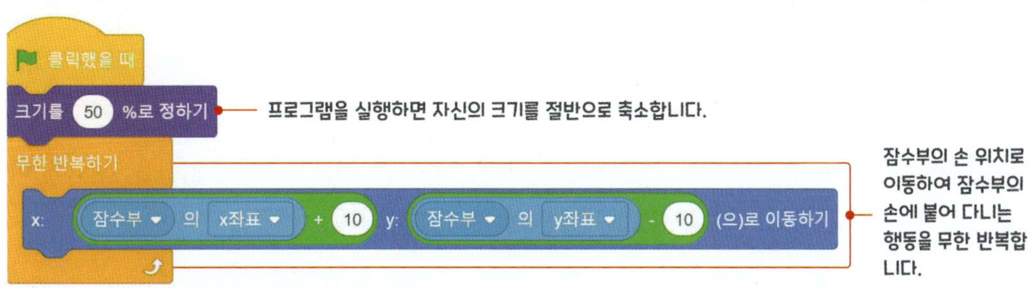

그림 12-16 **프로그램을 실행하면 수행되는 작살의 행동**

복제된 작살은 작살이 발사되는 소리로 음원 Laser1을 재생하고, 프로시저 [작살 속도에 따라 작살 유형 정하기]를 호출하여 자신의 유형을 '보통 작살' 또는 '빠른 작살'로 결정합니다. 그리고 복제된 작살은 앞으로 이동하는 행동과 상어 또는 벽에 닿았는지 감지하는 행동을 반복합니다. 복제된 작살의 이동은 프로시저 [작살 유형에 따라 이동하기]를 호출하여 이루어집니다. 그리고 복제된 작살이 상어 또는 벽에 닿았는지 감지하고 이에 따라 수행해야 할 행동은 프로시저 [상어와 벽에 닿을 때 행동하기]를 호출하여 이루어집니다.

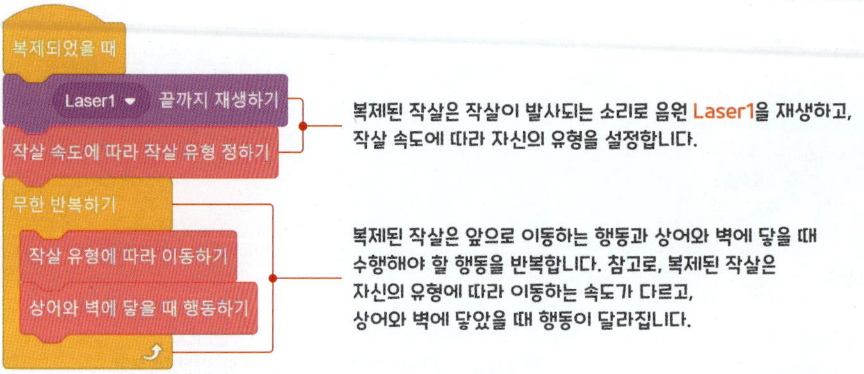

그림 12-17 **복제된 작살의 행동**

프로시저 [작살 속도에 따라 작살 유형 정하기]는 변수 [작살 속도]가 '보통'이면 변수 [작살 유형]을 '보통 작살'로 설정하고, 변수 [작살 속도]가 '빠름'이면 변수 [작살 유형]을 '빠른 작살'로 설정합니다.

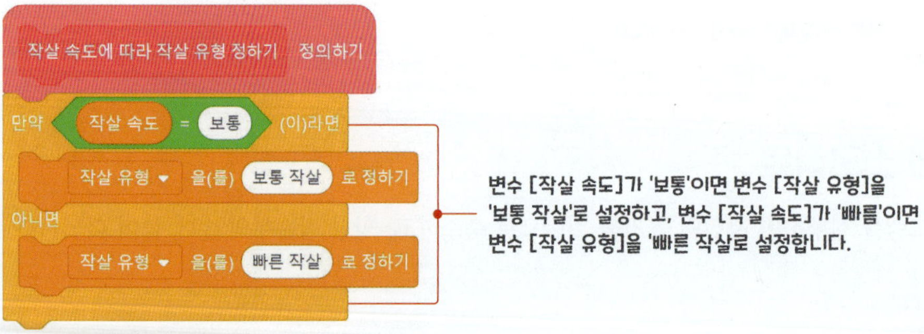

그림 12-18 **프로시저 [작살 속도에 따라 작살 유형 정하기]의 스크립트**

프로시저 [작살 유형에 따라 이동하기]는 변수 [작살 유형]이 '보통 작살'이면 작살을 5만큼씩 이동하고, 변수 [작살 유형]이 '빠른 작살'이면 작살을 10만큼씩 이동합니다.

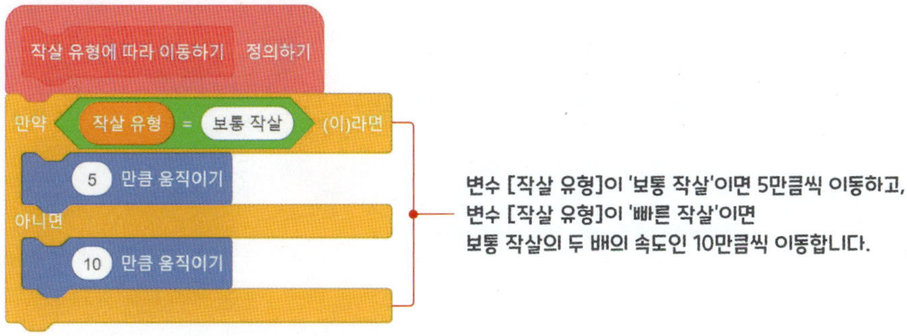

그림 12-19 **프로시저 [작살 유형에 따라 이동하기]의 스크립트**

프로시저 [상어와 벽에 닿을 때 행동하기]는 복제된 작살이 상어 또는 벽에 닿을 때 행동을 수행합니다. 변수 [작살 유형]이 '보통 작살'이면 복제된 작살은 한 마리의 상어에 닿을 때 사라집니다. 하지만 변수 [작살 유형]이 '빠른 작살'이면 복제된 작살은 상어에 닿아도 사라지지 않고 벽까지 이동하면서 그 사이 닿은 모든 상어를 잡습니다. 모든 복제된 작살은 벽에 닿으면 사라집니다. 참고로 상어에 닿은 복제된 작살을 삭제할 때 0.1초 기다린 후 삭제하는데, 그 이유는 상어가 복제된 작살에 닿았는지 감지할 시간을 주기 위해서입니다. 상어에 닿은 복제된 작살을 바로 삭제하면 상어가 그 복제된 작살에 닿았는지 감지하지 못할 수도 있습니다.

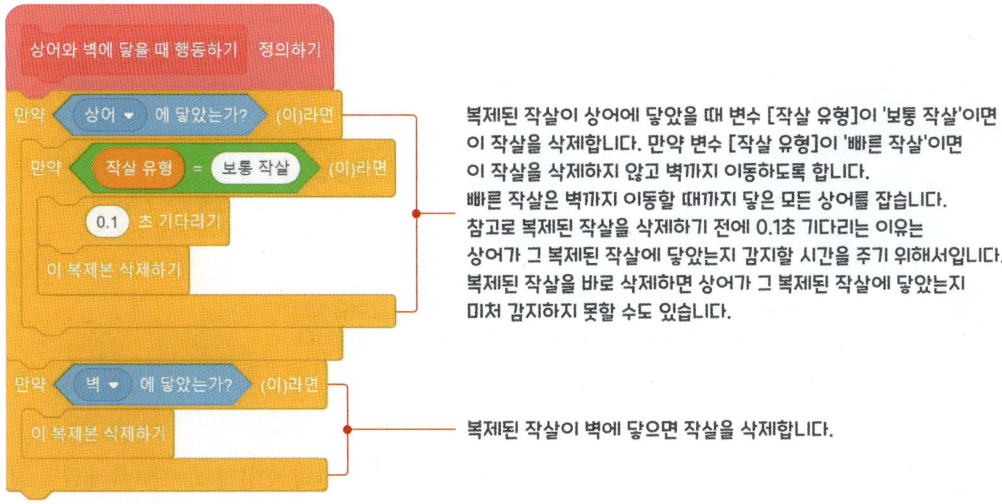

그림 12-20 **프로시저 [상어와 벽에 닿을 때 행동하기]의 스크립트**

7 상어의 스크립트

상어는 프로그램을 실행하면 프로시저 [초기 상태 설정하기]를 호출하여 자신의 초기 상태를 설정합니다. 그리고 1초마다 자기 자신을 복제하는 행동을 반복합니다.

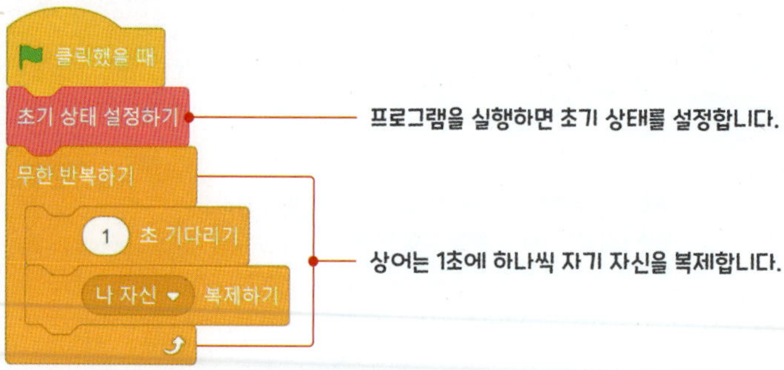

그림 12-21 프로그램을 실행하면 수행되는 상어의 행동

프로시저 [초기 상태 설정하기]는 상어의 크기를 40%로 축소하고, 상어가 프로그램 실행 창 오른쪽 중앙에 있도록 위치를 설정합니다. 그리고 바라보는 방향을 반대로 변경할 때 상어가 뒤집히지 않게 회전 방식을 '왼쪽-오른쪽'으로 정해 줍니다. 상어는 프로그램 실행 창 오른쪽에서 나타나 잠수부가 있는 왼쪽으로 이동하기 때문에 바라보는 방향을 왼쪽('−90도')으로 설정합니다. 마지막으로 상어의 모습을 숨깁니다. 참고로 상어의 모습을 숨겼기 때문에 복제되는 상어 역시 모습이 보이지 않습니다. 따라서 상어의 복제가 수행할 행동에서 복제된 상어의 모습을 보이도록 설정합니다.

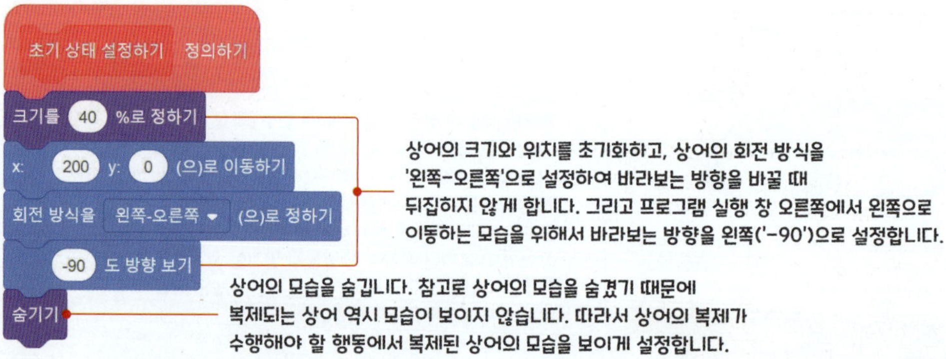

그림 12-22 프로시저 [초기 상태 설정하기]의 스크립트

복제된 상어는 먼저 프로시저 [모양과 속도 정하기]를 호출하여 자신의 모양과 속도를 무작위로 결정하고, 그 모양대로 자신이 보이도록 설정합니다. 그리고 자신의 속도를 담고 있는 변수 [상어 속도]에 따라 이동하는 행동과 프로시저 [벽에 닿으면 사라지기], [작살에 닿으면 죽기], [잠수부에 닿을 때 행동하기]를 호출하여 벽에 닿으면 사라지고, 작살에 닿으면 죽고, 잠수부에 닿을 때 수행해야 할 행동을 무한 반복합니다.

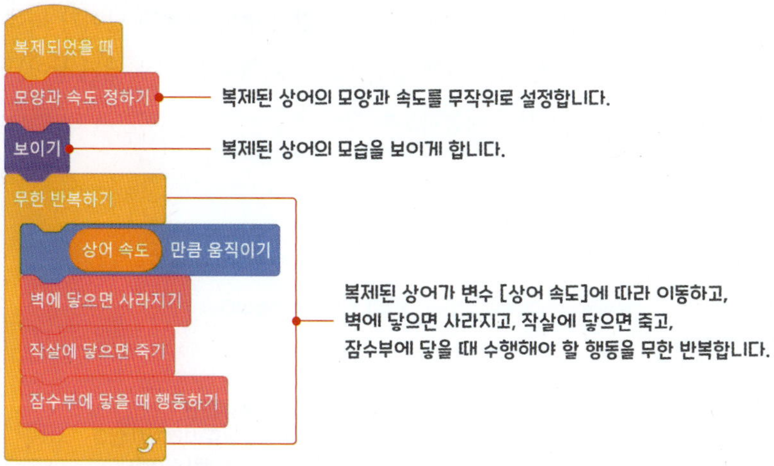

그림 12-23 복제된 상어의 행동

프로시저 [모양과 속도 정하기]는 복제된 상어의 모양을 shark2-a, shark2-b, shark2-c 중 하나를 무작위로 설정하고, 복제된 상어의 속도도 1부터 10까지 무작위 수로 설정합니다. 이런 무작위 설정은 스크래치의 난수 생성 기능을 활용합니다. 그리고 변수 [상어 모양]의 값이 '1'이면 복제된 상어 모양을 shartk2-a로, '2'이면 shark2-b로, '3'이면 shark2-c로 설정합니다. 참고로 복제된 상어 모양 중 shark2-b는 입을 크게 벌린 모습인데 이 모양을 갖는 복제된 상어는 벽에 닿으면 반대 방향으로 튕겨 이동할 것입니다. 나머지 모양의 복제된 상어는 벽에 닿으면 사라집니다. 마지막으로 복제된 상어가 나타날 위치를 프로그램 실행 창 오른쪽의 무작위 위치로 설정합니다.

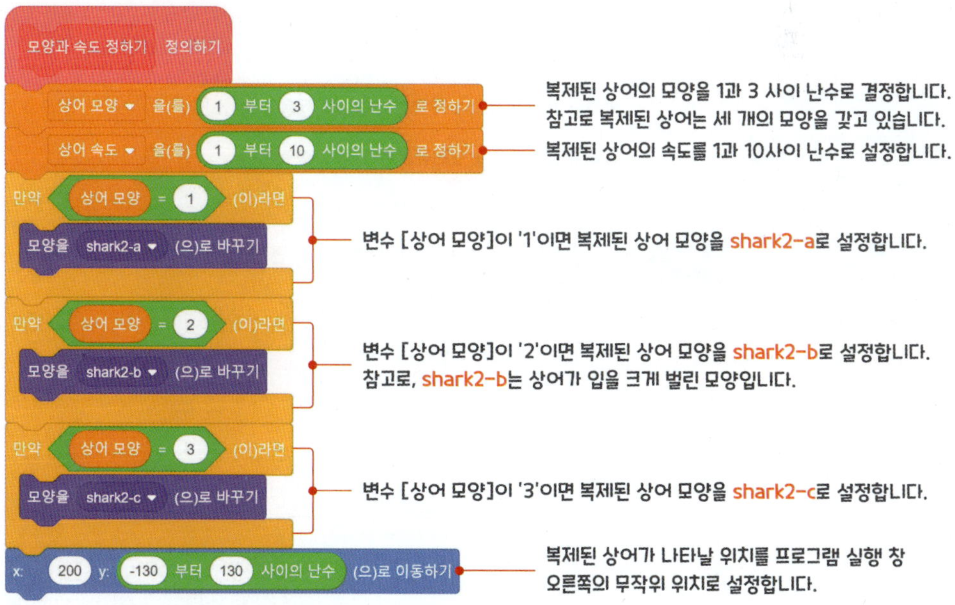

그림 12-24 프로시저 [모양과 속도 정하기]의 스크립트

프로시저 [벽에 닿으면 사라지기]는 복제된 상어가 벽에 닿았는지 감지하여, 복제된 상어가 벽에 닿으면 그 복제된 상어를 사라지게 합니다. 단, 입을 크게 벌린 모양(shark2-b)의 복제된 상어는 벽에 닿아도 사라지지 않고, 반대로 방향을 바꾸어 이동하도록 합니다.

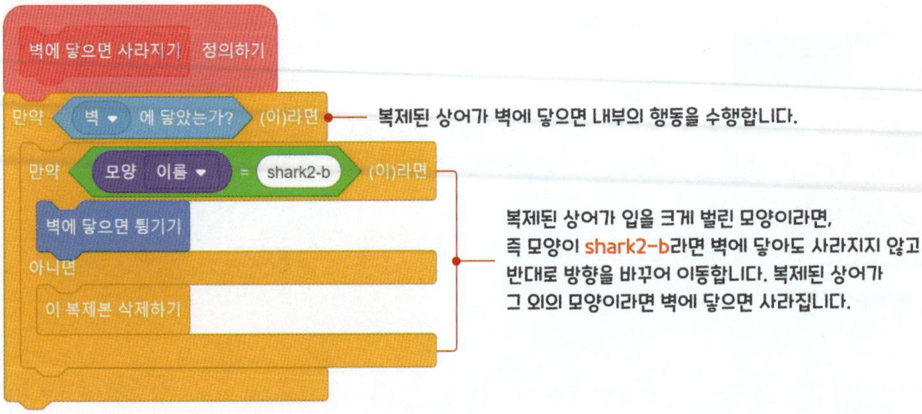

그림 12-25 **프로시저 [벽에 닿으면 사라지기]의 스크립트**

프로시저 [작살에 닿으면 죽기]는 복제된 상어가 작살에 닿았는지 감지하여, 복제된 상어가 작살에 닿으면 비명으로 음원 Ya를 재생합니다. 그리고 복제된 상어가 죽는 효과로 색깔에 두 번 변화를 줍니다. 잠수부가 상어를 잡았으니 변수 [점수]를 10만큼 증가시키고, 작살에 닿은 복제된 상어는 삭제합니다.

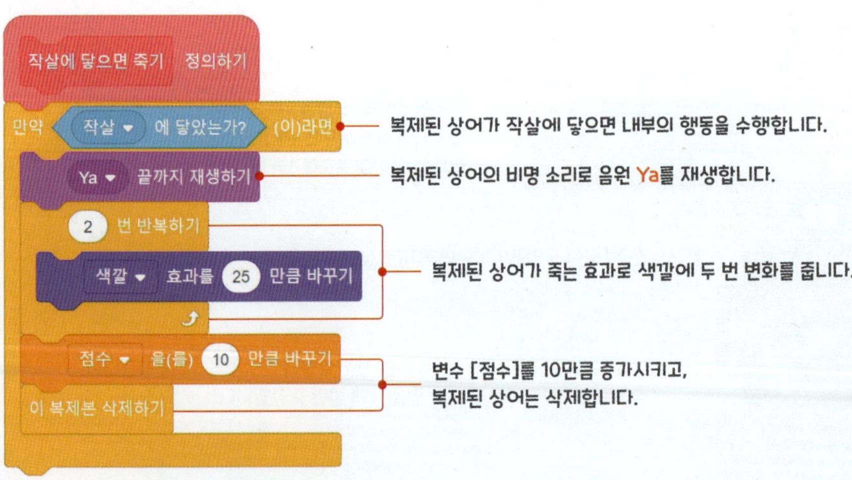

그림 12-26 **프로시저 [작살에 닿으면 죽기]의 스크립트**

프로시저 [잠수부에 닿을 때 행동하기]는 복제된 상어가 잠수부에 닿았는지 감지하여, 만일 복제된 상어가 잠수부에 닿으면 0.1초 기다린 후 삭제합니다. 참고로 복제된 상어를 삭제하기 전에 0.1초 기다리는 이유는 잠수부가 그 복제된 상어에 닿았는지 감지할 시간을 주기 위해서입니다. 잠수부에 닿은 복제된 상어를 바로 삭제하면 잠수부가 그 복제된 상어에 닿았는지 미처 감지하지 못할 수도 있습니다.

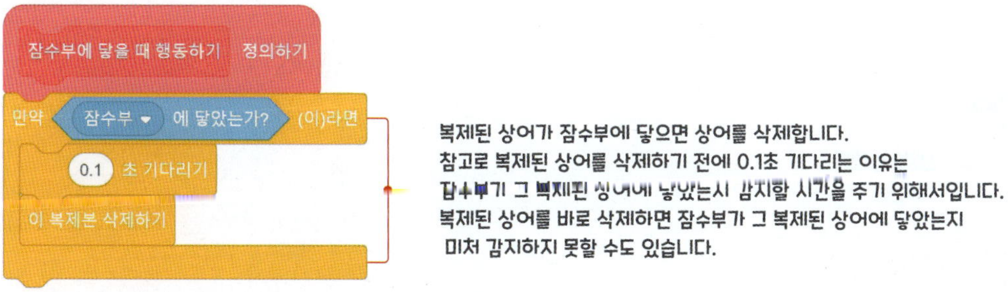

그림 12-27 프로시저 [잠수부에 닿을 때 행동하기]의 스크립트

8 생명1, 생명2, 생명3의 스크립트

[그림 12-28]부터 [그림 12-30]은 순서대로 생명1, 생명2, 생명3의 행동을 보여줍니다. 생명1, 생명2, 생명3은 프로그램을 실행하면 프로그램 실행 창 왼쪽 상단 적당한 곳에 위치를 설정하고, 자신의 크기를 15%로 축소하고, 자신의 모습을 보이게 설정합니다. 그리고 각각 메시지 '한 번 죽음', '두 번 죽음', '세 번 죽음'을 받을 때 자신의 모습을 숨깁니다.

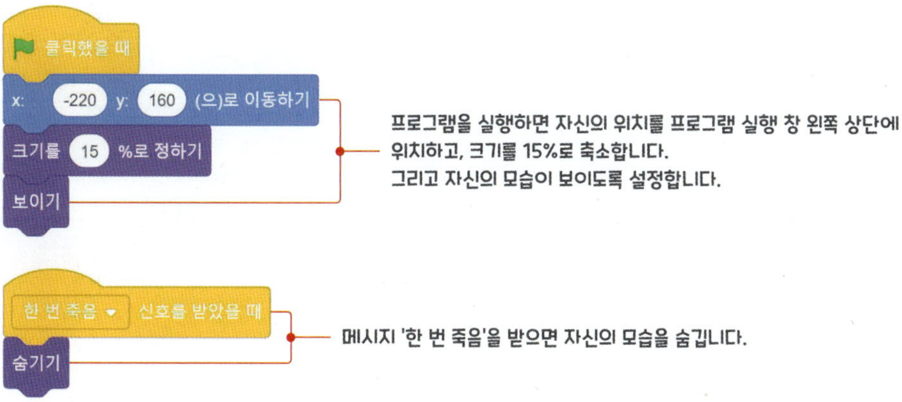

그림 12-28 생명1의 행동

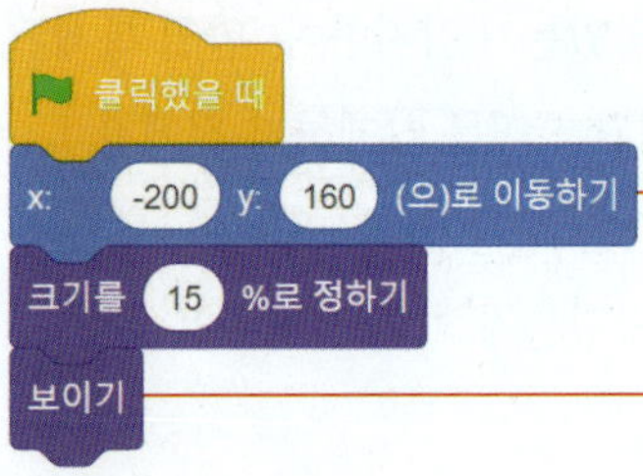

프로그램을 실행하면 자신의 위치를 생명1 바로 오른쪽에 위치하고, 크기를 15%로 축소합니다. 그리고 자신의 모습이 보이도록 설정합니다.

메시지 '두 번 죽음'을 받으면 자신의 모습을 숨깁니다.

그림 12-29 생명2의 행동

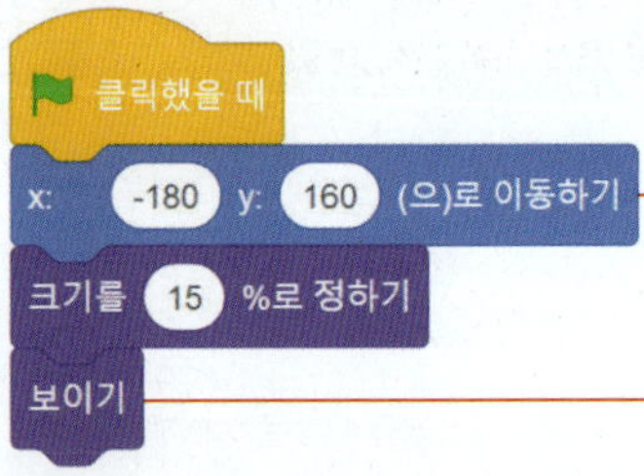

프로그램을 실행하면 자신의 위치를 생명2 바로 오른쪽에 위치하고, 크기를 15%로 축소합니다. 그리고 자신의 모습이 보이도록 설정합니다.

메시지 '세 번 죽음'을 받으면 자신의 모습을 숨깁니다.

그림 12-30 생명3의 행동

요약

01 상어 잡는 잠수부 프로그램은 잠수부가 작살로 상어를 잡는 프로그램입니다. 잠수부가 발사하는 작살과 다양한 형태와 속도로 나타나는 상어는 스크래치의 복제 기능과 난수 생성 기능을 활용합니다.

02 잠수부가 작살을 손에 쥐고 있어야 하므로, 작살은 잠수부와 결합하여 항상 잠수부 손에 붙어 다녀야 합니다. 작살의 이런 행동은 잠수부의 위치를 기준으로 작살의 위치를 상대적 값으로 표현하면 가능합니다.

03 사용자가 키보드의 스페이스 바를 1초 이상 길게 누르고 있으면, 잠수부는 여러 마리의 상어를 잡을 수 있는 빠른 작살을 발사하게 됩니다. 이런 기능을 구현하기 위해서는 스페이스 바의 누름 상태를 인지해야 합니다. 즉, 스페이스 바가 눌린 상태에서 타이머를 감지하고, 타이머가 1초 이상 지나면 작살 던지는 속도를 빠르게 변경해야 합니다.

04 상어는 복제될 때 자신의 모양과 속도가 무작위로 설정됩니다. 복제되는 상어마다 자신의 모양과 속도를 독립적으로 유지해야 하는데, 이런 기능은 복제에 사용되는 변수를 지역 변수로 생성해야 가능합니다.

05 상어 잡는 잠수부 프로그램은 잠수부(Diver2), 작살(Magic Wand), 상어(Shark2), 생명1(Heart), 생명2(Heart), 생명3(Heart) 등의 스프라이트를 사용하고, 무대 배경으로 Uderwater1을 사용합니다.

06 잠수부는 프로그램을 실행하면 자신의 크기와 위치를 설정하고, 생명이 모두 소진될 때까지 사용자가 누르는 위, 아래 방향키대로 이동합니다. 사용자가 스페이스 바를 누르면 작살을 발사하고, 상어에 닿으면 죽는 행동을 반복합니다. 사용자가 스페이스 바를 1초 이상 누르면 잠수부는 빠른 작살을 발사합니다. 만일 잠수부의 생명이 모두 소진되면 모든 스프라이트와 무대의 행동을 정지시켜 프로그램을 종료합니다.

07 작살은 프로그램을 실행하면 자신의 크기를 축소하고 잠수부 손에 붙어 다니도록 자신의 위치를 설정합니다. 그리고 복제 기능을 통해 발사되는 작살은 '보통 작살'과 '빠른 작살'로 구분되며, '빠른 작살'은 상어에 닿을 때 사라지지 않고 벽까지 이동하면서 닿는 모든 상어를 잡습니다.

08 상어는 프로그램을 실행하면 자신의 크기를 축소하고 보이지 않게 모습을 숨긴 후 1초마다 하나씩 자신의 복제를 생성합니다. 복제된 상어는 자신의 모양과 속도를 무작위로 설정하고 모습을 드러낸 후 잠수부로 향해 이동하고, 벽과 잠수부에 닿으면 사라지고, 작살에 닿으면 죽는 행동을 반복합니다. 단, 입을 크게 벌린 모양의 복제된 상어는 벽에 닿아도 사라지지 않고 반대로 방향을 바꾸어 계속 이동합니다.

09 스프라이트 생명1, 생명2, 생명3은 프로그램을 실행하면 크기를 축소하고 차례대로 일렬로 나열되도록 자신의 위치를 설정합니다. 생명1, 생명2, 생명3은 각각 메시지 '한 번 죽음', '두 번 죽음', '세 번 죽음'을 받을 때 자신의 모습을 숨깁니다.

10 무대는 프로그램을 실행하면 점수를 0으로 초기화하고, 배경 음악을 반복 재생합니다.

연습문제

01 다음의 설명 중 틀린 것을 고르세요.

① 나비를 항상 고양이의 고정된 위치에 붙어서 이동하려면 고양이의 위치를 기반으로 나비의 위치를 설정하면 됩니다.

② 복제된 화살마다 변수 [속도]의 값을 다르게 하여 화살의 속도를 서로 다르게 하려면 변수 [속도]를 전역 변수로 생성합니다.

③ 키보드의 스페이스 바를 누르고 있는 동안 새를 위로 계속 올리기 위해서는 스페이스 바가 눌렸는지 감지한 후 스페이스 바에서 손을 뗄 때까지 새를 위로 올리는 행동을 반복합니다.

④ 고양이가 손에 사과를 잡도록 할 때 고양이와 사과의 순서를 적절히 설정해 자연스러운 모습을 만들 수 있습니다.

02 다음은 개와 나비의 스크립트입니다. 키보드의 오른쪽, 왼쪽 방향키를 누를 때 개와 나비의 행동으로 옳은 것을 고르세요.

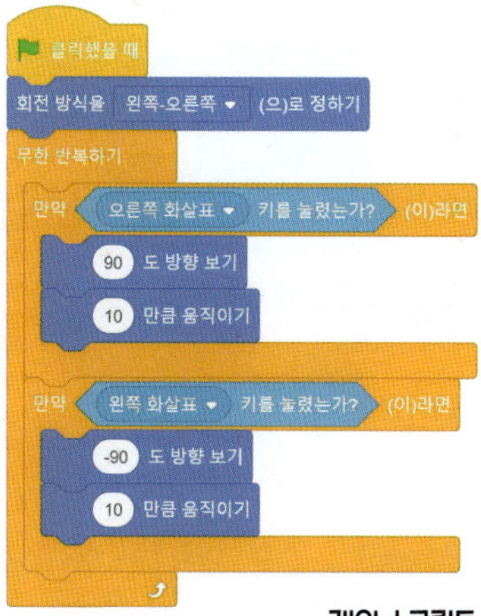

개의 스크립트

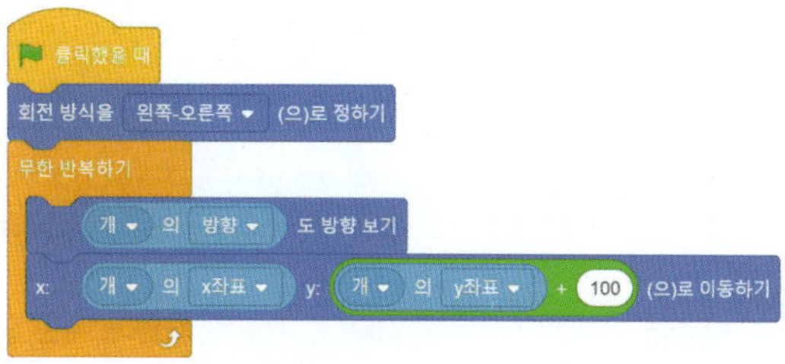

나비의 스크립트

① 개만 오른쪽 또는 왼쪽으로 이동합니다.

② 나비만 오른쪽 또는 왼쪽으로 이동합니다.

③ 나비가 항상 개 머리 위에서 개와 같은 방향을 보면서 따라다닙니다.

④ 나비가 항상 개 앞에서 개와 같은 방향을 보면서 따라다닙니다.

03 다음과 같은 고양이의 스크립트를 보고 키보드의 오른쪽 방향키를 눌렀을 때 고양이의 행동으로 옳은 것을 고르세요.

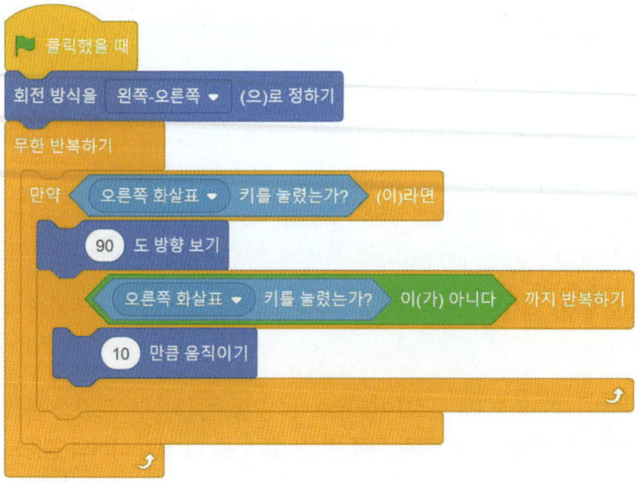

① 오른쪽 방향키에서 손을 뗄 때까지 오른쪽으로 계속 이동합니다.

② 오른쪽 방향키를 누르고 있어도 한 번만 이동합니다.

③ 오른쪽 방향키를 누르면 두 번만 이동합니다.

④ 오른쪽 방향키를 누르면 세 번만 이동합니다.

04 다음은 화살의 스크립트입니다. 화살의 행동에 대한 설명 중 틀린 것을 고르세요.

① 스페이스 바를 누를 때마다 화살은 자신의 복제를 생성합니다.

② 복제된 화살은 앞으로 이동하다가 벽에 닿으면 삭제됩니다.

③ 스페이스 바를 누르면 화살 원형뿐만 아니라 복제된 화살도 자신의 복제를 생성합니다.

④ 스페이스 바를 누르면 화살 원형만 자신의 복제를 생성합니다.

05 다음은 유형에 따라 속도가 다르게 발사되는 화살의 스크립트입니다. 이 스크립트에 대한 설명으로 옳은 것을 고르세요.

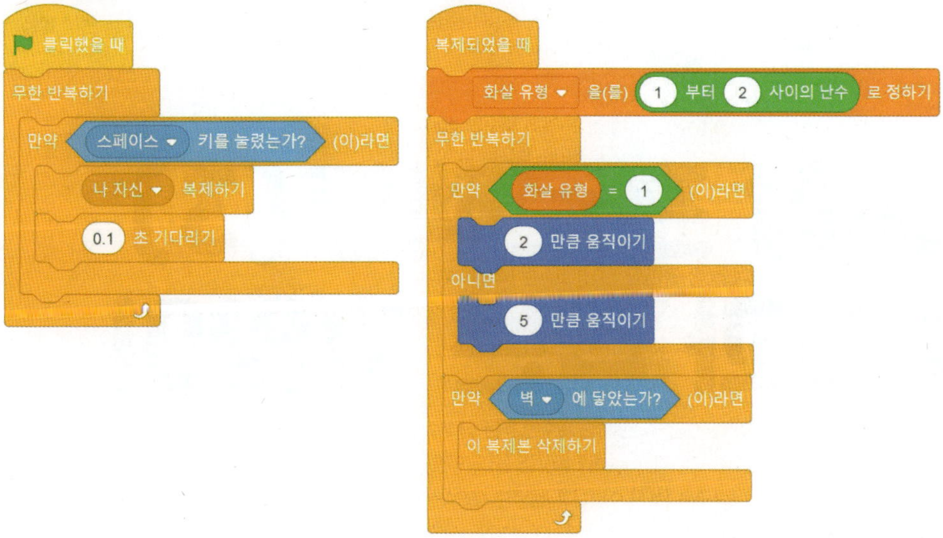

① 변수 [화살 유형]을 전역 변수든 지역 변수든 상관없이 모든 화살이 가장 최근에 복제된 화살의 속도로 이동합니다.

② 변수 [화살 유형]을 전역 변수든 지역 변수든 상관없이 모든 화살이 복제되었을 때 결정된 유형에 따라 독립된 속도로 이동합니다.

③ 변수 [화살 유형]을 지역 변수로 생성할 때만 모든 화살이 복제되었을 때 결정된 유형에 따라 독립된 속도로 이동합니다.

④ 변수 [화살 유형]을 전역 변수로 생성할 때만 모든 화살이 복제되었을 때 결정된 유형에 따라 독립된 속도로 이동합니다.

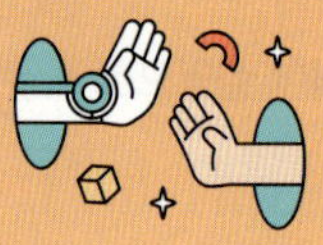

CHAPTER 13

종합 프로젝트(3) : 사과 잡는 고양이

학습목표

- 다양한 점프 방법을 알아보고 각 점프 유형에 따른 재미 요소를 알아봅니다.
- 다양한 점프의 프로그래밍을 연습합니다.
- 중력가속도로 떨어지는 자유낙하 운동을 이해합니다.
- 중력가속도를 활용한 자유낙하 운동의 프로그래밍을 연습합니다.
- 사과 잡는 고양이 프로그래밍을 통해 창의적 프로그래밍 능력을 향상시킵니다.

Preview

사과 잡는 고양이 프로그램은 고양이가 번개와 벌레를 피해 하늘에서 떨어지는 사과를 잡아 점수를 올리는 프로그램입니다. 이 프로그램을 프로그래밍하면서 여러분은 새로운 내용을 공부하게 됩니다. 먼저 고양이가 땅에 기어다니는 벌레를 피하기 위해서 점프하는 방법을 배우게 됩니다. 점프는 제자리 점프, 멀리 점프, 자유 점프로 유형을 구분하여 각각의 행동과 구현 방법을 익히게 됩니다. 그리고 물체가 떨어질 때 일정한 속도로 떨어지는 것이 아니라 중력가속도에 의해 점점 빨리 떨어지는 자유낙하 운동을 이해하고 프로그램으로 구현하는 방법을 배웁니다. 특히, 점프 기능은 거의 모든 게임에 활용되는 매우 중요한 기능이니 사과 잡는 고양이 프로그램을 프로그래밍하면서 확실하게 이해하길 바랍니다.

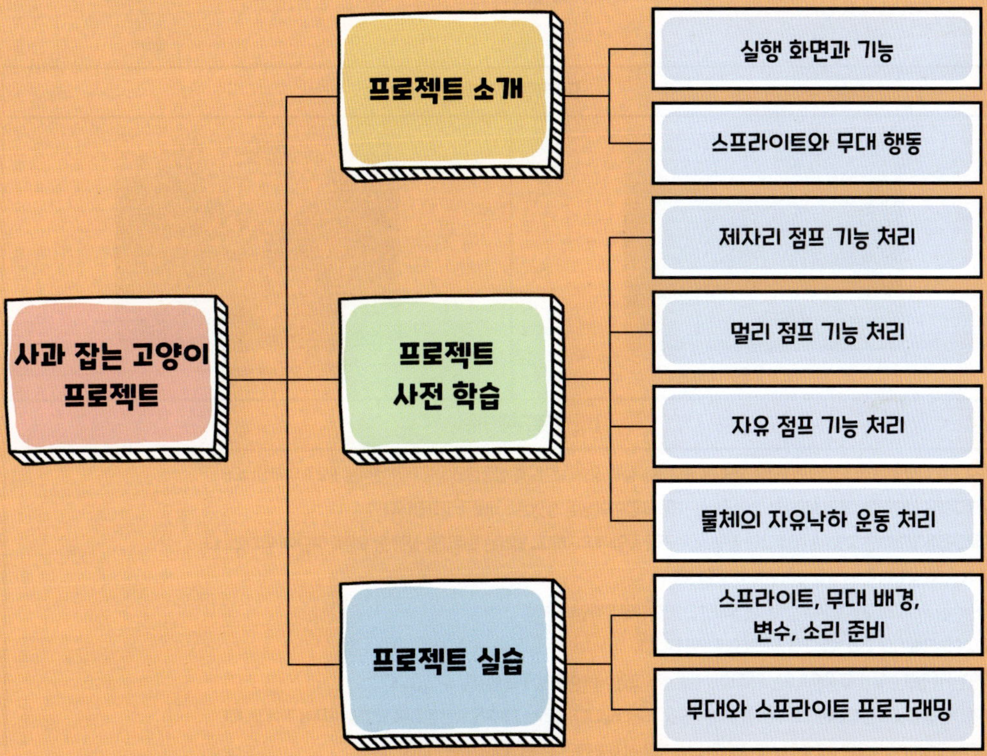

Section

01 프로젝트 소개

1 프로그램 실행 화면과 기능

사과 잡는 고양이는 고양이가 번개와 벌레를 피해 떨어지는 사과를 잡는 프로그램입니다. 이 프로그램의 실행 화면과 기능은 [그림 13-1]과 같습니다.

<table>
<tr><th colspan="2">프로그램 실행 화면</th></tr>
<tr><td>

<초기 화면></td><td>

<실행 화면></td></tr>
<tr><th colspan="2">프로그램 기능</th></tr>
<tr><td colspan="2">
• 프로그램 실행 전, 변수 [점수]와 [남은 생명]은 프로그램 실행 창에 보이도록 설정하고 사용자가 원하는 곳으로 위치합니다.
• 프로그램을 실행하면 <초기 화면>과 같이 점수는 0점, 고양이의 남은 생명은 3개로 초기화합니다.
• 프로그램을 실행하면 고양이는 프로그램 실행 창 아래쪽 중앙에 위치하고, 벌레는 프로그램 실행 창 오른쪽 하단에 위치합니다.
• 프로그램을 실행하면 배경 음악이 반복 재생됩니다.
• 고양이는 키보드의 오른쪽, 왼쪽 방향키를 누르면 그 방향대로 움직입니다.
• 고양이는 키보드의 위쪽 방향키를 누르면 위로 점프합니다.
• 고양이가 점프 중일 때도 오른쪽 또는 왼쪽 방향키를 눌러 고양이의 이동 방향을 변경할 수 있습니다.
• 프로그램을 실행하면 벌레는 2초 후에 출발하여 땅을 기어다닙니다. 벌레는 벽에 닿으면 반대로 방향을 바꾸어 기어갑니다.
• 벌레는 고양이에 닿으면 2초 동안 사라지다가 다시 처음에 출발했던 곳에 나타나 기어갑니다.
• 프로그램을 시작하면 사과는 1초와 3초 사이에 하나씩 하늘에서 생성되어 자유낙하합니다.
• 프로그램을 시작하면 번개는 1초마다 하나씩 하늘에서 생성되어 자유낙하합니다.
• 떨어지는 사과와 번개는 벽에 닿거나 고양이에 닿으면 사라집니다.
• 고양이가 사과를 잡을 때마다 점수가 10점씩 올라갑니다.
• 고양이가 번개와 벌레와 닿을 때마다 생명의 개수가 하나씩 줄어듭니다.
• 고양이의 생명이 모두 소진되면 모든 스프라이트와 무대는 자신의 행동을 멈춥니다. 즉, 번개와 사과는 더 이상 떨어지지 않고 벌레도 자리에 정지합니다. 그리고 배경 음악도 출력되지 않습니다.
</td></tr>
</table>

그림 13-1 사과 잡는 고양이 프로그램 실행 화면과 기능

2 프로그램의 스프라이트와 무대의 행동

사과 잡는 고양이를 구현하기 위해서는 고양이, 벌레, 사과, 번개와 같은 스프라이트들과 무대 배경이 필요합니다. 그리고 각 스프라이트와 무대는 이 프로그램의 기능 구현을 위한 적당한 행동을 수행해야 합니다. [표 13-1]은 사과 잡는 고양이의 스프라이트와 무대의 행동을 정리한 것입니다.

표 13-1 사과 잡는 고양이 프로그램의 스프라이트와 무대의 행동

스프라이트/무대	행동
 고양이	• 프로그램을 시작하면 프로그램 실행 창 아래쪽 중앙에 위치합니다. • 사용자가 오른쪽, 왼쪽 방향키를 누를 때마다 그 방향으로 이동하고, 위쪽 방향키를 누를 때마다 점프합니다. • 사용자가 위쪽 방향키를 누르면 점프합니다. 고양이는 점프 중일 때도 사용자가가 오른쪽, 왼쪽 방향키를 누르면 그 방향으로 자유롭게 이동합니다. • 3개의 생명을 갖고 있으며 번개와 벌레에 닿을 때마다 생명이 하나씩 감소합니다. • 3개의 생명이 모두 소진되면 모든 스프라이트와 무대의 행동을 멈춥니다.
 벌레	• 프로그램을 시작하면 프로그램 실행 창 오른쪽 하단에 위치합니다. • 프로그램을 시작하면 2초 후에 일정한 속도로 기어다닙니다. • 벽에 닿으면 방향을 반대로 바꾸어 계속 기어다닙니다. • 고양이에 닿으면 사라진 후 2초 후에 다시 처음 출발 위치에 나타나 기어다닙니다.
 사과	• 프로그램을 시작하면 프로그램 실행 창 위쪽에 1초부터 3초 사이에 하나씩 나타나 아래로 자유낙하합니다. • 고양이에 닿으면 점수가 10점 증가합니다. • 고양이와 벽에 닿으면 사라집니다.
 번개	• 프로그램을 실행하면 프로그램 실행 창 위쪽에 1초마다 하나씩 나타나 아래로 자유낙하합니다. • 고양이와 벽에 닿으면 사라집니다.
 무대	• 프로그램을 시작하면 배경 음악을 반복해서 재생합니다. • 프로그램을 시작하면 점수를 0으로 초기화합니다.

Section
02 프로그래밍 사전 학습 : 다양한 점프, 자유낙하 운동 처리

1 제자리 점프 처리

사과 잡는 고양이 프로그램을 구현하기 위해서는 점프하는 행동과 중력가속도에 의해 시간이 지나면서 점점 빨리 떨어지는 자유낙하 운동을 구현할 수 있어야 합니다. 예를 들어, 고양이는 땅에 기어다니는 벌레를 피하기 위해서 점프를 해야 합니다. 그리고 사과와 번개가 떨어지는 행동을 현실에서 물체가 떨어질 때의 모습으로 구현하려면 중력가속도를 활용한 자유낙하 운동을 구현해야 합니다.

먼저 점프하는 행동에 대한 프로그래밍 방법을 연습합니다. 게임에서 점프는 빼놓을 수 없는 행동입니다. 흥미로운 점은 점프의 유형에 따라 게임의 방법과 사용자가 느끼는 재미도 달라집니다. 예를 들어, 게임 캐릭터가 달리고 있든 아니면 정지해 있든 상관없이 점프할 때마다 제자리에 멈춰서 위로만 점프하는 경우라면 사용자는 피해야 할 대상이 가까이 올 때까지 기다렸다가 점프해야 하고 정교한 타이밍의 재미를 느끼게 됩니다. 다른 경우로, 게임 캐릭터가 달리는 중에 달리는 방향으로 멀리 점프할 수 있다면 사용자는 피해야 할 대상을 좀 더 수월하게 피할 수 있고 게임 캐릭터가 착지할 지점의 상황을 미리 예상해야 하는 전략적 재미를 느낄 수 있습니다. 만일 게임 캐릭터가 점프 후 바닥에 착지하기 전까지 좌우로 방향을 바꿀 수 있다면 사용자는 절대절명의 상황에서도 능숙한 기술로 그 상황을 극복하는 매우 짜릿한 재미를 느낄 수 있습니다. 편의상 이와 같은 점프의 유형을 각각 '제자리 점프', '멀리 점프', 그리고 '자유 점프'로 구분하겠습니다.

먼저 제자리 점프의 기능은 다음과 같습니다. 정지한 상태에서 키보드의 위쪽 방향키를 누르면 스프라이트는 일정 높이만큼 점프하고 제자리에 착지합니다. 제자리 점프는 스프라이트가 오른쪽 또는 왼쪽 방향키로 이동 중이라도 위쪽 방향키를 눌러 점프할 때는 항상 그 자리에 멈추고 점프하는 특징을 갖고 있습니다.

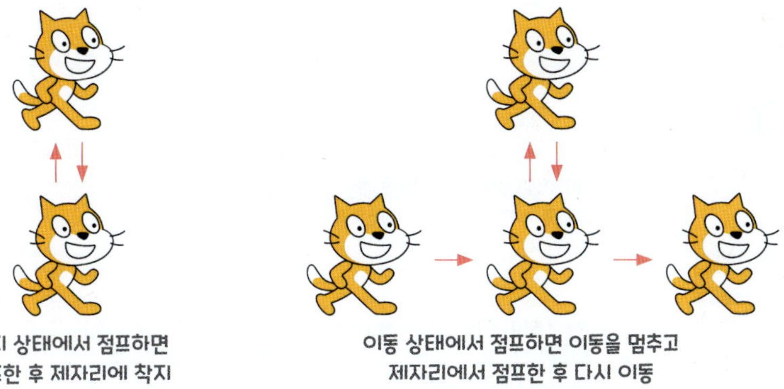

그림 13-2 **제자리 점프 기능**

제자리 점프 프로그래밍을 연습하겠습니다. 먼저 스크래치를 실행하여 기본적으로 제공하는 고양이 스프라이트의 이름을 '고양이'라고 변경하고, 새롭게 스프라이트 Beetle을 추가하여 이름을 '벌레'로 변경합니다. 그리고 고양이의 지역 변수로 [점프 중]과 [점프 시간]을 생성합니다. 변수 [점프 중]은 고양이가 점프 상태인지 아닌지를 나타냅니다. 변수 [점프 시간]은 고양이가 점프하는 시간을 나타냅니다. 변수 [점프 시간]의 값이 커질수록 고양이는 점프 높이가 높아지면서 오랫동안 점프한 상태로 있습니다.

[그림 13-3]부터 [그림 13-8]은 제자리 점프 구현을 위한 고양이의 스크립트입니다. 고양이는 프로그램을 시작하면 크기를 절반으로 줄이고, 변수 [점프 중]의 값을 '아니오'로 초기화하고, 변수 [점프 시간]을 설정합니다. 그리고 오른쪽을 바라보며 프로그램 실행 창 정중앙에 위치합니다. 고양이는 사용자가 오른쪽 또는 왼쪽 방향키를 누르면 변수 [점프 중]의 값이 '아니오'일 경우에만 그 방향대로 이동합니다. 마찬가지로 사용자가 위쪽 방향키를 누를 때 변수 [점프 중]의 값이 '아니오'일 경우에만 점프합니다. 고양이가 점프할 때는 먼저 변수 [점프 중]의 값을 '예'로 변경하고, 메시지 [점프 해]를 방송합니다.

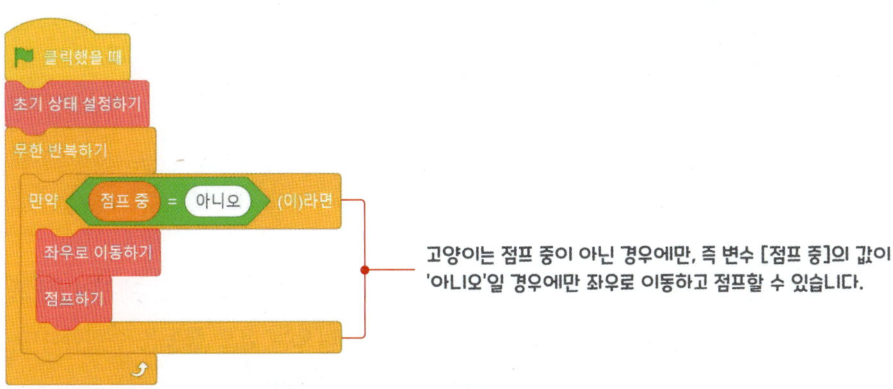

그림 13-3 **프로그램을 실행하면 수행되는 고양이의 행동**

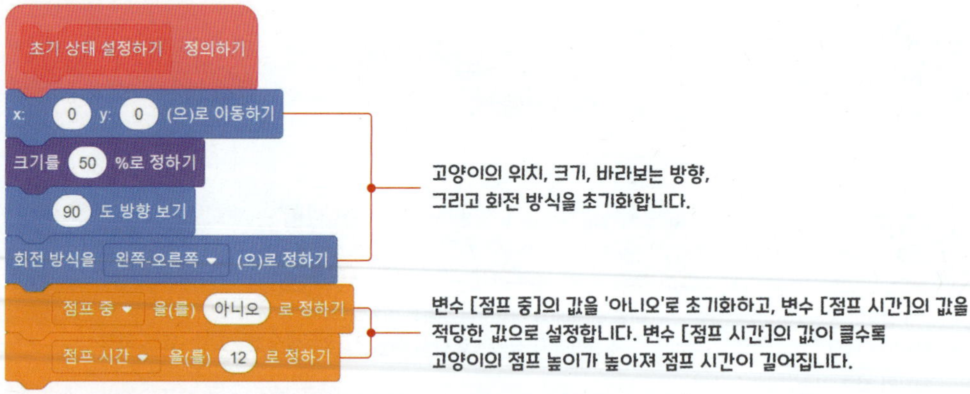

그림 13-4 프로시저 [초기 상태 설정하기]의 스크립트

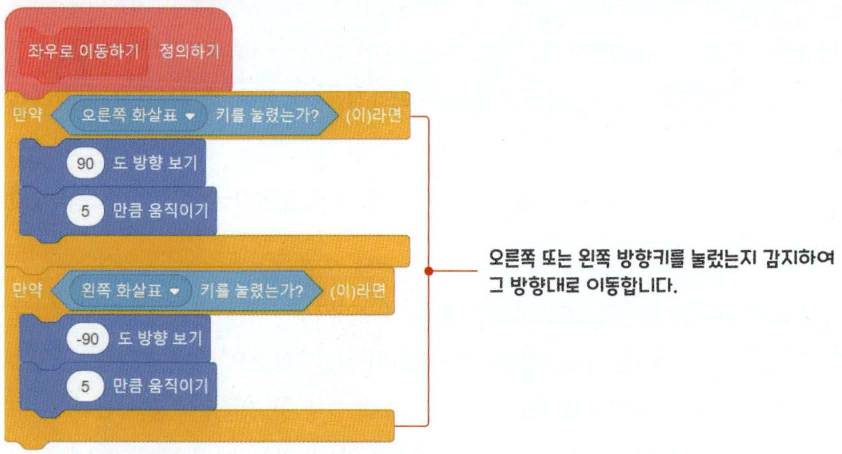

그림 13-5 프로시저 [좌우로 이동하기]의 스크립트

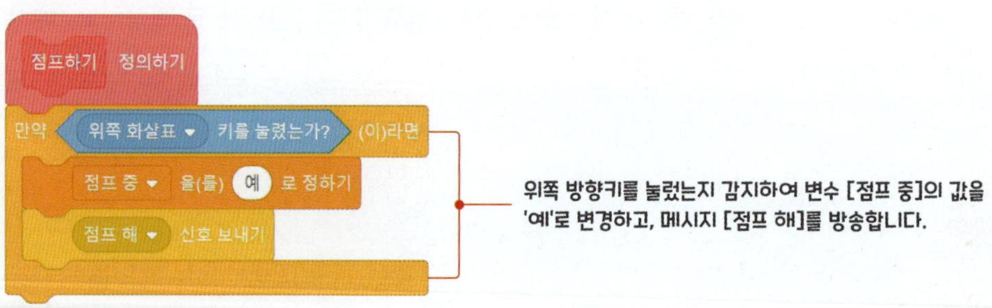

그림 13-6 프로시저 [점프하기]의 스크립트

고양이는 메시지 [점프 해]를 받을 때 수행해야 할 행동을 갖고 있습니다. 고양이는 메시지 [점프 해]를 받으면 변수 [점프 시간]의 값만큼 위로 올라갔다가 다시 내려오는 점프 행동을 수행합니다. 점프가 완료된 후에는 변수 [점프 중]의 값을 다시 '아니오'로 변경합니다.

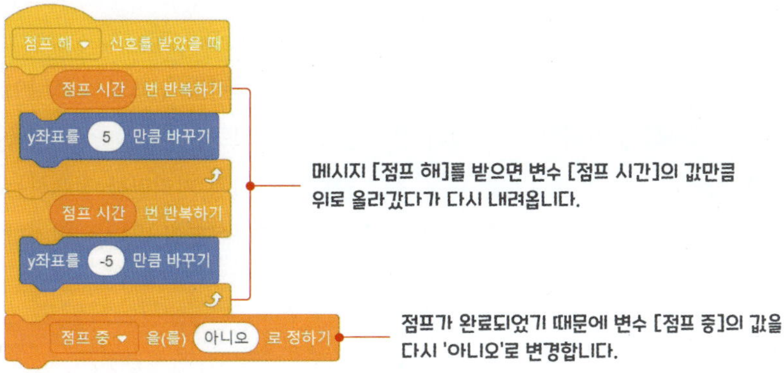

그림 13-7 **메시지 [점프 해]를 받았을 때 고양이의 행동**

마지막으로, 고양이는 메시지 [고양이 물었다]를 받으면 '야옹'하고 소리냅니다. 메시지 [고양이 물었다]는 벌레가 고양이와 닿았을 때 방송하는 메시지입니다.

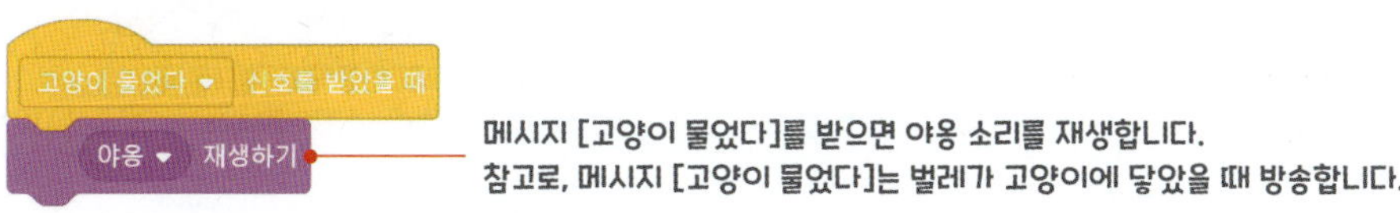

그림 13-8 **메시지 [고양이 물었다]를 받았을 때 고양이의 행동**

지금까지 제자리 점프하는 고양이의 행동을 살펴보았는데, 여러분은 변수 [점프 중]의 값을 활용해서 고양이가 점프 상태에서는 또 다른 점프를 못하게 하고, 오른쪽과 왼쪽 방향키로 이동하는 행동도 못하는 것에 유의합니다.

[그림 13-9]는 벌레의 스크립트입니다. 벌레는 프로그램을 시작하면 크기를 30%로 줄이고, 프로그램 실행 창 오른쪽에 위치합니다. 그리고 2초 후에 왼쪽으로 출발하여 벽에 닿으면 반대 방향으로 이동하는 행동을 반복합니다. 만일, 이동 중에 벌레가 고양이에 닿으면 벌레는 메시지 [고양이 물었다]를 방송합니다.

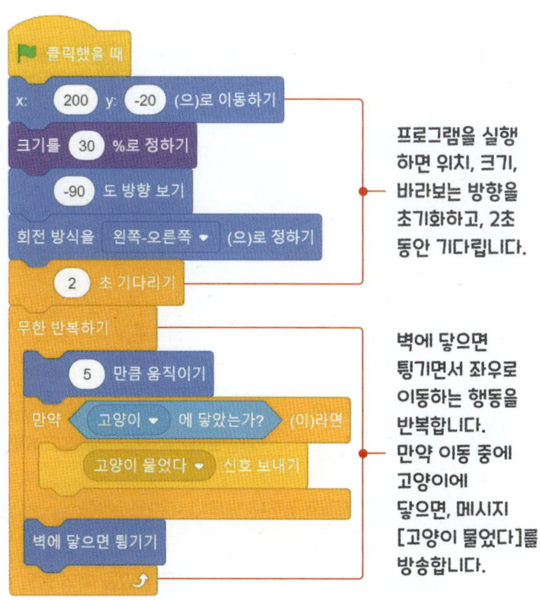

그림 13-9 **프로그램을 실행하면 수행되는 벌레의 행동**

2 멀리 점프 처리

멀리 점프의 기능은 다음과 같습니다. 정지한 상태에서 키보드의 위쪽 방향키를 누르면 스프라이트는 일정 높이만큼 점프하고 제자리에 착지합니다. 멀리 점프는 스프라이트가 오른쪽 또는 왼쪽 방향키로 이동 중일 때 위쪽 방향키를 눌러 점프하면 이동 중인 방향으로 일정 거리만큼 점프하는 특징을 갖고 있습니다. 단, 점프 중에는 오른쪽 또는 왼쪽 방향키로 스프라이트의 방향을 변경할 수 없습니다.

그림 13-10 멀리 점프 기능

앞에서 제자리 점프에 사용된 고양이와 벌레를 활용하여 멀리 점프 프로그래밍을 연습하겠습니다. 먼저, 고양이의 지역 변수로 [멀리 점프 여부]를 추가합니다. 그리고 프로시저 [멀리 점프할지 결정하기]를 생성하여 [그림 13-7]을 [그림 13-11]과 같이 수정합니다.

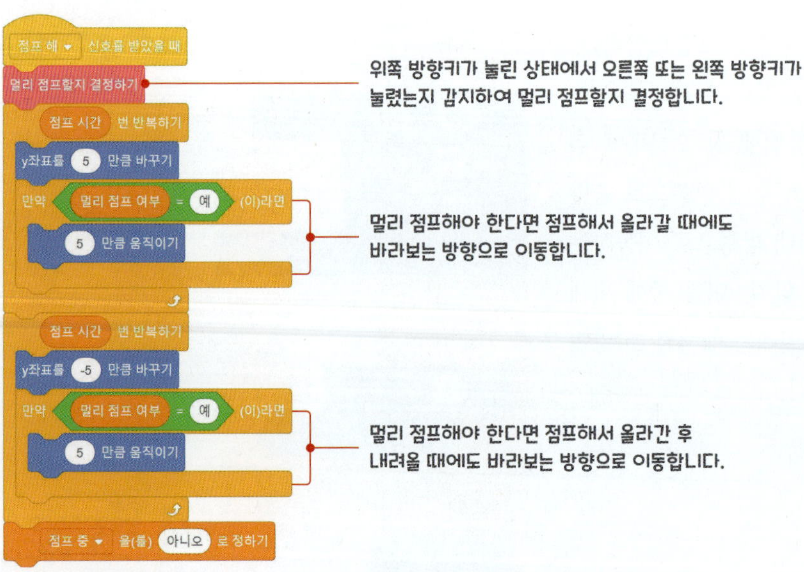

그림 13-11 멀리 점프를 위해 메시지 [점프 해]를 받았을 때의 행동 수정

프로시저 [멀리 점프할지 결정하기]는 변수 [멀리 점프 여부]의 값으로 결정됩니다. 변수 [멀리 점프 여부]의 값은 기본적으로 '아니오'로 설정됩니다. 하지만 만일 위쪽 방향키를 누른 시점에 오른쪽 또는 왼쪽 방향키도 같이 눌렸다면 변수 [멀리 점프 여부]의 값은 '예'로 설정됩니다. 프로시저 [멀리 점프할지 결정하기]를 [그림 13-12]와 같이 프로그래밍합니다.

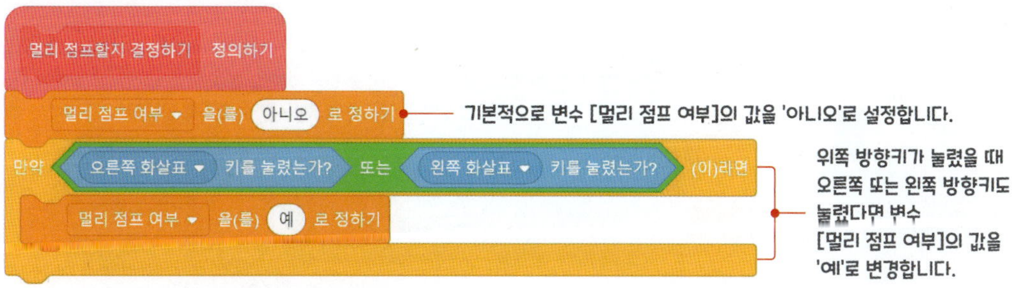

그림 13-12 **프로시저 [멀리 점프할지 결정하기] 스크립트**

벌레의 행동은 제자리 점프를 연습할 때 프로그래밍한 것과 동일합니다. 여기까지 프로그래밍이 완료되면, 이제 고양이가 이동 중에 점프했을 때 이동 방향으로 일정 거리만큼 멀리 점프하는 것을 볼 수 있습니다.

3 자유 점프 처리

자유 점프는 제자리 점프, 그리고 멀리 점프와는 달리 스프라이트가 점프 중에도 오른쪽 또는 왼쪽 방향키로 방향을 자유롭게 변경할 수 있다는 특징을 갖고 있습니다.

정지 상태에서 점프하더라도 점프 중에 오른쪽 방향키를 눌러 오른쪽 앞에 착지할 수 있습니다.

오른쪽으로 이동 중에 점프하더라도 점프 중에 왼쪽 방향키를 눌러 왼쪽 방향으로 착지할 수 있습니다.

그림 13-13 **자유 점프 기능**

앞에서 제자리 점프에 사용된 고양이와 벌레를 활용하여 자유 점프 프로그래밍을 연습하겠습니다. 사실 자유 점프는 제자리 점프에서 고양이가 오른쪽 또는 왼쪽 방향키로 움직이는 행동을 점프 중일 때도 할 수 있도록 프로그래밍하면 됩니다. 따라서 [그림 13-3]을 [그림 13-14]와 같이 수정합니다.

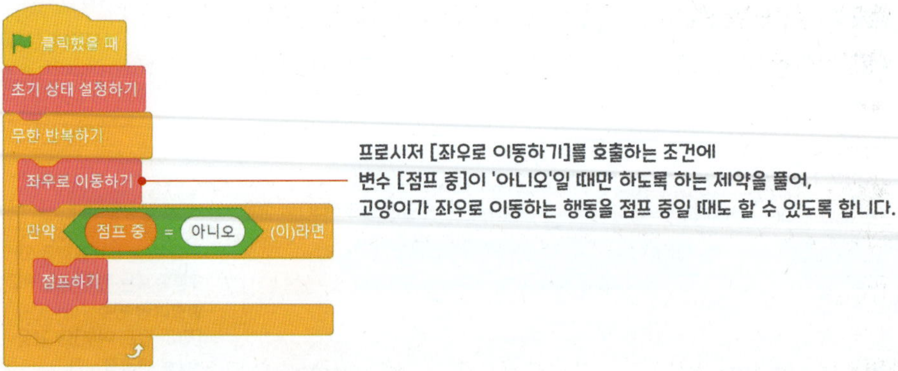

그림 13-14 **자유 점프를 위한 고양이 행동의 수정**

고양이의 나머지 행동과 벌레의 행동은 앞에서 제자리 점프를 연습하기 위해 프로그래밍한 것과 동일합니다. 참고로, 앞으로 실습하게 될 사과 잡는 고양이는 고양이가 자유 점프합니다. 하지만 제자리 점프와 멀리 점프도 프로그래밍하는 방법을 배웠기 때문에 기호에 맞게 고양이의 점프 유형을 변경할 수 있습니다.

4 자유낙하 운동 처리

게임에서 중력의 영향을 받는 물체의 움직임을 종종 볼 수 있습니다. 예를 들어, 절벽에서 떨어지는 장애물이 점점 빨리 떨어지거나 위를 향해 쏘아 올린 공이 점차 속도가 줄다가 땅으로 다시 떨어지는 것이 중력의 영향을 받는 움직임입니다. 이런 움직임은 게임의 사실감을 높여주는 효과가 있습니다.

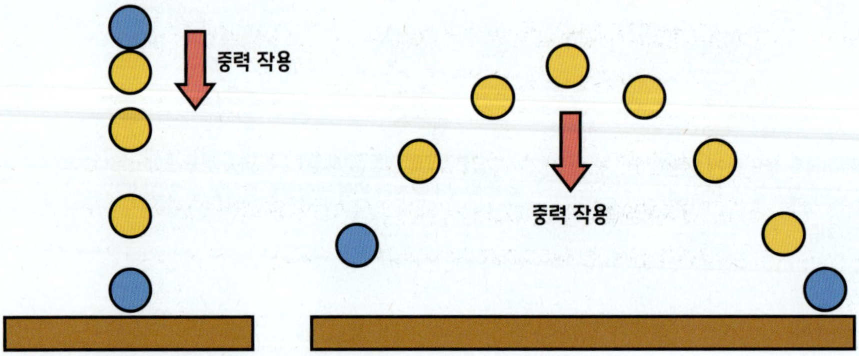

그림 13-15 **중력에 영향을 받는 물체의 움직임**

중력은 떨어지는 물체에 중력가속도만큼의 속도 변화를 줍니다. 대략 9.8m/s^2으로 표현되는 지구의 중력가속도는 지면 방향으로 떨어지는 물체에 1초마다 9.8m/s만큼의 속도를 지속적으로 더해 줍니다. 이런 중력가속도의 효과로 아래로 떨어지는 물체는 시간이 지날수록 떨어지는 속도가 빨라지고, 위로 던져진 물체는 언젠가 올라가는 속도가 0이 되며 그 후 지면으로 떨어지게 됩니다. 일반적으로 중력가속도는 'gravity'의 첫 자를 따서 간단히 'g'로 표기합니다.

물체의 자유낙하 운동을 프로그래밍하기 위해서는 물체의 위치가 시간에 따라 어떻게 계산되는지만 알면 됩니다. 이를 위해 공중에 정지해 있는 물체를 생각해 봐야 합니다. 이 물체가 정지해 있는 처음 위치를 (X_0, Y_0)라 하고 떨어지기 시작한 후 시간 t가 지난 후의 위치를 (X_t, Y_t)라 할 때, X_t는 X_0와 동일하고 Y_t는 $Y_0 - 0.5 \times 9.8 \times t \times t$로 계산됩니다.

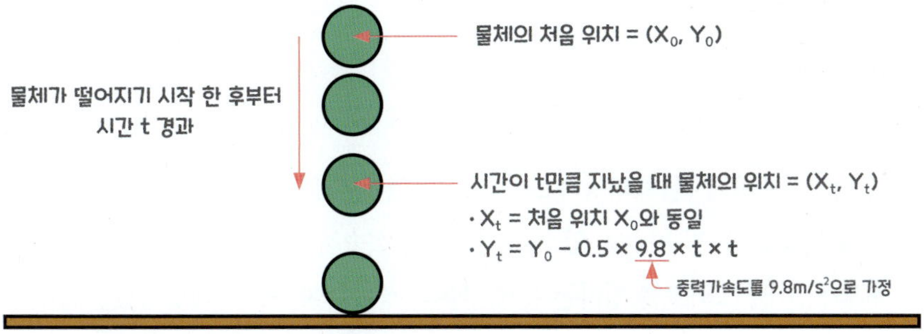

그림 13-16 **중력에 의해 자유낙하하는 물체의 위치 계산**

이 책의 학습 목표는 자유낙하 운동의 물리 법칙을 이해하는 것이 아니라 주어진 계산식이 있을 때 이를 스크래치로 프로그래밍하는 것에 있습니다. 따라서 위의 계산식이 생소하고 이해되지 않더라도 전혀 걱정할 필요는 없습니다.

이제 수직으로 떨어지는 물체의 자유낙하 운동을 프로그래밍하는 방법을 연습하겠습니다. 먼저 스크래치를 실행하여 기본적으로 제공하는 고양이 스프라이트를 삭제하고, 스프라이트 Basketball을 추가하여 이름을 '농구공'으로 변경합니다. 그리고 농구공의 지역 변수로 [처음 높이]와 [경과 시간]을 생성합니다. 변수 [처음 높이]는 농구공이 떨어지기 전에 위치한 높이를 나타내고, 변수 [경과 시간]은 농구공이 떨어지기 시작한 시점부터 경과된 시간을 나타냅니다. 이 연습에서는 변수 [경과 시간]의 값을 계속 0.3만큼 증가시켜 0.3초마다 떨어지는 농구공의 위치를 계산할 것입니다.

농구공의 행동을 [그림 13-17]과 같이 프로그래밍하고, 프로그램을 실행하여 농구공의 떨어지는 모습을 살펴봅니다. 떨어지는 농구공의 x좌표는 처음의 x좌표에서 변하지 않고, y좌표는 자유낙하 운동 계산식에 의해 0.3초마다 새로운 위치로 변경됩니다.

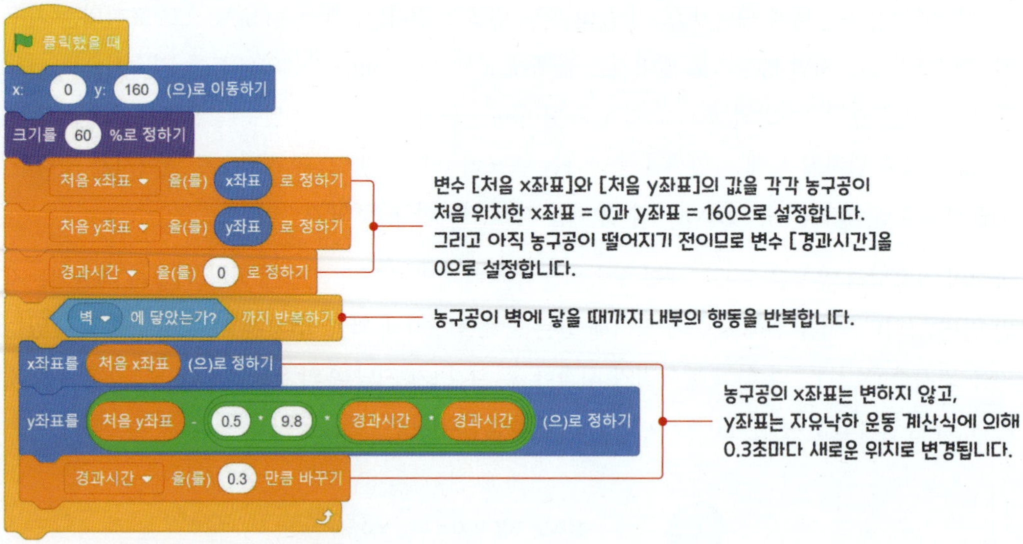

그림 13-17 **자유낙하 운동하는 농구공의 행동**

참고로, 수직으로 자유낙하 운동하는 물체의 x좌표는 변함이 없기 때문에 [그림 13-17]에서 x좌표를 정하는 문장 블록을 생략할 수 있습니다. 앞으로 여러분이 실습하게 될 사과 잡는 고양이에서 자유낙하 운동하는 사과와 번개는 x좌표를 정하는 문장 블록을 생략하여 프로그래밍하겠습니다.

Section 03 프로젝트 실습

1 스프라이트 준비하기

이제 앞에서 배운 스프라이트의 점프와 중력가속도를 활용한 자유낙하 프로그래밍 방법을 활용하여 본격적으로 사과 잡는 고양이를 프로그래밍하도록 하겠습니다.

먼저, 기본적으로 제공하는 고양이 스프라이트 외에 [스프라이트 고르기]에서 Cat, Beetle, Apple, Lightning 스프라이트를 추가하고 각각의 이름을 '고양이', '벌레', '사과', '번개'로 변경합니다. 그리고 [배경 고르기]에서 Forest를 무대 배경으로 추가합니다.

표 13-2 사과 잡는 고양이에 사용될 스프라이트와 무대 배경

스프라이트				무대

고양이 (Cat)	벌레 (Beetle)	사과 (Apple)	번개 (Lightning)	무대 배경 (Forest)

2 변수 준비하기

사과 잡는 고양이는 고양이가 사과를 잡을 때마다 점수가 올라갑니다. 이 점수를 보여주기 위해 무대의 변수로 [점수]를 생성합니다. 그리고 고양이의 남은 생명 개수를 관리하기 위해 고양이의 지역 변수 [남은 생명]을 생성하고, 고양이의 점프 상태와 점프 시간을 설정하기 위해 고양이의 지역 변수 [점프 중]과 [점프 시간]을 생성합니다. 사과와 번개는 자유낙하 운동을 구현하기 위해서 자신의 지역 변수로 [처음 높이]와 [경과 시간]을 생성합니다. 여기서 변수 [처음 높이]는 사과와 번개가 떨어지기 전의 위치 중 높이에 해당하는 y좌표의 값을 갖습니다.

표 13-3 사과 잡는 고양이에 사용될 무대와 스프라이트의 변수

스프라이트/무대	변수	설명
 무대	점수	무대의 변수로 [점수]를 생성합니다. 프로그램을 실행할 때마다 0으로 설정되며 고양이가 사과를 잡을 때마다 10점씩 올라갑니다. 변수 [점수]는 프로그램 실행 창에 보이도록 설정하고 적당한 곳에 보이도록 위치를 조정합니다. 참고로 무대에서 생성된 변수는 항상 전역 변수입니다.
 고양이	남은 생명	고양이의 지역 변수로 [남은 생명]을 생성합니다. 이 변수의 값은 프로그램이 실행되면 3의 값을 갖고 고양이가 벌레나 번개에 닿을 때마다 1씩 줄어듭니다. 변수 [남은 생명]은 프로그램 실행 창에 보이도록 설정하고 적당한 곳에 보이도록 위치를 조정합니다.
	점프 중	고양이의 지역 변수로 [점프 중]을 생성합니다. 이 변수는 '예' 또는 '아니오'의 값을 갖습니다. 사용자가 키보드의 위쪽 방향키를 눌러 고양이가 위로 점프하는 순간 변수 [점프 중]의 값이 '예'로 설정됩니다. 그리고 점프한 고양이가 다시 바닥에 착지하면 '아니오'로 설정됩니다. 변수 [점프 중]은 프로그램 실행 창에 보이지 않도록 설정합니다.
	점프 시간	고양이의 지역 변수로 [점프 시간]을 생성합니다. 고양이의 점프 시간은 변수 [점프 시간]의 값에 비례하여 증가합니다. 즉, 변수 [점프 시간]이 커질수록 고양이는 오랫동안 점프하고, 점프 높이도 높아집니다. 변수 [점프 시간]은 프로그램 실행 창에 보이지 않도록 설정합니다.
 사과	경과시간	사과의 지역 변수로 [경과 시간]을 생성합니다. 이 변수는 사과가 떨어지기 시작한 후부터 경과된 시간을 나타냅니다. 변수 [경과 시간]의 값 이후의 사과 높이를 자유낙하 운동 계산식으로 계산합니다. 변수 [경과 시간]은 프로그램 실행 창에 보이지 않도록 설정합니다.
	처음 높이	사과의 지역 변수로 [처음 높이]를 생성합니다. 이 변수는 사과가 떨어지기 이전의 위치 중 높이에 해당하는 y좌표의 값으로 설정합니다. 변수 [처음 높이]는 프로그램 실행 창에 보이지 않도록 설정합니다.
 번개	경과시간	번개의 지역 변수로 [경과 시간]을 생성합니다. 이 변수는 번개가 떨어지기 시작한 이후부터 경과된 시간을 나타냅니다. 변수 [경과 시간]의 값 이후의 번개 높이를 자유낙하 운동 계산식으로 계산합니다. 변수 [경과 시간]은 프로그램 실행 창에 보이지 않도록 설정합니다.
	처음 높이	번개의 지역 변수로 [처음 높이]를 생성합니다. 이 변수는 번개가 떨어지기 이전의 위치 중 높이에 해당하는 y좌표의 값으로 설정합니다. 변수 [처음 높이]는 프로그램 실행 창에 보이지 않도록 설정합니다.

3 소리 준비하기

사과 잡는 고양이를 실행하면 무대는 배경 음악으로 Dance Chill Out을 반복해서 재생합니다. 그리고 고양이가 사과를 잡을 때마다 음원 Pop을 재생하고, 번개가 고양이에 닿을 때마다 음원 Cymbal Crash를 재생합니다. 고양이는 벌레와 번개에 닿을 때마다 음원 meow를 재생합니다. 무대와 스프라이트들의 소리를 [표 13-4]와 같이 [소리 고르기]에서 선택해 등록합니다.

표 13-4 사과 잡는 고양이에 사용될 음원

스프라이트/무대	음원	설명
 무대	Dance Chill Out	무대의 소리로 음원 Dance Chill Out을 등록합니다. 무대는 프로그램이 실행되는 동안 반복해서 이 음원을 출력합니다.
 고양이	meow	이 음원은 고양이의 소리로 기본적으로 등록되어 있습니다. 고양이가 벌레와 번개에 닿으면 이 음원을 출력합니다.
 사과	Pop	사과의 소리로 음원 Pop을 등록합니다. 사과가 고양이에 닿으면 이 음원을 출력합니다.
 번개	Cymbal Crash	번개의 소리로 음원 Cymbal Crash를 등록합니다. 번개가 고양이에 닿으면 이 음원을 출력합니다.

4 무대의 스크립트

무대는 프로그램을 실행하면 변수 [점수]를 0으로 초기화하고, 배경 음악으로 음원 Dance Chill Out을 반복 재생합니다.

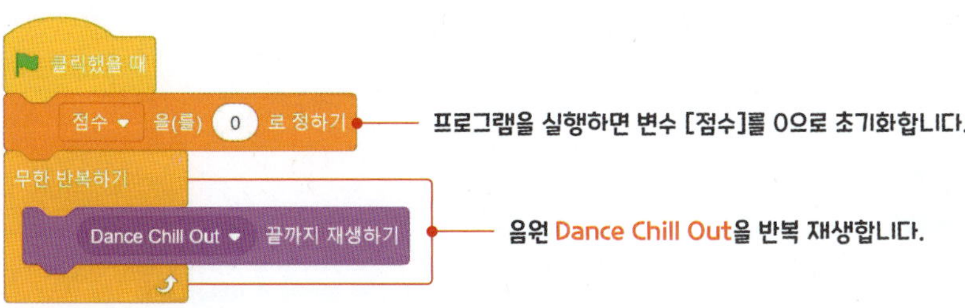

그림 13-18 무대의 행동

5 고양이의 스크립트

고양이는 프로그램을 실행하면 프로시저 [초기 상태 설정하기]를 호출하여 자신의 초기 상태를 설정합니다. 그리고 생명이 모두 소진될 때까지(즉, 변수 [남은 생명]이 0이 될 때까지), 프로시저 [좌우로 이동하기]를 반복 호출하고, 점프 중이 아닌 경우(즉, 변수 [점프 중]의 값이 '아니오'인 경우) [점프하기]를 반복 호출합니다. 이를 통해 고양이는 사용자가 누르는 오른쪽, 왼쪽 방향키대로 움직이고, 사용자가 위쪽 방향키를 누를 때 점프 중이 아닌 경우라면 점프하는 행동을 반복합니다. 참고로 고양이는 번개에 닿거나 벌레에 닿을 때마다 변수 [남은 생명]의 값을 하나씩 감소합니다. 만약 고양이의 생명이 모두 소진되면 모든 스프라이트와 무대의 행동을 정지시켜 프로그램을 종료합니다.

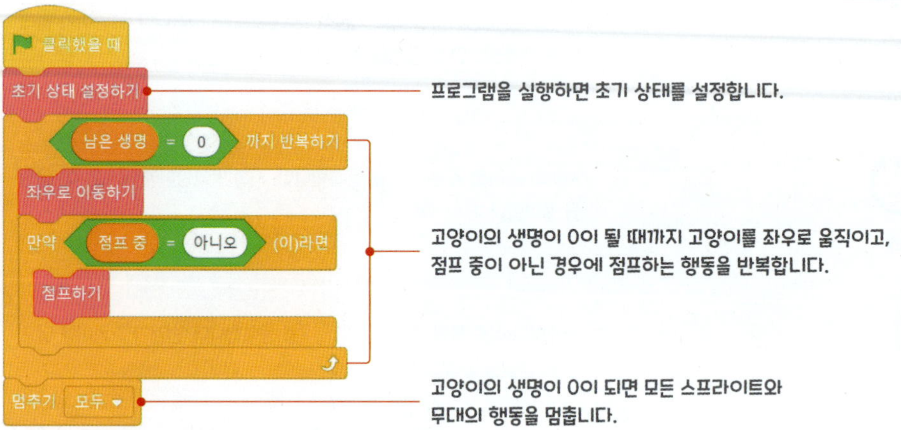

그림 13-19 프로그램을 실행하면 수행되는 고양이의 행동

프로시저 [초기 상태 설정하기]는 고양이의 크기를 절반으로 줄이고, 고양이의 위치를 프로그램 실행 창 아래쪽 중앙에 위치합니다. 그리고 고양이는 오른쪽을 바라보게 하고 왼쪽, 오른쪽만 바라보도록 회전 방식을 설정합니다. 마지막으로 변수 [점프 중]의 값을 '아니오', [점프 시간]의 값을 12, [남은 생명]의 값을 3으로 초기화합니다.

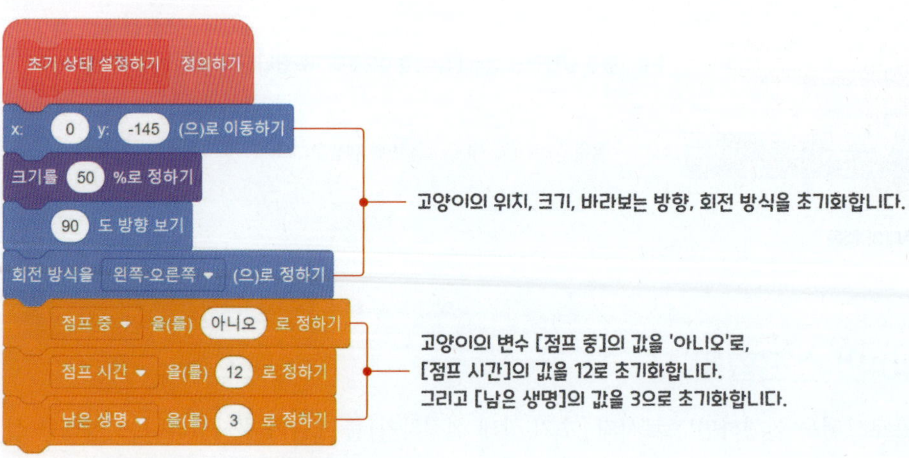

그림 13-20 프로시저 [초기 상태 설정하기]의 스크립트

프로시저 [좌우로 이동하기]는 사용자가 누른 오른쪽, 왼쪽 방향키를 감지하여, 사용자가 누른 방향키의 방향대로 고양이를 움직입니다.

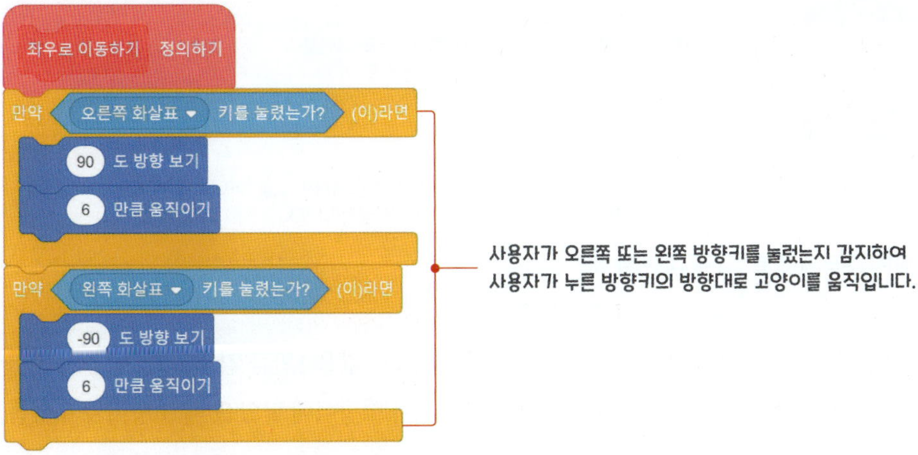

그림 13-21 프로시저 [좌우로 이동하기]의 스크립트

프로시저 [점프하기]는 사용자가 키보드의 위쪽 방향키를 눌렀는지 감지합니다. 사용자가 위쪽 방향키를 누르면 변수 [점프 중]을 '예'로 변경하여 고양이가 점프 중인 상태로 설정합니다. 그리고 메시지 [점프 해]를 방송하여 실제 고양이가 점프하도록 합니다.

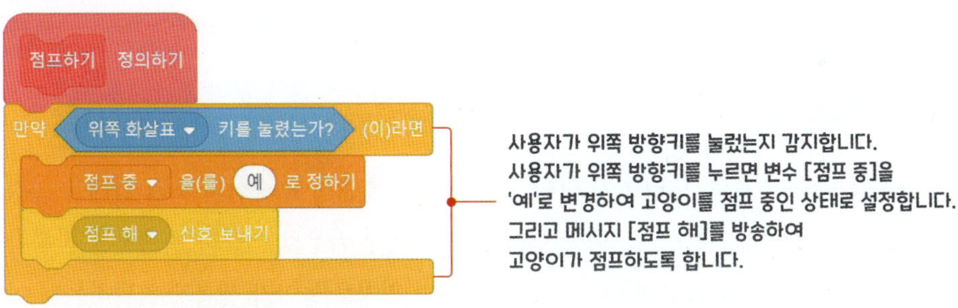

그림 13-22 프로시저 [점프하기]의 스크립트

고양이는 메시지 [점프 해]를 받으면 변수 [점프 시간]의 값만큼 위로 올라갔다가 다시 내려오는 점프 행동을 수행합니다. 점프가 완료되면 변수 [점프 중]을 다시 '아니오'로 변경하여 고양이가 점프 중이 아닌 상태로 설정합니다.

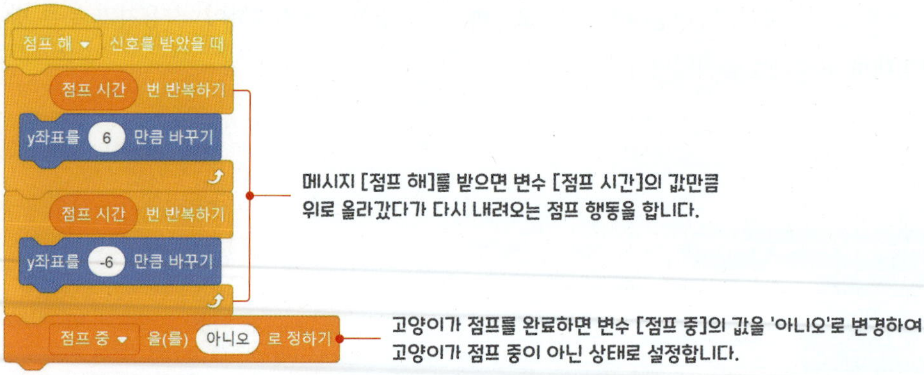

그림 13-23 **메시지 [점프 해]를 받았을 때 고양이의 행동**

고양이는 메시지 [고양이 죽었다]를 받으면 변수 [남은 생명]의 값을 1만큼 감소하고, 야옹 소리를 재생합니다. 참고로 메시지 [고양이 죽었다]는 벌레와 번개가 고양이에 닿았을 때 고양이가 죽었음을 알리기 위해 방송합니다.

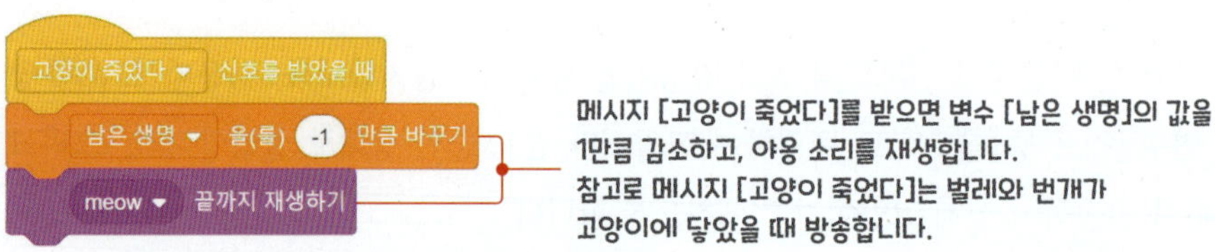

그림 13-24 **메시지 [점프 해]를 받았을 때 고양이의 행동**

6 벌레의 스크립트

벌레는 프로그램을 실행하면 프로시저 [초기 상태 설정하기]를 호출하여 자신의 초기 상태를 설정합니다. 그리고 2초 후에 출발하여 프로그램 실행 창 아래쪽에서 좌우로 이동하는 행동을 반복합니다. 벌레는 이동 중에 고양이에 닿으면 다시 처음 출발했던 위치로 돌아가 새롭게 출발하는데 이 행동은 프로시저 [고양이에 닿으면 다시 처음 위치에서 출발하기]를 호출하여 수행합니다.

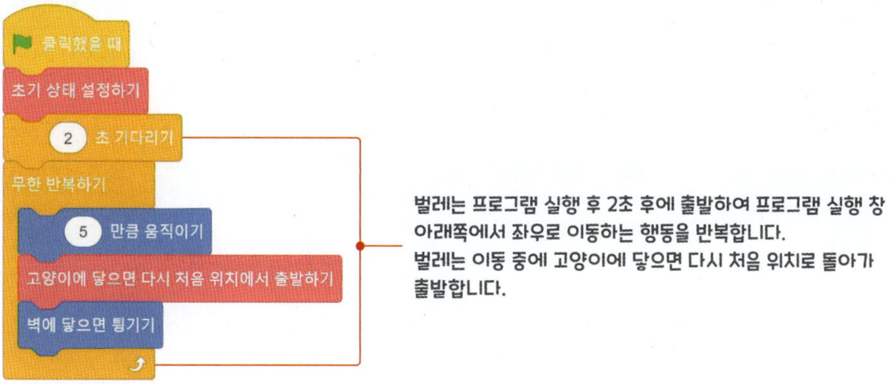

그림 13-25 **프로그램을 실행하면 수행되는 벌레의 행동**

프로시저 [초기 상태 설정하기]는 벌레의 크기를 20%로 축소하고, 벌레의 위치를 프로그램 실행 창 오른쪽 하단에 위치합니다. 그리고 벌레가 왼쪽을 바라보도록 방향을 설정하고, 벌레의 모습이 보이도록 설정합니다. 프로시저 [초기 상태 설정하기]에서 벌레가 자신의 모습을 보이도록 설정하는 이유는 벌레가 고양이에 닿으면 다시 처음의 위치로 돌아가 출발하기 전 2초 동안 자신의 모습을 숨기기 때문입니다([그림 13-27] 참고). 따라서 벌레에 닿아 고양이의 생명이 모두 소진되는 경우 벌레가 모습을 숨기도록 설정된 채로 프로그램이 정지할 수 있습니다. 이런 상태에서 프로그램을 새롭게 실행하고자 한다면 먼저 벌레의 모습을 보이도록 설정할 필요가 있습니다.

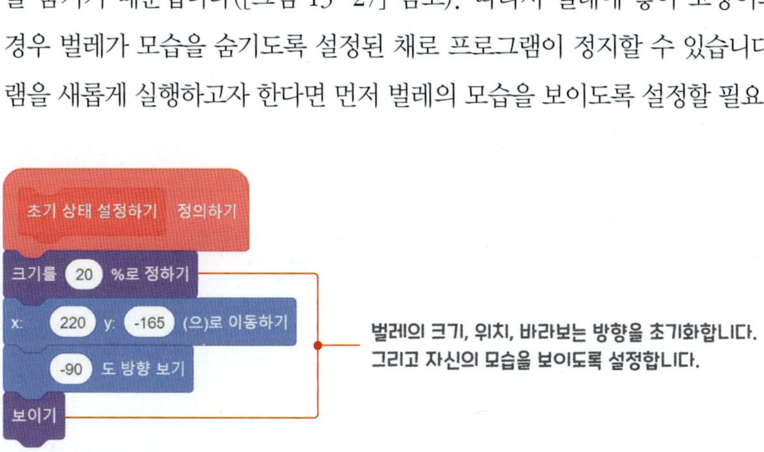

그림 13-26 **프로시저 [초기 상태 설정하기]의 스크립트**

프로시저 [고양이에 닿으면 다시 처음 위치에서 출발하기]는 벌레가 고양이에 닿았을 때 메시지 [고양이 죽었다]를 방송하고, 프로시저 [초기 상태 설정하기]에서 설정한 벌레의 처음 위치로 벌레를 이동합니다. 그리고 벌레를 보이지 않도록 숨긴 후 2초 후에 다시 벌레의 모습을 보이게 합니다. 참고로 벌레가 방송하는 메시지 [고양이 죽었다]는 고양이가 변수 [남은 생명]의 값을 1만큼 감소하고 야옹 소리를 재생하도록 만듭니다.

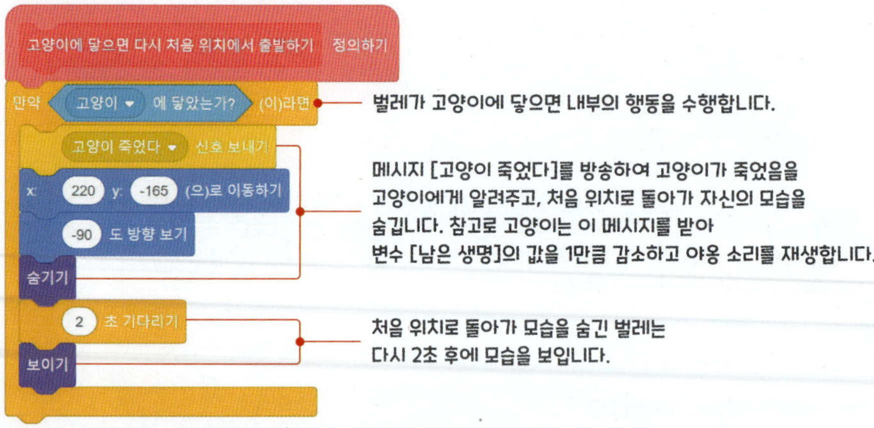

그림 13-27 프로시저 [고양이에 닿으면 다시 처음 위치에서 출발하기]의 스크립트

7 사과의 스크립트

사과는 프로그램을 실행하면 프로시저 [초기 상태 설정하기]를 호출하여 자신의 초기 상태를 설정합니다. 그리고 1초부터 3초 사이 임의의 시간을 기다린 후 자신을 복제하는 행동을 반복합니다.

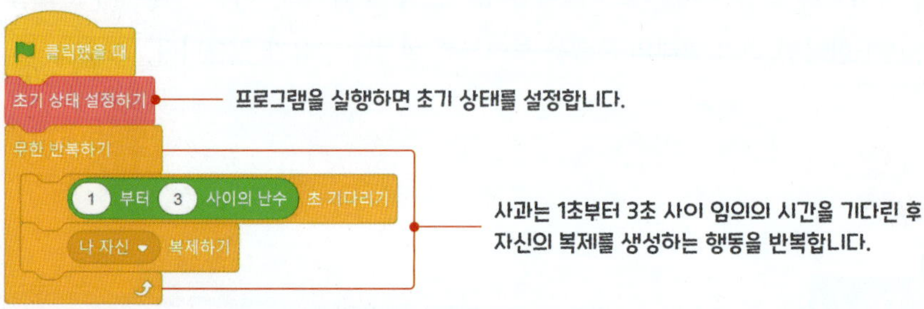

그림 13-28 프로그램을 실행하면 수행되는 사과의 행동

프로시저 [초기 상태 설정하기]는 사과의 위치를 프로그램 실행 창 위쪽 가운데로 초기화하고, 크기를 30%로 축소합니다. 그리고 사과를 보이지 않도록 설정합니다. 참고로 프로그램 실행 중 떨어지는 사과는 이 사과의 복제들입니다.

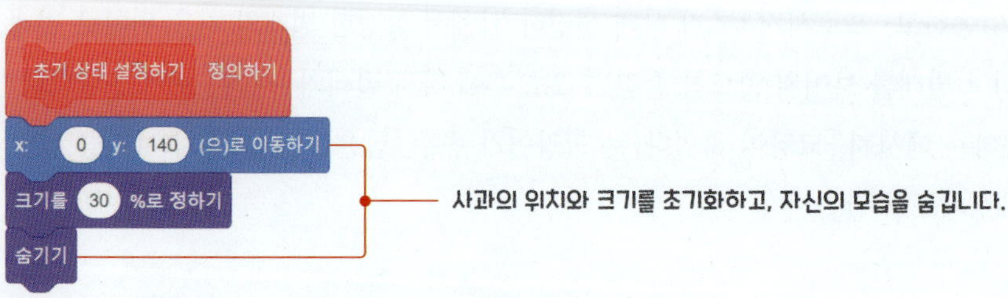

그림 13-29 프로시저 [초기 상태 설정하기]의 스크립트

복제된 사과는 프로그램 실행 창 위쪽의 무작위 위치에 나타납니다. 그리고 중력가속도에 의해 자유낙하합니다.

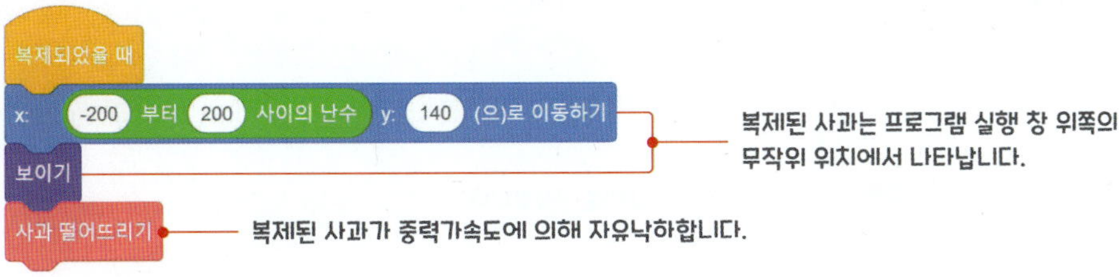

그림 13-30 **복제된 사과의 행동**

프로시저 [사과 떨어뜨리기]는 변수 [처음 높이]의 값을 복제된 사과가 나타나는 위치의 y좌표로 설정하고, 아직 사과가 떨어지기 전이기 때문에 변수 [경과시간]을 0으로 설정합니다. 그리고 복제된 사과가 벽에 닿을 때까지 변수 [경과시간]을 0.1만큼 증가하면서 복제된 사과의 높이를 변경해 줍니다. 복제된 사과가 떨어지면서 고양이에 닿으면 음원 Pop을 재생하고, 변수 [점수]의 값을 10만큼 올려줍니다. 복제된 사과는 고양이와 벽에 닿으면 사라집니다.

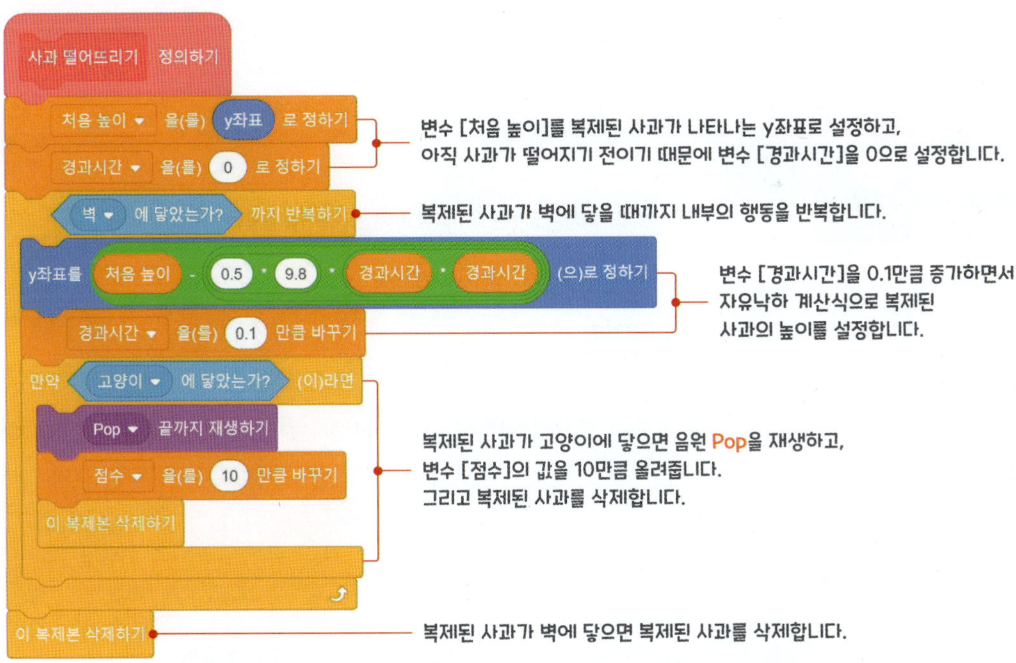

그림 13-31 **프로시저 [사과 떨어뜨리기]의 스크립트**

8 번개의 스크립트

번개는 프로그램을 실행하면 프로시저 [초기 상태 설정하기]를 호출하여 자신의 초기 상태를 설정합니다. 그리고 1초마다 자신을 복제하는 행동을 반복합니다.

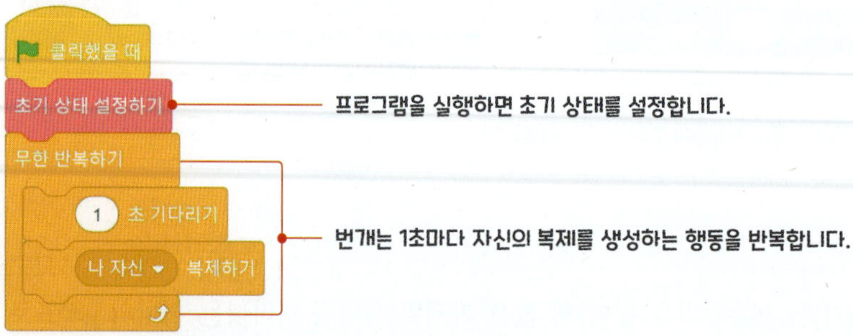

그림 13-32 프로그램을 실행하면 수행되는 번개의 행동

프로시저 [초기 상태 설정하기]는 번개의 위치를 프로그램 실행 창 위쪽 중앙으로 초기화하고, 크기를 25%로 축소합니다. 그리고 번개를 보이지 않도록 설정합니다. 참고로, 프로그램 실행 중 떨어지는 번개는 이 번개의 복제들입니다.

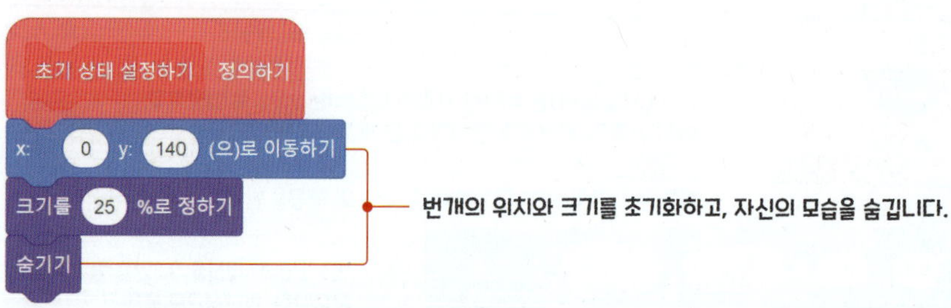

그림 13-33 프로시저 [초기 상태 설정하기]의 스크립트

복제된 번개는 프로그램 실행 창 위쪽의 무작위 위치에 나타납니다. 그리고 중력가속도에 의해 자유낙하합니다.

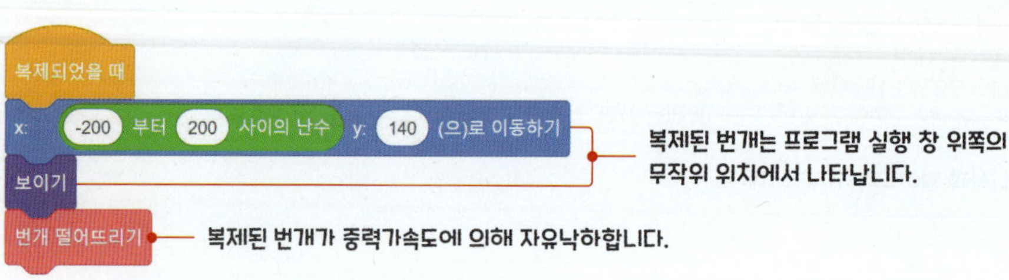

그림 13-34 복제된 번개의 행동

프로시저 [번개 떨어뜨리기]는 변수 [처음 높이]의 값을 복제된 번개가 나타나는 위치의 y좌표로 설정하고, 아직 번개가 떨어지기 전이기 때문에 변수 [경과시간]을 0으로 설정합니다. 그리고 복제된 번개가 벽에 닿을 때까지 변수 [경과시간]을 0.1만큼 증가하면서 복제된 번개의 높이를 변경합니다. 복제된 번개가 떨어지면서 고양이에 닿으면 메시지 [고양이 죽었다]를 방송하고 음원 Cymbal Crash를 재생합니다. 복제된 번개는 고양이와 벽에 닿으면 사라집니다.

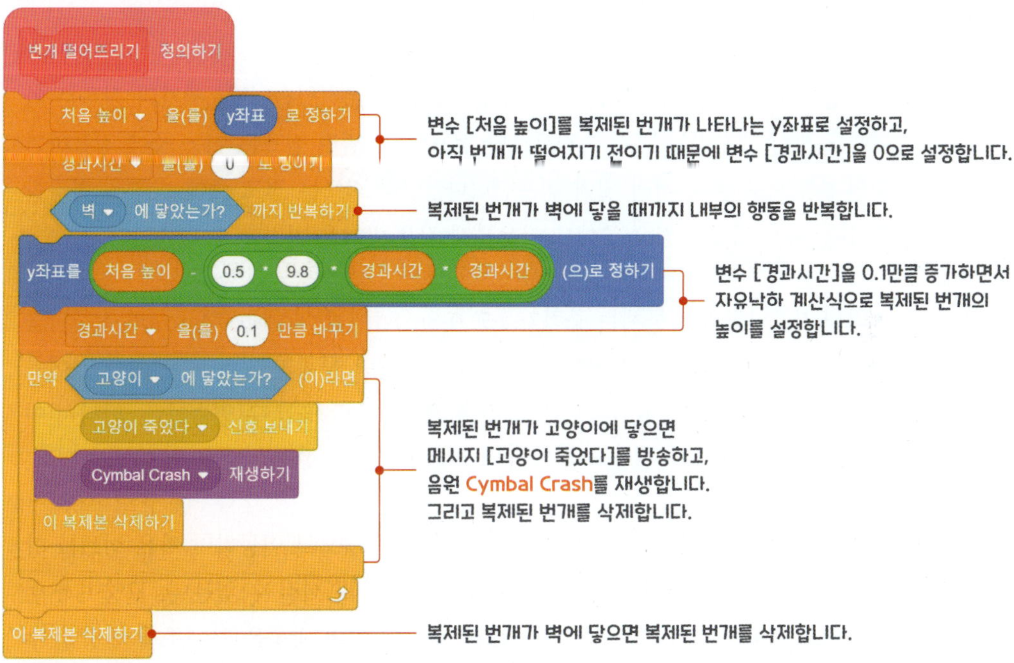

그림 13-35 프로시저 [번개 떨어뜨리기]의 스크립트

요약

01 사과 잡는 고양이 프로그램은 고양이가 벌레와 번개를 피하면서 사과를 잡는 프로그램입니다. 벌레는 프로그램 실행 창 아래쪽에서 기어다니고, 사과와 번개는 프로그램 실행 창 위쪽 무작위 위치에서 나타나 중력가속도에 의한 자유낙하 운동을 합니다. 고양이는 벌레를 피하기 위해서 점프를 해야 합니다.

02 점프의 유형을 제자리 점프, 멀리 점프, 자유 점프로 구분하였습니다. 제자리 점프는 이동 중이라도 항상 제자리에 멈춰 수직으로만 점프하고, 멀리 점프는 이동 중에 점프하면 이동 중인 방향으로 일정 거리 멀리 점프합니다. 멀리 점프는 점프 중에 방향을 변경할 수 없습니다. 자유 점프는 점프 중에도 자유롭게 좌우 방향을 변경할 수 있습니다.

03 중력에 의해 자유낙하하는 물체는 중력가속도 $9.8m/s^2$에 의해 매초 9.8m/s의 속도만큼 빨리 떨어집니다. 자유낙하를 시작한 후 시간 t초가 지난 물체의 위치 H_t는 처음 높이를 H_0라 할 때, $H_t = H_0 - 0.5 \times 9.8 \times t \times t$와 같은 계산식으로 구할 수 있습니다. 따라서 이 계산식을 이용해서 스프라이트의 자유낙하 행동을 프로그래밍할 수 있습니다.

04 고양이는 사용자가 오른쪽, 왼쪽 방향키를 누르면 그 방향으로 이동하며 자유 점프를 합니다. 즉, 사용자는 위쪽 방향키를 눌러 고양이를 위로 점프시킬 수 있는데, 고양이가 점프하는 중에도 사용자는 오른쪽과 왼쪽 방향키로 고양이의 방향을 자유롭게 변경할 수 있습니다.

05 사과와 번개의 복제마다 독립적인 행동을 하기 위해서 사과와 번개의 행동에 영향을 주는 변수를 모두 지역 변수로 생성합니다.

06 사과 잡는 고양이 프로그램은 고양이(Cat), 벌레(Beetle), 사과(Apple), 번개(Lightning) 등의 스프라이트를 사용하고, 무대 배경으로 Forest를 사용합니다.

07 고양이는 프로그램을 실행하면 자신의 크기와 위치를 설정하고, 생명이 모두 소진될 때까지 사용자가 누르는 오른쪽, 왼쪽 방향키대로 이동하는 행동을 반복합니다. 고양이가 사과를 잡을 때마다 점수가 10점씩 올라가고, 벌레와 번개에 닿을 때마다 생명이 하나씩 감소합니다. 만일, 고양이의 생명이 모두 소진되면 모든 스프라이트와 무대의 행동을 정지시켜 프로그램을 종료합니다.

08 벌레는 프로그램을 실행하면 자신의 크기와 위치를 설정하고, 2초 후에 프로그램 실행 창 아래를 기어다닙니다. 벌레가 고양이에 닿으면 메시지 [고양이 죽었다]를 방송하여 고양이가 자신의 생명을 하나 감소하도록 하고 자신의 모습이 보이지 않게 합니다. 그 후 2초 후에 처음 위치에 다시 나타나 기어다니기 시작합니다.

09 사과는 프로그램을 실행하면 자신의 크기와 위치를 설정하고, 1초부터 3초 사이 임의의 시간마다 자신을 복제합니다. 복제된 사과는 중력가속도에 의해 자유낙하합니다. 복제된 사과가 고양이에 닿으면 점수를 10점 올려주고 사라집니다.

10 번개는 프로그램을 실행하면 자신의 크기와 위치를 설정하고, 1초마다 자신을 복제합니다. 복제된 번개는 중력가속도에 의해 자유낙하합니다. 복제된 번개가 고양이에 닿으면 메시지 [고양이 죽었다]를 방송하여 고양이가 자신의 생명을 하나 감소하도록 하고 사라집니다.

11 무대는 프로그램을 실행하면 점수를 0으로 초기화하고, 배경 음악을 반복 재생합니다.

연습문제

01 다음 자유낙하에 대한 설명으로 틀린 것을 고르세요.

① 자유낙하하는 물체는 중력가속도에 의해 시간이 경과할수록 빠르게 떨어집니다.

② 지구의 중력가속도는 대략 $9.8m/s^2$의 값을 갖습니다.

③ 높이 H_0에 있는 물체가 자유낙하를 시작한 후 시간 t초가 지났을 때 그 물체의 높이는 $H_0 + 0.5 \times 9.8 \times t \times t$와 같이 구할 수 있습니다.

④ 중력가속도가 커지면 자유낙하하는 물체도 빠르게 떨어집니다.

02 다음은 점프하는 고양이 행동을 프로그래밍한 것입니다. 고양이의 행동으로 옳은 것을 고르세요.

① 점프하는 동안 위쪽 방향키를 누르면 더 높게 점프합니다.

② 좌우로 이동하는 동안에는 점프할 수 없습니다.

③ 좌우로 이동하는 중에 점프하면 이동 방향으로 멀리 점프합니다.

④ 좌우로 이동하는 중에 점프하더라도 항상 제자리에 멈춰 수직으로 점프합니다.

03 다음은 점프하는 고양이 행동을 프로그래밍한 것입니다. 고양이의 행동으로 <u>틀린</u> 것을 고르세요.

① 점프하는 동안에는 점프가 완료될 때까지 또 다른 점프가 불가능합니다.

② 제자리에서 점프한 후에는 점프 중에 좌우로 방향을 변경할 수 없습니다.

③ 좌우 이동 중에 점프하더라도 점프 중에 좌우로 방향을 변경할 수 있습니다.

④ 점프 중에 좌우 방향키를 누르지 않으면 수직으로 올라가거나 내려옵니다.

04 다음은 점프하는 고양이 행동을 프로그래밍한 것입니다. 고양이의 행동으로 틀린 것을 고르세요.

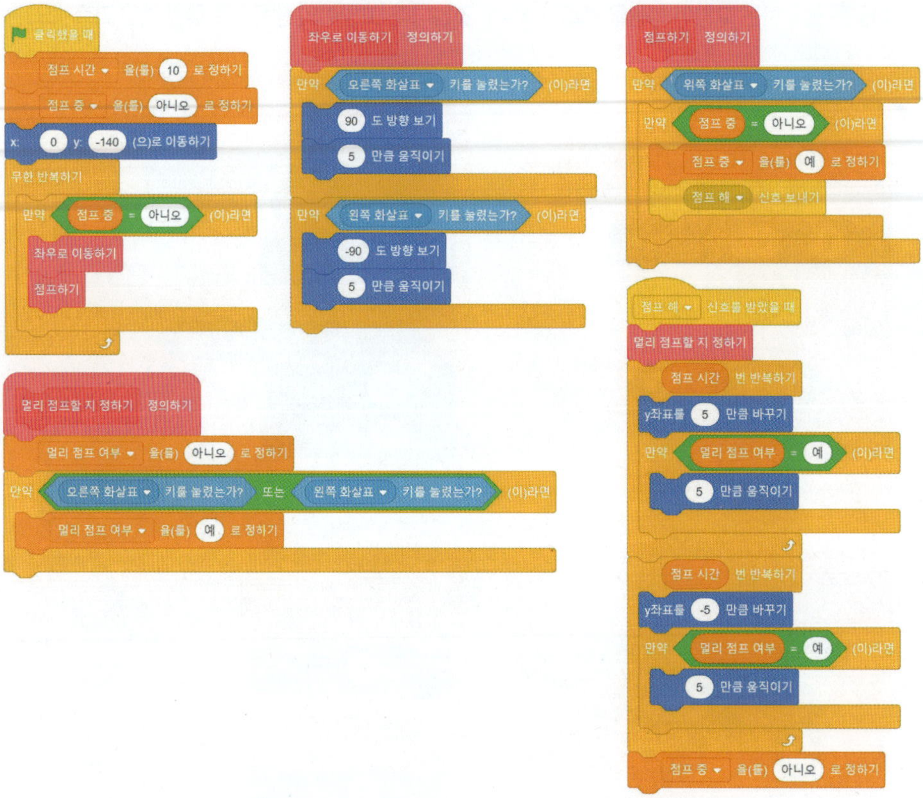

① 제자리에서 점프한 후에는 점프 중에 좌우로 방향을 변경할 수 없습니다.

② 좌우 이동 중에 점프하면 점프할 때 이동하던 방향으로 멀리 점프합니다.

③ 점프하는 도중에 오른쪽, 왼쪽 방향키로 고양이의 좌우 방향을 변경할 수 있습니다.

④ 제자리에서 점프하면 수직으로 올라갔다가 수직으로 내려옵니다.

05 다음은 지구의 중력가속도 9.8m/s^{2}으로 자유낙하하는 사과의 행동을 프로그래밍한 것입니다. 빈칸 A에 들어갈 내용으로 올바른 것을 고르세요.

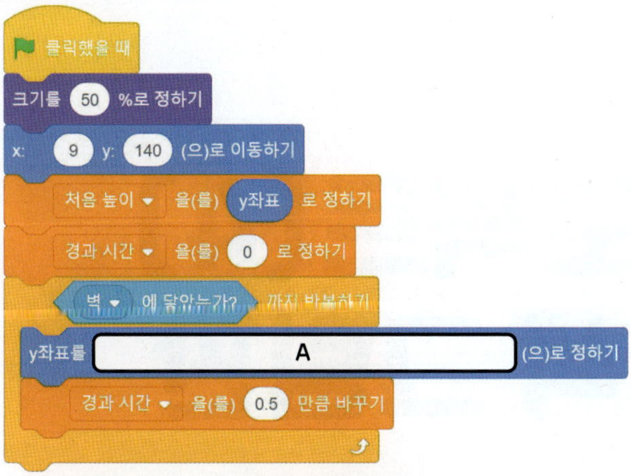

① 처음 높이 - 0.5 * 9.8 * 경과 시간 * 경과 시간

② 경과 시간 - 0.5 * 9.8 * 처음 높이 * 처음 높이

③ 처음 높이 + 0.5 * 9.8 * 경과 시간 * 경과 시간

④ 경과 시간 + 0.5 * 9.8 * 처음 높이 * 처음 높이

CHAPTER 14

종합 프로젝트(4) : 나의 6색 그림판

01 프로젝트 소개

02 프로젝트 사전 학습 : 스프라이트의 펜 기능 활용

03 프로젝트 실습

요약

연습문제

학습목표

- 스프라이트의 펜 기능을 알아봅니다.
- 펜 기능에서 스프라이트 모양의 중심 역할을 이해합니다.
- 스프라이트의 펜 기능 프로그래밍을 연습합니다.
- 나의 6색 그림판 프로그래밍을 통해 창의적 프로그래밍 능력을 향상시킵니다.

Preview

나의 6색 그림판 프로그램은 검정, 빨강, 파랑, 초록, 노랑, 흰색 중 하나의 색을 선택하여 다양한 펜의 굵기로 캔버스에 그림을 그리는 프로그램입니다. 이 프로그램을 프로그래밍하기 위해서는 스프라이트의 펜 기능을 활용해야 합니다. 따라서 여러분은 스크래치의 확장 기능 중 [펜] 기능에 속해 있는 블록들을 공부하게 됩니다. 사실 모든 스프라이트는 자신의 펜을 갖고 있으며 자신의 이동 경로에 따라 다양한 색과 굵기로 선을 그릴 수 있습니다. 다만 스프라이트가 자신의 펜을 마치 종이 위에 닿지 않도록 올려놓은 상태로 있었기 때문에 이 기능을 사용하지 못했던 것입니다.

나의 6색 그림판 프로그램을 만들면서 여러분은 스프라이트의 펜을 내리거나 올리고, 펜의 색깔과 굵기를 변경하는 방법을 배우게 됩니다. 스프라이트의 펜 기능은 그림을 그리는 프로그램에 꼭 필요한 기능이므로 이 프로젝트를 통해 확실하게 이해하길 바랍니다.

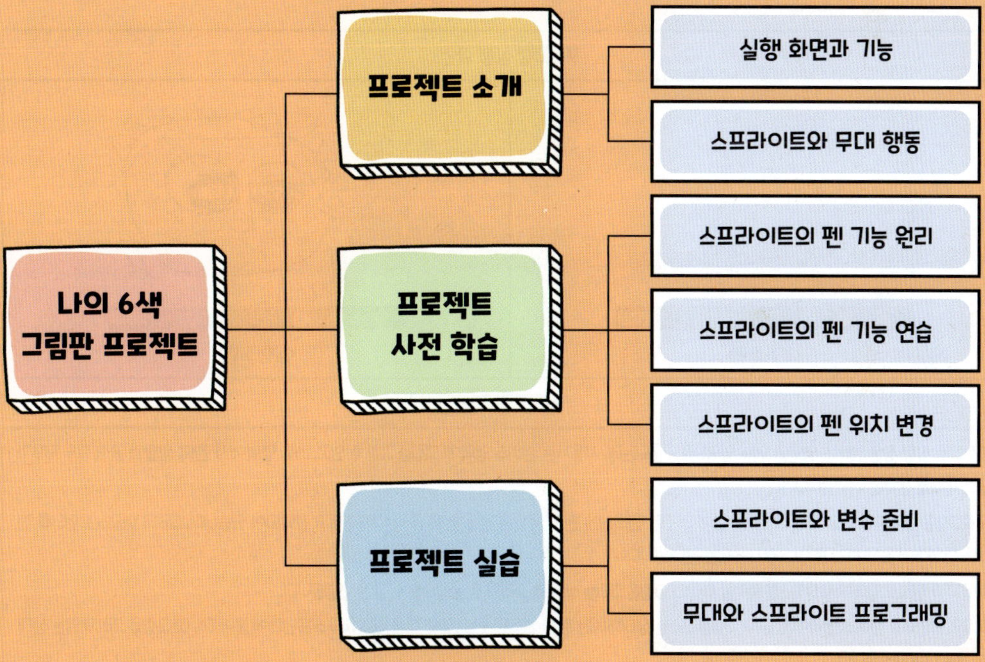

Section 01

프로젝트 소개

1 프로그램 실행 화면과 기능

나의 6색 그림판은 검정, 빨강, 파랑, 초록, 노랑, 흰색 중 하나의 색을 선택하여 다양한 펜의 굵기로 캔버스에 그림을 그리는 프로그램입니다. 이 프로그램의 실행 화면과 기능은 [그림 14-1]과 같습니다.

프로그램 실행 화면

<초기 화면>

<실행 화면>

프로그램 기능

- 프로그램 실행 창은 캔버스 영역과 메뉴 영역으로 구분되는데, 사용자는 캔버스 영역에 그림을 그릴 수 있고, 메뉴 영역에서 펜의 색깔과 굵기, 모두 지우기 등의 메뉴를 선택할 수 있습니다.
- 프로그램을 실행하면 위의 <초기 화면>과 같이 깨끗한 캔버스에 펜의 색깔은 검정, 펜의 굵기는 2포인트가 선택되어 있습니다. 그리고 마우스 포인터를 캔버스 영역에서 움직여도 그림이 그려지지 않는 상태입니다.
- 사용자가 캔버스 영역에서 마우스를 클릭할 때마다 그림을 그리는 상태와 그리지 않는 상태로 번갈아 변경됩니다.
- 마우스 포인터가 캔버스 영역에 있을 때 그림을 그리는 상태에서는 현재 선택된 펜 색깔의 작은 원이 마우스 포인터에 붙어 다니고 그림을 그리지 않는 상태에서는 원이 사라집니다.
- 마우스 포인터가 메뉴 영역에 있을 때는 항상 마우스 포인터에 붙어 다니는 원이 사라집니다.
- 검정, 빨강, 파랑, 노랑, 초록, 흰색 색깔 메뉴를 선택하면 그 색깔로 펜의 색깔이 변경됩니다.
- [2포인트], [4포인트], [6포인트] 메뉴를 선택하면 그 굵기로 펜의 굵기가 변경됩니다.
- 그림을 그리는 상태에서 사용자는 캔버스에 선택된 색깔과 굵기로 그림을 그릴 수 있습니다.
- 캔버스가 흰색이기 때문에 흰색의 그림은 보이지 않습니다. 하지만 사용자는 흰색의 펜으로 지금까지 그려진 그림 일부를 지울 수 있습니다. 즉, 흰색 펜은 지우개로 사용할 수 있습니다.
- [모두 지우기]를 선택하면 캔버스의 모든 그림이 지워집니다.

그림 14-1 나의 6색 그림판 프로그램의 실행 화면과 기능

2 프로그램의 스프라이트와 무대 행동

나의 6색 그림판을 구현하기 위해서는 포인터, 검정, 빨강, 파랑, 노랑, 초록, 흰색, 색깔 선택, 메뉴판, 2포인트, 4포인트, 6포인트와 같은 스프라이트들이 필요합니다. 그리고 각 스프라이트는 이 프로그램의 기능 구현을 위한 적당한 행동을 수행해야 합니다. [표 14-1]은 나의 6색 그림판의 스프라이트에 대한 행동을 정리한 것입니다.

표 14-1 나의 6색 그림판 프로그램의 스프라이트와 무대의 행동

스프라이트/무대	행동
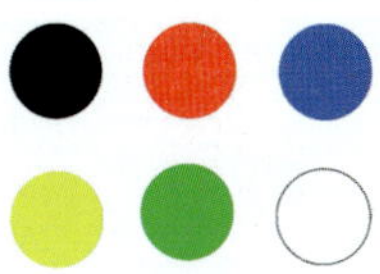 포인터	• 프로그램을 시작하면 처음에는 모습을 보이지 않습니다. • 사용자가 캔버스 영역에서 마우스를 클릭할 때마다 그림을 그리는 상태와 그리지 않는 상태로 번갈아 변경됩니다. • 그림을 그리는 상태에서 캔버스 안에 있을 때는 현재 선택된 펜의 색깔로 채워진 작은 원 모양의 모습으로 보입니다. • 그림을 그리는 상태에서 캔버스 안에 있을 때는 항상 마우스 포인터에 붙어 다니면서 그림을 그립니다. • 그림을 그리지 않는 상태이거나 메뉴 영역에 있을 때는 모습을 보이지 않고, 이동해도 그림이 그려지지 않습니다.
 검정	• 프로그램을 시작하면 메뉴판 내부 가장 왼쪽에 고정됩니다. • 마우스로 클릭하면 펜의 색깔을 검정색으로 변경합니다.
 빨강	• 프로그램을 시작하면 검정 오른쪽 옆에 고정됩니다. • 마우스로 클릭하면 펜의 색깔을 빨간색으로 변경합니다.
 파랑	• 프로그램을 시작하면 빨강 오른쪽 옆에 고정됩니다. • 마우스로 클릭하면 펜의 색깔을 파란색으로 변경합니다.
 노랑	• 프로그램을 시작하면 파랑 오른쪽 옆에 고정됩니다. • 마우스로 클릭하면 펜의 색깔을 노란색으로 변경합니다.
 초록	• 프로그램을 시작하면 노랑 오른쪽 옆에 고정됩니다. • 마우스로 클릭하면 펜의 색깔을 초록색으로 변경합니다.
 흰색	• 프로그램을 시작하면 초록 오른쪽 옆에 고정됩니다. • 마우스로 클릭하면 펜의 색깔을 흰색으로 변경합니다.
 색깔 선택	• 프로그램을 시작하면 검정과 같은 위치에 나타납니다. • 사용자가 색깔을 선택할 때마다 그 색깔의 위치로 이동하여, 그 색깔이 선택되었음을 보여줍니다.

메뉴판	• 프로그램을 시작하면 프로그램 실행 창 하단에 고정됩니다. • 메뉴판이 차지하는 공간이 메뉴 영역입니다.
2포인트 2포인트	• 프로그램을 시작하면 흰색 오른쪽 옆에 고정됩니다. • 마우스로 클릭하면 펜의 굵기를 2포인트로 변경합니다.
4포인트 4포인트	• 프로그램을 시작하면 2포인트 오른쪽 옆에 고정됩니다. • 마우스로 클릭하면 펜의 굵기를 4포인트로 변경합니다.
6포인트 6포인트	• 프로그램을 시작하면 4포인트 오른쪽 옆에 고정됩니다. • 마우스로 클릭하면 펜의 굵기를 6포인트로 변경합니다.
모두 지우기 모두 지우기	• 프로그램을 시작하면 6포인트 오른쪽 옆에 고정됩니다. • 마우스로 클릭하면 캔버스의 모든 그림을 지웁니다.

Section 02

프로그래밍 사전 학습 : 스프라이트의 펜 기능 활용

1 스프라이트의 펜 기능

나의 6색 그림판을 구현하기 위해서는 스프라이트의 펜 기능을 활용할 수 있어야 합니다. 스크래치는 모든 스프라이트에 대해서 자신이 이동하는 경로를 따라 선을 그릴 수 있는 기능을 제공합니다. 이런 스프라이트의 펜 기능을 이용해 윈도우의 그림판처럼 그림을 그리는 프로그램을 손쉽게 구현할 수 있습니다.

펜 기능과 관련된 블록은 확장 기능 중 [펜] 기능에서 제공합니다. 실생활에서 연필로 종이에 선을 그릴 때는 연필이 종이에 닿을 때만 선이 그려지고 종이에서 떨어지면 선이 그려지지 않습니다. 이런 원리를 구현하기 위해 스크래치는 [펜 내리기]와 [펜 올리기] 블록을 제공합니다.

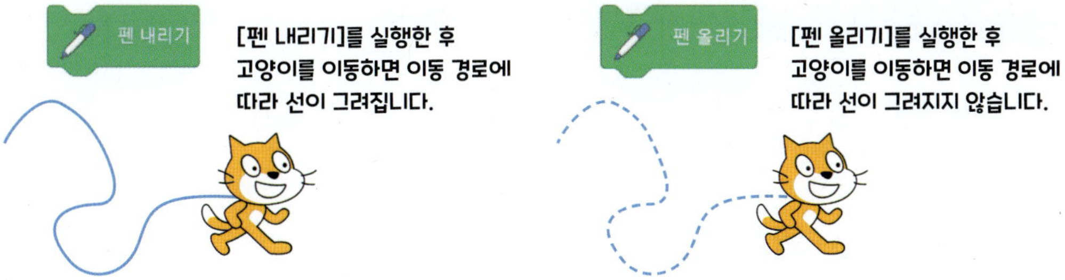

그림 14-2 [펜 내리기]와 [펜 올리기] 블록과 스프라이트의 펜 기능

지금까지 프로그래밍 실습에서 고양이가 이동할 때 선을 그리지 않은 이유는 고양이의 펜이 올려져 있는 상태였기 때문입니다. 모든 스프라이트는 기본적으로 펜이 올려져 있어서 선을 그리기 위해서는 [펜 내리기]를 실행하여야 합니다. 여기서 주의할 것은 펜을 한 번 내리면 프로그램을 다시 실행해도 이 상태가 계속 유지된다는 것입니다. 따라서 프로그램을 다시 실행할 때마다 고양이가 처음에는 선을 그리지 않는 상태에 있기 원한다면 프로그램 실행 직후 [펜 올리기]를 실행하고, 고양이가 선을 그려야 할 시점에 [펜 내리기]를 실행해 주면 됩니다.

2 스프라이트의 펜 기능 활용

이제 스프라이트의 펜 기능을 활용한 프로그래밍을 연습합니다. 먼저 스크래치를 실행하여 확장 기능에서 [펜] 기능을 불러옵니다. 그러면 블록 메뉴 하단에 [펜]이라는 이름으로 새로운 메뉴가 추가됩니다. 기본적으로 제공하는 고양이 스프라이트를 삭제하고, 새롭게 스프라이트 Pencil을 추가하여 이름을 '연필'로 변경합니다. 그리고 연필의 스크립트를 [그림 14-3]과 같이 작성하여 실행해 봅니다.

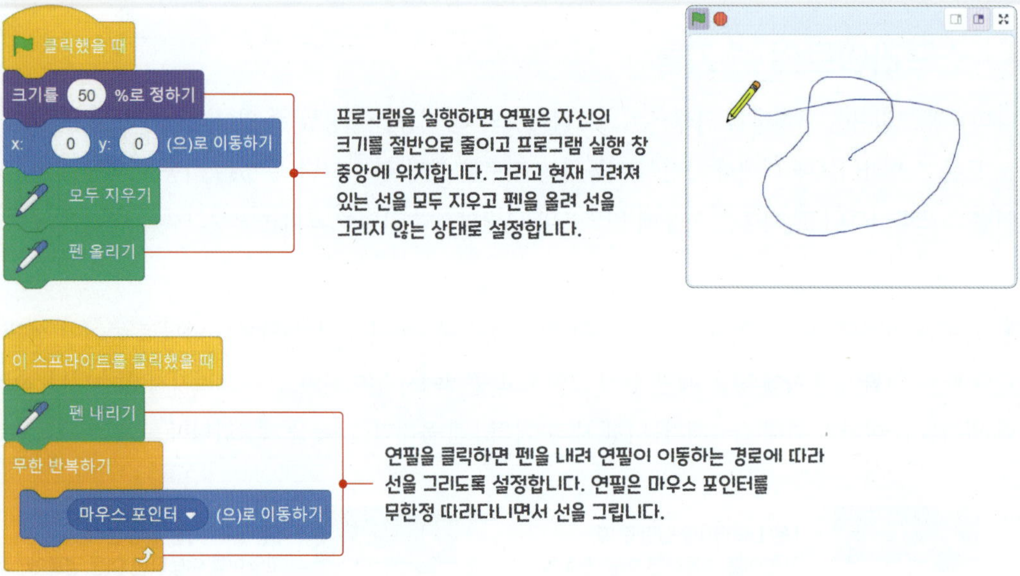

그림 14-3 **연필의 행동**

3 선이 그려지는 위치 변경

[그림 14-3]의 프로그램을 실행하면 연필을 마우스로 클릭하여 선을 그릴 수 있습니다. 하지만 이 프로그램의 문제는 그려지는 선이 연필심에서 그려지지 않고 연필의 중앙에서 그려진다는 것입니다. 이 문제를 해결하려면 연필 모양의 중심을 연필심으로 변경해야 합니다. [그림 14-4]와 같이 연필 모양의 중심을 [모양] 탭에서 변경한 후 프로그램을 다시 실행하면 연필심에서 선이 그려집니다. 여기서 우리는 스프라이트 모양의 중심이 가진 또 하나의 기능을 알게 되었습니다. 스프라이트 모양의 중심은 스프라이트의 펜 위치이기도 합니다.

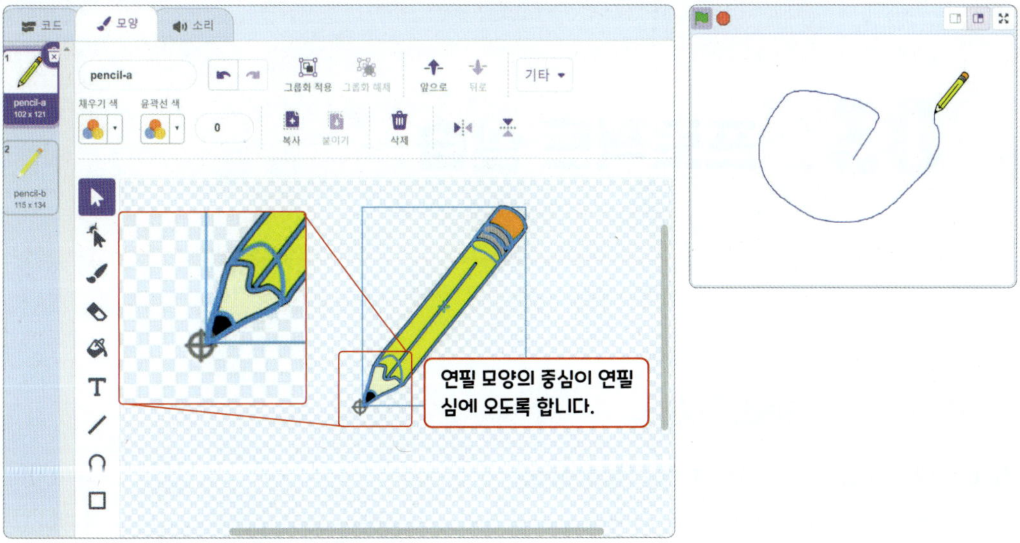

그림 14-4 **연필 모양의 중심이 연필심에 오도록 변경**

Section 03

프로젝트 실습

1 스프라이트 준비하기

이제 앞에서 배운 스프라이트의 펜 기능을 활용하여 본격적으로 나의 6색 그림판을 프로그래밍하도록 하겠습니다. 먼저 스크래치를 실행하여 기본적으로 제공하는 고양이 스프라이트를 삭제하고, [스프라이트 고르기]에서 Ball 8개와 Button1 5개를 추가합니다. 그리고 Ball 8개의 이름을 '포인터', '검정', '빨강', '파랑', '노랑', '초록', '흰색', '색깔 선택'으로 변경하고, Button1 5개의 이름을 '메뉴판', '2포인트', '4포인트', '6포인트', '모두 지우기'로 변경합니다. 마지막으로 각 스프라이트의 모양을 [모양] 탭의 모양 편집 기능을 활용해서 [표 14-2]와 같이 변경합니다.

표 14-2 나의 6색 그림판에 사용될 스프라이트

스프라이트						
포인터 (Ball)		검정 (Ball)	빨강 (Ball)	파랑 (Ball)	노랑 (Ball)	초록 (Ball)
흰색 (Ball)	색깔 선택 (Ball)	메뉴판 (Button1)	2포인트 (Button1)	4포인트 (Button1)	6포인트 (Button1)	모두 지우기 (Button1)

[표 14-2]와 같이 스프라이트의 모양을 변경할 때 주로 사용하는 편집 기능은 '색 채우기', '사각형과 원 도형 그리기', 그리고 '텍스트 입력하기'입니다. 간단한 예제를 통해 이 기능들의 활용 방법을 연습합니다. 먼저, '색 채우기' 기능을 연습하겠습니다. 스크래치를 실행하여 기본적으로 제공하는 고양이를 삭제하고 [스프라이트 고르기]에서 Ball을 추가합니다. 그리고 [모양] 탭을 선택하여 [그림 14-5]와 같이 모양 [ball-a]를 빨간색으로 채웁니다.

그림 14-5 **모양 편집의 색 채우기 기능**

다음은 도형 그리기 기능을 연습합니다. 우선 모양 [ball-b]를 선택한 후 [그림 14-6]과 같이 원래의 모양을 삭제합니다. 모양이 삭제된 후에는 모양의 중심 표시만 흐릿하게 보입니다.

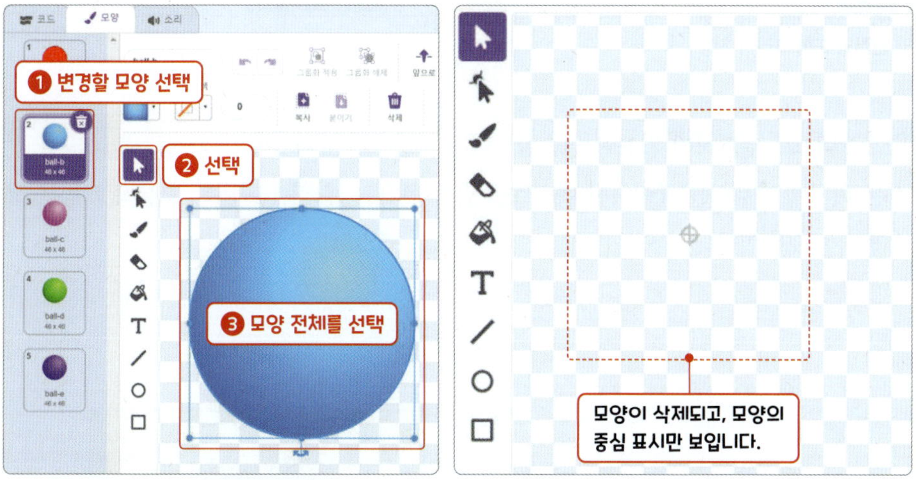

그림 14-6 **모양 편집의 모양 지우기 기능**

[그림 14-7]은 모양 [ball-b]의 새로운 모양으로 직사각형을 그린 것입니다. 먼저 [직사각형] 툴(□)을 선택한 후 [채우기 색]과 [윤곽선 색] 메뉴를 통해 직사각형을 채울 색과 윤곽선의 색과 굵기를 설정합니다. 이때 직사각형의 채우기 색과 윤곽선을 없애는 것도 가능합니다. 채우기 색과 윤곽선의 색과 굵기를 설정했으면 원하는 모양의 직사각형을 그려줍니다. 참고로 [그림 14-7]은 하단의 화면 크기 조정 기능을 통해 직사각형을 그릴 영역이 넓게 보이도록 한 것입니다. [그림

14-7]에서 밝게 보이는 영역은 프로그램 실행 창의 크기와 같습니다. 따라서 [그림 14-7]에서 직사각형의 가로 길이는 프로그램 실행 창의 가로 길이와 같습니다. 마지막으로 직사각형의 위치를 이동하여 직사각형의 중앙이 모양의 중심이 되도록 조정합니다.

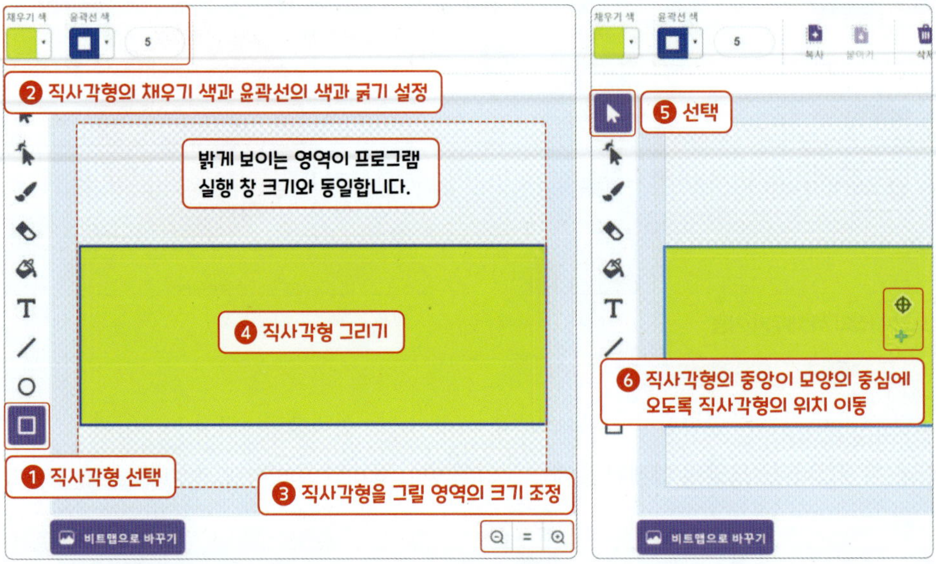

그림 14-7 **모양 편집의 도형 그리기 기능**

이제 마지막으로 텍스트 입력하기 기능을 연습합니다. [그림 14-8]과 같이 [텍스트] 툴(T)을 선택한 후 원하는 위치에 마우스를 클릭하여 텍스트를 입력합니다. [그림 14-8]의 오른쪽 그림은 모양 [ball-b]의 최종 모습입니다.

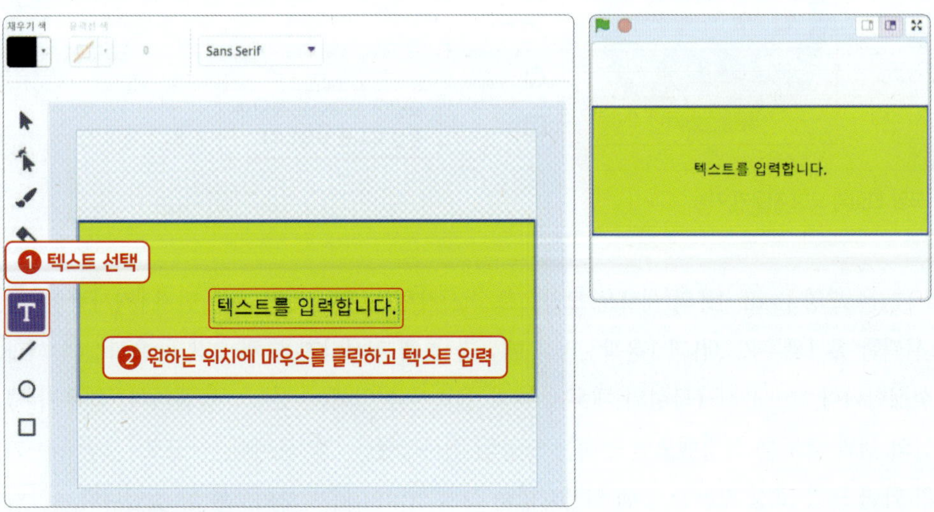

그림 14-8 **모양 편집의 텍스트 입력하기 기능**

이제 여러분은 앞에서 배운 모양 편집 기능을 통해 [표 14-2]에 나와 있는 스프라이트들의 모양을 만들 수 있습니다.

포인터는 선택된 펜의 색깔로 채워진 작은 원의 모양을 갖습니다. 따라서 포인터는 펜의 색깔별로 6개의 모양이 필요합니다. 포인터로 사용할 스프라이트 Ball은 기본적으로 5개의 모양을 제공합니다. 여기서 모양 [ball-a]를 검정 포인터, [ball-b]를 빨강 포인터, [ball-c]를 파랑 포인터, [ball-d]를 노랑 포인터, [ball-e]를 초록 포인터로 사용합니다. 그리고 모양 [ball-a]를 복사하여 모양 [ball-a2]를 추가하고, 모양 [ball-a2]를 흰색 포인터로 사용합니다. 즉, 여러분은 [그림 14-9]의 그림대로 포인터의 모양을 6개 만들어야 합니다. [그림 14-9]에서 [ball-a]부터 [ball-e]는 원래 모양에서 색만 채운 것입니다. [ball-a2]는 [ball-a]를 복사한 후 [채우기 색]은 '없음', [윤곽선 색]을 '검정', [윤곽선 굵기]를 '10'으로 변경한 것입니다.

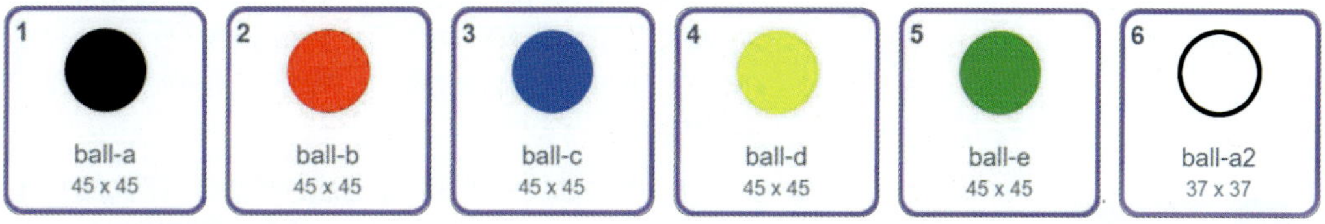

그림 14-9 **포인터 6개의 모양**

검정, 빨강, 파랑, 노랑, 초록, 흰색은 Ball의 모양 중 [ball-a]를 해당하는 색으로 채운 것입니다. 색깔 선택은 Ball의 모양 중 [ball-a]를 [색 채우기]는 '없음', [윤곽선 색]을 메뉴판과 구별되는 적당한 색으로, [윤곽선 굵기]를 '6'으로 변경한 것입니다. 메뉴판은 Button1의 모양인 [button1]을 지우고 프로그램 실행 창의 가로 길이와 같은 직사각형 도형을 그린 후 갈색으로 채운 것입니다. 2포인트, 4포인트, 6포인트, 모두 지우기는 Button1의 모양인 [button1]을 지우고, 적당한 크기의 직사각형을 그린 후 색을 설정하여 채우고 직사각형 안에 텍스트를 입력한 것입니다.

2 변수 준비하기

나의 6색 그림판 프로그램은 사용자가 캔버스에서 마우스를 클릭하여 선을 그리는 상태와 그리지 않는 상태를 자유롭게 변경할 수 있습니다. 다만 이런 선 그리기 상태 변경은 포인터가 캔버스에 있을 때만 가능합니다. 즉, 포인터가 메뉴판에 있을 때는 마우스를 클릭해도 선 그리기 상태가 변경되지 않습니다. 이런 기능을 처리하기 위해 포인터의 지역 변수로 [그리기 상태]와 [포인터 영역]을 생성합니다. 변수 [그리기 상태]는 포인터가 선을 그리는 상태인지 아닌지를 관리합니다. 그리고 변수 [포인터 영역]은 현재 포인터가 있는 영역이 캔버스인지 메뉴판인지 관리합니다.

또한 포인터는 선을 그릴 때 어떤 색으로 어느 정도 굵기로 그려야 하는지 알아야 합니다. 이를 위해 포인터에서 전역 변수 [선택된 색깔]과 [선 굵기]를 생성합니다. 변수 [선택된 색깔]의 값은 현재 펜의 색깔을 의미하며, 사용자가 메뉴판에 있는 색깔(검정, 빨강, 파랑, 노랑, 초록, 흰색)을 클릭할 때마다 선택된 색깔로 변경됩니다. 그리고 변수 [선 굵기]의 값은 현재 펜의 굵기를 의미하며, 사용자가 메뉴판에 있는 선 굵기(2포인트, 4포인트, 6포인트)를 클릭할 때마다 선택된 굵기로 변경됩니다. 변수 [선택된 색깔]과 [선 굵기]를 전역 변수로 생성하는 이유는 변수 [선택된 색깔]이 각 색깔과 색깔 선택 스프라이트에서도 사용되고, 변수 [선 굵기]는 각 선 굵기 스프라이트에서도 사용되기 때문입니다.

표 14-3 나의 6색 그림판에 사용될 스프라이트의 변수

스프라이트/무대	변수	설명
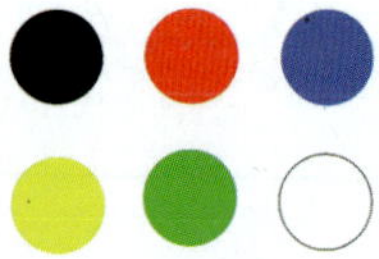 포인터	그리기 상태	포인터의 지역 변수로 [그리기 상태]를 생성합니다. 프로그램을 실행할 때 '아니오'로 초기화되며, 사용자가 캔버스 영역에서 마우스를 클릭할 때마다 '예'와 '아니오'로 번갈아 변경됩니다. 프로그램 실행 창에 보이지 않도록 설정합니다.
	포인터 영역	포인터의 지역 변수로 [포인터 영역]을 생성합니다. 프로그램을 실행할 때 '캔버스'로 초기화되며, 마우스 포인터가 위치하는 곳에 따라 '캔버스'와 '메뉴판'으로 변경됩니다. 프로그램 실행 창에 보이지 않도록 설정합니다.
	선택된 색깔	포인터의 전역 변수로 [선택된 색깔]을 생성합니다. 프로그램을 실행할 때 '검정'으로 초기화되며, 펜의 색깔을 선택할 때마다 선택된 색깔로 값이 변경됩니다. 프로그램 실행 창에 보이지 않도록 설정합니다.
	선 굵기	포인터의 전역 변수로 [선 굵기]를 생성합니다. 프로그램을 실행할 때 2로 초기화되며, 펜의 굵기를 선택할 때마다 선택된 굵기로 변경됩니다. 프로그램 실행 창에 보이지 않도록 설정합니다.

참고로 지금 이 책에서 만들고 있는 나의 6색 그림판에서의 포인터 영역은 포인터의 y좌표가 −132보다 위쪽에 있으면 캔버스로, −132보다 아래에 있으면 메뉴판으로 구분됩니다.

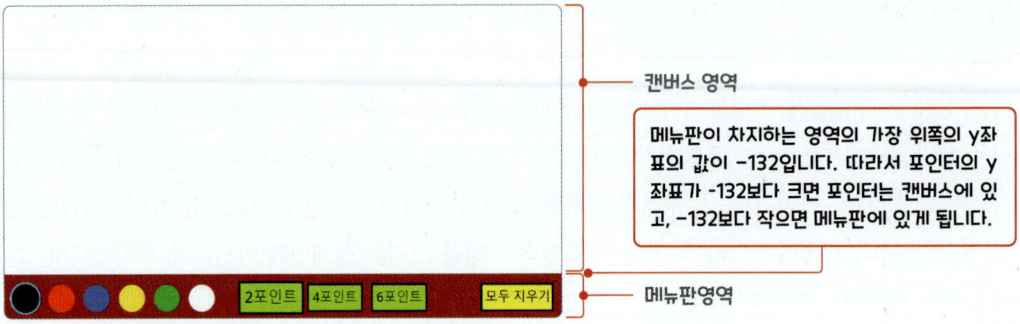

그림 14-10 포인터의 영역 구분

여기서 −132의 값은 메뉴판이 프로그램 실행 창에서 차지하는 영역 중 가장 위쪽의 y좌표 값입니다. 즉, 프로그램 실행 창에서 y좌표가 −132 이하인 영역은 메뉴판이 존재하는 영역입니다.

여기서 주의해야 할 것은 포인터 영역을 구분하는 y좌표의 값은 여러분이 메뉴판을 어떻게 만들었느냐에 따라 달라진다는 것입니다. 예를 들어, 이 책에서 만드는 나의 6색 그림판보다 메뉴판의 높이를 크게 만들었다면 포인터의 영역을 구분하는 y좌표의 값은 -132보다 더 큰 값이 될 것입니다. 따라서 포인터 영역을 구분하는 적당한 y좌표의 값은 여러분이 메뉴판의 모양을 만든 후 스스로 찾아야 합니다.

3 무대의 스크립트

무대는 프로그램을 실행하면 캔버스에 그려진 모든 그림을 지웁니다.

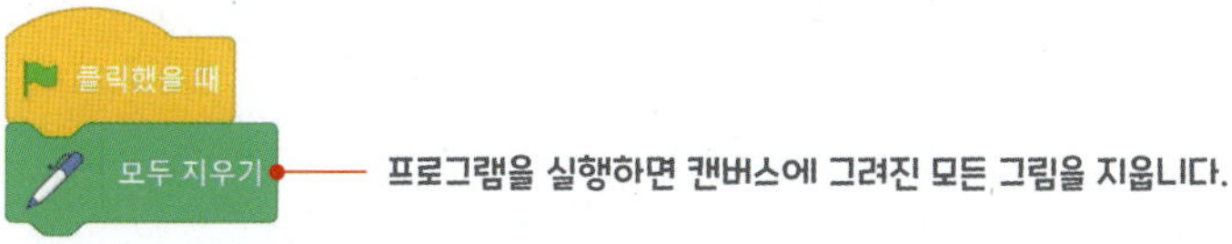

그림 14-11 **무대의 행동**

4 포인터의 스크립트

포인터는 프로그램을 실행하면 프로시저 [초기 상태 설정하기]를 호출하여 자신의 초기 상태를 설정합니다. 그리고 메시지 [포인터 영역 검사해]를 방송하여 포인터가 캔버스에 있는지 아니면 메뉴판에 있는지 감지하는 행동을 수행시킵니다. 그 후 마우스 포인터에 붙어 다니는 행동과 사용자가 마우스를 클릭할 때마다 선을 그릴지 아니면 그리지 않을지 설정하는 행동을 반복합니다.

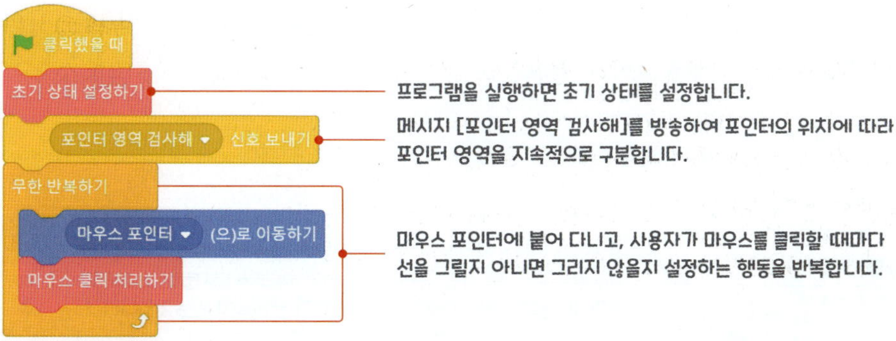

그림 14-12 **프로그램을 실행하면 수행되는 포인터의 행동**

프로시저 [초기 상태 설정하기]는 포인터의 변수 [그리기 상태], [포인터 영역], [선택된 색깔], [선 굵기]를 각각 '아니오', '캔버스', '검정', 그리고 '2'로 초기화합니다. 그리고 선을 그리지 않는 상태이므로 자신의 모습을 숨깁니다. 참고로 포인터는 선을 그리는 상태로 캔버스에 있을 때만 현재 펜의 색깔로 채워진 작은 원의 모양으로 모습을 보입니다. 즉 포인터는 선을 그리지 않는 상태와 선을 그리는 상태라도 메뉴판에 있으면 모습을 보이지 않습니다. 그 후 초기화된 상태를 고려하여 포인터의 펜 속성을 설정합니다. 즉, 포인터의 펜을 올려 선을 그리지 않는 상태로 설정하고, 펜의 색깔을 '검정'으로, 펜의 굵기를 '2'로 설정합니다. 마지막으로 캔버스에 그려진 모든 그림을 지웁니다.

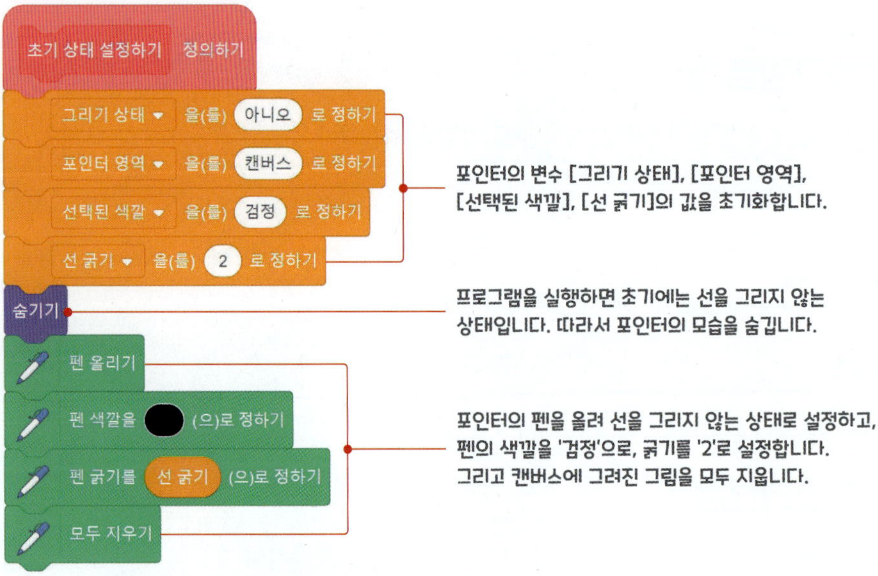

그림 14-13 **프로시저 [초기 상태 설정하기]의 스크립트**

포인터는 메시지 [포인터 영역 검사해]를 받으면 포인터의 위치를 감지하여 포인터가 메뉴판에서 캔버스로 이동할 때와 캔버스에서 메뉴판으로 이동할 때 포인터의 영역 변경과 포인터의 모양이 제대로 변경될 수 있도록 합니다. 이 작업은 논리적으로 이해하기 조금 어렵습니다. [그림 14-13]의 스크립트와 설명을 잘 읽고 이해해 보기 바랍니다.

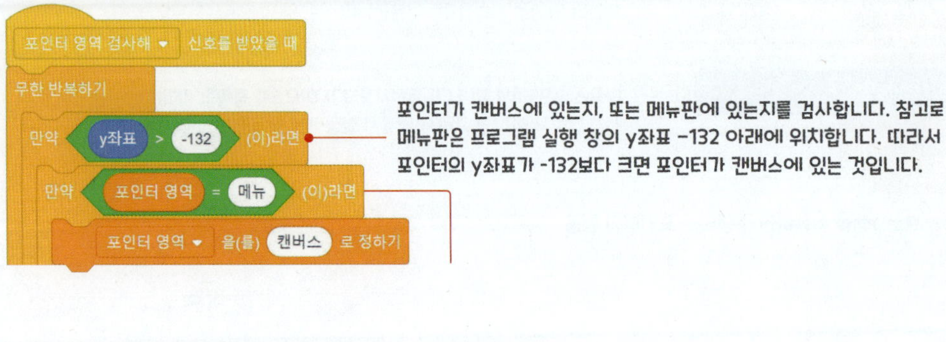

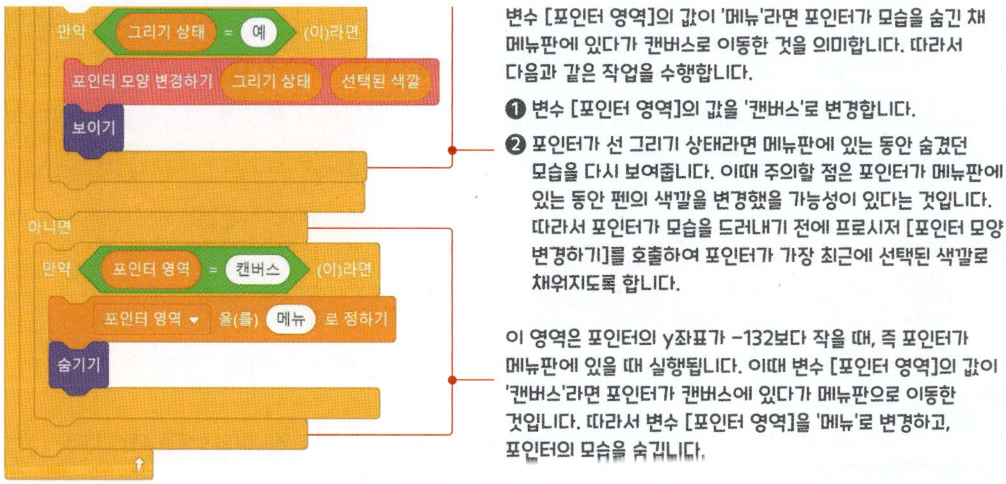

그림 14-14 메시지 [포인터 영역 검사해]를 받았을 때 포인터의 행동

[그림 14-15]는 프로시저 [마우스 클릭 처리하기]의 스크립트입니다. 프로시저 [마우스 클릭 처리하기]는 포인터가 캔버스에 있을 때 사용자가 마우스를 클릭하면 포인터의 선 그리기 상태를 반대로 변경합니다. 즉, 포인터가 선을 그리는 상태에서 마우스를 클릭하면 선을 그리지 않는 상태로 변경하고, 포인터가 선을 그리지 않는 상태에서 마우스를 클릭하면 선을 그리는 상태로 변경합니다. 그리고 프로시저 [포인터 모양 변경하기]를 호출하여 새롭게 변경된 선 그리기 상태에 따라 포인터의 모양을 변경합니다.

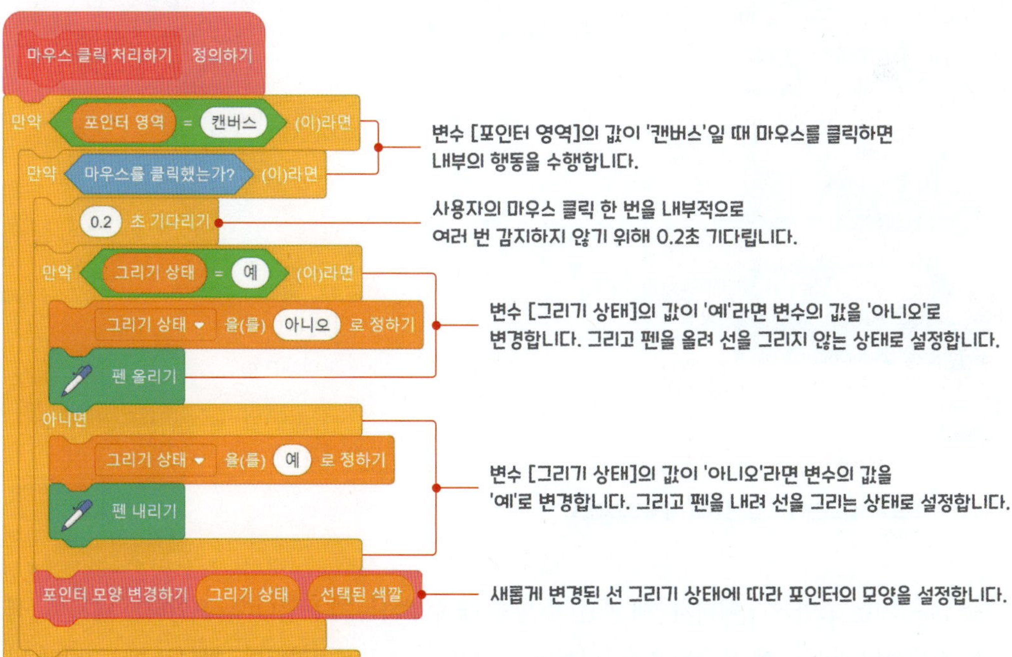

그림 14-15 프로시저 [마우스 클릭 처리하기]의 스크립트

[그림 14-16]은 프로시저 [포인터 모양 변경하기]의 스크립트입니다. 프로시저 [포인터 모양 변경하기]는 매개변수 [그리기 상태]의 값이 '아니오'라면 포인터의 모습을 숨기고, 매개변수 [그리기 상태]의 값이 '예'라면 매개변수 [선택된 색깔]의 값으로 포인터의 모양을 설정하고, 포인터의 모습을 보이게 합니다.

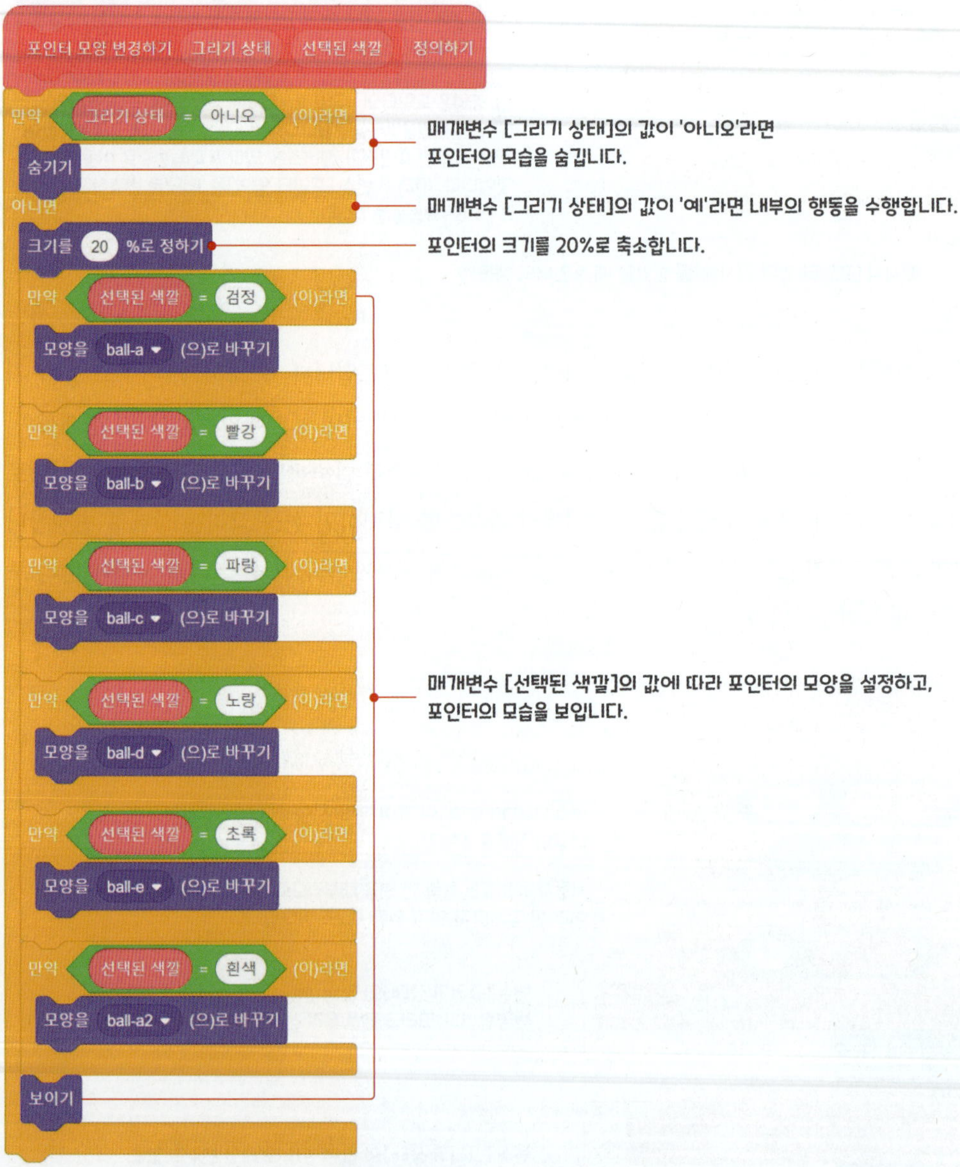

그림 14-16 **프로시저 [포인터 모양 변경하기]의 스크립트**

[그림 14-17]은 포인터가 메시지 [색 바뀜]을 받을 때 수행하는 행동입니다. 포인터는 메시지 [색 바뀜]을 받으면 자신의 펜 색깔을 변수 [선택된 색깔]의 값으로 설정합니다. 참고로 메시지 [색 바

뀜]은 사용자가 마우스로 검정, 빨강, 파랑, 노랑, 초록, 흰색 스프라이트를 클릭했을 때 방송됩니다. 각 색깔 스프라이트는 마우스로 클릭할 때 변수 [선택된 색깔]의 값으로 자신의 색깔을 변경하고 메시지 [색 바뀜]을 방송합니다.

그림 14-17 **메시지 [색 바뀜]을 받았을 때 포인터의 행동**

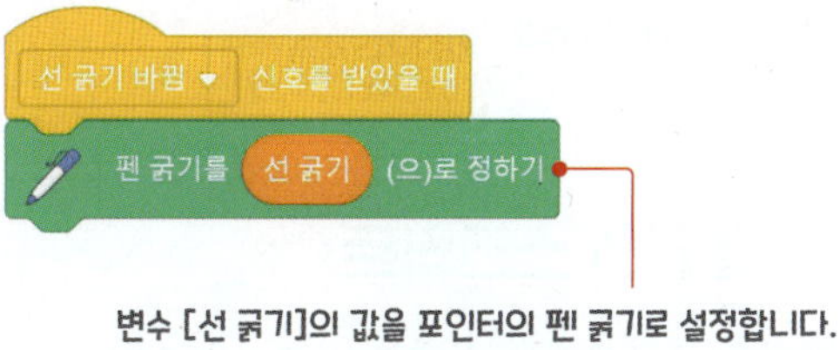

그림 14-18 **메시지 [선 굵기 바뀜]을 받았을 때 포인터의 행동**

[그림 14-18]은 포인터가 메시지 [선 굵기 바뀜]을 받을 때 수행하는 행동입니다. 포인터는 메시지 [선 굵기 바뀜]을 받으면 자신의 펜 굵기를 변수 [선 굵기]의 값으로 설정합니다. 참고로 메시지 [선 굵기 바뀜]은 사용자가 마우스로 2포인트, 4포인트, 6포인트와 같은 펜의 굵기를 나타내는 스프라이트를 클릭했을 때 방송됩니다. 2포인트, 4포인트, 6포인트 스프라이트는 마우스로 클릭할 때 변수 [선 굵기]의 값을 자신의 선 굵기로 변경하고, 메시지 [선 굵기 바뀜]을 방송합니다.

5 검정의 스크립트

검정은 프로그램을 실행하면 크기를 50%로 줄이고, 위치를 메뉴판의 왼쪽에 위치하도록 설정합니다. 그리고 사용자가 마우스로 검정을 클릭하면 마우스 클릭이 끝날 때까지 자신의 크기를 40%로 줄여 자신이 선택되었음을 표현합니다. 마우스 클릭이 끝나면 검정은 다시 50% 크기로 되돌아오고, 변수 [선택된 색깔]의 값을 '검정'으로 설정한 후 메시지 [색 바뀜]을 방송합니다. 참고로 포인터는 검정이 방송하는 메시지 [색 바뀜]을 받으면 자신의 모양을 검정색으로 채워진 작은 원으로 변경합니다.

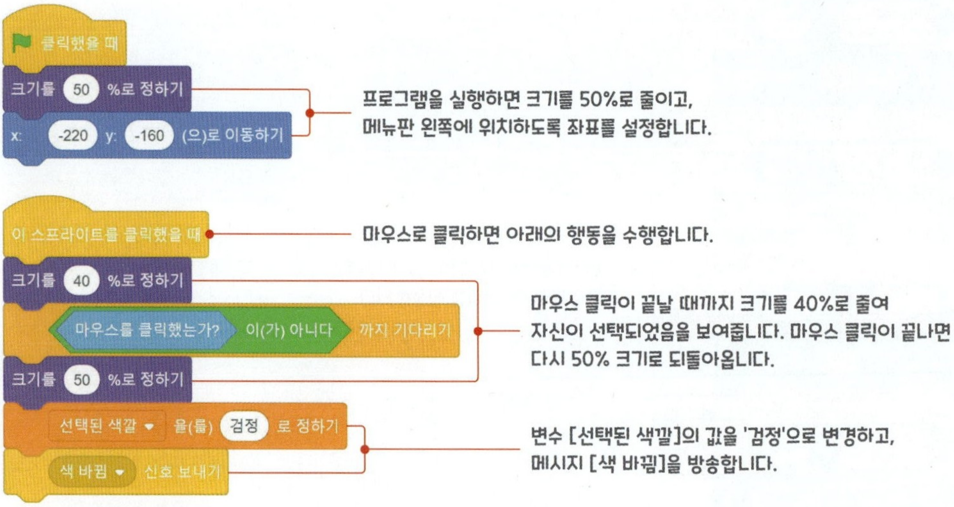

그림 14-19 **검정의 행동**

6 빨강의 스크립트

빨강은 프로그램을 실행하면 크기를 50%로 줄이고, 위치를 검정의 바로 오른쪽 옆에 위치하도록 설정합니다. 그리고 사용자가 마우스로 빨강을 클릭하면 마우스 클릭이 끝날 때까지 자신의 크기를 40%로 줄여 자신이 선택되었음을 표현합니다. 마우스 클릭이 끝나면 빨강은 다시 50% 크기로 되돌아오고, 변수 [선택된 색깔]의 값을 '빨강'으로 설정한 후 메시지 [색 바뀜]을 방송합니다. 참고로 포인터는 빨강이 방송하는 메시지 [색 바뀜]을 받으면 자신의 모양을 빨간색으로 채워진 작은 원으로 변경합니다.

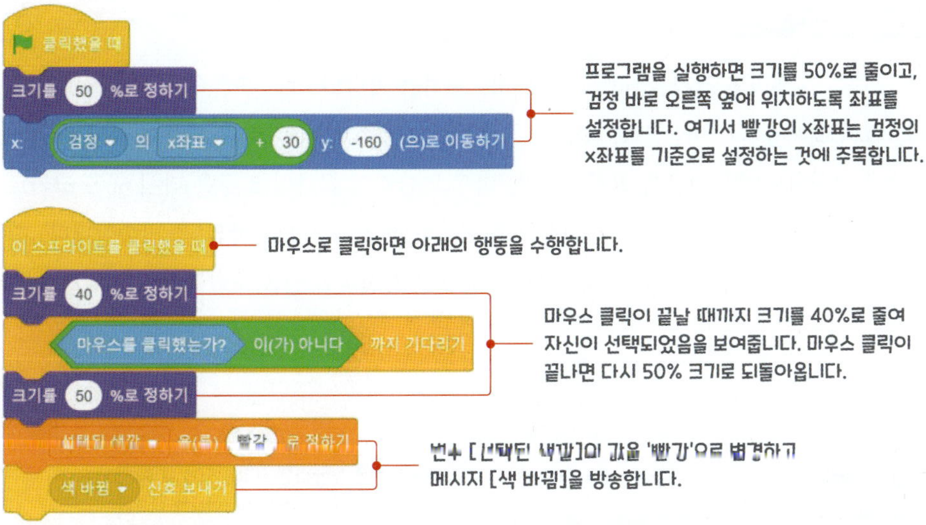

그림 14-20 **빨강의 행동**

7 파랑의 스크립트

파랑은 프로그램을 실행하면 크기를 50%로 줄이고, 위치를 빨강의 바로 오른쪽 옆에 위치하도록 설정합니다. 그리고 사용자가 마우스로 파랑을 클릭하면 마우스 클릭이 끝날 때까지 자신의 크기를 40%로 줄여 자신이 선택되었음을 표현합니다. 마우스 클릭이 끝나면 파랑은 다시 50% 크기로 되돌아오고, 변수 [선택된 색깔]의 값을 '파랑'으로 설정한 후 메시지 [색 바뀜]을 방송합니다. 참고로 포인터는 파랑이 방송하는 메시지 [색 바뀜]을 받으면 자신의 모양을 파란색으로 채워진 작은 원으로 변경합니다.

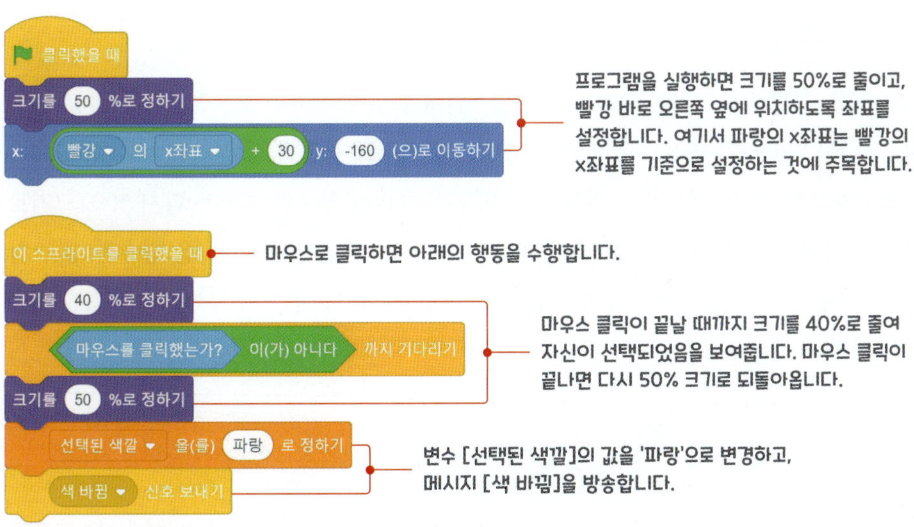

그림 14-21 **파랑의 행동**

8 노랑의 스크립트

노랑은 프로그램을 실행하면 크기를 50%로 줄이고, 위치를 파랑의 바로 오른쪽 옆에 위치하도록 설정합니다. 그리고 사용자가 마우스로 노랑을 클릭하면 마우스 클릭이 끝날 때까지 자신의 크기를 40%로 줄여 자신이 선택되었음을 표현합니다. 마우스 클릭이 끝나면 노랑은 다시 50% 크기로 되돌아오고, 변수 [선택된 색깔]의 값을 '노랑'으로 설정한 후 메시지 [색 바뀜]을 방송합니다. 참고로 포인터는 노랑이 방송하는 메시지 [색 바뀜]을 받으면 자신의 모양을 노란색으로 채워진 작은 원으로 변경합니다.

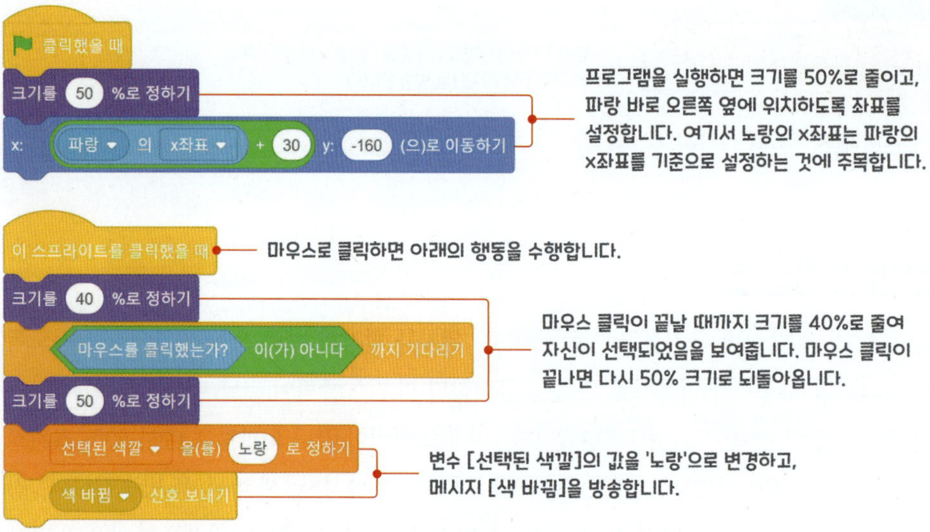

그림 14-22 **노랑의 행동**

9 초록의 스크립트

초록은 프로그램을 실행하면 크기를 50%로 줄이고, 위치를 노랑의 바로 오른쪽 옆에 위치하도록 설정합니다. 그리고 사용자가 마우스로 초록을 클릭하면 마우스 클릭이 끝날 때까지 자신의 크기를 40%로 줄여 자신이 선택되었음을 표현합니다. 마우스 클릭이 끝나면 초록은 다시 50% 크기로 되돌아오고, 변수 [선택된 색깔]의 값을 '초록'으로 설정한 후 메시지 [색 바뀜]을 방송합니다. 참고로 포인터는 초록이 방송하는 메시지 [색 바뀜]을 받으면 자신의 모양을 초록색으로 채워진 작은 원으로 변경합니다.

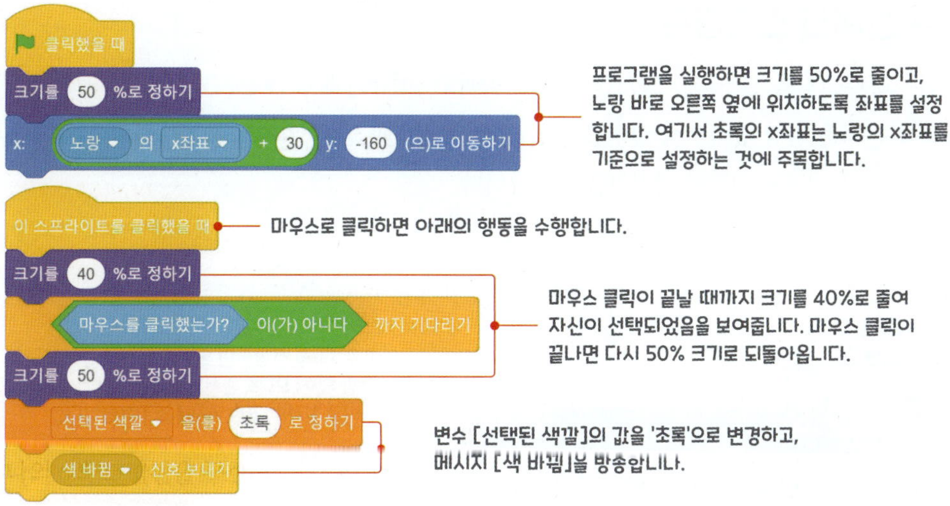

그림 14-23 **초록의 행동**

10 흰색의 스크립트

흰색은 프로그램을 실행하면 크기를 50%로 줄이고, 위치를 초록의 바로 오른쪽 옆에 위치하도록 설정합니다. 그리고 사용자가 마우스로 흰색을 클릭하면 마우스 클릭이 끝날 때까지 자신의 크기를 40%로 줄여 자신이 선택되었음을 표현합니다. 마우스 클릭이 끝나면 흰색은 다시 50% 크기로 되돌아오고, 변수 [선택된 색깔]의 값을 '흰색'으로 설정한 후 메시지 [색 바뀜]을 방송합니다. 참고로, 포인터는 흰색이 방송하는 메시지 [색 바뀜]을 받으면 자신의 모양을 흰색으로 채워진 작은 원으로 변경합니다.

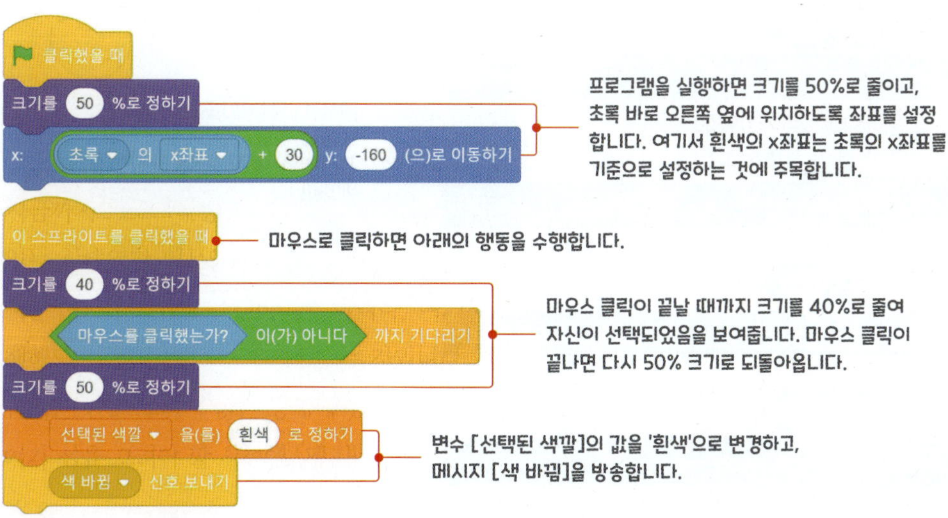

그림 14-24 **흰색의 행동**

11 색깔 선택의 스크립트

색깔 선택은 프로그램을 실행하면 크기를 60%로 줄이고, 메뉴판과 색깔 스프라이트에 의해 가려지지 않도록 순서를 가장 앞쪽으로 설정합니다. 그리고 검정과 같은 위치로 초기화하여 프로그램 실행 시 펜의 처음 선택된 색깔이 검정임을 보여줍니다.

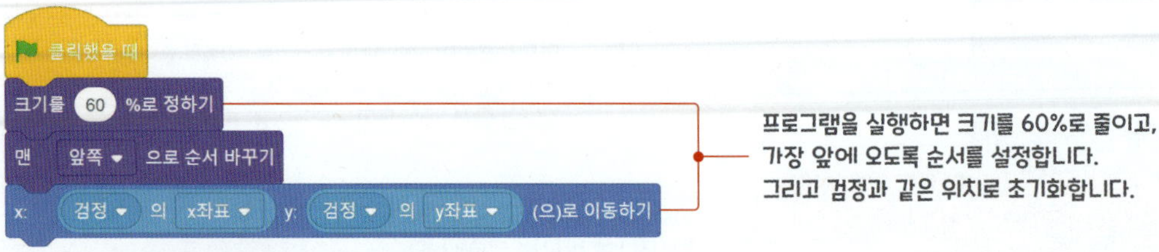

그림 14-25 **프로그램을 실행할 때 색깔 선택의 행동**

색깔 선택은 메시지 [색 바뀜]을 받으면 변수 [선택된 색깔]의 값에 따라 자신의 위치를 해당하는 색깔의 위치로 변경합니다.

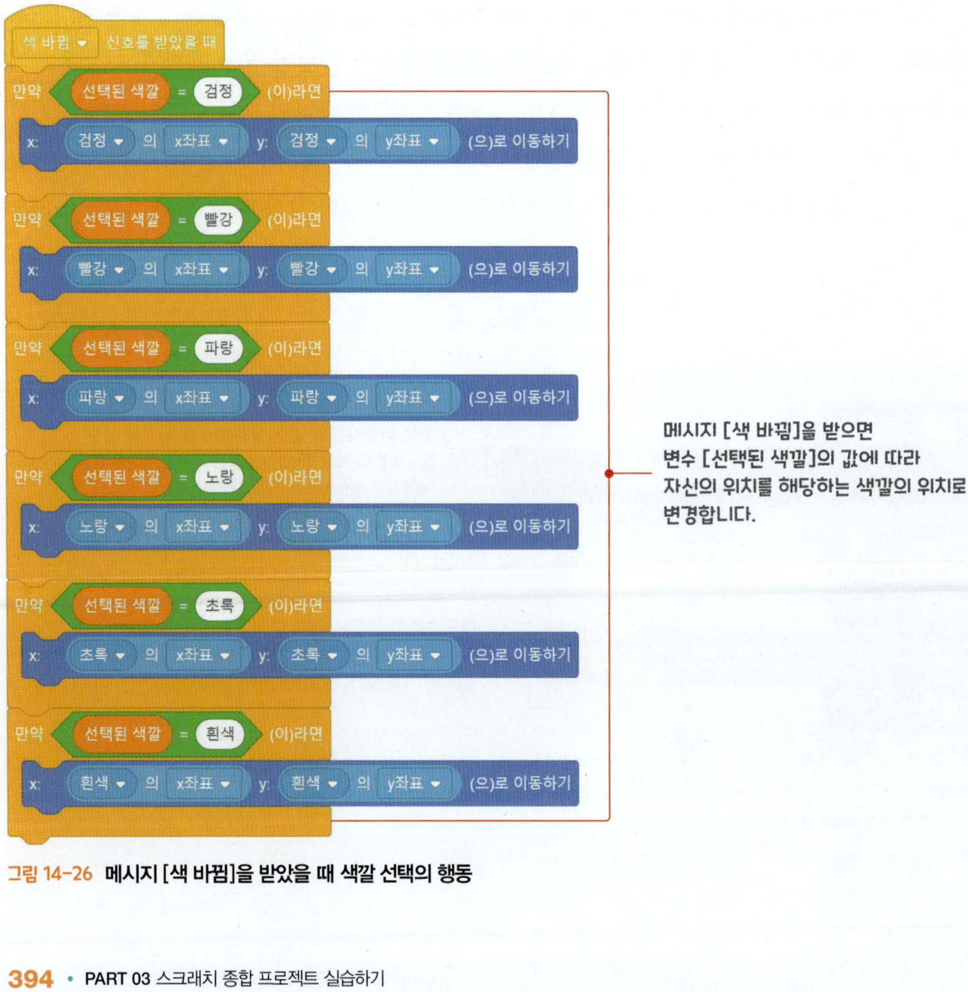

그림 14-26 **메시지 [색 바뀜]을 받았을 때 색깔 선택의 행동**

12 메뉴판의 스크립트

메뉴판은 프로그램을 실행하면 프로그램 실행 창 하단에 존재하도록 위치를 설정하고, 메뉴판 위에 놓일 다른 스프라이트를 가리지 않도록 순서를 가장 뒤쪽으로 설정합니다.

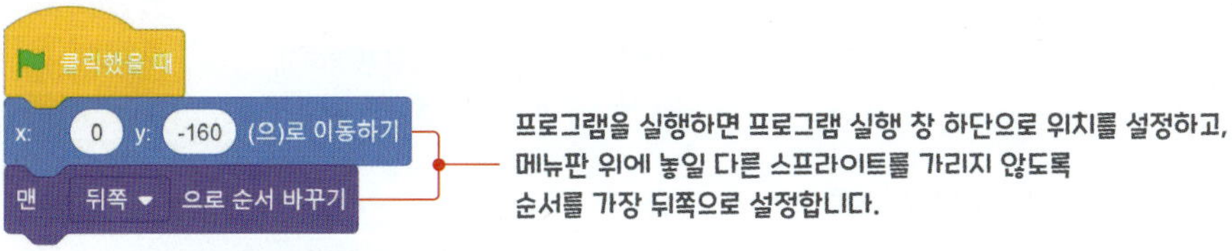

그림 14-27 **프로그램을 실행할 때 메뉴판의 행동**

13 2포인트의 스크립트

2포인트, 4포인트, 6포인트는 선택되지 않은 상태에서는 60%의 크기를 갖고 있으나 선택되면 70%의 크기로 커져 자신이 선택되어 있음을 보여줍니다. 즉, 2포인트는 프로그램을 실행하면 크기를 60%가 아닌 70%로 줄여 프로그램 실행 시 펜의 처음 굵기가 2포인트임을 보여줍니다. 그리고 위치를 흰색 바로 오른쪽 옆에 오도록 설정합니다.

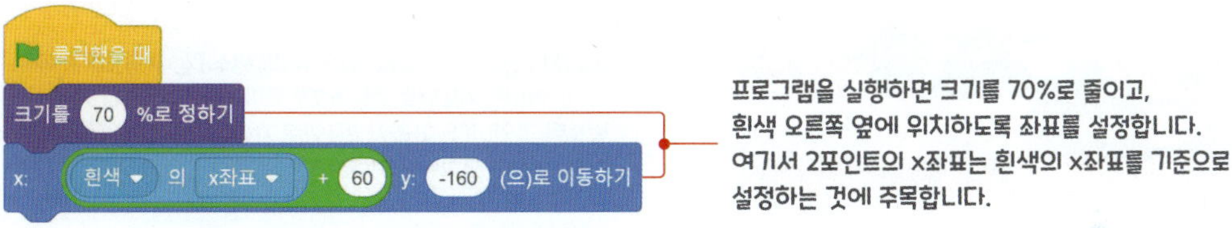

그림 14-28 **프로그램을 실행할 때 2포인트의 행동**

2포인트는 사용자가 마우스로 자신을 클릭하면 마우스 클릭이 끝날 때까지 자신의 크기를 50%로 줄여 자신이 선택되었음을 표현합니다. 마우스 클릭이 끝나면 2포인트는 자신이 선택되었다는 의미로 70%의 크기로 변경됩니다. 그리고 변수 [선 굵기]의 값을 '2'로 설정한 후 메시지 [선 굵기 바뀜]을 방송합니다.

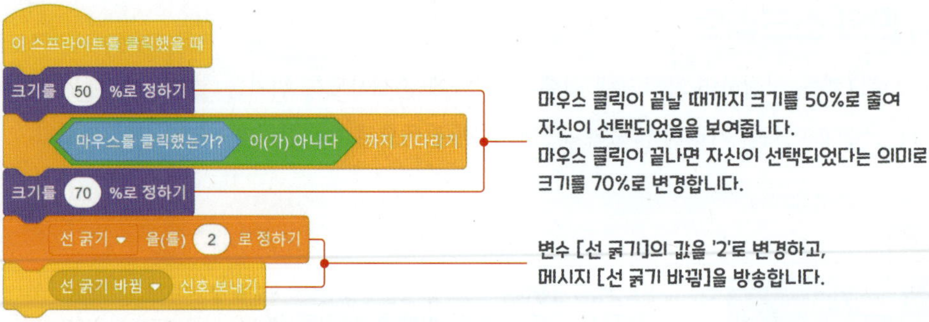

그림 14-29 **마우스로 자신을 클릭할 때 2포인트의 행동**

메시지 [선 굵기 바뀜]은 2포인트뿐만 아니라 4포인트와 6포인트도 자신이 선택되면 방송합니다. 따라서 2포인트는 메시지 [선 굵기 바뀜]을 받을 때마다 변수 [선 굵기]의 값을 통해 자신이 방송한 메시지인지 아니면 4포인트 또는 6포인트가 방송한 메시지인지 구분합니다. 메시지 [선 굵기 바뀜]을 받았을 때 변수 [선 굵기]의 값이 '2'가 아니라면 4포인트 또는 6포인트가 선택되어 이 메시지를 방송한 것입니다. 이런 경우 2포인트는 자신이 선택된 것이 아니기 때문에 자신의 크기를 60%로 변경합니다.

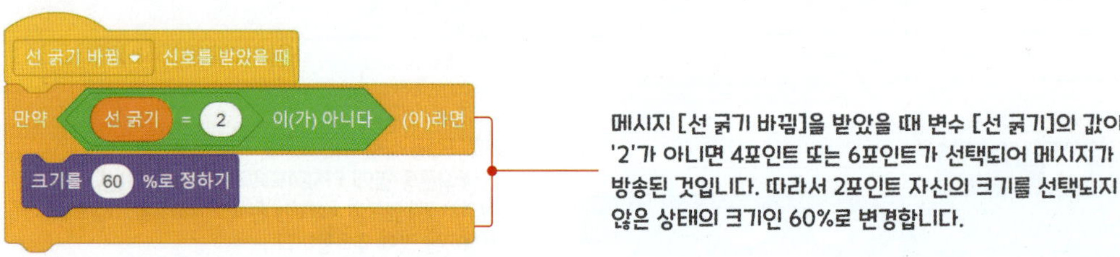

그림 14-30 **메시지 [선 굵기 바뀜]을 받았을 때 2포인트의 행동**

14 4포인트의 스크립트

4포인트는 프로그램을 실행하면 초기에는 자신이 선택되지 않았다는 의미로 크기를 60%로 줄이고, 위치를 2포인트 바로 오른쪽 옆에 오도록 설정합니다. 4포인트는 사용자가 마우스로 자신을 클릭하면 마우스 클릭이 끝날 때까지 자신의 크기를 50%로 줄여 자신이 선택되었음을 표현하고, 마우스 클릭이 끝나면 자신이 선택되었다는 의미로 70%의 크기로 변경됩니다. 그리고 변수 [선 굵기]의 값을 '4'로 설정한 후 메시지 [선 굵기 바뀜]을 방송합니다. 4포인트는 메시지 [선 굵기 바뀜]을 받을 때 변수 [선 굵기]의 값이 '4'가 아니라면 자신이 선택된 것이 아니므로 자신의 크기를 60%로 변경합니다.

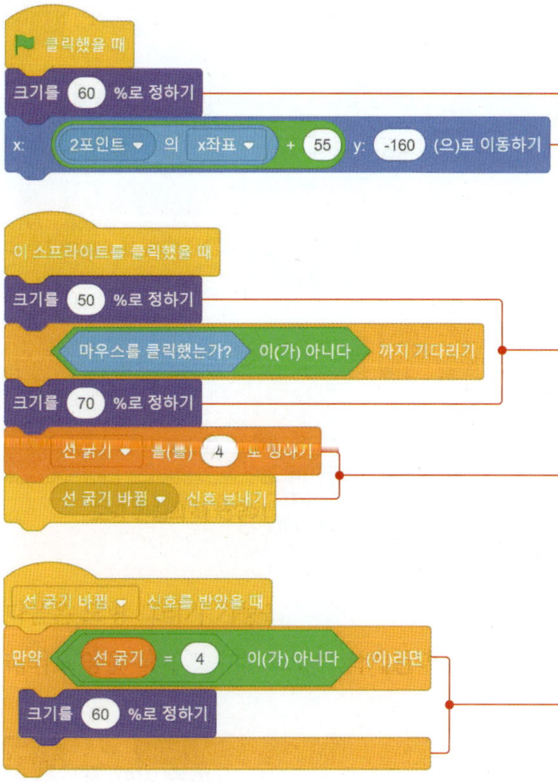

프로그램을 실행하면 크기를 60%로 줄이고, 2포인트 오른쪽 옆에 위치하도록 좌표를 설정합니다. 여기서 4포인트의 x좌표는 2포인트의 x좌표를 기준으로 설정하는 것에 주목합니다.

마우스 클릭이 끝날 때까지 크기를 50%로 줄여 자신이 선택되었음을 보여줍니다. 마우스 클릭이 끝나면 자신이 선택되었다는 의미로 70% 크기로 변경됩니다.

변수 [선 굵기]의 값을 '4'로 변경하고, 메시지 [선 굵기 바뀜]을 방송합니다.

메시지 [선 굵기 바뀜]을 받았을 때 변수 [선 굵기]의 값이 '4'가 아니면 자신이 선택되지 않았다는 의미로 크기를 60%로 변경합니다.

그림 14-31 4포인트의 행동

15 6포인트의 스크립트

6포인트는 프로그램을 실행하면 초기에는 자신이 선택되지 않았다는 의미로 크기를 60%로 줄이고, 위치를 4포인트 바로 오른쪽 옆에 오도록 설정합니다. 6포인트는 사용자가 마우스로 자신을 클릭하면 마우스 클릭이 끝날 때까지 자신의 크기를 50%로 줄여 자신이 선택되었음을 표현하고, 마우스 클릭이 끝나면 자신이 선택되었다는 의미로 70%의 크기로 변경됩니다. 그리고 변수 [선 굵기]의 값을 '6'으로 설정한 후 메시지 [선 굵기 바뀜]을 방송합니다. 6포인트는 메시지 [선 굵기 바뀜]을 받을 때 변수 [선 굵기]의 값이 '6'이 아니라면 자신이 선택된 것이 아니므로 자신의 크기를 60%로 변경합니다.

프로그램을 실행하면 크기를 60%로 줄이고, 4포인트 오른쪽 옆에 위치하도록 좌표를 설정합니다. 여기서 6포인트의 x좌표는 4포인트의 x좌표를 기준으로 설정하는 것에 주목합니다.

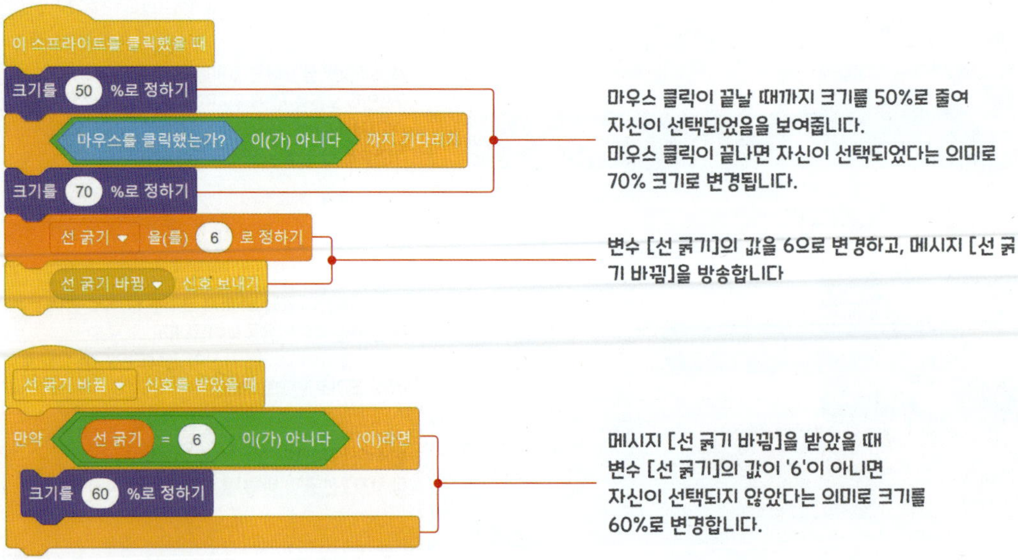

그림 14-32 **6포인트의 행동**

16 모두 지우기의 스크립트

모두 지우기는 프로그램을 실행하면 크기를 60%로 줄이고 위치를 6포인트 오른쪽 옆에 오도록 설정합니다. 모두 지우기는 사용자가 마우스로 자신을 클릭하면 마우스 클릭이 끝날 때까지 자신의 크기를 50%로 줄여 자신이 선택되었음을 표현하고, 마우스 클릭이 끝나면 다시 크기를 60%로 변경됩니다. 그리고 마지막으로 캔버스에 그려진 모든 그림을 지웁니다.

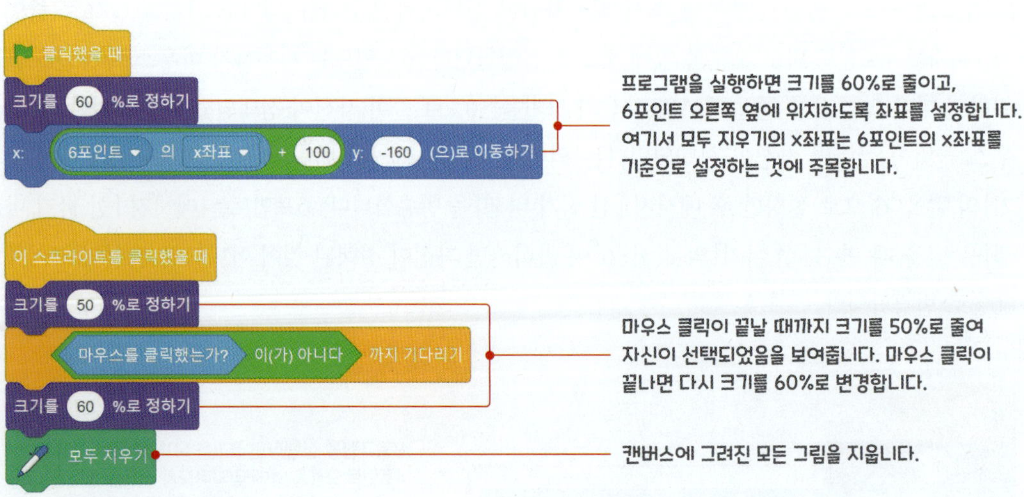

그림 14-33 **모두 지우기의 행동**

요약

01 나의 6색 그림판 프로그램은 펜의 색깔과 굵기를 변경하면서 포인터를 이동시켜 캔버스에 선을 그리는 프로그램입니다. 나의 6색 그림판 프로그램을 구현하기 위해서는 스프라이트의 펜 기능을 활용할 수 있어야 합니다.

02 모든 스프라이트는 자신의 펜을 갖고 있어서 자신의 이동 경로를 따라 선을 그릴 수 있습니다. 스프라이트의 펜 기능을 활용하기 위해서는 스크래치의 확장 기능 중 [펜] 기능을 불러옵니다. [펜] 기능에는 [펜 내리기], [펜 올리기], [모두 지우기] 등의 블록들이 있으며, 펜의 색깔과 굵기를 설정하는 블록들도 있습니다.

03 펜 기능에 있는 블록 [펜 내리기]를 실행하면 스프라이트는 이동하는 경로대로 선을 그리고, 블록 [펜 올리기]를 실행하면 선을 그리지 않습니다. 블록 [모두 지우기]를 실행하면 프로그램 실행 창에 그려진 모든 그림을 지웁니다.

04 선이 그려지는 펜은 스프라이트 모양의 중심에 위치합니다. 따라서 모양의 중심 위치를 변경하여 선이 그려지는 펜의 위치를 조정할 수 있습니다.

05 나의 6색 그림판 프로그램은 포인터(Ball), 검정(Ball), 빨강(Ball), 파랑(Ball), 노랑(Ball), 초록(Ball), 흰색(Ball), 색깔 선택(Button1), 2포인트(Button1), 4포인트(Button1), 6포인트(Button1), 모두 지우기(Button1) 등의 스프라이트를 사용합니다.

06 나의 6색 그림판 프로그램은 스프라이트의 원래 모양을 변경하여 사용합니다. 스프라이트의 모양 변경은 [모양] 탭의 모양 편집 기능을 활용합니다.

07 나의 6색 그림판 프로그램은 크게 그림을 그릴 수 있는 캔버스와 펜의 색과 굵기를 선택할 수 있는 메뉴판으로 구분됩니다. 포인터가 캔버스에 있으면 마우스를 클릭할 때마다 그림을 그리는 상태와 그리지 않는 상태로 번갈아 변경됩니다. 포인터는 그림을 그리는 상태로 캔버스에 있을 때 현재 펜의 색깔로 채워진 작은 원의 모습을 보이고, 그림을 그리지 않는 상태이거나 메뉴판에 있을 때는 모습을 숨깁니다.

08 메뉴판에 있는 검정, 빨강, 파랑, 노랑, 초록, 흰색이 선택되면 펜의 색깔이 선택된 색깔로 변경됩니다.

09 메뉴판에 있는 2포인트, 4포인트, 6포인트가 선택되면 펜의 굵기가 선택된 포인트의 크기로 변경됩니다.

10 메뉴판에 있는 모두 지우기가 선택되면 현재 그려진 모든 그림이 지워집니다.

연습문제

01 다음 펜 기능에 대한 설명으로 틀린 것을 고르세요.

① 펜 기능은 스프라이트의 이동 경로에 따라 선을 그려주는 기능입니다.

② 특정한 스프라이트만 펜 기능을 갖고 있습니다.

③ 스크래치의 확장 기능 중 [펜] 기능에 관련된 블록들이 존재합니다.

④ 펜 위치는 스프라이트 모양의 중심입니다.

02 다음 펜 기능 블록들에 대한 설명 중 틀린 것을 고르세요.

① 모두 지우기 는 프로그램 실행 창에 가장 최근에 그려진 선을 지웁니다.

② 펜 내리기 는 스프라이트의 펜을 내려 이동 경로에 따라 선을 그리게 합니다.

③ 펜 올리기 는 스프라이트의 펜을 올려 이동 경로에 따라 선을 그리게 않게 합니다.

④ 펜 색깔을 ( )(으)로 정하기 는 스프라이트의 펜 색깔을 정합니다.

03 다음 펜 기능에 대한 설명 중 틀린 것을 고르세요.

① [펜 내리기]를 실행하면 스프라이트의 이동 경로에 따라 선을 그립니다.

② 프로그램을 새로 실행할 때마다 펜은 올려진 상태로 설정됩니다.

③ [스프라이트 고르기]로 추가한 스프라이트는 펜이 올려진 상태입니다.

④ 한 번 펜을 내리면 [펜 올리기]를 실행하기 전까진 펜이 내려진 상태를 유지합니다.

04 다음 스프라이트의 행동을 보고 올바르게 설명한 것을 모두 고르세요.

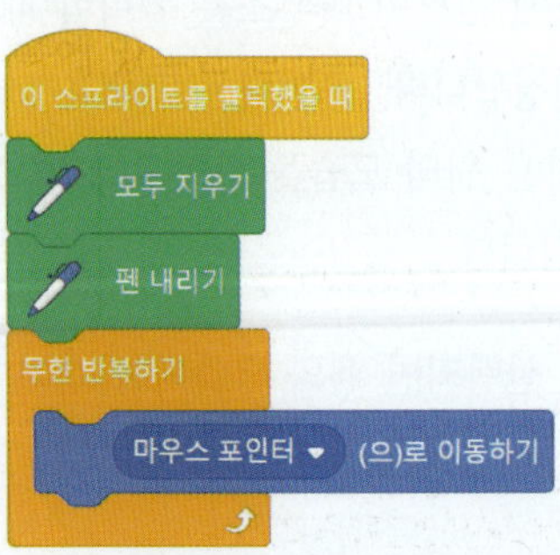

① 스프라이트를 클릭하면 마우스 포인터에 붙어 다니면서 선을 그립니다.

② 스프라이트를 클릭할 때 이전의 그림이 남아 있습니다.

③ 프로그램을 종료하면 펜이 올려진 상태로 변경됩니다.

④ 선은 스프라이트 모양의 중심에서 그려집니다.

05 그림 A와 같이 프로그램을 만들어 실행했습니다. 그 후 다시 그림 B와 같이 프로그램을 수정하여 실행했을 때 스프라이트의 행동으로 옳은 것을 고르세요.

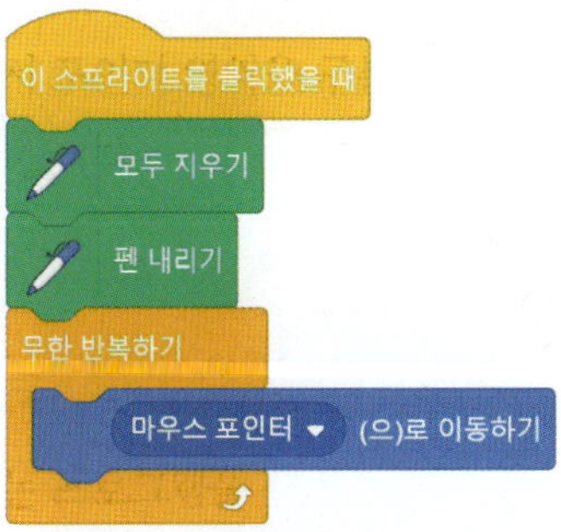

[그림 A]

[그림 B]

① 수정한 그림 B의 행동에는 [펜 내리기]가 없기 때문에 스프라이트를 클릭해도 스프라이트의 이동 경로에 따라 선을 그리지 않습니다.

② 이미 그림 A에서 스프라이트의 펜을 내렸기 때문에 수정한 그림 B의 행동에 [펜 내리기]가 없어도 스프라이트를 클릭하면 스프라이트 이동 경로에 따라 선을 그립니다.

06 고양이의 행동이 다음과 같을 때 고양이가 선을 그리는 영역으로 올바른 것을 고르세요.

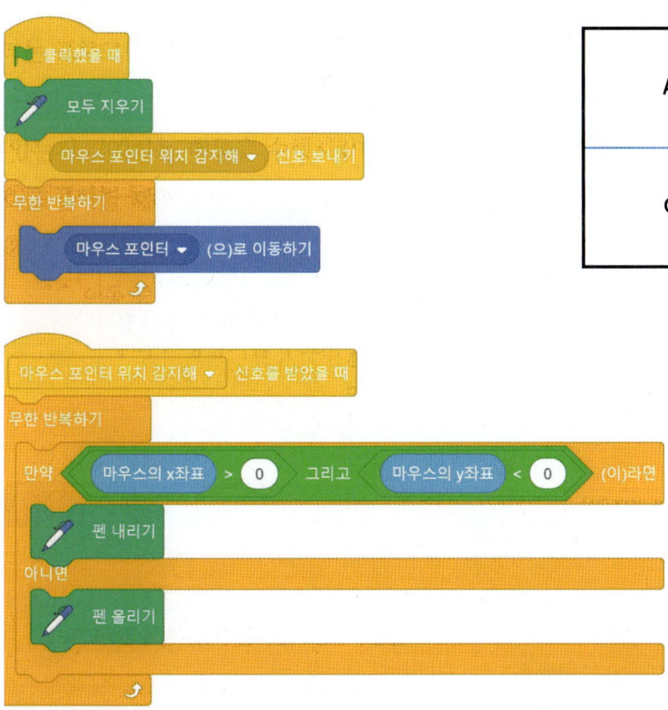

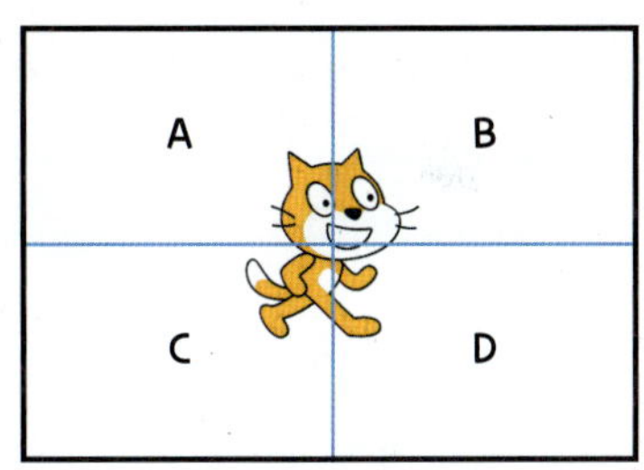

① A

② B

③ C

④ D

07 다음은 연필, 고양이, 강아지의 행동을 프로그래밍한 것입니다. 프로그램의 실행 모습으로 <u>틀린</u> 것을 고르세요.

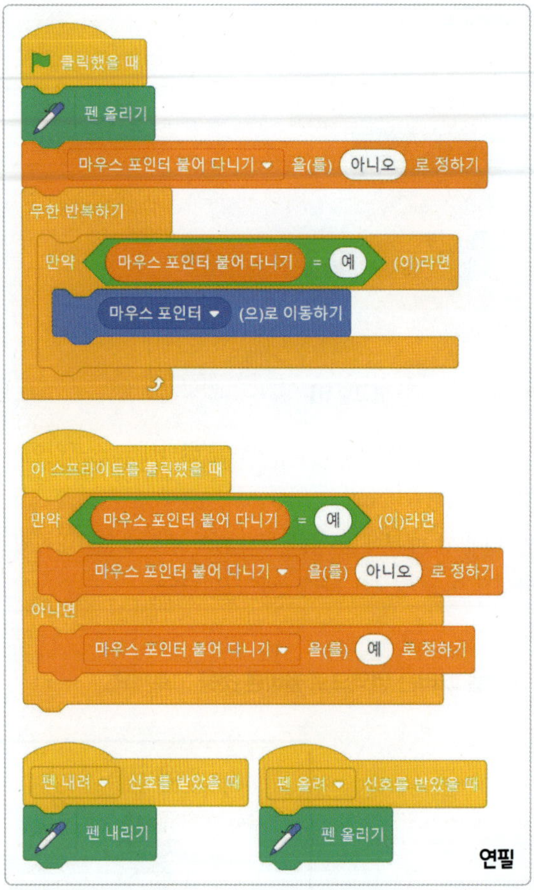

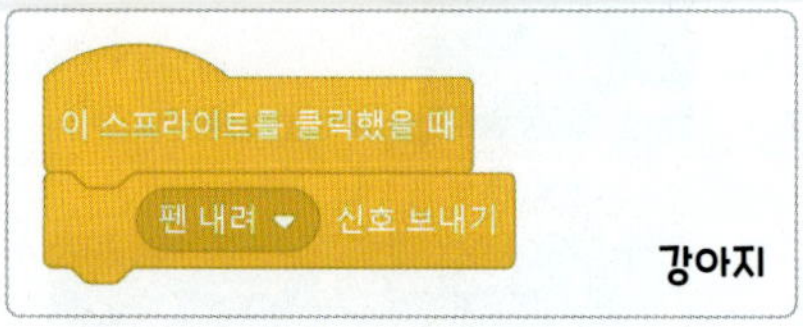

① 마우스 포인터에 붙어 다니는 연필을 클릭하면 제자리에 정지합니다.

② 고양이를 클릭한 후 정지된 연필을 클릭하면 연필 이동 경로에 따라 선을 그립니다.

③ 강아지를 클릭한 후 정지된 연필을 클릭하면 연필 이동 경로에 따라 선을 그립니다.

④ 제자리에 정지된 연필을 클릭하면 마우스 포인터에 붙어 다니기 시작합니다.

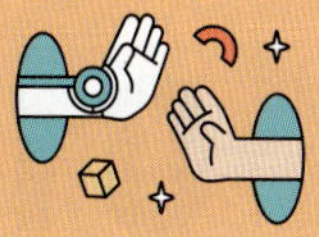

APPENDIX A

스크래치와 인공지능 프로그래밍

학습목표

- 인공지능의 기본적인 개념을 이해합니다.
- 머신러닝의 기본적인 개념을 이해합니다.
- 머신러닝의 학습 방법인 지도학습, 비지도학습, 강화학습을 이해합니다.
- 챗GPT의 기본적인 개념을 이해합니다.
- 머신러닝 for 키즈의 기능을 이해합니다.
- 머신러닝 for 키즈의 텍스트 분류 머신러닝 모델을 만들어봅니다.
- 머신러닝 for 키즈의 텍스트 분류 머신러닝 모델을 활용하여 스크래치 인공지능 프로그래밍을 만들어봅니다.

Section 01 인공지능 이해하기

1 인공지능 용어의 탄생과 정의

인공지능이란 용어는 1955년 다트머스(Dartmouth) 대학의 교수였던 존 매카시(John McCarthy)가 처음 사용하였습니다.

1956년 여름, 존 매카시는 클로드 섀넌(Claude E. Shannon), 마빈 민스키(Marvin L. Minsky), 나다니엘 로체스터(Nathaniel Rochester) 등과 공동으로 다트머스 대학에서 컨퍼런스를 주최합니다. 이 컨퍼런스가 바로 인공지능 학문의 첫발을 내딛게 되는 역사적인 '다트머스 컨퍼런스'입니다. 존 매카시는 다트머스 컨퍼런스 개최에 필요한 경비를 마련하기 위해서 록펠러 재단에 후원금 요청서를 보내게 됩니다. 그리고 그 후원금 요청서에 인공지능(Artificial Intelligence)이란 용어를 처음 사용하였습니다.

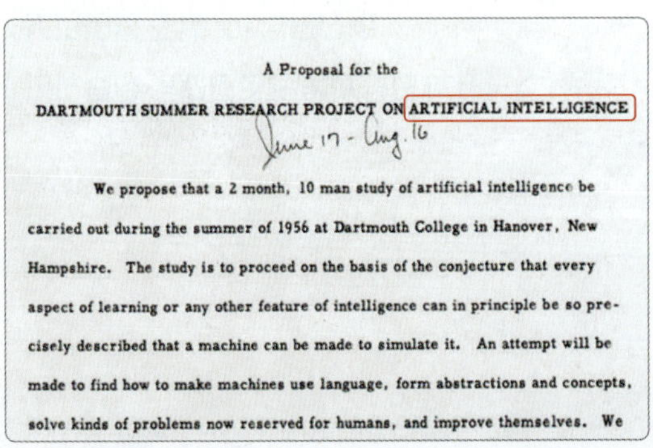

A Proposal for the

DARTMOUTH SUMMER RESEARCH PROJECT ON ARTIFICIAL INTELLIGENCE

June 17 - Aug. 16

We propose that a 2 month, 10 man study of artificial intelligence be carried out during the summer of 1956 at Dartmouth College in Hanover, New Hampshire. The study is to proceed on the basis of the conjecture that every aspect of learning or any other feature of intelligence can in principle be so precisely described that a machine can be made to simulate it. An attempt will be made to find how to make machines use language, form abstractions and concepts, solve kinds of problems now reserved for humans, and improve themselves. We

그림 A-1 존 매카시가 록펠러 재단에 보낸 다트머스 컨퍼런스 후원 제안서

인공지능이란 용어를 처음 만든 존 매카시는 인공지능을 지능적 기계를 만들기 위한 과학과 공학이라고 정의했습니다. 하지만 이 정의는 '지능적 기계'에 대한 정확한 개념이 없다 보니 모호한 정의라 할 수 있습니다. 사실 현재까지도 지능에 대한 완성된 정의가 없는 상태이기 때문에 인공지능 역시 다양한 정의가 존재합니다. 다음은 인공지능 분야의 유명 인사들이 생각하는 인공지능의 정의를 소개한 것입니다.

존 호지랜드(John Haugeland, 인지과학/현상학 분야 철학자)

"컴퓨터를 생각하도록 만드는 노력이나 마음을 갖는 기계(Machines with Minds)를 만드는 (흥분되고 새로운) 노력을 의미합니다."

유진 카니악(Eugene Charniak, 컴퓨터와 인지 분야 과학자)

"계산 모델(Computational Model)을 활용한 정신적 능력(Mental Faculties)에 대한 연구를 의미합니다. 여기서 계산 모델은 인공지능이 컴퓨터로 실행 가능해야 함을 뜻합니다."

레이 커즈와일(Ray Kurzweil, 미래학자)

"사람이 수행할 때 지능이 요구되는 기능들을 수행할 수 있는 기계를 만드는 기술을 의미합니다."

조지 루거(George Luger, 컴퓨터 과학자)

"지능적 행동의 자동화와 관련된 컴퓨터 과학의 한 분야를 의미합니다."

그림 A-2 인공지능에 대한 다양한 정의와 주장

2 인공지능의 구분

인공지능은 달성하고자 하는 목표에 따라서 ❶ 인간처럼 생각하기, ❷ 인간처럼 행동하기, ❸ 이성적으로 생각하기, ❹ 이성적으로 행동하기로 구분할 수 있습니다. 여기서 '인간처럼'이란 상식적인 생각, 사회적인 행동, 그리고 전문지식과 논리적인 문제해결 능력을 포함하고, '이성적으로'란 목적을 최대의 성능과 최소의 손실로 달성하는 것을 의미합니다. 그리고 '생각하기'란 사람이 생각하는 원리를 컴퓨터로 구현하는 것을 의미하고, '행동하기'란 사람의 지능적인 행동 자체만 흉내 내는 것을 말합니다.

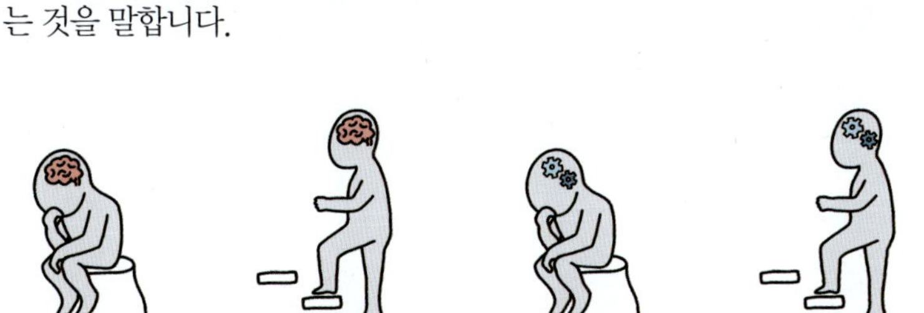

그림 A-3 인공지능 달성 목표에 따른 4가지 관점

사람의 지능과 생각하는 원리가 완벽하게 규명되어 컴퓨터로 구현되지 않는 이상 인공지능이 달성해야 할 목표는 '인간처럼 행동하기'와 '이성적으로 행동하기'에 한정될 것입니다. 이성적으로 행동하는 것을 목표로 개발된 인공지능의 예로 미국 최대 퀴즈쇼인 '제퍼디!'에서 우승한 IBM의 인공지능 왓슨(Watson)과 이세돌을 이긴 구글의 알파고(AlphaGo) 등이 있습니다. 최근 화제가 되는 챗GPT(ChatGPT)도 사람이라면 도저히 불가능한 지식을 바탕으로 실제 인간처럼 대화하는 특징을 갖기 때문에 '인간처럼 행동하기'와 '이성적으로 행동하기'를 목표로 한다고 볼 수 있습니다.

인공지능을 **약인공지능(Weak AI)**과 **강인공지능(Strong AI)**으로 구분하기도 합니다. 약인공지능은 미리 정의된 작업이 존재하고 이 작업을 수행하는 데 있어서 상황에 맞게 행동하여 최선의 결과를 도출하는 인공지능을 말합니다. 약인공지능을 다른 말로 **협소한 인공지능(Narrow AI)**이라고도 부르는데 현재 개발된 인공지능들은 모두 약인공지능입니다. 약인공지능은 자신이 수행해야 할 작업 외에 새로운 다른 작업에는 사용할 수 없습니다. 예를 들어, 알파고는 바둑이라는 작업에서는 인간의 한계를 초월하는 능력을 보여주지만 그 외의 다른 작업에는 사용할 수 없는 약인공지능입니다.

이에 반해 강인공지능은 사람의 지능에 도달하거나 오히려 뛰어넘는 인공지능을 의미합니다. 강인공지능은 자신의 지능과 자유의지를 갖추고 있는 인공지능입니다. 어떤 작업이라도 인간처럼 지능을 활용하고 학습을 통해 처리할 수 있어서 다른 말로 **일반적 인공지능(AGI, Artificial General Intelligence)**이라고도 부릅니다. 아직까지 강인공지능은 현실에서 존재하지 않으며 SF영화나 애니메이션에서 인간을 사랑하거나 대적하는 존재로 출현하고 있습니다.

표 A-1 약인공지능과 강인공지능의 개념

구분	특징	예
약인공지능	• 인간의 지능이나 마음의 구현과 상관없음 • 미리 프로그램된 조건과 행동 내에서 최상의 성과 달성이 목적 • 특정 작업만 수행 가능	딥블루, 알파고, 왓슨, 기계번역, 자연어 처리, 자율주행 인공지능, 영화/음악 추천 인공지능
강인공지능	• 인간 또는 그 이상의 지능 소유 • 자유의지, 자각 능력 보유 • 모든 작업에서 수행 가능 • 아직까지는 SF영화, 애니메이션에서만 등장	영화 터미네이터의 스카이넷, 영화 A.I.의 데이빗, 영화 바이센테니얼 맨의 앤드류

Section 02

머신러닝 이해하기

1 머신러닝의 개념

머신러닝(Machine Learning)이란 용어는 1959년 7월, 아서 사무엘(Author Samuel)이 〈IBM Journal of Research and Development〉에 기고한 논문에서 처음 사용하였습니다. 아서 사무엘은 머신러닝을 다음과 같이 정의했습니다.

"머신러닝은 컴퓨터가 명시적으로 프로그램되지 않고도 학습할 수 있도록 하는 연구 분야를 말합니다."
(Machine Learning is the field of study that gives computers the ability to learn without being explicitly programmed.)

그림 A-4 아서 사무엘의 머신러닝 정의

일반적인 프로그래밍 작업은 입력값에 따라 원하는 결과값이 출력되도록 사람이 내부 동작을 작성합니다. 이에 반해 머신러닝은 사람이 입력값과 결과값만 컴퓨터에게 충분히 주면 컴퓨터가 스스로 입력값과 결과값의 관계를 만족시키는 내부 동작을 찾아냅니다. 여기서 내부 동작을 만들 때 사용한 데이터(입력값과 결과값)를 학습 데이터 또는 훈련 데이터(Training Data)라고 부릅니다. 만들어진 내부 동작은 그 성능을 평가해야 하는데, 이때 사용하는 데이터를 시험 데이터(Testing Data)라고 부릅니다.

머신러닝의 특징을 이해하기 위해 하나의 수를 입력받아 그 값에 10을 더한 값을 출력하는 프로그램을 만든다고 가정합시다. 일반적인 프로그래밍 방식에서는 사람이 직접 '결과값=(입력값+10)'을 명시적으로 프로그래밍합니다. 이에 반해 머신러닝은 단지 여러 개의 입력값과 결과값을 컴퓨터에 입력하면 이 데이터를 바탕으로 컴퓨터가 스스로 입력값과 결과값의 관계를 만족시키는 내부 동작을 만들어 냅니다. 사람이 할 일은 단지 학습 데이터를 공급하는 것뿐입니다.

그림 A-5 **일반적인 프로그래밍 방식과 머신러닝 방식의 비교**

2 머신러닝 모델의 생성 과정

머신러닝으로 문제를 해결하기 위해서는 문제 해결에 적합한 머신러닝 모델을 생성해야 합니다. 머신러닝 모델을 생성하기 위해서 가장 먼저 문제 속의 데이터를 잘 설명할 수 있는 머신러닝 모델을 가정해야 합니다. 그 모델로부터 학습 데이터에 최적화된 구체적인 함수를 찾아내는 과정을 학습(Learning)이라고 합니다. 이렇게 학습된 함수를 실제 문제에 적용합니다.

다음은 시험 공부 시간으로 시험 성적을 예상하는 문제를 머신러닝으로 해결하고자 할 때 머신러닝 모델이 생성되는 과정을 개념적으로 보여줍니다.

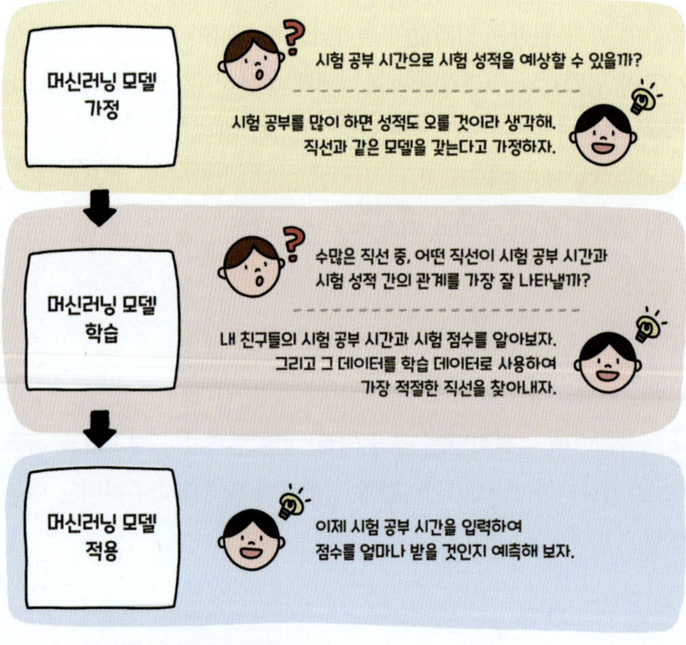

그림 A-6 **머신러닝 모델 생성 과정의 예**

하나 더 알기 **머신러닝을 유용하게 적용할 수 있는 문제의 특징**

머신러닝은 답이 애매하거나 알고리즘을 명확하게 찾기 어려울 때 활용하기 좋습니다. 예를 들어, 두 수 A와 B를 곱하여 결과값 C를 구하는 문제는 C를 구하는 알고리즘이 (A×B)로 명확하기 때문에 일반적인 프로그램으로 쉽게 해결됩니다. 하지만 개와 고양이의 구별, 필기체 인식, 음성인식, 자율주행과 같은 문제는 정답의 기준이 명확하지 않습니다. 이런 경우에 머신러닝이 아주 유용하게 활용될 수 있습니다.

- 고양이와 개를 구분하는 외형적 기준은 무엇일까?
- 내가 좋아하는 음악의 기준은 무엇일까?
- 내가 좋아하는 영화의 기준은 무엇일까?
- '사랑'과 '사탕' 발음을 구별하는 기준은 무엇일까?

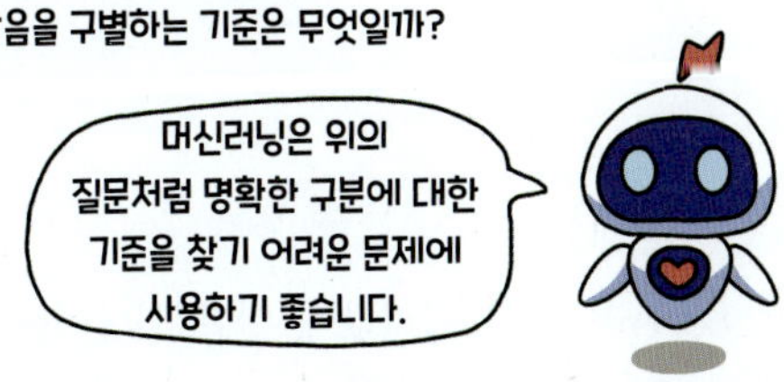

Section

03 머신러닝 학습 방법 알아보기

머신러닝의 학습 방법은 크게 지도학습, 비지도학습, 강화학습 등 세 가지 종류가 있습니다.

1 지도학습

지도학습(Supervised Learning)은 입력값에 대한 정답이나 결과값을 알고 있는 학습 데이터를 활용하여 머신러닝 모델을 학습시키는 방식입니다. 여기서 입력값에 대한 정답 또는 결과값을 레이블(Label)이라고 합니다. 즉, 이미 고양이와 개로 구분된 이미지들을 사용하여 고양이와 개를 분류하는 머신러닝 모델을 학습시키는 것은 지도학습에 해당합니다.

그림 A-7 고양이와 개 레이블로 구분된 학습 데이터를 활용하는 지도학습의 예

지도학습은 분류(Classification) 또는 회귀(Regression)와 같은 작업을 수행할 머신러닝 모델 학습에 사용합니다. 분류 작업이란 어떤 입력 데이터에 대해서 결과값을 학습에 사용한 레이블 중 하

나로 결정하는 작업입니다. 예를 들어, 고양이와 개를 구분하는 머신러닝 모델의 경우 사자와 호랑이 이미지를 입력해도 고양이 또는 개로 대답하는 분류 작업을 수행합니다.

회귀 작업이란 입력 데이터에 대한 결과값이 학습에 사용한 레이블 외의 값이 될 수도 있는 작업입니다. 예를 들어, 시험 공부 시간을 입력하면 시험 성적을 예상하는 머신러닝 모델을 학습시킬 때 10시간 공부하면 80점, 15시간 공부하면 90점, 20시간 공부하면 95점과 같은 데이터를 사용했다고 가정합니다. 여기서 시험 공부 시간이 입력값이고 시험 성적이 결과값, 즉 레이블입니다. 이 머신러닝 모델은 80점, 90점, 95점을 레이블로 사용하였지만 여러분이 시험 공부 시간으로 5시간을 입력하면 레이블로 사용된 적이 없는 40점을 결과값으로 출력할 수 있는 회귀 작업을 수행합니다.

2 비지도학습

비지도학습(Unsupervised Learning)은 입력값에 대한 정답이나 결과값이 없는, 즉 레이블이 없는 데이터를 사용하여 머신러닝 모델을 학습시키는 방식입니다. 비지도학습이 적용되는 대표적인 작업으로는 군집(Clustering) 작업이 있습니다. 군집 작업이란 데이터를 구분하여 비슷한 집단으로 묶는 작업이라고 이해하면 됩니다.

데이터를 구분한다는 점에서 군집 작업과 분류 작업은 비슷한 점이 있습니다. 하지만 분류 작업에서는 학습에 사용한 레이블들을 기준으로 데이터들을 묶는 데 반해, 군집 작업에서는 정해진 레이블 없이 데이터 간에 존재하는 비슷한 속성을 기준으로 데이터를 묶습니다. 군집 작업에 필요한 기준 속성은 데이터를 기반으로 머신러닝 모델이 스스로 찾아냅니다.

예를 들어, 숫자 필기체 이미지를 대상으로 군집 작업을 수행한다면 0부터 9까지 구분된 레이블과는 상관없이 숫자 필기체 이미지들 자체를 학습 데이터로 사용합니다. 머신러닝 모델은 스스로 숫자 필기체 이미지에 존재하는 속성을 찾아내고, 유사한 속성을 갖는 이미지들끼리 묶는 작업을 수행합니다.

[그림 A-8]은 숫자 필기체 이미지를 대상으로 군집 작업을 했을 때 발생할 수 있는 결과를 가정한 것입니다. 작업에 사용될 속성은 사람이 미리 결정해 둔 것이 아니므로 군집 작업의 결과를 통해 '아, 이렇게도 구분할 수 있구나!' 하고 데이터의 속성을 새롭게 발견할 수 있습니다. 참고로 [그림 A-8]의 군집 작업에 사용한 데이터 속성은 각 이미지에 포함된 원 모양의 개수로 가정해 보았습니다.

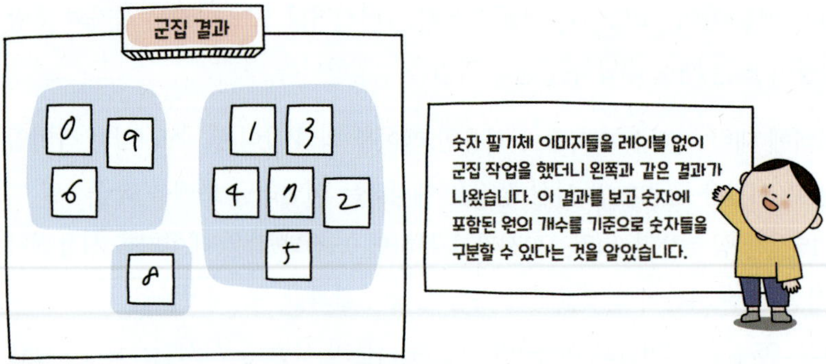

그림 A-8 숫자 이미지를 군집 작업하는 비지도학습의 예

3 강화학습

강화학습(Reinforcement Learning)은 입력값에 대한 정답이나 결과값 대신 어떤 일을 잘했을 때 보상을 주는 것으로 머신러닝 모델을 학습시키는 방식입니다. 개나 고양이와 같은 반려동물이 보상과 체벌을 통해 행동을 학습하는 것과 비슷합니다.

강화학습의 핵심 목표는 시행착오를 통해 보상의 총합이 최대가 되는 일련의 행동을 찾는 것입니다. 보상의 총합이 최대가 되는 것을 목표로 한다는 것은 나중에 더 큰 이익을 기대하며 지금의 손해를 감수하는 식의 전략적 행동을 탐색할 수 있다는 의미입니다. 강화학습은 게임 전략, 금융시장의 투자 전략, 광고 노출 전략 등과 같은 전략적 분야와 로봇 팔 제어, 이족보행 제어와 같은 로보틱스 분야에서 널리 응용되고 있으며, 자율주행 분야에서도 핵심 기술로 활용되고 있습니다.

[그림 A-9]는 유튜브에 있는 강화학습의 활용 사례입니다. 유튜브 링크에 접속하여 강화학습이 어떤 식으로 이루어지는지 함께 확인해 봅시다. 참고로 유튜브 동영상은 항상 변동 가능성이 있습니다. 만약 [그림 A-9]의 사례가 찾아지지 않는 경우 유튜브 검색창에 '머신러닝', '강화학습', 'machine learning', 'reinforcement learning' 등의 키워드를 입력하면 다양한 영상을 쉽게 찾을 수 있습니다.

(a) 게임 제어 : 슈퍼마리오(https://www.youtube.com/watch?v=WzxmH1Cx2Yg)

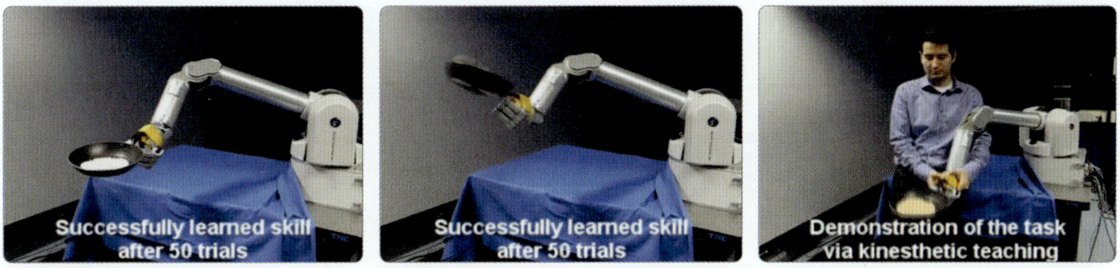

(b) 로봇 팔 제어 : 케이크 뒤집기(https://www.youtube.com/watch?v=W_gxLKSsSIE)

(c) 보스턴 다이내믹스(Boston Dynamics)의 로봇(https://www.youtube.com/watch?v=NR32ULxbjYc)

그림 A-9 강화학습을 통한 게임과 로보틱스 제어 활용

Section

04 챗GPT 이해하기

1 챗GPT의 개념

챗GPT(ChatGPT)는 오픈AI가 2022년 11월에 공개한 대화형 인공지능 언어 모델입니다. 챗GPT란 용어에는 'Chat'과 'GPT'라는 두 가지 요소가 결합되어 있습니다. 'Chat'은 대화형 상호작용을 의미하며, 'GPT'는 사용자가 입력한 텍스트를 기반으로 자연스러운 텍스트를 새롭게 생성하는 오픈AI가 개발한 인공지능 언어 모델을 의미합니다. 여기서 인공지능 언어 모델(Artificial Intelligence Language Model)이란 인공지능 기술의 일부로 인간의 언어 이해와 생성 능력을 모방하고 텍스트 데이터를 처리하는 데 사용되는 모델을 말합니다.

이런 용어들의 이해를 바탕으로 챗GPT는 주어진 텍스트를 이해하고 다음 단어를 예측하여 새로운 텍스트를 생성할 수 있는 GPT라는 인공지능 언어 모델을 기반으로 하고 있으며, 대화형 인터페이스로 사용자와 실시간 상호작용을 통해 질의응답 형태의 대화 작업을 잘 처리하도록 특화된 인공지능 언어 모델로 이해할 수 있습니다.

2 GPT의 개념

챗GPT를 이해하기 위해서는 GPT를 알아야 합니다. GPT는 인공지능 언어 모델의 발전 과정에서 중요한 역할을 한 모델입니다. GPT는 Generative Pre-trained Transformer의 약자입니다. 이름에 포함된 각 용어에 대해서 알아보겠습니다.

❶ **Generative** : 생성적인 능력을 강조하는 용어로서 인공지능 언어 모델이 입력 텍스트에 기반하여 새로운 텍스트를 생성할 수 있다는 것을 나타냅니다.

❷ **Pre-trained** : 사전 훈련된 모델을 의미합니다. GPT는 대규모의 텍스트 데이터로 사전 훈련되어 일반적인 언어 이해 능력을 갖추고 있으며, 사용자의 입력에 기반하여 특정 상황에 맞는 응답을 생성할 수 있습니다.

❸ **Transformer** : GPT의 기반이 되는 딥러닝 구조입니다. 트랜스포머는 자연어 모델링에서 매우 효과적인 성능을 보이며, 문맥 파악과 문장 간의 의존 관계를 모델링하는 데에 적합한 구조입니다. 참고로 트랜스포머는 2017년 구글의 인공지능 연구 그룹인 구글 브레인(Google Brain)에 의해 세상에 소개되었습니다.

종합하면, GPT는 입력 텍스트에 기반하여 새로운 텍스트를 생성하는 **생성적인(Generative)** 능력을 갖춘 **사전 훈련된(Pre-trained)** 인공지능 언어 모델로서 **트랜스포머(Tranformer)**라는 신경망 구조를 기반으로 합니다.

하나 더 알기 ✓ **GPT의 발전 역사**

GPT의 발전 속도가 너무 빨라 GPT의 발전 역사를 소개하는 것이 의미가 없을 정도입니다. 여기서는 GPT-1부터 GPT-4o까지를 간략하게 소개합니다.

❶ **GPT-1** : 2018년 6월에 처음으로 발표된 GPT 모델로 1억 1,700만 개의 파라미터를 가지고 있으며 트랜스포머 아키텍처를 기반으로 합니다. GPT-1은 대규모의 텍스트 데이터를 사용하여 다양한 자연어 처리 작업에서 뛰어난 성능을 보였습니다.

❷ **GPT-2** : 2019년 2월에 발표된 GPT-2는 GPT-1의 확장된 버전으로 약 15억 개의 파라미터를 가지고 있습니다. GPT-2는 더 큰 규모의 모델로 사전 훈련되어 놀라운 언어 생성 능력을 보여주었으며, 뉴스 기사 생성과 번역 등 다양한 자연어 처리 작업에 활용되었습니다.

❸ **GPT-3** : 2020년 6월에 발표된 GPT-3는 이전 버전보다 훨씬 크고 강력한 모델로 1,750억 개의 파라미터를 가지고 있습니다. GPT-3는 더 광범위한 언어 이해와 생성 능력을 갖추고 있으며 대화형 인터페이스로서 활용 가능성을 보여주었습니다. 참고로 챗GPT는 GPT-3의 대화 능력을 업그레이드한 GPT-3.5를 기반으로 탄생하였습니다.

❹ **GPT-4** : 2023년 3월에 발표된 GPT-4의 가장 큰 특징은 텍스트뿐만 아니라 이미지를 인식하고 이해하여 대답할 수 있다는 것입니다. 그리고 한 번에 처리할 수 있는 단어의 수와 사용자와 대화 중 기억할 수 있는 단어의 수가 대폭 증가했습니다. 이런 특징으로 인해 GPT-4는 훨씬 더 정교하게 언어를 이해하고 처리할 수 있게 되었습니다.

❺ **GPT-4o** : 2024년 5월 13일 오픈AI에서 기습적으로 발표한 GPT-4o는 사람의 표정을 읽을 수 있고, 사람과 실시간으로 음성 대화가 가능하며, 다양한 언어의 음성을 인식해 번역할 수 있고, 놀라운 이미지 생성 능력을 갖추고 있습니다. 참고로 GPT-4o에서 'o'는 '모든', '전체'를 의미하는 'Omni'에서 따온 글자입니다. 오픈AI가 발표한 GPT-4o 소개 영상과 데모 영상들을 보면 SF영화에서나 볼 수 있었던 인공지능을 느낄 수 있습니다.

3 챗GPT의 활용 분야

챗GPT는 고객 지원 챗봇, 언어 번역과 통역, 소설과 동화와 같은 글쓰기 지원, 교육 및 학습 지원, 프로그램 코딩 지원, 상담 서비스, 디자인과 작곡과 같은 창작 지원 등 광범위한 분야에 활용되고 있습니다. 여러분이 직접 챗GPT 사이트(https://chatgpt.com/)에 들어가 다양한 주제로 챗GPT

와 대화해 보길 권장합니다. 참고로 [그림 A-10]은 두 숫자를 더하는 C언어 함수를 작성해 달라는 요청에 챗GPT가 응답한 것입니다. 이 코드는 실제로 실행 가능한 코드입니다.

```c
int addNumbers(int a, int b) {
    int sum = a + b;
    return sum;
}
```

그림 A-10 챗GPT가 생성한 두 수를 더하는 C언어 함수

Section

05 머신러닝 for 키즈 알아보기

1 머신러닝 for 키즈란?

머신러닝 for 키즈(ML4K, Machine Learning for Kids)는 학생들에게 머신러닝 시스템을 교육하고 다루어보게 함으로써 인공지능 프로그램의 효과를 실제로 경험해 볼 수 있게 한 도구입니다. 부록 A에서 여러분은 머신러닝 for 키즈로 머신러닝 모델을 훈련시키고 인공지능 프로그램을 만들어보는 과정을 경험하게 됩니다.

하나 더 알기 ✓ **머신러닝 for 키즈 개발자 데일 레인**

머신러닝 for 키즈는 IBM의 개발자 데일 레인(Dale Lane)이 자신의 거주 지역에 위치한 학교의 코딩 교육을 위해 개발한 도구로, IBM의 인공지능 왓슨(Watson)의 API를 사용하였습니다. 현재 머신러닝 for 키즈는 12개국 언어로 번역되어 전 세계에 널리 사용되고 있으며, IBM의 소프트웨어 개발 키트 중 가장 인기 있는 키트입니다. 2018년 IBM은 그 공로를 인정하여 데일 레인에게 IBM의 가장 명예로운 상인 IBM Volunteer Excellence Award를 수여했습니다.

머신러닝 for 키즈를 학습하는 이유는 머신러닝이 이미 우리 주변의 많은 부분에 사용되고 있으며, 앞으로 더욱 밀접하고 광범위하게 사용될 예정이기 때문입니다. 이메일 시스템의 스팸 필터, 광고 시스템의 추천 엔진을 비롯하여 언어 번역 서비스, 채팅 로봇, 디지털 비서, 검색 엔진, 사기 탐지 시스템 등 다양한 분야에서 머신러닝 기술이 활발히 사용되고 있습니다. 머지않아 머신러닝 시스템은 자동차를 운전하고, 선생님을 도와 학생을 가르치고, 의사를 도와 질병을 치료할 것입니다. 그러니 우리는 머신러닝과 함께하는 세계가 어떻게 작동하는지 이해해야 합니다. 그리고 새로운 기술을 이해하는 가장 좋은 방법은 이 기술을 직접 경험해 보고 활용하는 것입니다.

2 머신러닝 for 키즈의 기능

머신러닝 for 키즈를 통해 여러분은 텍스트, 이미지, 숫자, 사운드 등을 분류하는 머신러닝 모델을 만들어볼 수 있습니다. 또한 이렇게 만들어진 머신러닝 모델을 활용하여 머신러닝 for 키즈가 지원하는 프로그래밍 언어로 인공지능 프로그램을 개발해 볼 수 있습니다. 머신러닝 for 키즈가 지원하는 프로그래밍 언어로는 스크래치3.0, 앱인벤터(App Inventor), 파이썬(Python) 등이 있습니다. 이 중에서 스크래치3.0은 텍스트, 이미지, 숫자, 사운드 분류 머신러닝을 모두 활용할 수 있는 유일한 언어입니다.

즉, 여러분은 머신러닝 for 키즈를 활용하여 다양한 스크래치 인공지능 프로그램을 만들 수 있습니다. 예를 들어 기쁜 표정과 슬픈 표정을 구분하는 머신러닝 모델을 만들어 표정에 따라 축하나 위로의 말을 하는 고양이를 만들 수 있습니다. 또한 텍스트 내용이 상하좌우 중 어느 방향으로 가라는 말인지 구별하는 머신러닝 모델을 만들어 여러분이 입력하는 텍스트에 따라 이동하는 고양이를 만들 수도 있습니다.

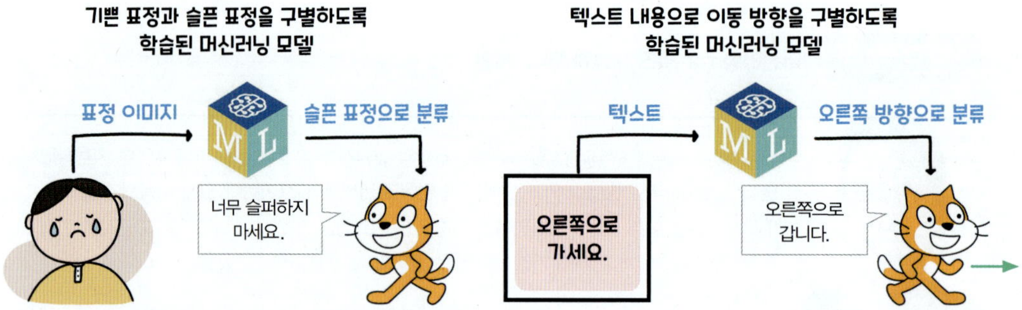

그림 A-11 머신러닝 모델을 활용한 인공지능 프로그램의 예

3 머신러닝 for 키즈 실행환경

머신러닝 for 키즈는 https://machinelearningforkids.co.uk에 접속하여 사용할 수 있습니다. 머신러닝 for 키즈 사이트에 계정을 만들어 머신러닝 for 키즈 프로젝트를 실습해 볼 수도 있지만, 계정 등록 없이 편리하게 실습할 수도 있습니다. 부록 A에서는 여러분이 계정 등록 없이 머신러닝 for 키즈 프로젝트를 실습하도록 합니다.

먼저, 머신러닝 for 키즈 사이트에 접속하면 [그림 A-12]와 같은 첫 화면이 출력됩니다. 참고로 화면 상단 오른쪽에 있는 메뉴 [Laguage]를 통해서 화면에 출력되는 언어를 다양한 국가의 언어로 설정할 수 있습니다. [그림 A-12]의 왼쪽 하단에 있는 메뉴 [시작해봅시다]를 선택합니다.

그림 A-12 **머신러닝 for 키즈 사이트 접속 화면**

[그림 A-12]에서 하단에 있는 메뉴 [시작해봅시다]를 선택하면 [그림 A-13]과 같이 계정을 만들거나 로그인할 수 있는 화면이 등장합니다. 이 화면 아래에 계정 등록 없이 바로 실행할 수 있는 메뉴 [지금 실행해보기]가 있습니다. 이 메뉴를 선택합니다.

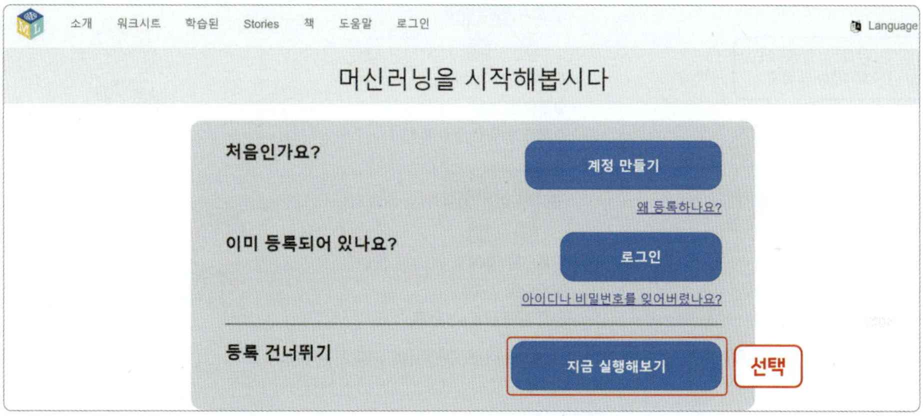

그림 A-13 **머신러닝 for 키즈의 계정 등록, 로그인, 실행을 선택할 수 있는 화면**

[그림 A-13]에서 메뉴 [지금 실행해보기]를 선택하면 [그림 A-14]와 같이 머신러닝 for 키즈 프로젝트를 생성할 수 있는 환경으로 이동합니다. 여기서 메뉴 [프로젝트 추가]를 선택하면 머신러닝 for 키즈 프로젝트를 생성하게 됩니다.

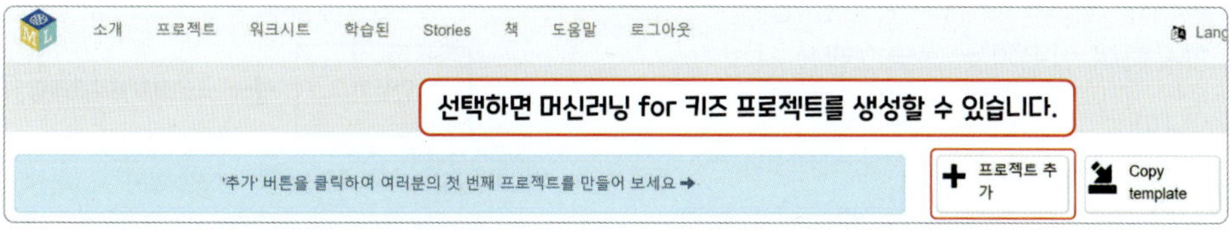

그림 A-14 **머신러닝 for 키즈 프로젝트 생성 화면**

Section 06

스크래치 인공지능 프로그래밍 실습하기

1 프로젝트 개요

인공지능 프로그래밍 프로젝트를 실습해 보겠습니다. 머신러닝 for 키즈를 활용하여 고양이에게 오른쪽 또는 왼쪽 방향으로 이동하라는 텍스트를 입력하면, 고양이가 어느 방향으로 가야 하는지 인식하여 그 방향으로 이동하는 스크래치 프로그램을 만들어봅시다.

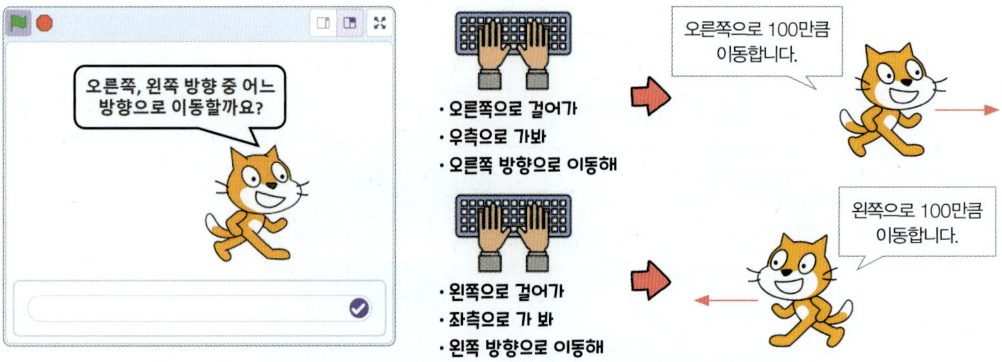

그림 A-15 머신러닝 for 키즈 프로젝트 개요 : 오른쪽과 왼쪽 텍스트를 구별하여 이동하는 고양이

머신러닝 for 키즈 활용 인공지능 프로그래밍 프로젝트는 [그림 A-16]과 같이 [훈련], [학습&평가], [만들기]의 3단계를 거쳐 이루어집니다. 앞의 두 단계는 머신러닝 모델을 학습 데이터로 훈련해 만족할 만한 머신러닝 모델을 생성하는 단계이고, 마지막 단계는 이 머신러닝 모델을 활용하여 인공지능 프로그램을 작성하는 단계입니다.

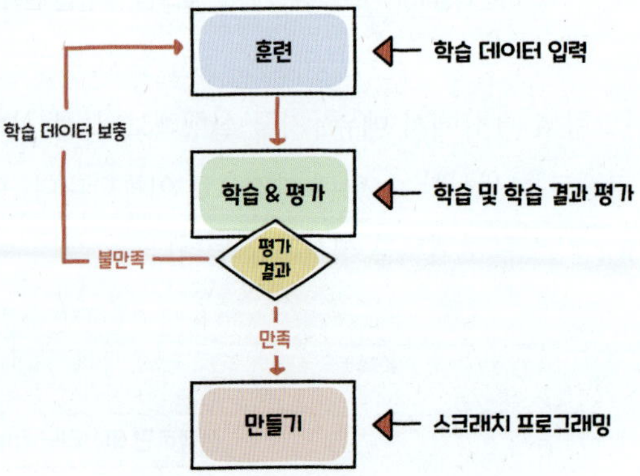

그림 A-16 머신러닝 for 키즈 프로젝트의 진행 절차

❶ **[훈련] 단계** : 이 단계에서는 머신러닝 모델 학습에 사용할 학습 데이터를 입력합니다. 머신러닝 for 키즈의 머신러닝 모델 훈련 방법은 레이블을 활용하는 지도학습입니다. 따라서 이 단계에서 오른쪽 또는 왼쪽을 나타내는 두 개의 레이블을 만들고, 각 레이블에 그 방향을 지시하는 다양한 텍스트를 학습 데이터로 입력합니다.

❷ **[학습&평가] 단계** : 이 단계에서는 학습 데이터를 활용하여 머신러닝 모델을 학습시키고 수준을 평가합니다. 만약 머신러닝 모델의 학습 수준이 만족스럽지 않다면 다시 [훈련] 단계로 되돌아가 학습 데이터를 보충해야 합니다. 참고로 평가는 학습 데이터로 사용되지 않은 새로운 데이터로 진행합니다.

❸ **[만들기] 단계** : 머신러닝 모델이 만족할 만한 수준에 도달하면 이 단계에서 머신러닝 모델을 활용하는 프로그램을 만들게 됩니다. 사용할 프로그래밍 언어는 스크래치 3.0입니다. 머신러닝 for 키즈의 [만들기] 단계를 통해 실행된 스크래치 프로그래밍 환경은 여러분이 학습시킨 머신러닝 모델을 활용할 수 있는 블록들이 자동으로 제공됩니다.

2 프로젝트 실습 진행

지금부터 오른쪽과 왼쪽 방향에 대한 텍스트를 인식하여 이동하는 고양이를 만들어보겠습니다.

❶ 텍스트 분류 머신러닝 프로젝트 생성하기

[그림 A-17]과 같이 머신러닝 for 키즈 프로젝트를 생성할 수 있는 환경이 나타나면 메뉴 [프로젝트 추가]를 선택합니다.

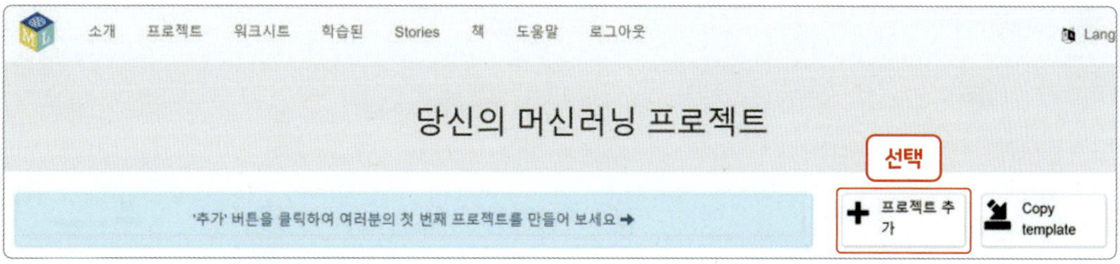

그림 A-17 **머신러닝 for 키즈 프로젝트 추가**

[그림 A-18]은 프로젝트 생성에 필요한 정보를 입력하는 화면입니다. [프로젝트 이름]은 영어뿐만 아니라 한국어 입력도 가능합니다. [프로젝트 이름]은 '텍스트로 고양이 움직이기'라고 입력합니다. 그리고 [Project Type]은 '인식 텍스트'를 선택합니다. 그 다음에 [언어]는 'Korean'을 선택

합니다. 이렇게 언어를 한국어로 선택함으로써 한글로 학습 데이터를 입력하고 고양이와 대화하게 됩니다. 마지막으로 [Storage]는 'In your web browser'를 선택합니다. 이와 같은 작업이 완료되면 화면 오른쪽 하단에 있는 메뉴 [만들기]를 선택하여 프로젝트를 생성합니다.

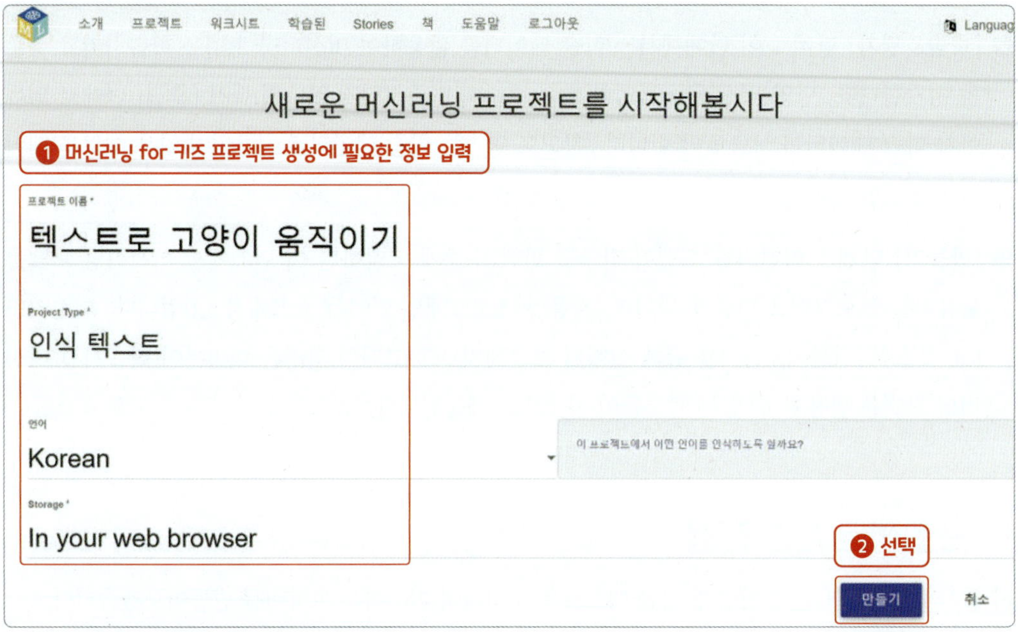

그림 A-18 **프로젝트 생성에 필요한 정보 입력**

이 작업이 완료되면 [그림 A-19]와 같이 프로젝트가 생성됩니다. 이제 남은 작업은 텍스트 분류 머신러닝 모델을 생성하는 것입니다. 이 작업을 수행하기 위해 생성된 프로젝트를 선택합니다.

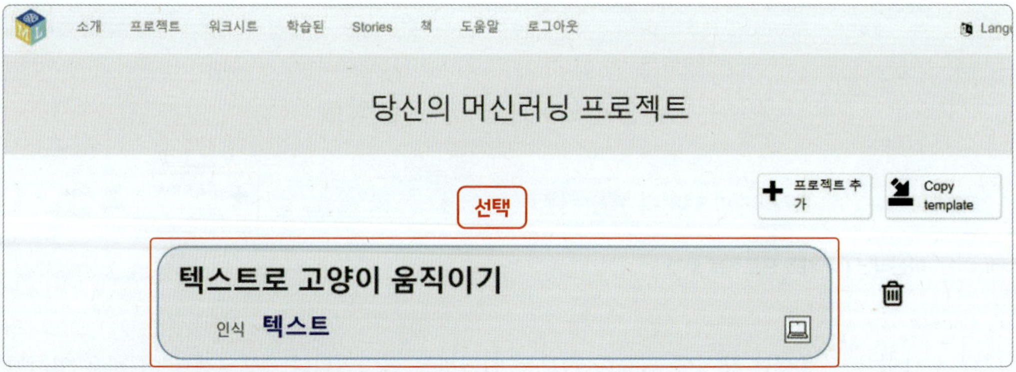

그림 A-19 **프로젝트 '텍스트로 고양이 움직이기' 생성**

❷ 텍스트 분류 머신러닝 모델의 레이블 생성과 학습 데이터 추가하기

지금까지 작업이 완료되면 [그림 A-20]과 같이 [훈련], [학습&평가], [만들기]의 프로젝트 진행 단계 메뉴가 나타납니다. 먼저 텍스트 분류 머신러닝 모델을 훈련할 학습 데이터를 입력하기 위해 [훈련] 단계를 선택합니다.

그림 A-20 **프로젝트 진행 단계 중 [훈련] 단계 선택**

지금까지 작업이 완료되면 [그림 A-21]과 같이 레이블을 추가할 수 있는 화면이 나타납니다. 실습 중인 프로젝트는 [RIGHT]와 [LEFT]라는 두 개의 레이블이 필요합니다. [새로운 레이블 추가]를 선택합니다.

그림 A-21 **레이블 생성 화면**

앞의 작업에서 [새로운 레이블 추가]를 선택하면 [그림 A-22]의 왼쪽과 같이 새로운 레이블 추가 팝업 창이 나타납니다. 레이블 이름으로 'RIGHT'를 입력하고 [추가]를 선택합니다. 이 작업이 완료되면 [그림 A-22]의 오른쪽과 같이 아직 학습 데이터가 입력되지 않은 빈 레이블 [RIGHT]가 생성됩니다.

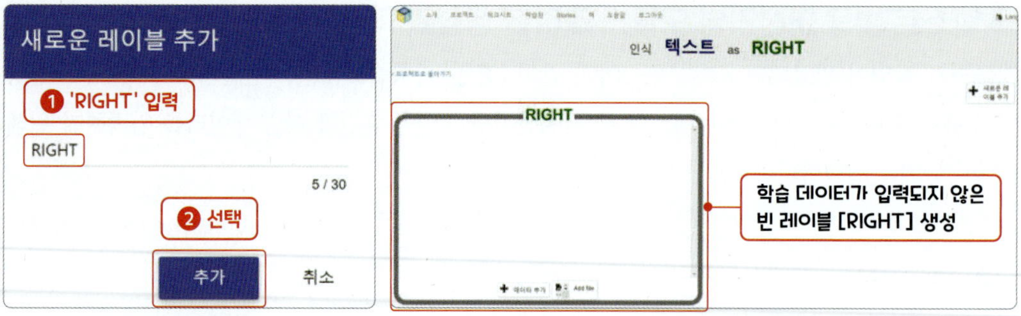

그림 A-22 **레이블 [RIGHT] 생성**

이 작업을 반복하여 레이블 [LEFT]도 생성합니다. [그림 A-23]은 레이블 [RIGHT]와 [LEFT]가 모두 생성된 모습을 보여줍니다.

그림 A-23 **레이블 [RIGHT]와 [LEFT] 생성**

이제 [그림 A-24]와 같이 레이블 [RIGHT]에 학습 데이터를 입력합니다. 레이블 [RIGHT] 아래쪽에 있는 [데이터 추가]를 선택하고, 나타난 데이터 추가 팝업 창에 '오른쪽으로 이동해'를 입력한 후 [추가]를 선택합니다. 그러면 [그림 A-24] 아래쪽과 같이 레이블 [RIGHT]에 학습 데이터 '오른쪽으로 이동해'가 추가됩니다.

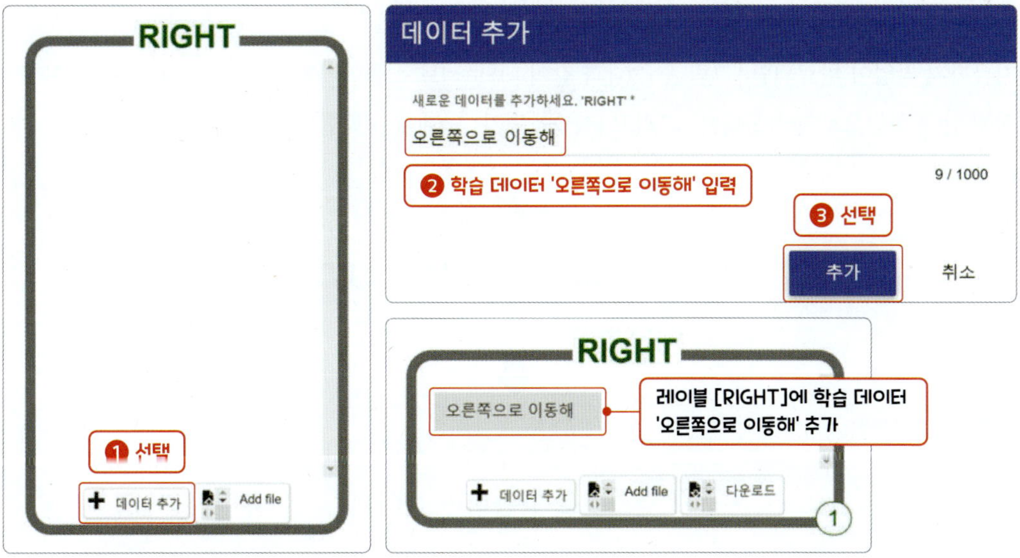

그림 A-24 레이블 [RIGHT]에 학습 데이터 추가

앞의 작업을 반복하여 [그림 A-25]와 같이 레이블 [RIGHT]와 [LEFT]에 학습 데이터를 추가합니다. 참고로 텍스트 분류 머신러닝 모델을 훈련할 때는 레이블마다 5개 이상의 학습 데이터를 사용하는 것이 좋습니다. 이 프로젝트 실습에서는 [그림 A-25]와 같이 [RIGHT]와 [LEFT] 레이블에 8개씩 학습 데이터를 입력하였지만, 여러분이 원하는 만큼 다양한 학습 데이터의 추가를 권장합니다.

그림 A-25 레이블 [RIGHT]와 [LEFT]에 학습 데이터 추가

❸ 텍스트 분류 머신러닝 모델 학습과 평가하기

지금까지 작업이 완료되면 [그림 A-26]과 같이 [프로젝트로 돌아가기]를 선택하여 다시 프로젝트 진행 단계 화면으로 돌아옵니다. 그리고 [학습&평가] 단계를 선택합니다.

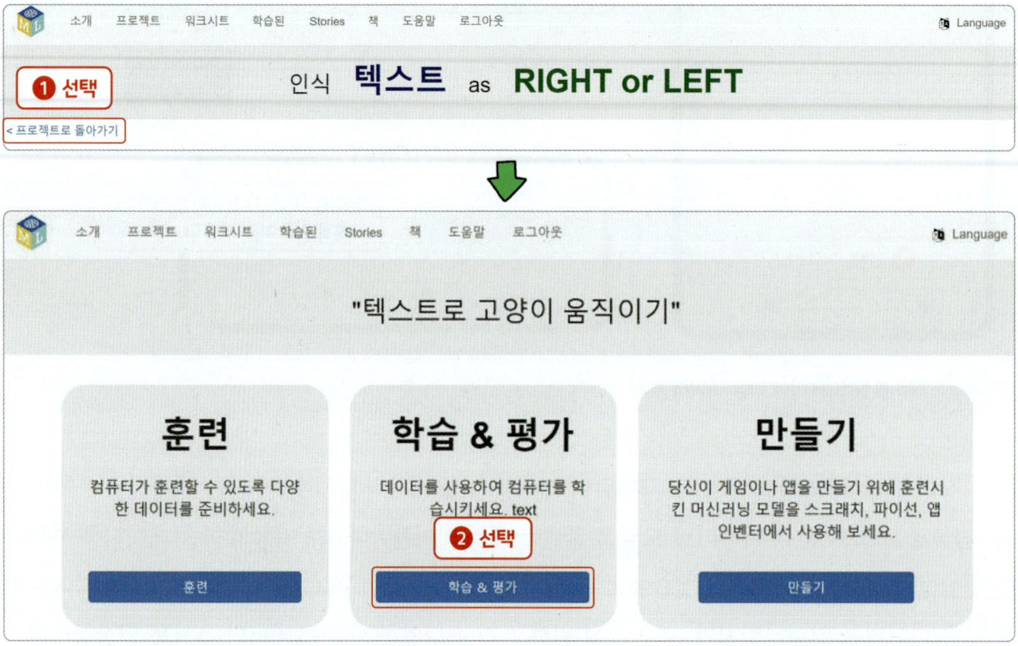

그림 A-26 **프로젝트 진행 단계 중 [학습&평가] 단계 선택**

이제 [그림 A-27]과 같이 머신러닝 모델을 학습하고 평가할 수 있는 화면이 나타납니다. 화면 상단에는 레이블에 대한 정보와 각 레이블에 몇 개의 학습 데이터가 존재하는지 보여줍니다. [새로운 머신 러닝 모델을 훈련시켜보세요]를 선택합니다.

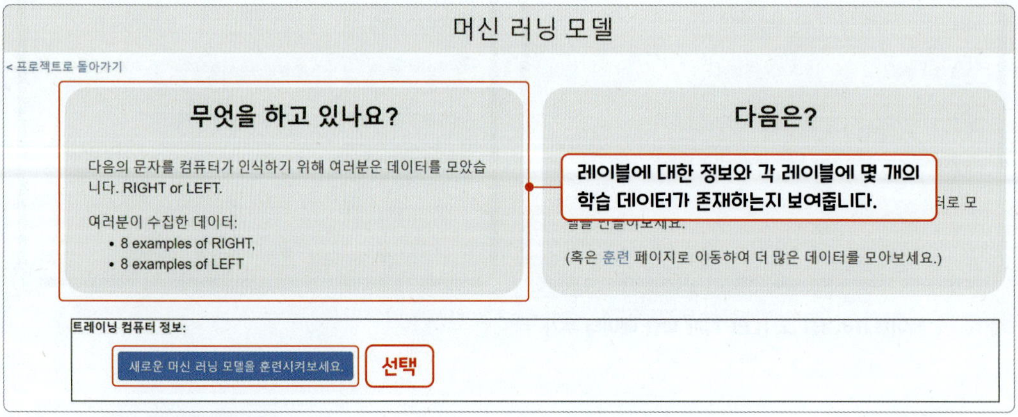

그림 A-27 **머신러닝 모델 학습하기**

앞의 작업이 완료되면 [그림 A-28]과 같이 머신러닝 모델의 학습 시간과 상태를 보여줍니다. [훈련 취소]를 선택하면 머신러닝 모델의 학습 작업을 중단할 수 있습니다.

그림 A-28 **머신러닝 모델 학습 상태**

하나 더 알기 **머신러닝 모델의 학습 시간**

머신러닝 모델의 학습 시간은 학습 데이터의 종류와 양에 따라 달라집니다. 일반적으로 학습 데이터가 텍스트와 이미지일 때 학습 시간이 길고, 숫자일 때 매우 짧습니다. 학습 시간이 긴 경우에는 머신러닝 모델 학습이 끝날 때까지 간단한 퀴즈가 제공되기도 합니다.

머신러닝 모델의 학습이 완료되면 머신러닝 모델이 잘 학습되었는지 평가할 수 있는 창이 나타납니다. 모델을 평가할 때는 학습 데이터로 사용하지 않은 새로운 데이터를 이용합니다. [그림 A-29]는 학습 데이터로 사용하지 않은 '오른쪽 방향으로 걸어가'를 사용하여 머신러닝 모델을 평가하는데, 96% 확신으로 레이블 [RIGHT]로 인식되었다는 결과가 나왔습니다.

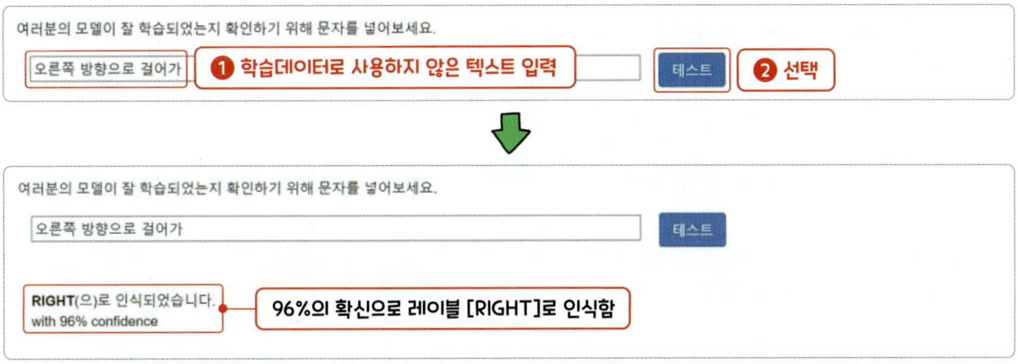

그림 A-29 **머신러닝 모델 평가하기**

만약 머신러닝 모델의 평가 결과가 만족스럽지 않다면 [훈련]과 [학습&평가] 단계를 반복하면 됩니다. [훈련] 단계에서 새로운 학습 데이터를 추가할 때는 머신러닝 모델이 잘못 분류한 데이터뿐만 아니라 그와 유사한 성격의 데이터들을 집중적으로 추가하면 훈련에 도움이 됩니다.

❹ 텍스트 분류 머신러닝 모델로 스크래치 인공지능 프로그램 만들기

머신러닝 모델의 학습이 마무리되면 이제 [만들기] 단계를 진행합니다. [프로젝트로 돌아가기]를 선택하여 다시 프로젝트 진행 단계 화면으로 돌아옵니다. 그리고 [만들기] 단계를 선택합니다.

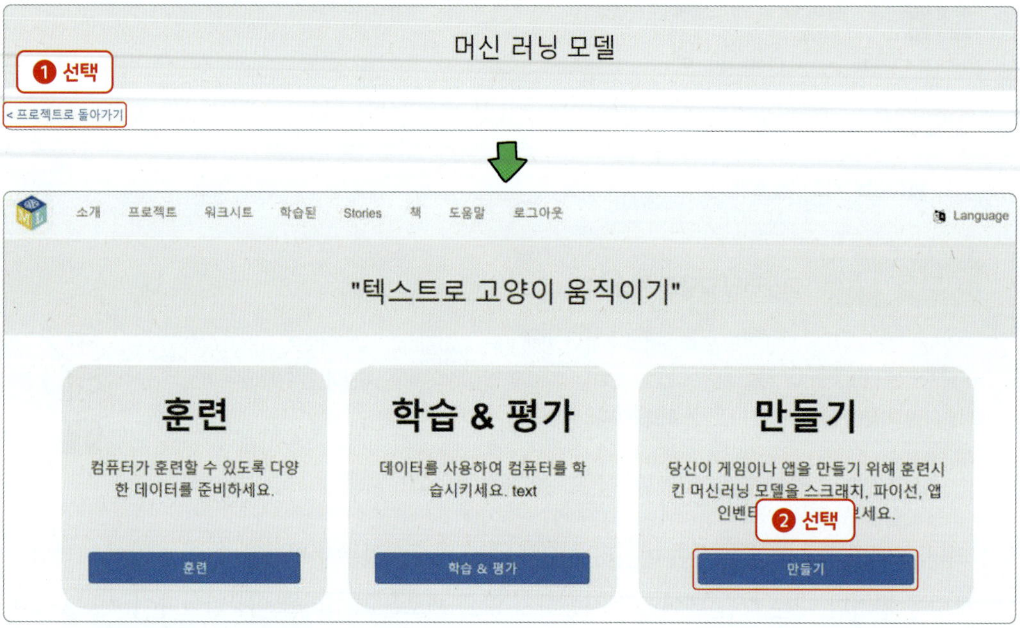

그림 A-30 **프로젝트 진행 단계 중 [만들기] 단계 선택**

그러면 [그림 A-31] 상단과 같이 텍스트 분류 머신러닝 모델을 활용할 수 있는 프로그래밍 언어들이 나타납니다. 여기서 [스크래치 3]을 선택합니다. 그리고 다음에 출력되는 [그림 A-31] 하단과 같은 화면에서 메뉴 [스크래치 3 열기]를 선택합니다.

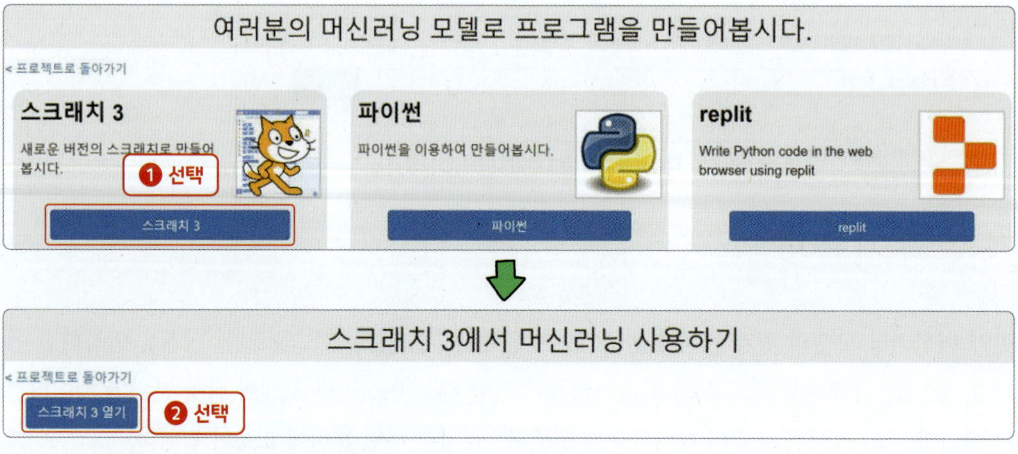

그림 A-31 **프로젝트 프로그래밍 언어로 [스크래치 3] 선택**

이제 [그림 A-32]와 같이 스크래치3.0 프로그래밍 환경이 실행됩니다. 여기서 주의할 것은 왼쪽 블록 메뉴 가장 아래에 [텍스트로 고양이 움직이기]란 메뉴가 있다는 것입니다. 이 메뉴에 텍스트 분류 머신러닝 모델을 활용할 수 있는 블록들이 모여 있습니다.

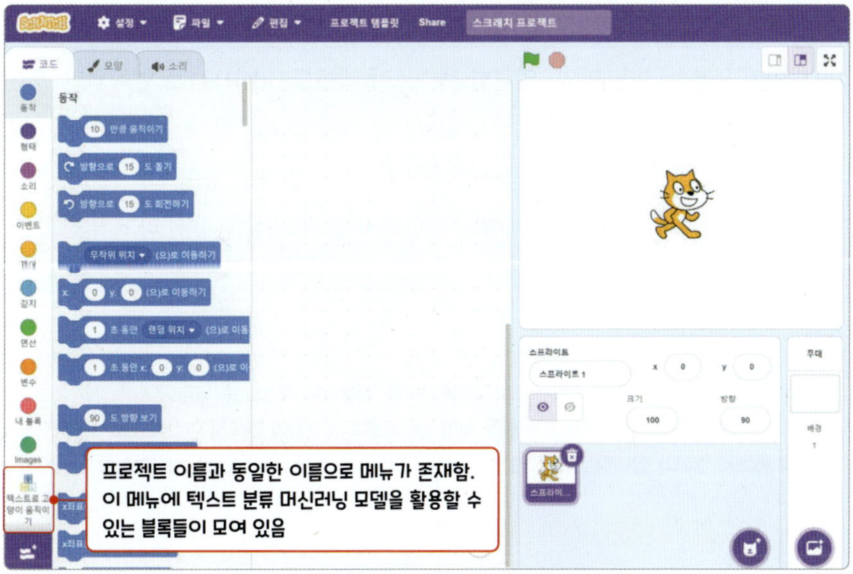

그림 A-32 머신러닝 for 키즈를 통해 실행한 스크래치3.0 프로그래밍 환경

블록 메뉴 [텍스트로 고양이 움직이기]를 선택하면 [그림 A-33]의 왼쪽과 같은 블록들이 존재합니다. [그림 A-33]의 오른쪽은 실습에서 만들 스크래치 프로그램에 직접적으로 사용하는 블록들입니다.

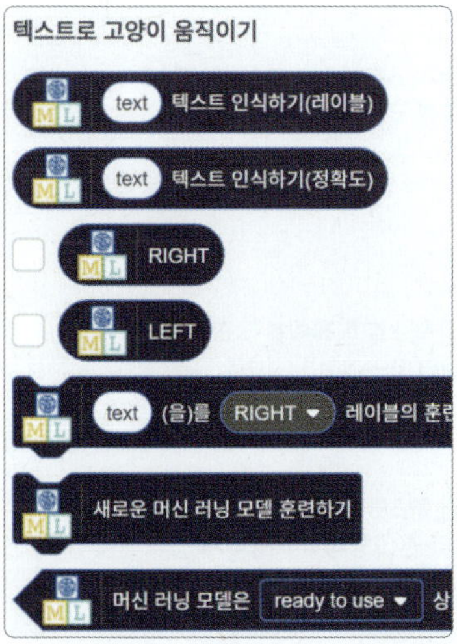

텍스트 분류 머신러닝 모델이 왼쪽 창의 텍스트가 어느 레이블에 속하는지 인식하고, 그 결과로 텍스트가 속한 레이블의 값을 갖는 블록

텍스트 분류 머신러닝 모델이 왼쪽 창의 텍스트를 얼마나 정확하게 인식했는지 그 정확도의 값을 갖는 블록 (정확도는 0부터 100까지의 값을 가짐)

레이블 [RIGHT]를 나타내는 블록 (블록 [텍스트 인식하기(레이블)]과 비교하는 방식으로 사용)

레이블 [LEFT]를 나타내는 블록 (블록 [텍스트 인식하기(레이블)]과 비교하는 방식으로 사용)

그림 A-33 텍스트 분류 머신러닝 모델 활용 블록들

[그림 A-34]는 [그림 A-33]의 블록들을 활용해서 오른쪽과 왼쪽 방향을 인식하여 이동하는 고양이의 행동을 프로그래밍한 것입니다. 프로그램을 실행하면 먼저 고양이가 회전 방식을 [왼쪽-오른쪽]으로 설정하고, 자신의 위치를 프로그램 실행 창 중앙으로 설정합니다. 그리고 다음과 같은 행동을 무한히 반복합니다. 먼저 여러분에게 '오른쪽, 왼쪽 중 어느 방향으로 이동할까요?'라고 물은 후 입력한 텍스트를 인식합니다. 인식한 정확도가 50보다 크면 그 텍스트가 속한 레이블이 [RIGHT]인지 [LEFT]인지 구분합니다. 만일, 입력한 텍스트가 레이블 [RIGHT]로 인식되면 '오른쪽으로 100만큼 이동합니다.'라고 말하고 오른쪽으로 100만큼 이동합니다. 반대로 입력한 텍스트가 레이블 [LEFT]로 인식되면 '왼쪽으로 100만큼 이동합니다.'라고 말하고 왼쪽으로 100만큼 이동합니다. 인식한 정확도가 50 이하면 고양이가 '어느 방향인지 잘 모르겠습니다.'라고 말하고 이동하지 않습니다.

TIP

머신러닝 for 키즈에서 만든 스크래치 프로그램을 여러분 컴퓨터에 저장할 수 있습니다. 주의할 것은 이 스크래치 프로그램은 머신러닝 모델 활용 블록들을 포함하기 때문에 반드시 머신러닝 for 키즈 사이트를 통해서 열어야 합니다. 일반적인 스크래치 사이트(https://scratch.mit.edu)에서는 열리지 않습니다.

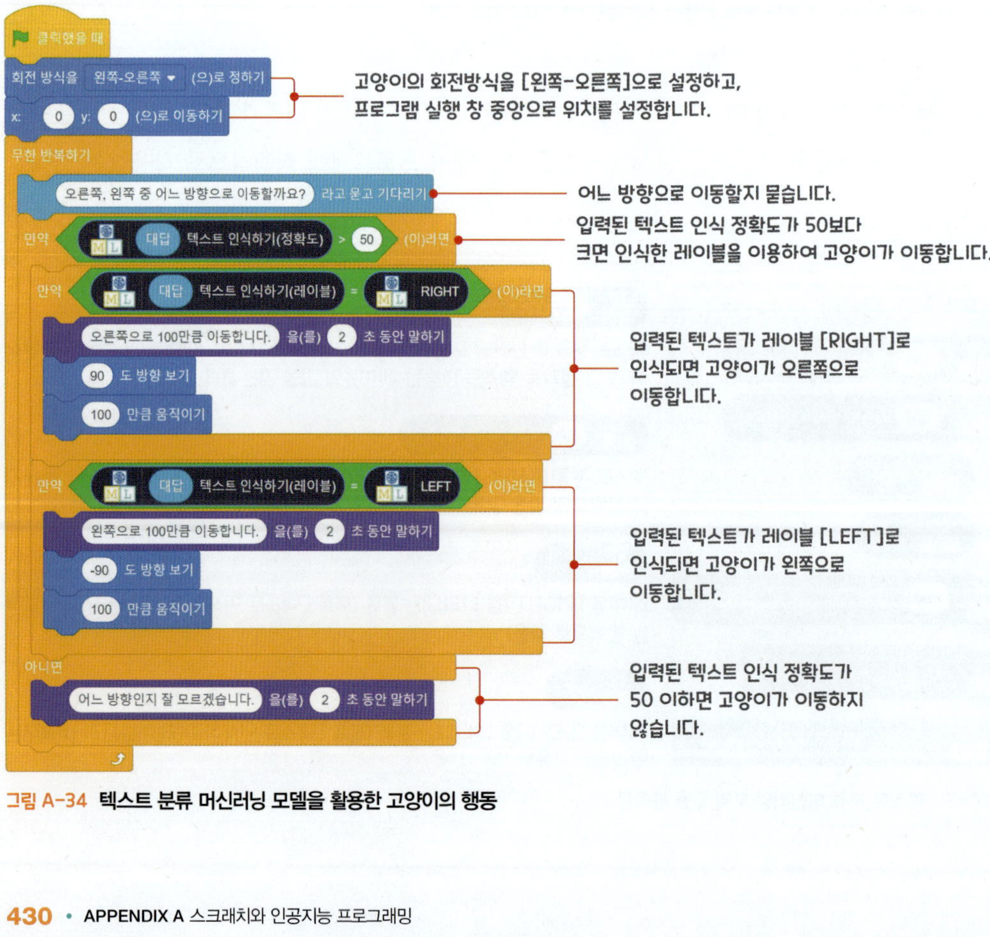

그림 A-34 **텍스트 분류 머신러닝 모델을 활용한 고양이의 행동**

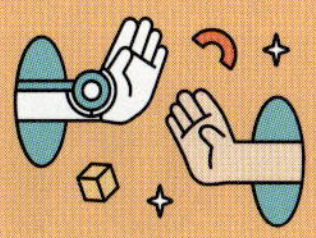

APPENDIX B

스크래치 블록 모음

학습목표

- 스크래치 블록들이 기능별로 정리되어 있습니다.
- 스크래치 블록들의 기능을 개략적으로 이해합니다.

Section 01

동작 블록

동작 블록은 스프라이트의 위치, 방향, 움직임을 조작하는 기능을 제공합니다.

블록	설명
10 만큼 움직이기	설정된 값만큼 움직입니다. 양수이면 전진, 음수이면 후진합니다.
↻ 방향으로 15 도 회전하기	설정된 각도만큼 시계 방향으로 회전합니다.
↺ 방향으로 15 도 회전하기	설정한 각도만큼 반시계 방향으로 회전합니다.
무작위 위치 ▾ (으)로 이동하기	마우스 포인터나 다른 스프라이트 위치 또는 무작위 위치로 이동합니다.
x: 0 y: 0 (으)로 이동하기	좌표(x, y)로 이동합니다.
1 초 동안 무작위 위치 ▾ (으)로 이동하기	설정된 시간 동안 마우스 포인터, 다른 스프라이트, 무작위 위치로 이동합니다.
1 초 동안 x: 0 y: 0 (으)로 이동하기	설정된 시간 동안 좌표(x, y)로 이동합니다.
90 도 방향 보기	설정된 방향으로 향합니다(0 : 위쪽, 90 : 오른쪽, 180 : 아래쪽, −90 : 왼쪽).
마우스 포인터 ▾ 쪽 보기	마우스 포인터나 다른 스프라이트 위치로 향합니다.
x 좌표를 10 만큼 바꾸기	x좌표를 설정한 값만큼 변경합니다.
x 좌표를 0 (으)로 정하기	x좌표를 설정한 값으로 변경합니다.
y 좌표를 10 만큼 바꾸기	y좌표를 설정한 값만큼 변경합니다.
y 좌표를 0 (으)로 정하기	y좌표를 설정한 값으로 변경합니다.
벽에 닿으면 튕기기	벽에 닿으면 반대 방향으로 전환합니다.
회전 방식을 왼쪽-오른쪽 ▾ (으)로 정하기	방향 변경에 따라 모양이 회전되는 방식을 결정합니다. 왼쪽−오른쪽, 회전하지 않기, 회전하기를 선택합니다.
x 좌표 / y 좌표 / 방향	각각 x좌표 값, y좌표 값, 방향 값입니다.

Section

02 형태 블록

형태 블록은 무대와 스프라이트의 형태를 조작하는 기능을 제공합니다.

블록	설명
안녕! 을(를) 2 초 동안 말하기	입력한 내용을 설정한 시간 동안 말풍선으로 보여줍니다.
안녕! 말하기	입력한 내용을 말풍선으로 보여줍니다.
음... 을(를) 2 초 동안 생각하기	입력한 내용을 설정한 시간 동안 생각풍선으로 보여줍니다.
음... 생각하기	입력한 내용을 생각풍선으로 보여줍니다.
모양을 모양 1 ▾ (으)로 바꾸기	스프라이트를 설정한 모양으로 변경합니다.
다음 모양으로 바꾸기	스프라이트를 모양 리스트의 다음 모양으로 변경합니다. 리스트의 마지막 모양이라면 처음 모양으로 변경합니다.
배경을 배경 1 ▾ (으)로 바꾸기	무대 배경을 설정한 배경으로 변경합니다.
다음 배경으로 바꾸기	무대를 배경 리스트의 다음 배경으로 변경합니다. 리스트의 마지막 배경이라면 처음 배경으로 변경합니다.
크기를 10 만큼 바꾸기	스프라이트의 크기를 설정한 값만큼 변경합니다.
크기를 100 %로 정하기	스프라이트의 크기를 설정한 비율로 변경합니다.
색깔 ▾ 효과를 25 만큼 바꾸기	스프라이트 색깔 등의 그래픽 효과를 설정한 값만큼 변경합니다.
색깔 ▾ 효과를 0 (으)로 정하기	스프라이트 색깔 등의 그래픽 효과를 설정한 값으로 정합니다.
그래픽 효과 지우기	스프라이트에 적용된 그래픽 효과를 지웁니다.
보이기	스프라이트를 무대에서 보이게 합니다.
숨기기	스프라이트를 무대에서 사라지게 합니다.
맨 앞쪽 ▾ 으로 순서 바꾸기	스프라이트를 맨 앞에 보이게 합니다.
앞으로 ▾ 1 단계 보내기	스프라이트를 설정한 값만큼 뒤로 옮깁니다.
모양 번호 ▾	현재 모양이 모양 리스트에 위치한 순서를 담고 있습니다.
배경 번호 ▾	현재 배경이 배경 리스트에 위치한 순서를 담고 있습니다.
크기	스프라이트 모양의 크기를 담고 있습니다.

Section 03

소리 블록

소리 블록은 소리와 관련된 조작 기능을 제공합니다.

블록	설명
야옹 ▾ 끝까지 재생하기	설정한 소리의 재생을 마칠 때까지 기다렸다가 다음 블록을 실행합니다.
야옹 ▾ 재생하기	설정한 소리를 재생하면서 다음 블록을 실행합니다.
모든 소리 끄기	소리를 끕니다.
음 높이 ▾ 효과를 (10) 만큼 바꾸기	음 높이 또는 음향의 위치를 설정된 값만큼 변경합니다.
음 높이 ▾ 효과를 (100) 로 정하기	음 높이 또는 음향의 위치를 설정된 값으로 정합니다.
소리 효과 지우기	소리에 적용된 음 높이와 음향 위치 변경 효과를 모두 지웁니다.
음량을 (-10) 만큼 바꾸기	음량을 설정한 값만큼 변경합니다.
음량을 (100) % 로 정하기	음량을 설정한 값으로 정합니다.
음량	음량을 담고 있습니다.

Section 04

이벤트 블록

이벤트 블록은 클릭, 키보드 입력, 배경 변화, 음량, 메시지 수신/방송에 대한 처리 기능을 제공합니다.

블록	설명
클릭했을 때	시작하기 버튼( )을 클릭하면 아래에 연결된 블록들을 실행합니다.
스페이스 ▾ 키를 눌렀을 때	설정한 키를 누르면 아래에 연결된 블록들을 실행합니다.
이 스프라이트를 클릭했을 때	이 블록을 포함한 스프라이트를 클릭하면 아래에 연결된 블록들을 실행합니다.
배경이 배경 1 ▾ (으)로 바뀌었을 때	설정된 배경으로 바뀌면 아래에 연결된 블록들을 실행합니다.
음량 ▾ > 10 일 때	음량, 타이머의 값, 비디오 동작 등이 설정한 값보다 크면 아래에 연결된 블록들을 실행합니다.
메시지1 ▾ 신호를 받았을 때	설정한 메시지를 받으면 아래에 연결된 블록들을 실행합니다.
메시지1 ▾ 신호 보내기	모든 스프라이트에 메시지를 보내고 다음 동작을 즉시 실행합니다.
메시지1 ▾ 신호 보내고 기다리기	모든 스프라이트에 메시지를 보내 이 메시지를 받으면 실행되는 블록들이 실행을 마친 후에 다음 동작을 실행합니다.

Section
05 제어 블록

제어 블록은 반복과 선택 기능을 비롯해 기다리기, 멈추기, 복제에 대한 제어 기능을 제공합니다.

블록	설명
1 초 기다리기	설정한 시간 동안 기다립니다.
10 번 반복하기	내부에 포함된 블록들을 설정한 횟수만큼 반복 실행합니다.
무한 반복하기	내부에 포함된 블록들을 무한 반복하여 실행합니다.
만약 (이)라면	조건이 참인 경우에 내부에 포함된 블록들을 실행합니다.
만약 (이)라면 / 아니면	조건이 참이면 내부 블록 중 위쪽 블록을 실행하고, 거짓이면 아래쪽 블록을 실행합니다.
까지 기다리기	조건이 참이 될 때까지 실행을 멈춥니다.
까지 반복하기	조건이 참이 될 때까지 내부 블록을 반복 실행합니다.
멈추기 모두	설정한 스크립트의 실행을 중지시킵니다.
복제되었을 때	복제되면 아래에 연결된 블록들을 실행합니다.
나 자신 복제하기	설정한 스프라이트를 복제합니다.
이 복제본 삭제하기	복제본을 삭제합니다.

Section 06

감지 블록

감지 블록은 스프라이트 간의 거리와 충돌 여부, 특정 키의 입력, 현재 시각 등을 감지하는 기능을 제공합니다.

블록	설명
마우스 포인터 ▾ 에 닿았는가?	스프라이트가 마우스 포인터, 벽, 다른 스프라이트 등에 닿았는지 확인합니다.
( ) 색에 닿았는가?	스프라이트가 설정한 색에 닿았는지 확인합니다.
( ) 색이 ( ) 색에 닿았는가?	스프라이트에 있는 왼쪽에 설정한 색이 오른쪽에 설정한 색에 닿았는지 확인합니다.
마우스 포인터 ▾ 까지의 거리	선택한 스프라이트나 마우스 포인터까지의 거리를 확인합니다.
너 이름이 뭐니? 라고 묻고 기다리기	묻고 사용자가 답할 때까지 기다립니다.
대답	사용자가 답한 내용을 저장합니다.
스페이스 ▾ 키를 눌렀는가?	설정한 키가 눌렸는지 확인합니다.
마우스를 클릭했는가?	마우스를 클릭했는지 확인합니다.
마우스의 x좌표	마우스 포인터의 x좌표를 담고 있습니다.
마우스의 y좌표	마우스 포인터의 y좌표를 담고 있습니다.
드래그 모드를 드래그 할 수 있는 ▾ 상태로 정하기	전체 화면에서 실행하는 중에 스프라이트를 마우스로 드래그 가능하게 할 것인지 결정합니다.
음량	마이크로 입력된 소리의 음량을 담고 있습니다.
타이머	타이머가 초기화된 이후 경과된 시간을 1/1000초 단위로 담고 있습니다.
타이머 초기화	타이머 값을 0으로 만듭니다.
무대 ▾ 의 backdrop # ▾	무대 또는 스프라이트에 연관된 다양한 데이터들의 값을 담고 있습니다.
현재 년 ▾	현재 년, 월, 일, 요일, 시간, 분, 초를 담고 있습니다.
2000년 이후 현재까지 날짜 수	2000년 1월 1일 이후 현재까지의 날짜 수를 담고 있습니다.
사용자 이름	사용자 이름을 담고 있습니다.

Section 07 연산 블록

연산 블록은 사칙연산을 비롯해 다양한 계산을 할 때 활용할 수 있습니다.

블록	설명
( ) + ( )	두 수를 더합니다.
( ) - ( )	왼쪽 값에서 오른쪽 값을 뺍니다.
( ) * ( )	두 수를 곱합니다.
( ) / ( )	왼쪽 값을 오른쪽 값으로 나눕니다.
1 부터 10 사이의 난수	설정한 범위 안에서 난수를 생성합니다.
( ) > 50	왼쪽 값이 오른쪽 값보다 큰지 확인합니다.
( ) < 50	왼쪽 값이 오른쪽 값보다 작은지 확인합니다.
( ) = 50	왼쪽 값과 오른쪽 값이 같은지 확인합니다.
그리고	두 조건이 모두 참인 경우에만 결과가 참이고, 나머지는 모두 결과가 거짓이 됩니다.
또는	두 조건 중 하나라도 참이면 결과가 참이고, 둘 다 거짓이면 결과가 거짓이 됩니다.
이(가) 아니다	조건이 참이면 결과는 거짓이 되고, 조건이 거짓이면 결과는 참이 됩니다.
apple 와(과) banana 결합하기	입력한 두 문자열을 결합합니다.
apple 의 1 번째 글자	입력한 문자열에서 지정한 위치의 문자를 담고 있습니다.
apple 의 길이	입력한 문자열의 길이를 담고 있습니다.
apple 이(가) a 을(를) 포함하는가?	입력한 문자열 안에 지정한 문자가 포함되어 있으면 참, 그렇지 않으면 거짓이 됩니다.
( ) 나누기 ( ) 의 나머지	왼쪽 값을 오른쪽 값으로 나눈 나머지를 구합니다.
( ) 의 반올림	반올림을 합니다.
절댓값 ▾ (( ))	입력한 수에 대해서 다양한 연산 결과를 구합니다.

Section 08

변수 블록

변수 블록은 변수와 리스트를 정의하고, 세부 내용을 조작할 수 있는 기능을 제공합니다.

블록	설명
변수 만들기	새로운 변수를 만듭니다.
나의 변수	변수 값을 담고 있습니다.
나의 변수 ▾ 을(를) (0) 로 정하기	설정한 값을 변수에 저장합니다.
나의 변수 ▾ 을(를) (1) 만큼 바꾸기	변수 값을 설정한 값만큼 변경합니다.
나의 변수 ▾ 변수 보이기	변수를 무대에 보이게 합니다.
나의 변수 ▾ 변수 숨기기	변수를 무대에서 안 보이게 합니다.
리스트 만들기	새로운 리스트를 만듭니다.
나의 리스트	리스트 값을 담고 있습니다.
(항목) 을(를) 나의 리스트 ▾ 에 추가하기	리스트에 새로운 항목을 추가합니다.
(1) 번째 항목을 나의 리스트 ▾ 에서 삭제하기	리스트에서 지정한 위치의 항목을 삭제합니다.
나의 리스트 ▾ 의 항목을 모두 삭제하기	리스트의 모든 항목들을 삭제합니다.
(항목) 을(를) 나의 리스트 ▾ 리스트의 (1) 번째에 넣기	리스트의 지정한 위치에 새로운 항목을 삽입합니다.
나의 리스트 ▾ 리스트의 (1) 번째 항목을 (항목) 으로 바꾸기	리스트의 지정한 위치에 있는 항목을 새로운 항목으로 변경합니다.
나의 리스트 ▾ 리스트의 (1) 번째 항목	리스트에서 지정한 위치의 항목을 구합니다.
나의 리스트 ▾ 리스트에서 (항목) 항목의 위치	리스트에서 지정한 항목의 위치를 구합니다.
나의 리스트 ▾ 의 길이	리스트에 나열된 항목들의 개수를 담고 있습니다.
나의 리스트 ▾ 이(가) (항목) 을(를) 포함하는가?	리스트에 지정한 항목이 포함되어 있으면 참, 그렇지 않으면 거짓입니다.
나의 리스트 ▾ 리스트 보이기	리스트를 무대에서 보이게 합니다.
나의 리스트 ▾ 리스트 숨기기	리스트를 무대에서 안 보이게 합니다.

찾아보기

ㅅ

ㅇ